全麺協そば道段位認定制度公認テキスト

新版

そば打ち教本

一般社団法人 全麺協 編

［凡例］

○本書は、柴田書店MOOK『そば打ち教本』（2004年刊）の内容を全面的に改訂した『改訂 そば打ち教本』（2014年刊）をさらに改訂したものである。

○本書の文中の「ソバ」、「そば」、「蕎麦」の表記の使用区分に関しては次の通りである。
植物あるいは実の段階は「ソバ」、粉あるいは麺などに加工されたものは「そば」、固有名詞や古典に準拠したものは「蕎麦」を原則として用いた。

○本の書名は『　』で表記した。

○第2章「郷土そばの技術とその特徴」（38頁〜）、第4章「全麺協の標準そば打ち技術」（87頁〜）の写真は、映像用に撮影されたものを用いた。

全麺協そば道段位認定を目指す方のために

一般社団法人全麺協　理事長
中谷信一

そば打ちは創造性をかき立て、実に楽しく奥の深い良質な趣味である。そばの原材料はそば粉と水だけという、実に単純で素朴な自然の産物である。これに小麦粉が加わったとしても、原材料は三つという単純さが趣味として入りやすい点であり、いったん入ってしまうとこの単純さゆえに奥が深く、新たな発見と楽しみが尽きることがない。そのうえ、そば打ちは技術だけではなく、打ち手の人間性や人柄など、各人の持ち味、個性が現れるとも言われている。

そば打ちは自分のみではなく、他人が食するそばを調理することでもあり、深い愛情が求められる作業である。見よう見まねでそばを打ち、苦心の作を食した家族や友人から「おいしい！」と称賛を受けることで、さらにおいしいそばが打てるようにと苦しくとも楽しいそば打ちの旅が始まることになる。

わが国におけるそばの歴史は長く、すでに縄文時代からソバ栽培が始まっている。現在の麺状の「そば切り」となってから四百年余を経て日本特有の食として定着し、全国各地の地域や人々の生活の中で文化の一部となっている。

おいしいそば打ちを求めての旅は、これらそばの歴史や文化にも触れることで、いっそう幅広く楽しいものとなるはずである。

さて、一般社団法人全麺協は、アマチュアによるそば打ちを平成9年に「段位認定制度」として体系化した。この認定制度の目的は、おいしいそばを打とうとする技術追求の旅を「仲間作り」「地域づくり」まで広げ、さらに品格ある「自分づくり」まで高めて心豊かな人生を送ろうとすることにある。全麺協ではこれを『そば道』と呼び、そば道段位認定制度における「初段位から六段位」は『そば道』を歩むための「道しるべ」と位置づけている。

本書は全麺協「そば道段位認定制度」のテキストとし、卓越したそば打ち技術ばかりではなく全国の郷土そば打ち技術も紹介し、さらに、そば打ちの道具、そばの歴史と文化、健康効果、品種と栽培、日本と世界のソバ産地やそば料理などを余すところなく掲載した。

みなさまのおいしいそば打ちを求めての旅が、本書によってそばの新しい魅力を発見するとともに、「そば道段位認定」を目指す気持ちと重なることで全国のそば打ち仲間との素晴らしい出会いを生み、そば打ちの旅がより楽しく有意義なものとして育まれることになれば幸いである。

目次

知識篇

序章

「そば道」の道しるべ

信州大学名誉教授　井上直人

そば打ちの段位は「そば道」の「道しるべ（道標）」である。その「道しるべ」は①自分のため、②仲間のため、③世のためという段階と頂を目指している。②と③は社会活動であり、言い換えると「外側向き」である。③は自らの精神活動の頂点で、密教の「忘己利他（もうこりた）（自己のことは忘れて、他人のために行動すること）」と同じ心境と行動である。

「そば打ち」は、単なる暇つぶしではなく、すばらしい人間本来の原始的な活動の一つと言える。その原始性こそが我を忘れて取り組む一つの理由である。人生の中でそば打ちに似た体験は、子供の頃に仲間や一人で没頭した泥あそびや粘土細工だろう。指先を使ったこねや工作は、無我の境地に誘い、時として新しいものの創造につながり、頭が覚醒されるのだ。こねまわしたり切る楽しみは、眠っていた幼い頃の欲求を呼び覚まし、それが人々の心の隙間を埋めてくれる**【必然性その1】**。

現代人は、個性がさほど必要とされず、そして金銭に左右される世に生きている。そこでは子供の頃のような利害なき絆は少なく、地域での活発な活動も少なく、また自然の発見もほとんどないのが普通である。ところがそば打ちではそれらを満たすことができる条件がある。こうした理由からも心の隙間を埋めてくれるのだ。つまり、社会性が欠如した現代人のニーズに合っている**【必然性その2】**。

あくせく働いてきた人々は人生が限りあるものと意識したとたんに、我に返って原始的な活動を始める。それが自分の「生き方」を見つめることである。「残り少ない人生をどうしようか」ということである。そこで、これまわしていたそばを通じて、背後にある世界や自然を知りたい、自分自身を知りたいと思うようになる。そうすると、長い歴史（時間）、広い世界（空間）の中での自らの立ち位置を確認したくなるものである。短い人生を悟っ

資料❶　そば道段位認定制度の位置づけ

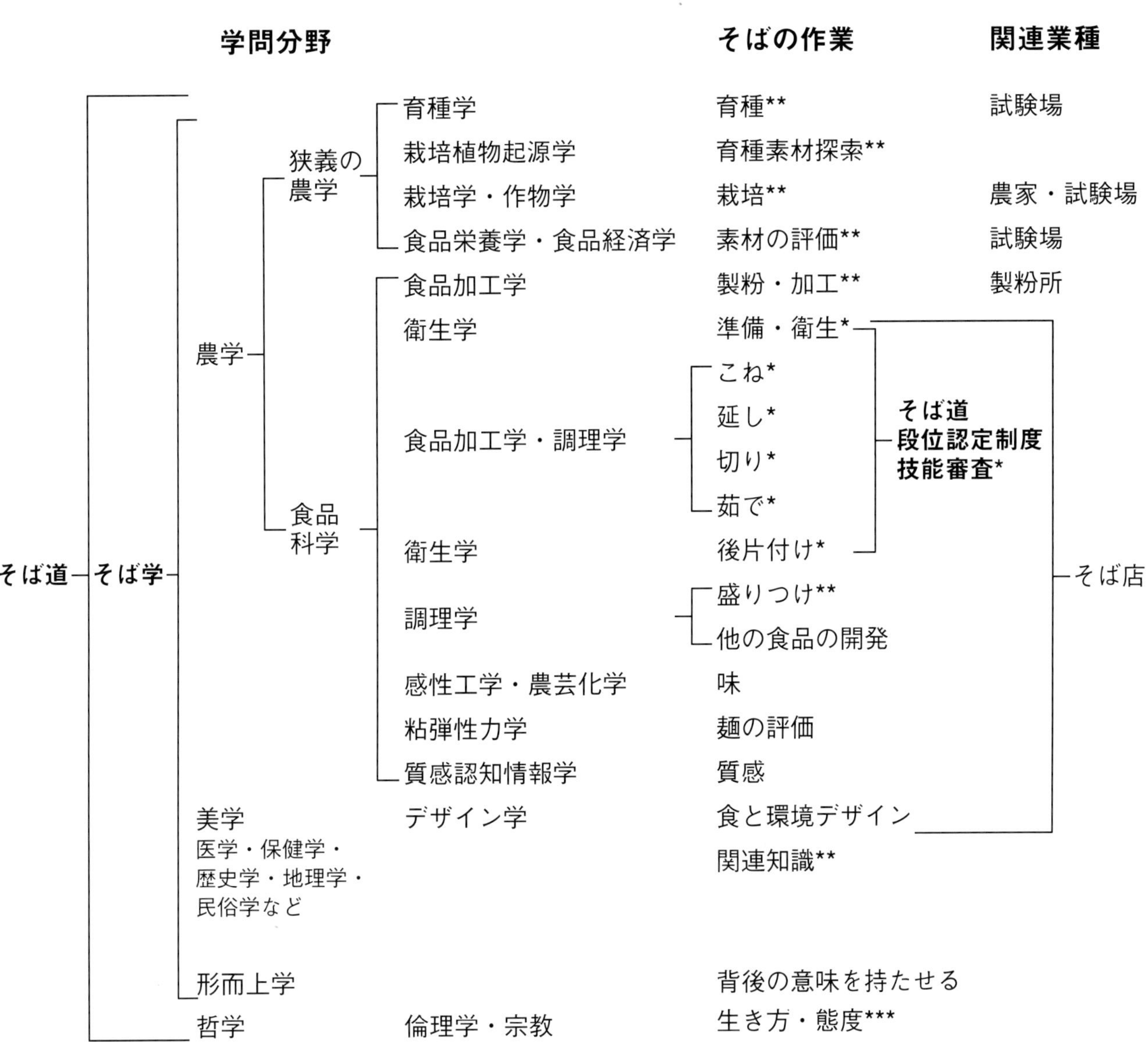

注／そば道段位認定制度では、初段～三段までは技能審査（*印）のみであるが、四段以上になると関連知識（**）や「そば道」探求者としての姿勢（***）も問われる。六段では新しい分野開拓の創造力（全般）が加わる。

た時に、他人の役に立ちたいと思うようになる。これも高齢化が進む現代人のニーズから必然的に生じる気持ちと考えてもよいだろう**【必然性その3】**。

そう考えると、この行動の行きつく先は、単なる技術だけではなく、「そば学」、さらには「世のためになる」ことを理想とするこの世を超越した「そば道」にたどり着く。「道」とは、「形を持たない万物の原理や根拠を意味する概念で、この世のものを超越した次元にある存在を意味する考え方」である（井上直人著『そば学』柴田書店刊、239~242頁参照）。

資料❷　そば道の階層構造

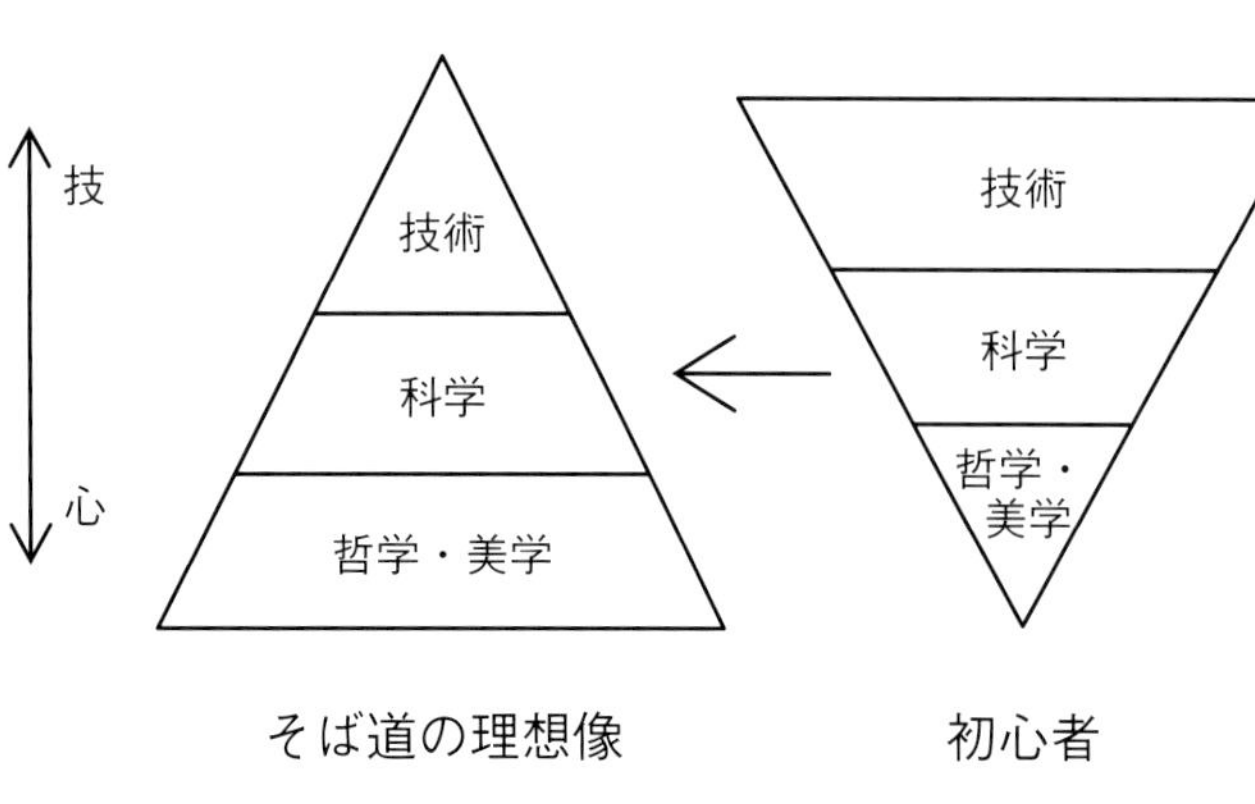

そば打ちという行為と、「そば学」という総合的な学問と専門的な既存の学問と、「そば道」という奥深い「道」という理想的存在の相互関係は複雑だが、誤解を恐れずに図（資料❶）にしてみた。

図にすることで、この教本が目指す領域と方向性（＊→＊＊→＊＊＊）が明確になると思う。また、＊がつかない領域（無印）は未知のことが多く、新領域の開拓を目指す場合の指針にもなると思う。

最終的な出口が「そば道」でそれを探求する求道者がおり、入門者から理想像までの志向性を図で示すこともできる。単なる技術の習得から、そばの背後に横たわるさまざまな科学的な知識を知り、科学の使い方を考える哲学や美学にも裏打ちされた人の「生き方」が充実すると、土台がしっかりした**資料❷**の左のような三角形の階層構造になるのだ。

こうした「そば道」というものが発生するのはなぜか。大きな歴史のうねりとの関係からも考えてみることができる。以下のように「時代のうねり」を簡単に並べてみた。

●古代／麺食のシンボル化
●中世／その儀式化と栄養価値の認識の広まり
●近世・近代／栄養障害を克服する食の認識
・長寿シンボルとしての祝食になり、家風の伝承のためのそば切りが流行
・火災災害や多忙な都市生活に適応したファストフー

ドとしてのそば麺文化が発達

●現代／地域振興や社会の絆を深めるために「そば打ち」が活用され、また高齢化社会に適応したそば食が再認識される

歴史の中でそばは、栄養学などの科学の発展にともなって、自然界に対する畏怖や長寿の祈りといった伝統的な意味は薄れたが、大家族社会から少人数の家族への変化、食の迅速化へのニーズに答えて、変化してきたと言える。

また近年では、生産量の視点からは、大量生産から個性ある少量生産への動きも加速している。栄養の視点からは、栄養欠乏時代から飽食時代への移行がある。食習慣の視点からは、郷土食の世界からグローバル化への変化がある。これらの現代の暮らしや社会の変化にともなって、和食が再評価され、そば食も世界にアピールできる時代となった。現代は、世界の中の日本という一つの民俗の「そば食」の価値が明確になった歴史上初の時代なのである。世界に情報発信する意義とニーズも生まれつつある。これに答えるのも「そば道」求道者の役割で、「そば道」が発生する理由でもある。

現在、よく知られている「道」には武道、華道、茶道などがあるので、「そば道」をそれらと比較することも意義がある。それを図にしたのが資料❸である。丸の大きさはその重要度を示している。

武道や修験道は「心」、「技」、「体」の三つのバランスを大切にしており、とくに心を大切にする。「心」は主に人格、道徳、礼節や他人を思う気持ちで、「技」は洗練されていることが求められ、「体」は鍛えられた肉体を指している。茶道や華道では、茶や花に四季や自然、そして宇宙の摂理を見出す「心」ともてなしの「技」を大切にし、とくに「心」を重視している。修験道は人々のために祈祷したり、ソバ種子を配布したりする「心」を重視する在来宗教だった。これらすべては日本独自の美意識に

資料❸　そば道の概念図

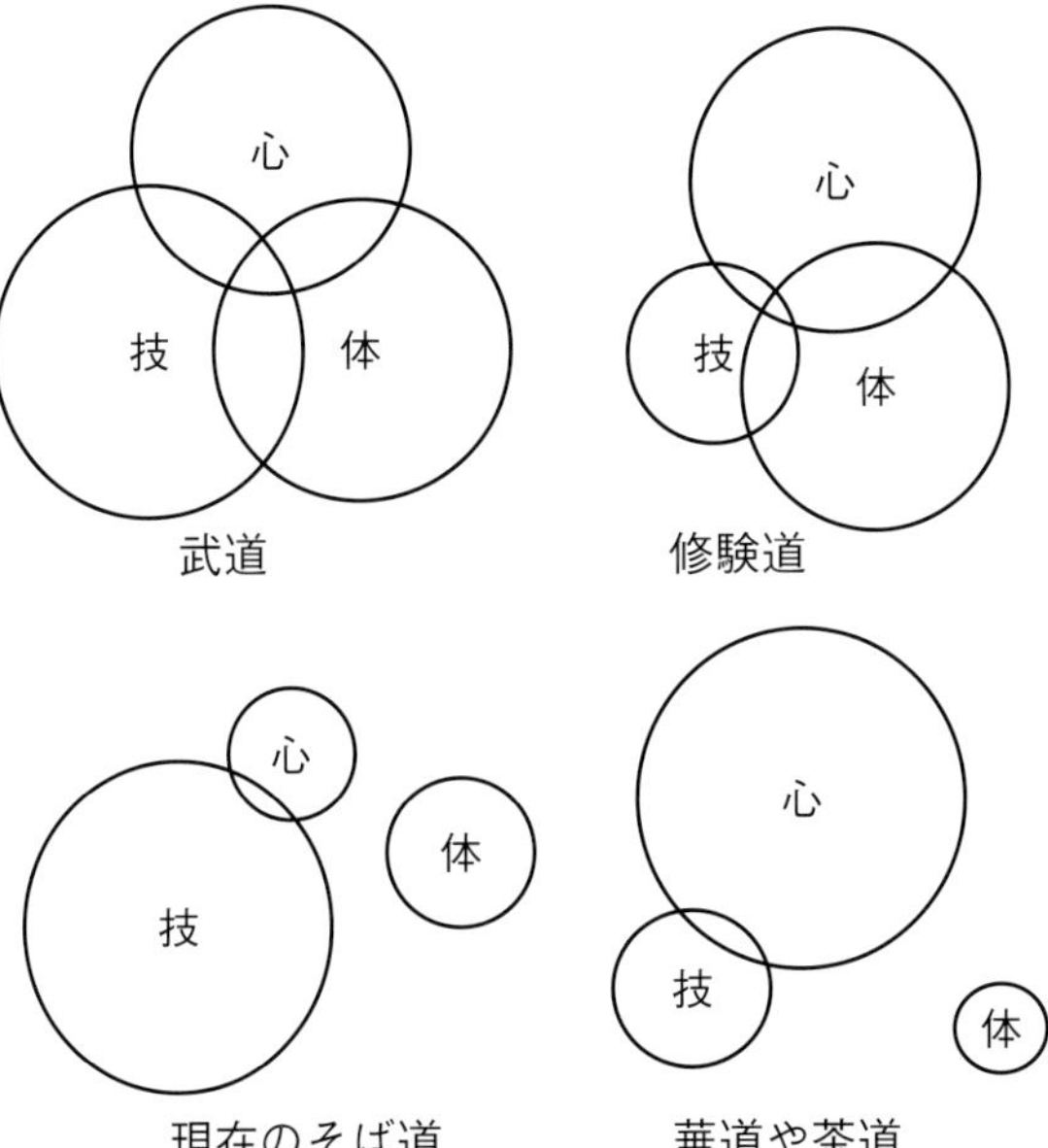

よって支えられている。

「そば道」はこれらの「道」に比べると新参者ではあるが、今後の「そば道」の発展を考える時に他の「道」と比較すると大変参考になる。そこで他の「道」を参考にしながら、そばに関係する日本独特の美意識とは何かを以下に考えてみたい。

侘（わび）／閑居を楽しみ、静かで落ち着いた簡素なおもむき。質素閑寂の美意識で、「わぶ（侘ぶ）」は万葉集にも登場する古語。

寂（さび）／古びて華やかさがなくなり、もの静かで洗練された超越した美を示す理念（根本的な考え方）。「さぶ（寂ぶ）」も万葉集の時代からの古語。

粋（いき）／単純美への志向であり、「庶民の生活」から生じた。華麗ではない心意気・みなり・立振る舞いについて、江戸時代の江戸で発展した美意識。

この三つに共通するのは、庶民生活の中にいながら、豊かで華麗なものと対極にある「簡素な空間、時間、そしてそこでの生き方」を美しいとする価値観である。そば店では無意識にこれらを追求しているが、アマチュアの段位制度でも「そば道」を目指すのだから、これらの伝統的な美意識を持ち続けたいものである。

ここで述べたいことは、機械製麺を否定して江戸期の技法に「先祖返り」するといったうわべだけのルネサンス（注）ではない。技術のみではなく美意識や精神性の伝承をも重視した「道」の追求こそが、私たち全麺協の理想であり、段位制度はその「道しるべ」なのである。

注／ルネサンス（Renaissance）とは、近世のヨーロッパで起こった個性、合理性、現世的欲求を求めた人間性解放を目指した運動。暗黒の時代とも言われた中世とは違った価値の創造が古代ギリシャ・ローマ文化の復興という形をとったので、「再生」を意味する「ルネサンス」と呼ばれた。これは多くの分野に影響して近代化思想の源となった。ペストの流行、戦争、戦乱の時代だったことは現代と似ている。

井上直人

いのうえなおと

1953年、東京生まれ。信州大学名誉教授・農学部特任教授（研究）、公立諏訪東京理科大学客員教授、日本雑穀協会特別顧問、信州伊那そば研究会会長。主にアジアや日本の山岳地帯を中心に有用植物資源探索と調査を行い、ソバをはじめとした雑穀や穀物の生理生態、食品科学、育種、土壌学の研究に専念してきた。ソバ「あきあかね」、ダッタンソバ「気の力」などの品種を開発。近年はソバの選別、そばの製造加工法（胴搗き製法）に関する新技術の開発に取り組む。著書に『そば学 sobalogy――食品科学から民俗学まで』（柴田書店）など。

技術篇

技術篇

第1章　そば打ち技術の真髄

そば打ちの心構え

一口にそばを手打ちで打つといっても、プロの打ち方とアマチュアの打ち方には似て非なる差異があると言われる。では、なぜそのように言われるのか、どのようなところに差異があるのだろうか。

プロの手打ちの手法技術を突き詰めて言えば、年間を通じて安定した商品としてのそばを提供することにある。

そのためには、春夏秋冬の季節のいかんを問わず、

①そば粉、つなぎ粉（小麦粉）、打ち粉、水などの良質の材料をいかに確保し、
②納得できるそばに仕上げ、
③安定感のある持ち味の汁で、
④お客さまにおいしく喜んで召し上がってもらえるか、

が、大きな課題であろうと思われる。

そのため、常日頃から出来上がったそばそのものへの評価に関心が持たれるのである。

ところで、本編のテーマは「そば打ちの手法技術」に視点を置いている。

プロのそばの打ち方は、一部にそれぞれの郷土そばの打ち方の手法を持ち続けているところもあるといえるが、一般的には量をこなさなければならず、さらに短時間で打ち上げなければならないため、江戸そばの打ち方が多い。

一方、アマチュアの打ち方は、昨今のそば打ち大会における打ち方で見る限り、プロの世界と同様に、江戸そばの打ち方の手法技術を修練している傾向がうかがえる。

そのような観点から、プロのそば打ちの真髄に触れてみたい。

そば打ち手法技術については、名人達人として高い評価を得、アマチュアに対するそば打ち手法技術の指導にも積極的に取り組んでいる鵜飼良平氏（「上野藪そば」主人／14頁～）、唐橋宏氏（「桐屋」主人／22頁～）、高橋邦弘氏（「達磨」主人／30頁～）の3人を取り上げた。

プロのそば打ちの技術

プロのそば打ちの手法技術は、いかに無駄なく合理的に、手際よく、安定した一定の水準と品質のそばに仕上げるか、に尽きる。1年を通して、安定した水準の維持にこだわっているのである。

ではアマチュアはどうか？　と振り返るとその多くは技術的な経験も浅く、材料も打つつど異なり、手際などもそこそこに、自己満足的な仕上げにとどまっている、と言えるのではないだろうか。

鵜飼氏、唐橋氏、高橋氏の3人のそば打ちの手法技術を一言で表現すれば、おいしいそばを打つという目的は共通ながら、それぞれそば打ちに対する考え方が、各手順の個々の段階に反映されている。

いくつかの手順で、3人には技術的な表現に差異が見られるものの、共通していることは、基本的な手順を十分に踏まえ、長年の経験から

簡略化され省略化されているようでいながら、各手順ごとに見事に流れるように組み合わされて短時間で処理されていく。まさに手際のよさが強く印象に残る。

3人の特徴を簡単に捉えると、次のように言えるのではなかろうか。

鵜飼良平氏の打ち方は、おおらかな構えからゆったりとしたリズム感で、あくまでも基本的な処理を確実に、しかも無駄なく手際よく流れるように進めていくところに着目したい。長年、アマチュアを対象に教えてきただけに、その目配りがうかがえる。

唐橋宏氏の打ち方は、全体的に豪快な感じの中にも各手順ごとに十分な注意力を働かせ、がっちりと、しかも思いっきりよく、かつ手際よく進められていくところに目を引かれる。また、アマチュアの陥りやすい欠点へのアドバイスが随所に見られる。

高橋邦弘氏の打ち方は、積み上げられた経験の技術が精密機械のように確実に、しかもリズミカルに、一つの無駄もなく流れるように進められる。その一連の工程には、引き込まれていくようである。高橋氏自身が追究してやまないそば打ちへの姿勢が個々の動作に垣間見える。

以上のような3人のそば打ちの特徴をとらえながら、その基本的な技術の枠を汲み取って、参考にしてほしい。

全国にはその地方独特のそば打ちの技術が伝承されており、それが日本の伝統文化となっており、これを継承していくことも大変重要である。アマチュアのそば愛好者はその役割を担っている。また、全麺協のそば道憲章では「そば打ち技術を会得しその奥義を極めます」と謳われている。粗挽き粉やさらしな粉など難易度の高いそば打ち技術を追及して奥義に到達するように期待されている。アマチュアそば愛好家として、これらのことを感じ取りながらそば打ちに取り組み、楽しんでもらいたい。

そばを打つプロの技には、一途に手仕事にひたる世界がある。木鉢に始まり、延し、そして切りまでの一連のそば打ちの工程の中に、単純に見えながら内に秘められた技には、深遠な美を追い求めるにも似ている。求めても尽きぬ、魂を揺さぶるそば打ちを楽しみたいものだ。

鵜飼良平氏

唐橋宏氏

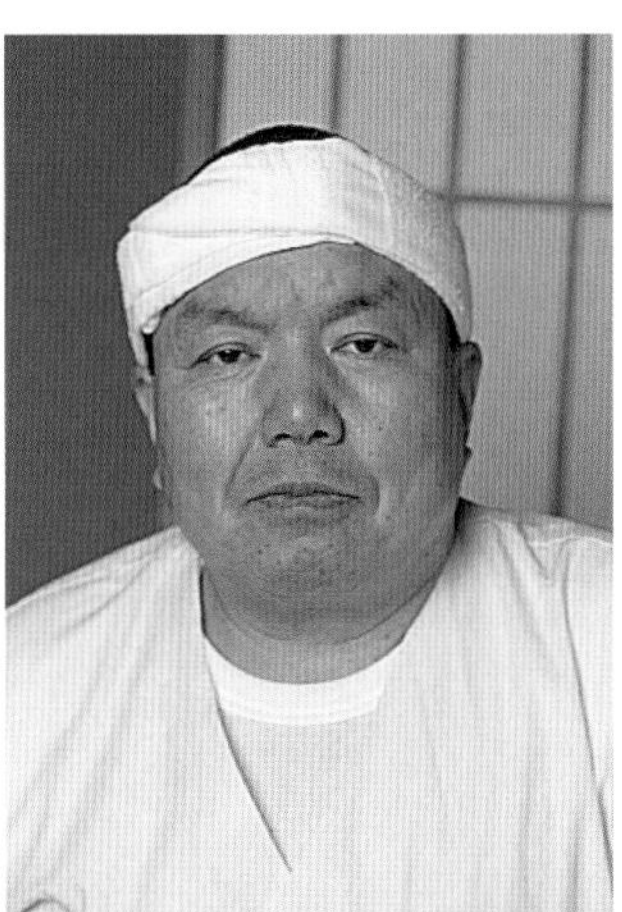

高橋邦弘氏

そば打ち技術の真髄

鵜飼良平

上野藪そば●東京・上野

江戸流手打ちの基本を表現。簡明にしてわかりやすい手法技術を指導

江戸流手打ちそば技術の伝承者

昭和63年、東京・新宿で鵜飼良平氏を講師にした、日清食品フーディアムクラブセミナー主催の「そば打ち体験教室」が開講した。当時、アマチュアを対象にした手打ちそば教室を名乗るものはほとんどなく、全国的にも先駆けであった。平成17年まで続き、この教室の受講者は延べ1万2000名の多くを数えたのである。

このように鵜飼氏は、明治25年創業の老舗「上野藪そば」を経営し、麺業界のリーダー（日本麺類業団体連合会名誉会長）として活躍する一方、手打ちそばを趣味とするアマチュアに対しても、江戸流手打ちそばと総称されるそば打ちの技術の普及に積極的に取り組んでいる。

ちなみに、江戸流手打ちそばの打ち方を一言でいえば、商売として手際よく量をこなさなければならないため、そば打ちの技法に多くの工夫が加えられてきた。

たとえば、狭い場所でもこなせる3本の麺棒の使い分け、そば生地の無駄を出さない四角延し、細打ちに切り揃えるための専用のそば包丁とこま板の使用である。

簡明で合理的な打ち方の手法

鵜飼氏の手打ちそば技術の基本は、多くの先達や名人上手が日々工夫を重ね、研鑽して生み出してきた簡明にして、合理的な江戸流手打ちそばの打ち方を踏襲している。

さらに、伝承の江戸流の技術は、ごく自然にそばの風味を損なわないように配慮した手法の手順にある。そして、なによりもアマチュアにわかりよく、失敗をできるだけ避けた手法で進められていることである。

たとえば、水回しにおける3回に分けての加水、延しにおける幅出しの方法、切り上がりを考えた8枚のたたみ方、作業の要所での打ち粉の振り方とその量などである。江戸流手打ちそばの手法技術は、郷土そばの打ち方にも影響を及ぼしている。

そばを盛る器は本漆の黒塗りで、小ぶりの蒸籠。そばは言わずもがなの江戸そばを代表する細打ち。つけ汁は藪系統の代名詞とも言われる辛めの汁。猪口、つゆ徳利とも特注品で、落ち着いた雰囲気を醸し出している。

日頃使用されているそば打ちの道具類には、いずれにもこだわりが垣間見える。木鉢は朱の漆塗り。備州檜の麺棒（延し棒は90cm、巻き棒は120cmを2本）。包丁は本鋼の本打ちで、柄に白鮫皮を巻いた特注品。こま板は桐製で、枕に桜材を使用している。

木鉢

1回目の水回し

1 そば粉と小麦粉をふるいにかけて木鉢に入れ（1kg）、よく混ぜ、平らにならす。用意した水の約半量（250~260cc）を「の」の字を描くように全体に回しかける。

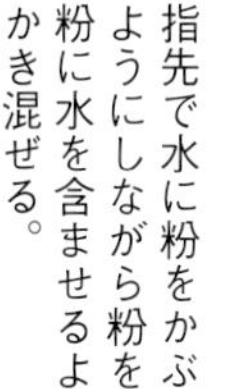

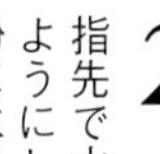

2 指先で水に粉をかぶせるようにしながら粉を回し、粉に水を含ませるようにかき混ぜる。

3 両手の指先を「8」の字を描くように回し、かき混ぜていく。手の動きは、大きく動かすこと。

4 混ざり具合を見ながら、左手ですくうように粉を左から右に回し込む。

5 右手で粉を受け、裏返しするようにしながら粉をかき混ぜる。

6 粉をかき混ぜる手は、あくまでも指先だけで行う。手のひらに粉が付かないようにする。

7 粉に水分をムラなく行きわたらせるように、両手の指先ですくい、あおるようにもみ上げをくり返す。膝・腰を使って、手際よくリズミカルに行う。

8 粉全体に水が行きわたってくると、粒々ができ、パン粉状態になる。

2回目の水回し

9 粉を平らにならし、残りの水の約半分強（130~150cc）を、「の」の字を描くように全体に回しかける。

10 指先で水に粉をかぶせるようにしながら粉を回し、かき混ぜていく。

11 両手で粉をあおるように、もみ上げをくり返す。

12 粉が少しずつ小さな玉のように大きくなる様子を見ながら、手のひらでかき混ぜるようにする。

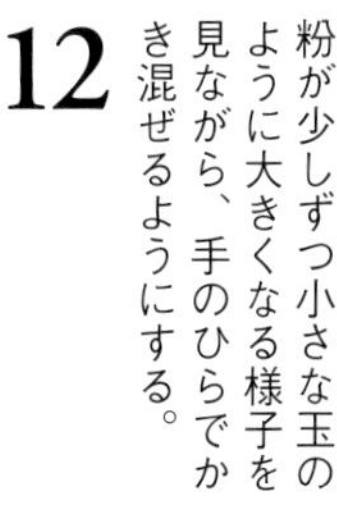

13 あおるようにもみ上げをくり返す。次第に粒々の塊が全体にできてくる。

3回目の水回し

14 残り水を手振りで回しかける。微調整の極め水なので数回に分けて行う。

15 粒々の塊をかき混ぜると、小さな粒がさらに大きくなってくる。

16 両手で粒々をあおるようにもみ上げをくり返すと、大きな塊になっていく。

練り

17 水回しを終えたら、木鉢に付着した粉をそぎ落としながら塊を集め、まとめる。手に付着した粉も落とす。

18 まとまりを両手で練りながら二つの塊を作るように練り込む。

19 左右の手の中の塊を練りながら、木鉢に残る塊をまとめ込んでいく。

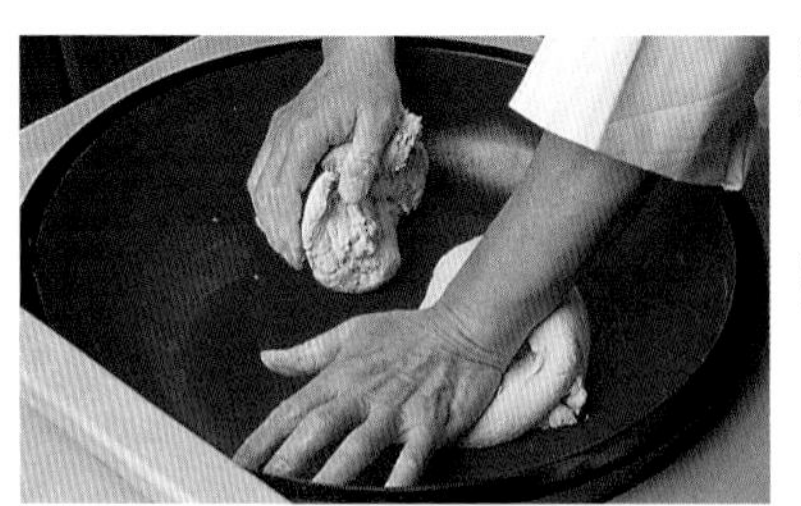

20 木鉢の曲面を使い、塊の外側を内側に折りたたむように回転させるように左右交互に練り込みをくり返す。

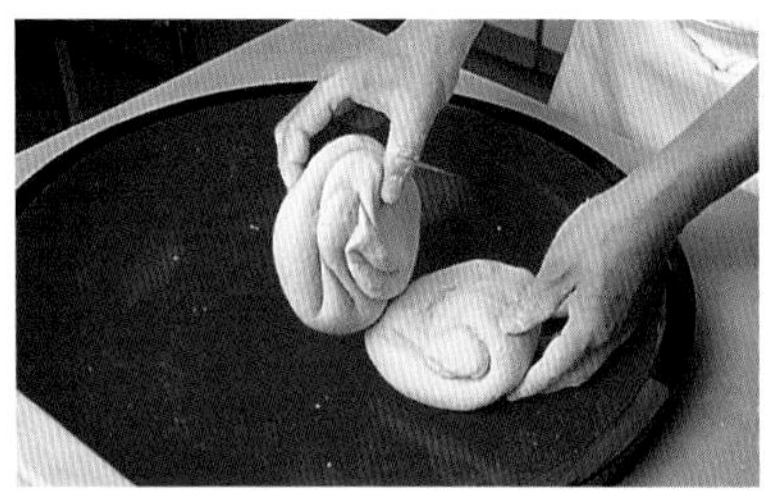

21 二つの練り上がった塊を、艶のある面を外側に、しわのある面を内側に重ね合わせる。

22 重ね合わせた塊を、木鉢の曲面を利用しながら練り込んでいく。

23 練り込みは、たんに上から押さえ込むのではなく、前方に引き延ばすようにする。一つの塊になるまで練り上げる。

菊練り

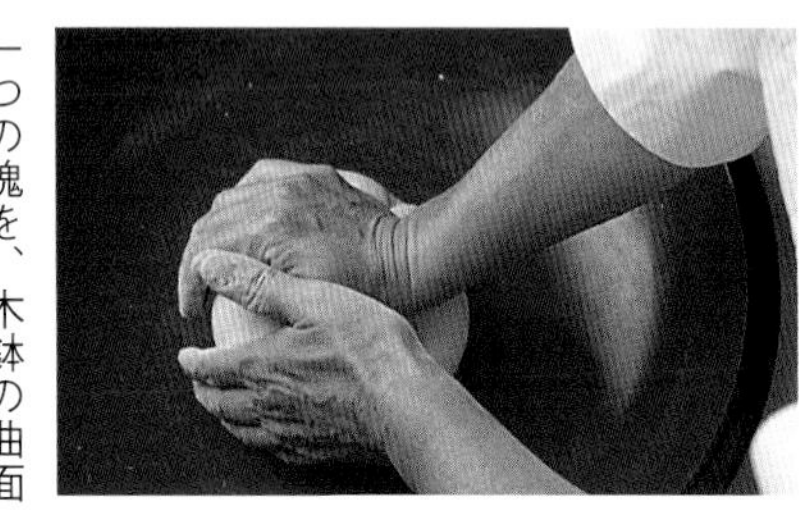

24 一つの塊を、木鉢の曲面を利用して、外側から内側に折り込みながら練り上げていく。

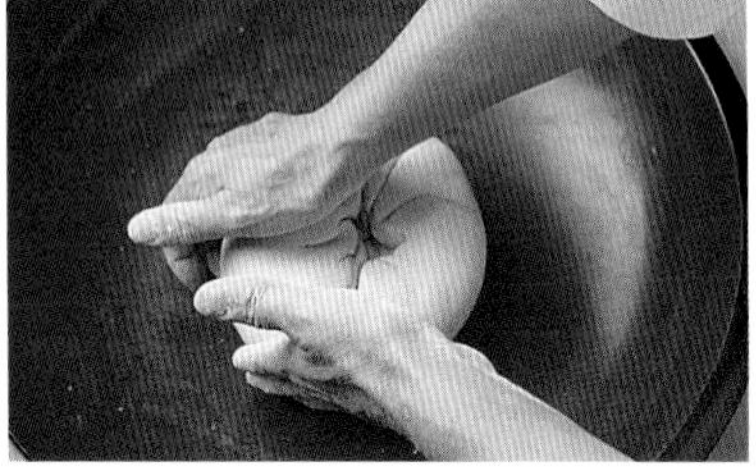

25 左手で支え、右手で練り込む。回転させながらくり返していく。

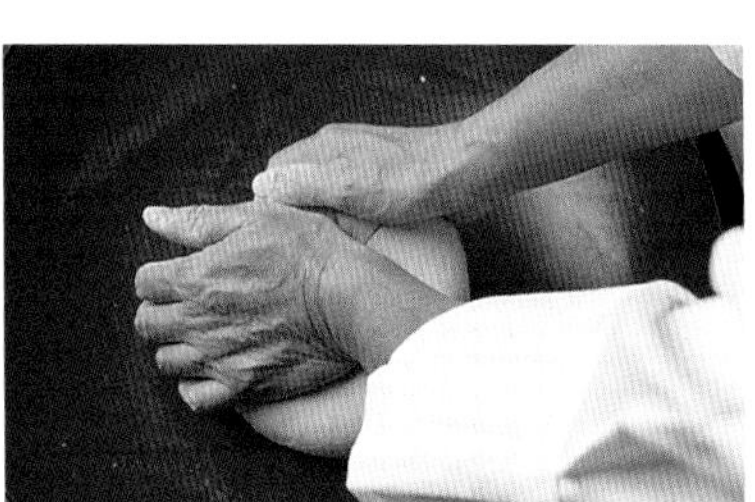

26 左手でそば玉を軽く押さえ込むようにしながら、右手でそば玉を練り上げていく。

27 練り上げが進むにしたがって練り込みを浅く、盛り上げるようにくり返していく。

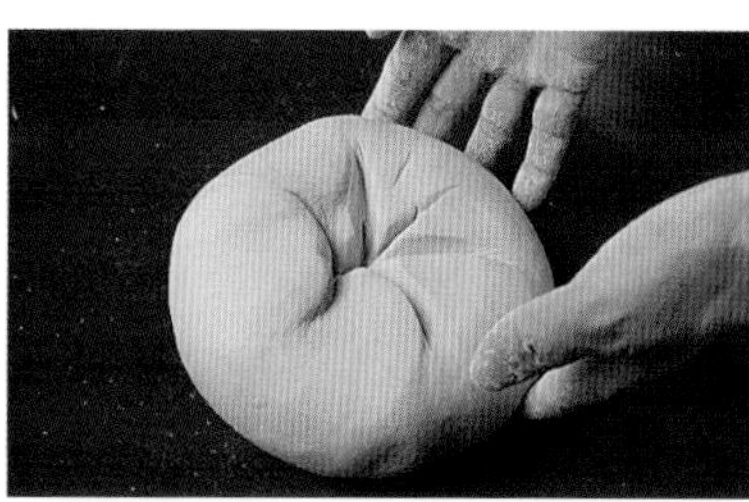

28 出来上がりの姿は、菊の花の模様のように仕上がる。

29 菊練りで仕上がった花側を手前に向け、外側を手のひらで挟み込むようにして絞り込む。回し込みながらくり返し、次第に円錐形にしていく。

30 木鉢の曲面を使い、転がしながら左手の外側で押さえ込むようにして、菊の花から空気を抜くように手のひらで手前に絞り込む。

31 絞り込んだ形は、菊の花の形が小さく絞られたようになる。

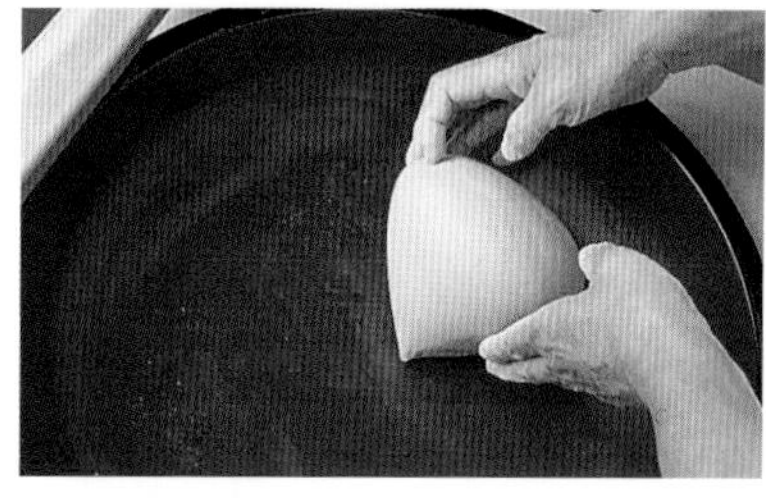

32 木鉢の曲面を利用して菊模様のほうを下に転がし、先を尖らせてラッキョウの形にする。

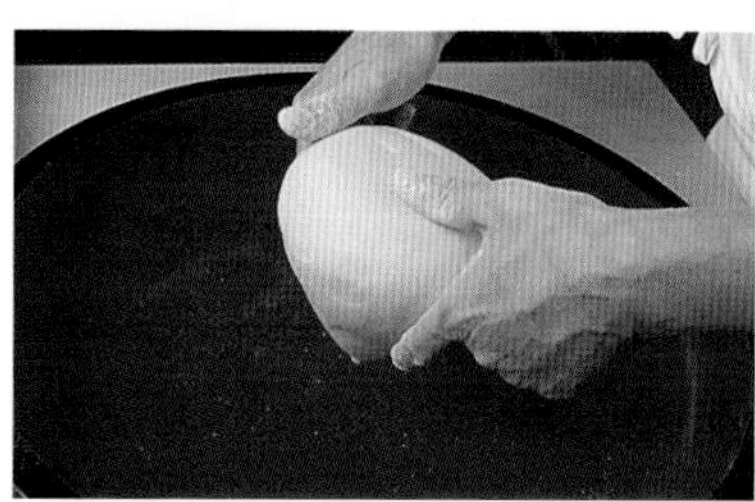

33 円錐形の先を下にして、手のひらで回すようにしながら片手で押さえ込む。

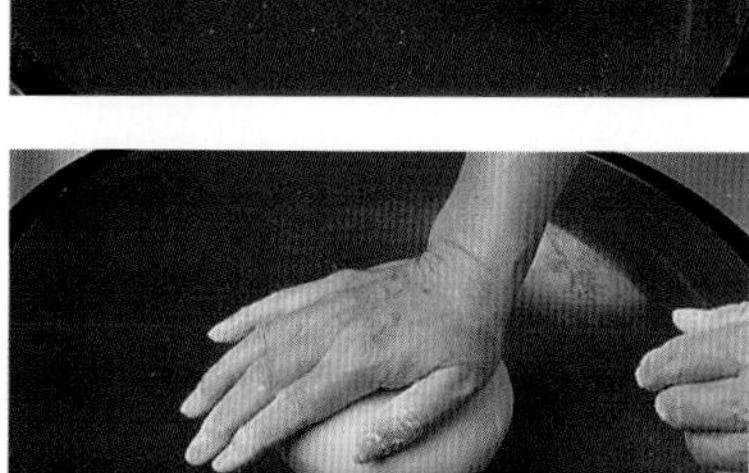

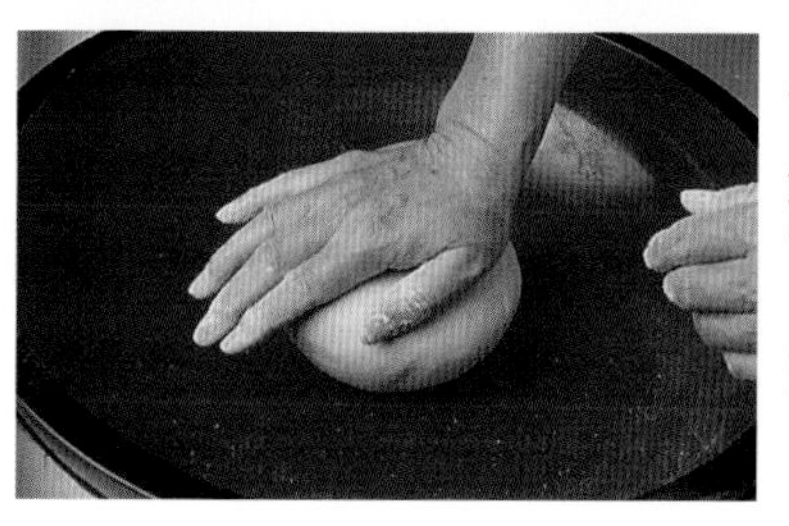

34 扁平な形に押さえ込み、厚みが均等になるようにお供え餅のようにする。

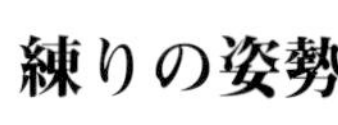

練りの姿勢

両足を肩幅ほどに開き、踏ん張れるように前傾姿勢をとり、肘を伸ばすようにして体重をかけて練る。目線を手元より若干手前になるようにすると、体重がそば玉にかかる。

延し

鏡出し（地延し）

1 延し台のそば玉を置くところに打ち粉を振り、そば玉を置く。そば玉の上にも打ち粉を振る。打ち粉は均等に振る。

2 そば玉の上に両手を重ね、手のひらで徐々に円形を作るように時計回りに押し広げていく。手のひらの移動は90度ほどずつをくり返していく。

3 そば玉の中心部が小山のように残るので、その部分を手のひらで均等に押し広げる。

4 麺生地の表面を凹凸がないように円形に平らに押し広げる。この時、麺生地の縁をつぶさないように注意する。

5 均等の厚さの円形になるように、そば玉を回しながら手のひらで押さえて仕上げる。厚さは1cmくらい。この工程を江戸流では、鏡出しという。

丸出し

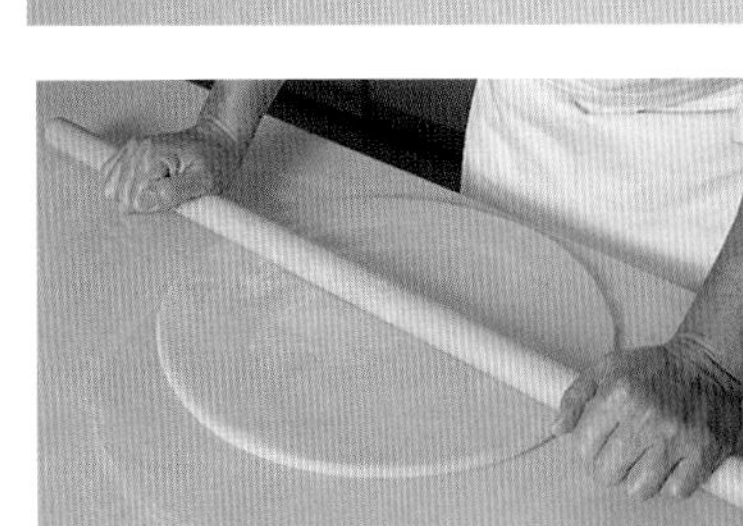

6 麺生地の上に打ち粉を少し振る。延し棒で麺生地の中心部の手前から前方に延していく。延し棒に力を入れすぎずに転がすように延していく。

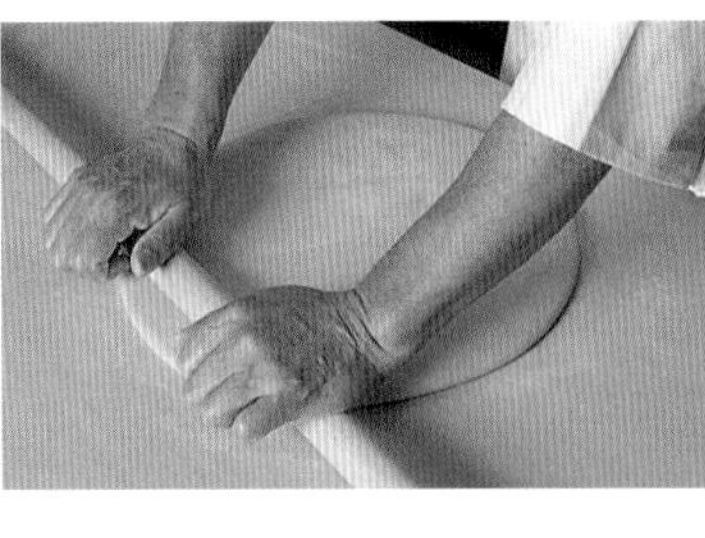

7 延し棒での延しは、時計の10時、12時、2時の方向に数回ずつ延しをくり返しながら円形に仕上げていく。

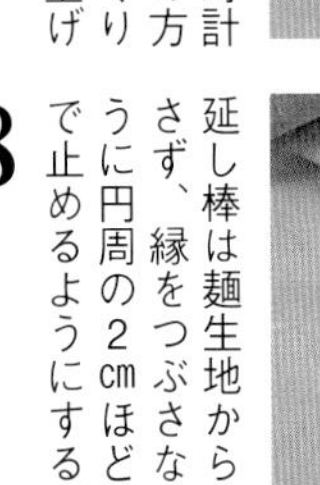

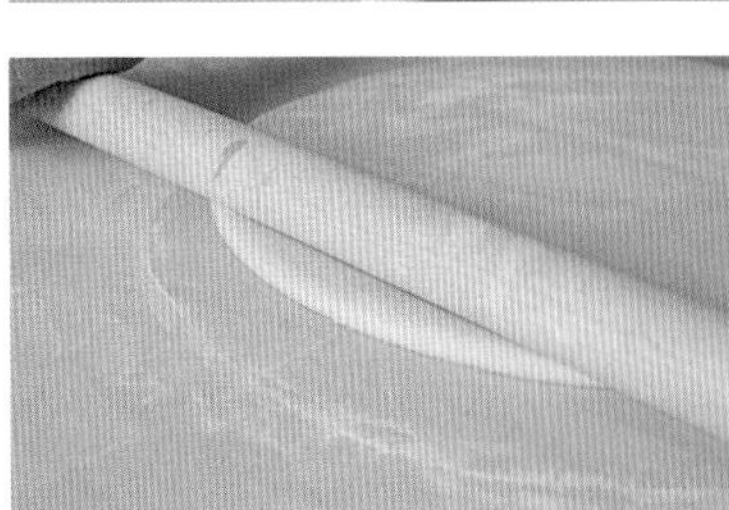

8 延し棒は麺生地から落とさず、縁をつぶさないように円周の2cmほど手前で止めるようにする。

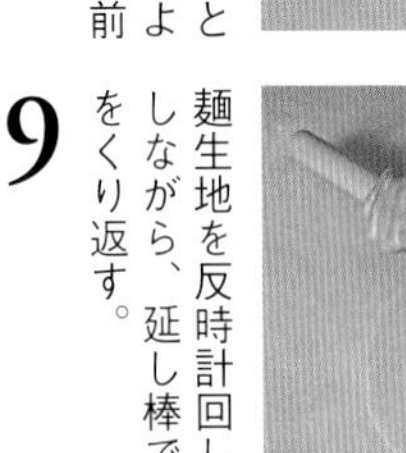

9 麺生地を反時計回しに回しながら、延し棒で延しをくり返す。

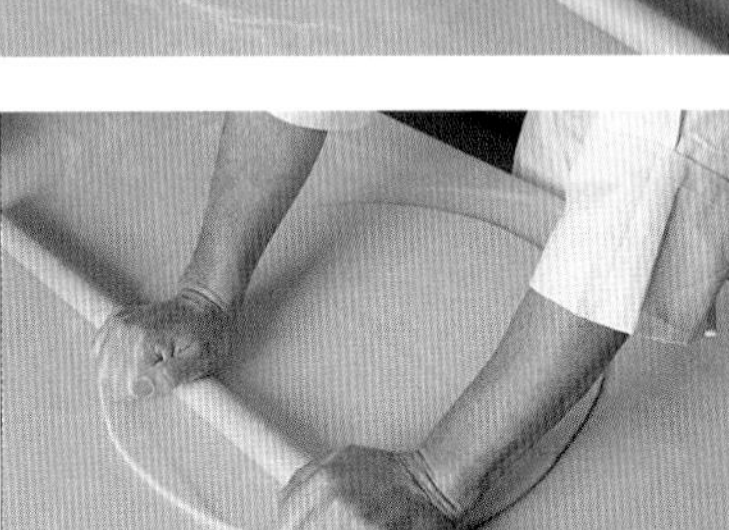

10 延しの作業をくり返し、徐々に大きな円になるのに応じて、均等な厚さに、円形に仕上げるようにする。

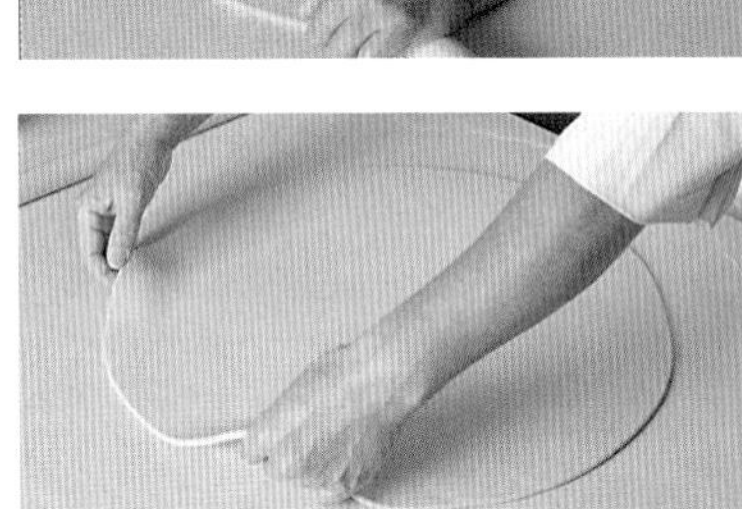

11 直径40cmほど、厚さ7mmほどの円形になった麺生地の厚さを確認する。

四つ出し

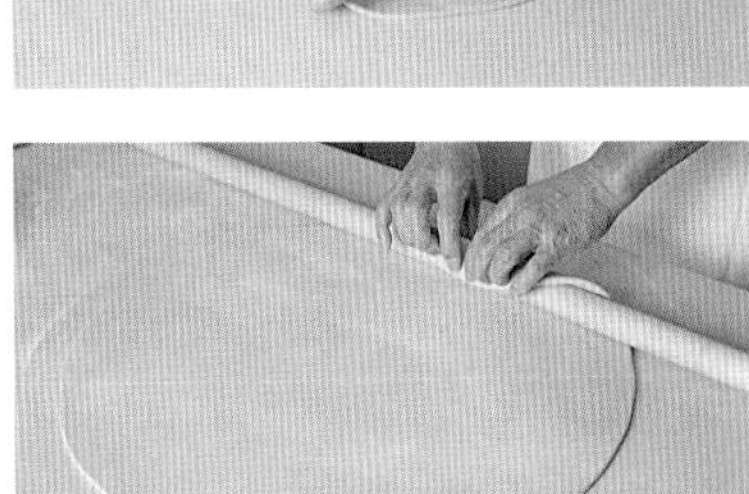

12 麺生地の上に薄く打ち粉を振る。麺生地を巻き棒に20cmほどかぶせ、巻き棒を手前に引き戻し、端からきっちりと巻き付ける。

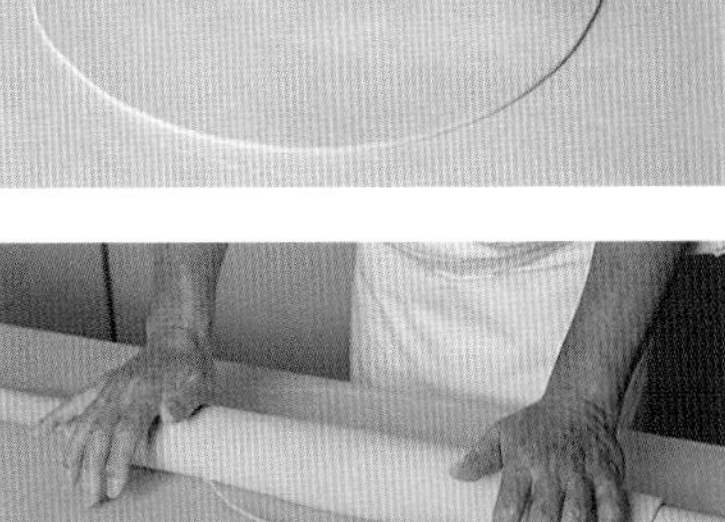

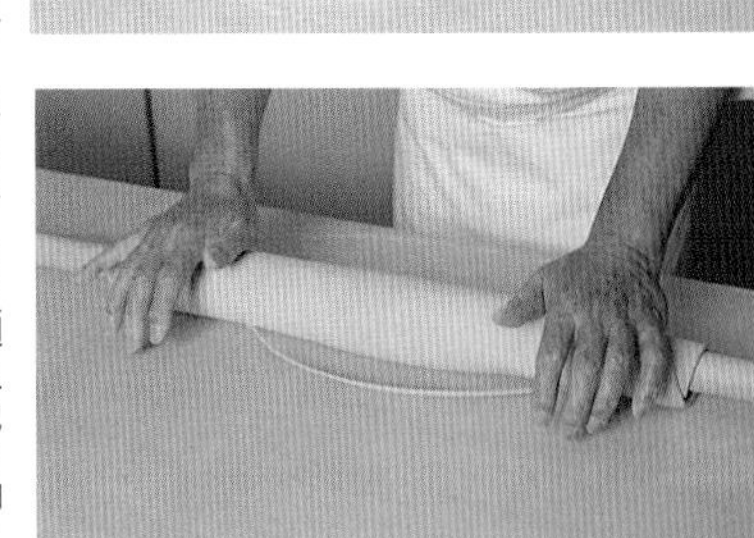

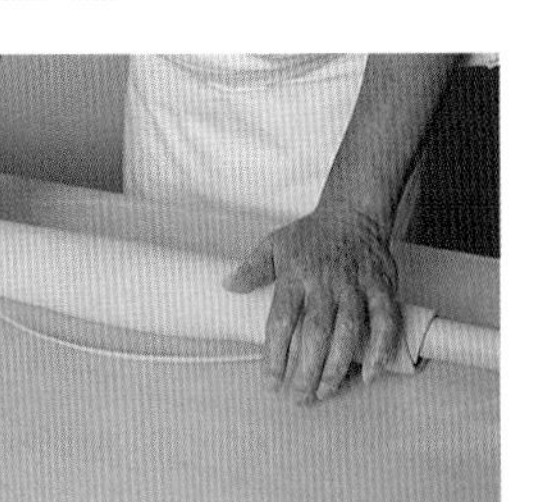

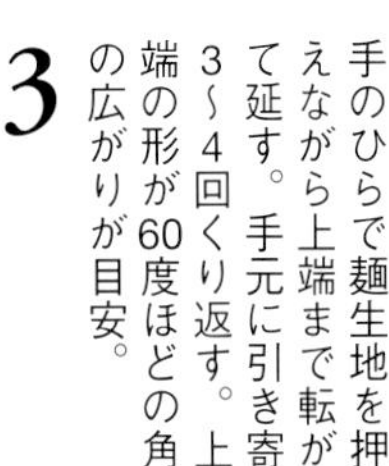

13 手のひらで麺生地を押さえながら上端まで転がして延す。手元に引き寄せ、3〜4回くり返す。上の端の形が60度ほどの角度の広がりが目安。

14 麺生地を巻き棒に巻き付けたまま両手を交差させて180度向きを変え、手元から奥のほうに広げる。麺生地は縦長の菱形になっている。

15 巻き棒を手前に引き寄せ、麺生地を⑫の要領で巻き付ける。

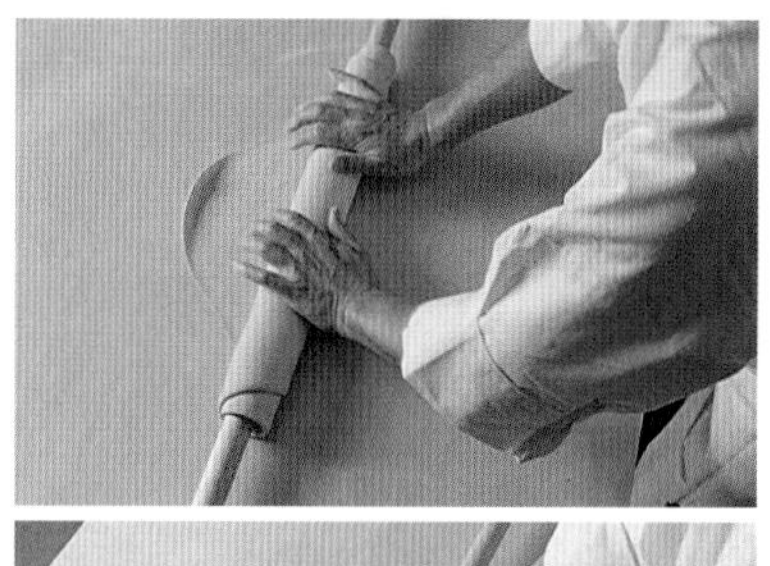

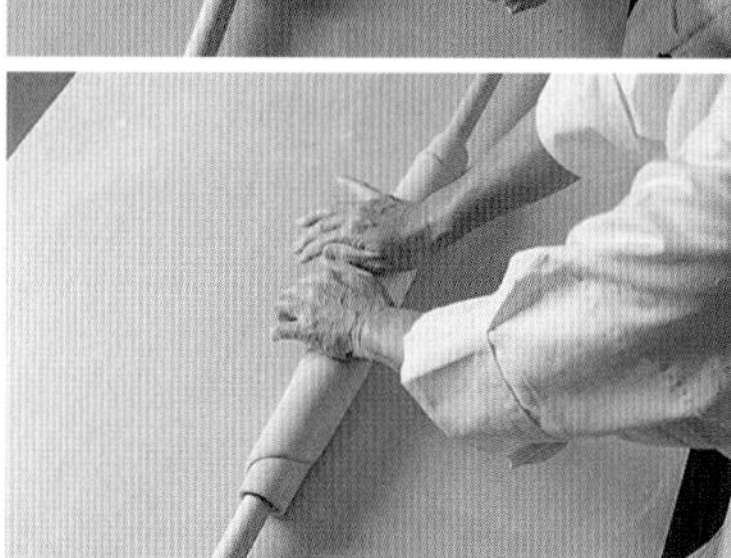

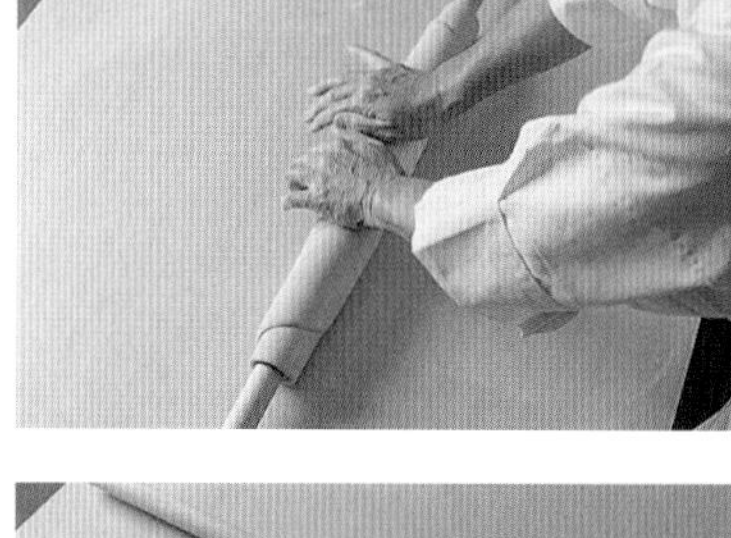

16 ⑬の要領で巻き延しを3～4回くり返す。麺生地の両端から徐々に中心に移動するように手のひらで押さえながら転がして押し延していく。

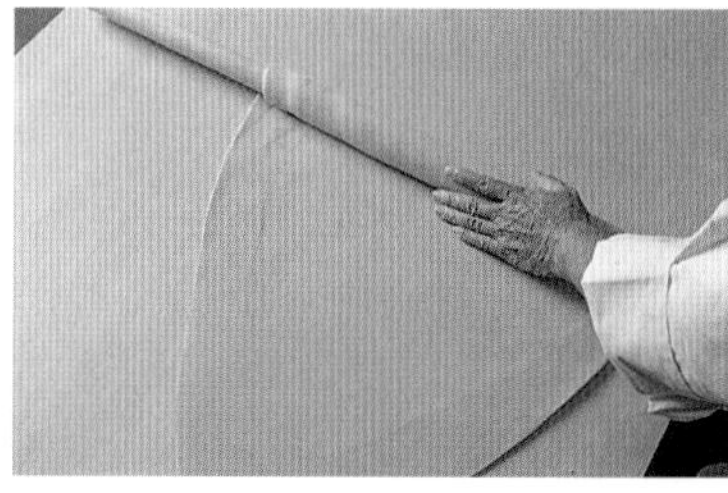

17 延し台に薄く打ち粉を振り、麺生地を巻き棒に巻き付けたまま90度反時計回りに方向を変えて広げる。

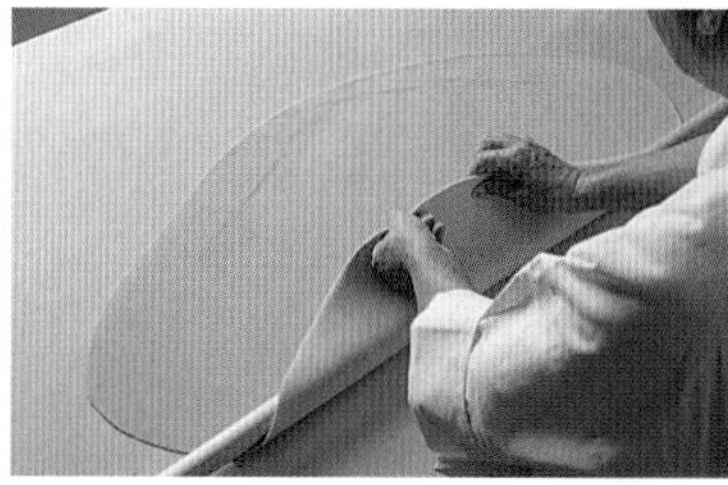

18 80㎝ほどの長さの菱形の麺生地の手前に巻き棒をのせ、打ち粉を薄く振りかけてから巻き付ける。⑫の要領。

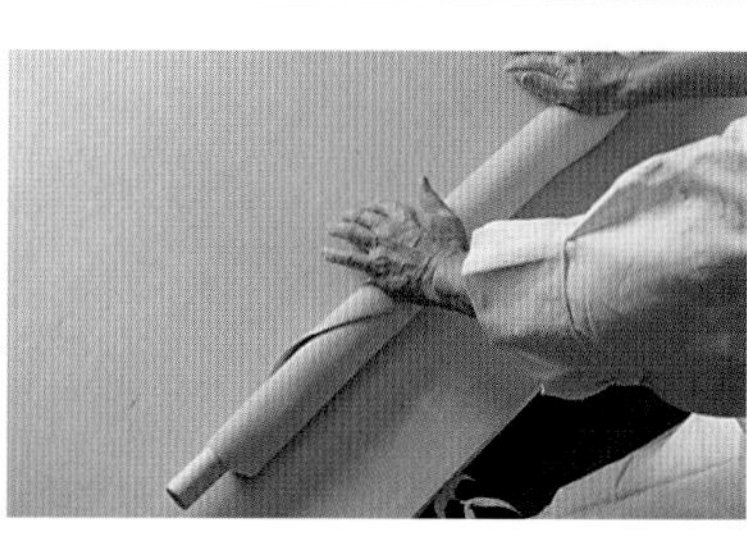

19 ⑬の要領で巻き延しを3～4回くり返す。厚みのムラを手のひらで感じながら、手のひらの押さえを少しずつ移していく。

20 ⑭の要領で麺生地を180度向きを変えて広げ、手前から巻き取り、転がしながら延す。麺生地の上の端の角度が90度ほどになるように延す。

21 巻き棒を延し台の右斜め上に置き、左下に向けて広げていく。広げ終えると一辺が75㎝ほどの正方形になる。

肉分け・幅出し

22 麺生地の上に薄く打ち粉を振り、巻き棒に麺生地を20㎝ほどかぶせ、巻き棒を手前に引き戻して麺生地の端からきっちりと巻き付ける。

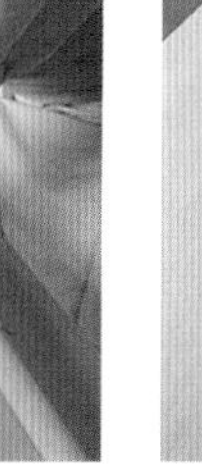

23 麺生地の3分の2を広げ、左右の辺のやや厚いところを延し棒を転がして厚みを均等にしていく。

24 延し棒で麺生地の左右の角を出し、上辺を平行になるように揃える。肉分けと幅出しを同時に進める。

本延し

25 麺生地を巻き棒に巻き付け、180度向きを変える。手元から半分ほど広げ、別の巻き棒で広げた麺生地を巻き取り、残りの麺生地を広げる。

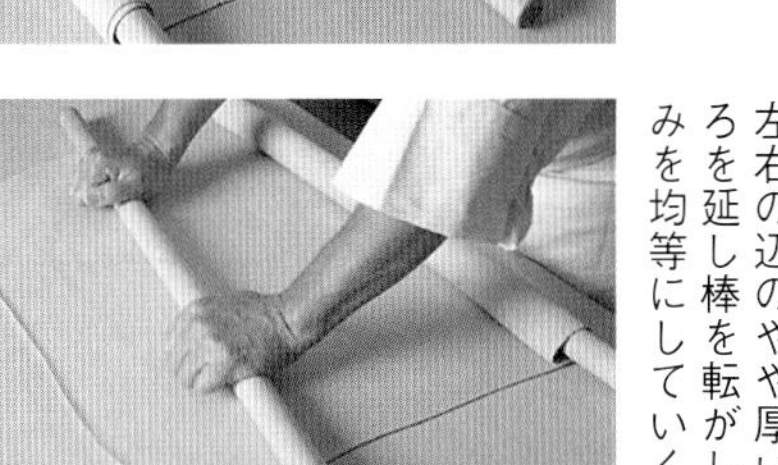

26 左右の辺のやや厚いところを延し棒を転がして厚みを均等にしていく。

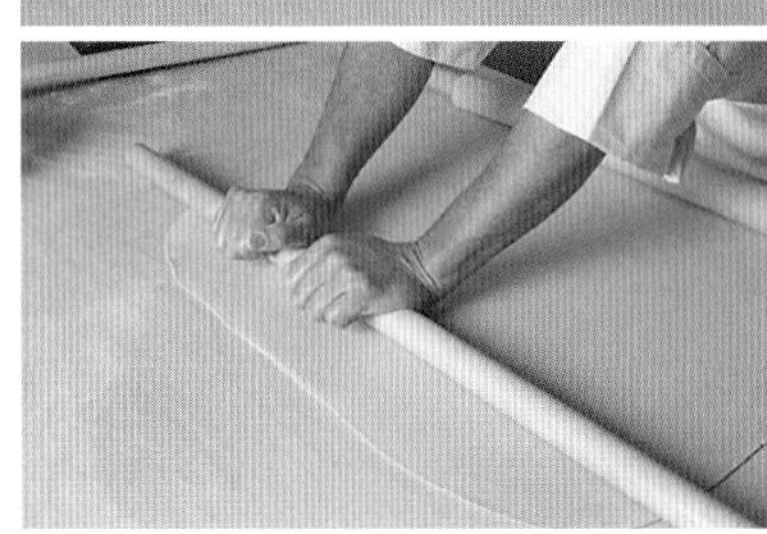

27 ㉔の要領で左右の角を出し、上辺を平行に揃える。

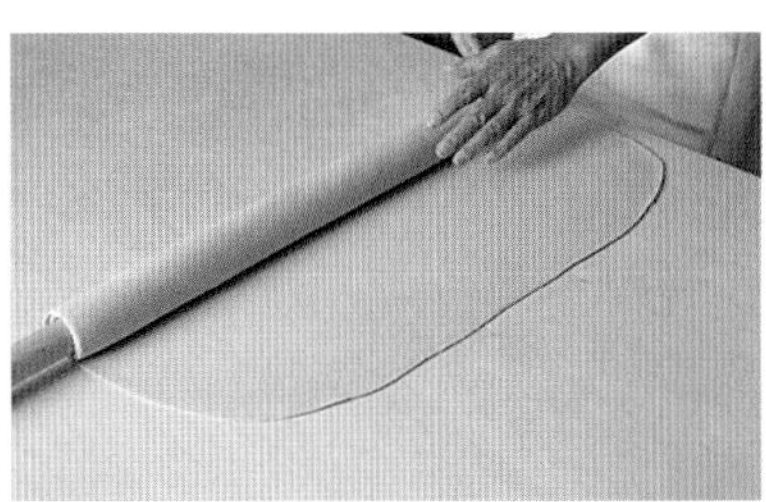

28 麺生地を巻き取り、90度向きを変えて延し台に広げる。左右の辺の長さは80㎝強になる。

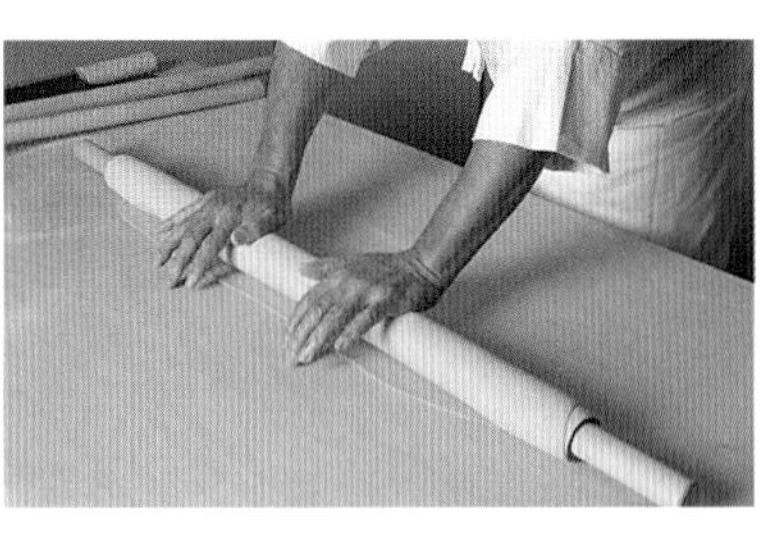

29 広げた麺生地に打ち粉を薄く振り、巻き棒に巻き取り、厚みのムラを手のひらで感じ取りながら、押さえる位置を端から中へ、中から端へと移し、転がしていく。

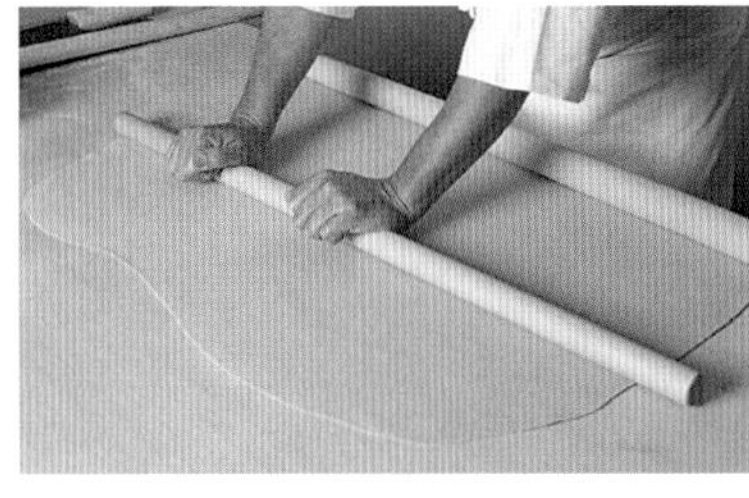

30 3分の2ほどを広げ、厚みを見定めながら延し棒で手前から奥に少しずつ均等に延していく。

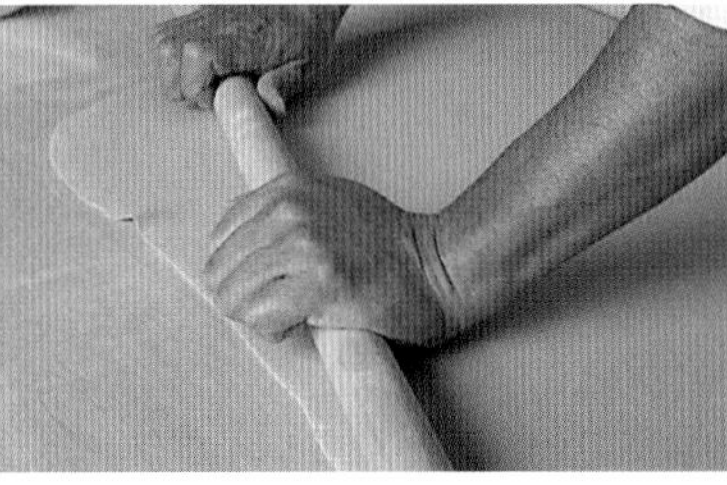

31 延して巻き取る作業をくり返しながら、左右の角から順に上辺の中央の厚さをならし、延し台と平行になるようにする。

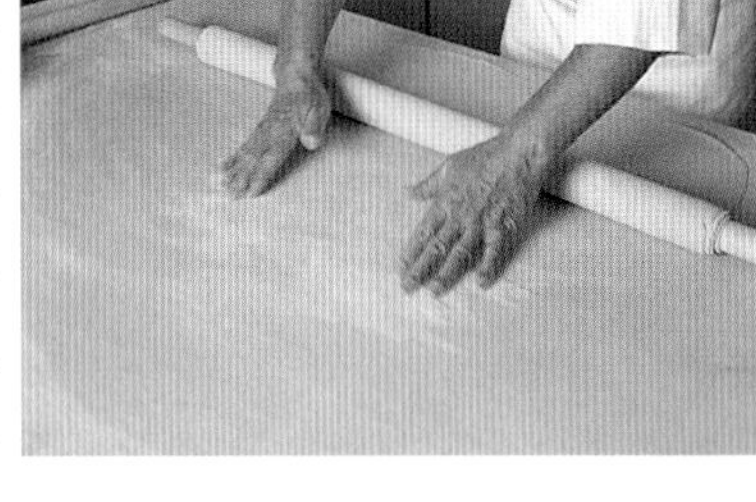

32 麺生地を巻き棒に巻き付けたまま左右の手を交差させ、180度向きを変えて手元に置く。延し台に打ち粉を薄く振る。

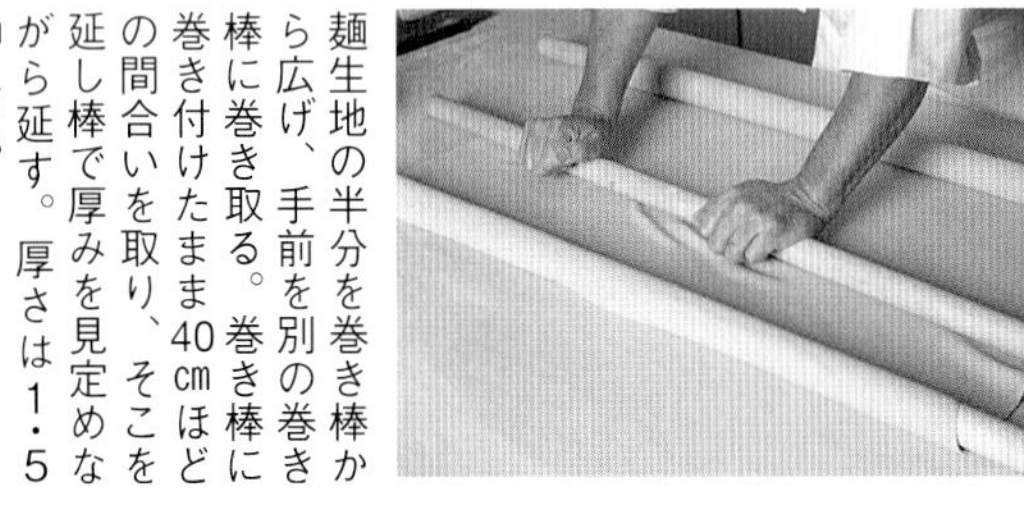

33 麺生地の半分を巻き棒から広げ、手前を別の巻き棒に巻き付けたまま巻き取る。巻き棒に巻き付けたまま40㎝ほどの間合いを取り、そこを延し棒で厚みを見定めながら延す。厚さは1.5㎜見当。

34 延し方は、手先で力を入れて延すのではなく、腕を伸ばして上半身の動きで延すようにする。

※打ち粉の振り方について

延しの工程においては、打ち粉は極力少なく振るようにしたい。打ち粉が多いと、麺生地に打ち粉が入り込み、そばの食感がざらついてしまう。

切り

たたみ

1 麺生地を巻き棒に巻き付けたまま90度向きを変えて左側に置き、約3分の2を延し台と平行に広げ、打ち粉を麺生地全体に均等にやや多めに振る。

2 巻き付けた麺生地を左手で押さえながら、右手で巻き棒を移動させて左端へ合わせるように重ねる（2枚重ね）。

3 右端の折り返しを決め、打ち粉を麺生地の表面全体にやや多めに振る。

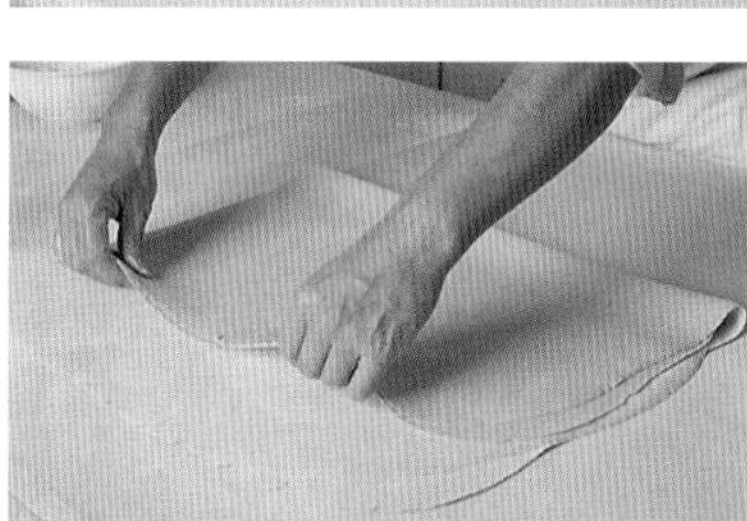

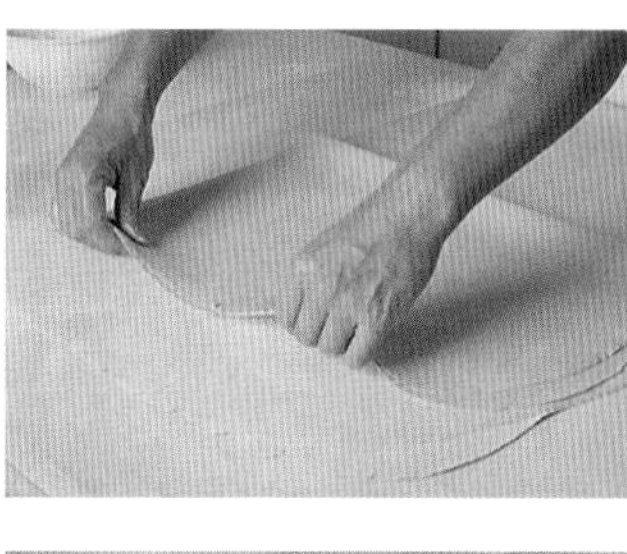

4 手前から奥のほうに滑らせるように上辺を揃えて重ねる（4枚重ね）。

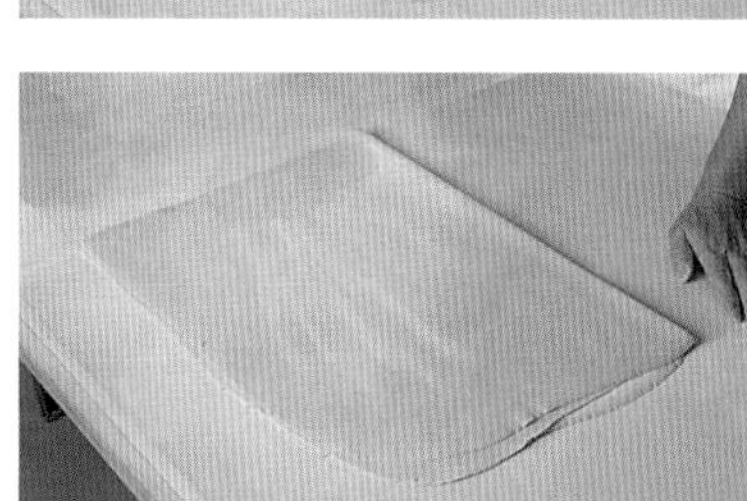

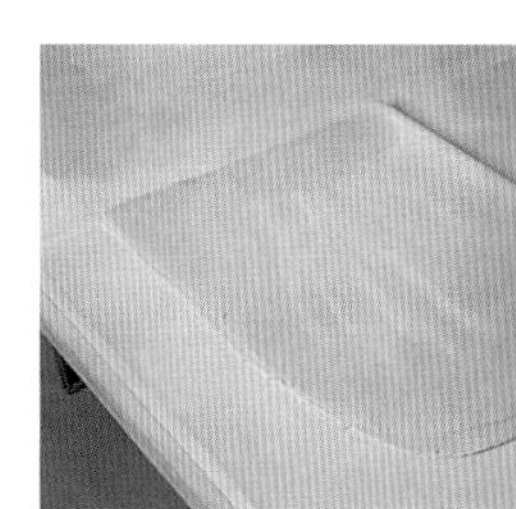

5 手前の折り返しを決め、③と同様に打ち粉を麺生地全体に均等にやや多めに振る。

6 ④の要領で、麺生地の手前から前方に滑らせるように上辺を揃えて重ねる（8枚重ね）。

切り

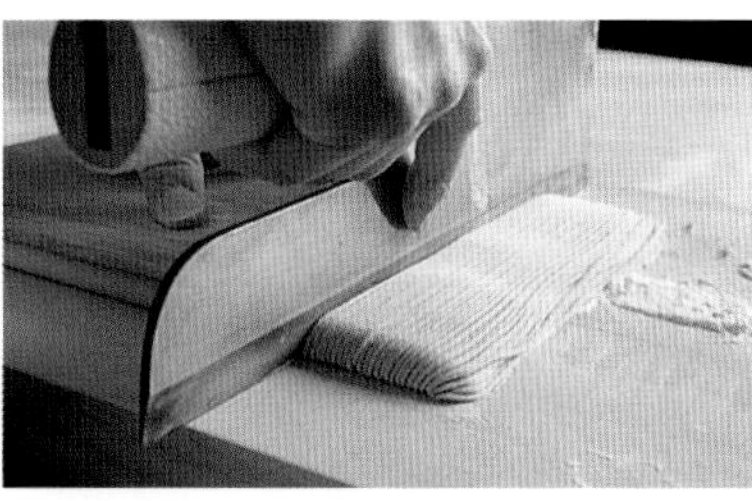

7 切り板表面の凹凸の有無を確認し、打ち粉を上にやや多めに振る。折りたたんだ麺生地をのせ、その上に打ち粉をやや多めに振る。

8 包丁を麺生地の右端に合わせ、こま板を麺生地と平行に包丁に沿わせてのせる。麺生地の厚さ（1・5㎜）と同じ一定の幅に包丁を横に傾けてこま板を送り、こま板の枕に沿って包丁を切り落とす。

9 一こま分（幅で約8㎝、切る回数50回ほど）を切ったらこまを開き、打ち粉を切り口に当たるようにする。包丁は切り幅を一定にリズミカルに行う。

10 開いた一こま分を左手ですくい取り、右手に持ち替えて、延し台に振り落とすように打ち粉を払う。

11 打ち粉を振るい落とした後、生舟に並べていく。切り終えるまで同様にくり返す。

切りの姿勢

両足は肩幅よりやや狭く開き、右足をわずかに引き、楽な姿勢で構える。こま板を定規に、包丁の重さを利用してリズミカルに切る。

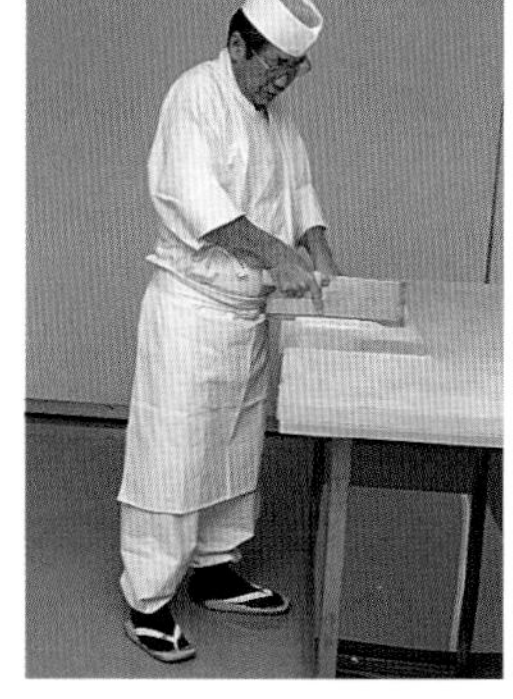

そば打ち技術の真髄

唐橋 宏

桐屋●福島・会津若松

アマチュアでも失敗しない、誰もがすぐにでも参考にできる確実な木鉢の手法

そばは細打ち。原料は会津産の玄ソバを石臼で自家製粉している。会津塗の曲げわっぱの蒸籠に盛る。また、宮古地区の湧水で楽しむ水そばは、唐橋氏が商品化したもの。

そばで地域おこしを提唱

昭和36年創業の「桐屋」主人、唐橋宏氏は福島県会津地域の活性化を提唱して、平成3年に「会津そばトピア会議」を創設し、会長として活躍。平成15年には、国土交通省が発足させた「観光カリスマ」制度において、そばによる地域おこしの「カリスマ」に任命されたことから、ますますそばとの関係を深め、全国各地に東奔西走している。

全麺協とは平成5年の発足当時から関わり、日本そば博覧会の開催や素人そば打ち段位制度の運営などにリーダーシップを発揮している。

アマチュアへの指導に工夫

「木鉢三年、延し三月、切り三日」といわれるように、木鉢の作業は手打ちそばの出来上りを左右し、味を引き出す基本である。

しかしながら、この木鉢の作業でアマチュアが失敗する例が多いことから、いかに失敗を少なくするか、との観点から独特の手法を薦めている。その手法が、水回しでの手もみと小分けであり、さらに段階的な組み合わせによる練りの手法だ。

水回しの1回目及び2回目の段階で、両手を合わせるようにして粉に水を含ませていく手もみの作業は、多くの郷土そばで見られる手法。初心者にとって、手もみの手法は指先でかき混ぜる方法に比べてなじみやすく、やりやすそうである。

また、水回しを段階的に2等分から4等分していく小分けの手法は、経験の多寡を問わずアマチュアが陥りやすい加水の失敗を避けるために参考にしたい手法である。小分けした塊を組み合わせての練りも、水回しの良し悪しを確認しながら取り組め、陥りやすい失敗を避けることができる。

これらの手法は、アマチュアへの手打ちそばの指導や段位認定会の審査員として数多くの失敗例を見てきた唐橋氏ならではの、経験を踏まえての工夫の結果である。

手打ちの道具類は実用性を重視したもので、使い込まれ、味わいがある。木鉢は木肌を生かした会津塗。麺棒はやや太めの檜（延し棒は90cm、巻き棒は110cm）。包丁は自らデザインした本打ちの特注品。こま板は檜。枕の面にやや傾斜角があるのは桐屋特有。

木鉢

1回目の水回し

1 小麦粉とそば粉をふるいにかけて木鉢に入れ、かき混ぜる。

2 真ん中に粉を集めて小山にし、カルデラのように窪みを作る。1回目の加水は用意した水の3分の2を入れる。粉の総量は1kg（小麦粉2、そば粉8の割合）。

3 真ん中に溜まった水の上に、指先で周りの粉をかぶせるようにしながら混ぜ合わせる。

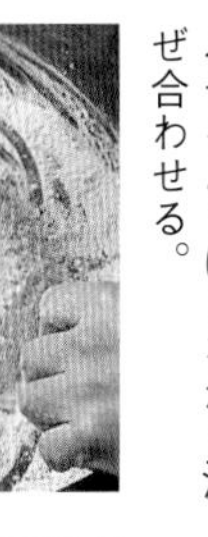

4 粉を両手ですくうようにかけながら混ぜ合わせる。

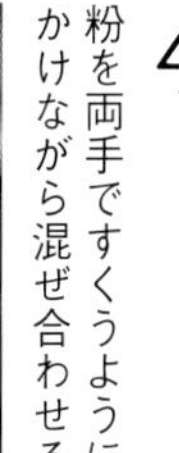

5 両の手のひらですくい取り、手のひらを重ね合わせるようにしてダマになっているところを手早くもみほぐす。3〜4回くり返す。

6 全体に細やかな粉の状態になったところで、両手の指先でかき混ぜる。

7 粒々のダマになっているところをすくい取り、さらに細かくもみほぐす。全体をパン粉状の小さな粒子に揃うようにする。

2回目の水回し

8 粉の山の上に窪みを作り、カップから残りの水の3分の1ほどを入れる。

9 両手で持ち上げるように混ぜ合わせた後、かき回すように動かす。手に付いた粉はすぐに取ること。

10 手早く大きくかき回す。粒々が寄り合い、徐々に小豆粒ほどの塊になってくる。

11 さらに両手の指先で大きくかき混ぜていくと、次第に粒々が大きくなってくる。

水回しの姿勢

木鉢を上から見下ろすような自然な立ち姿を作る。両足は肩幅ほどに開いて構える。肘をゆったりさせ、身体全体で水回しを行う。

12 全体に大豆くらいの粒々ができてきたら、加水の頃合を見定めるために粒々を片手で取り出してみる。

13 粒々の一握りをよく練って塊にまとめて、指先で水の浸透具合と硬さを見極める。

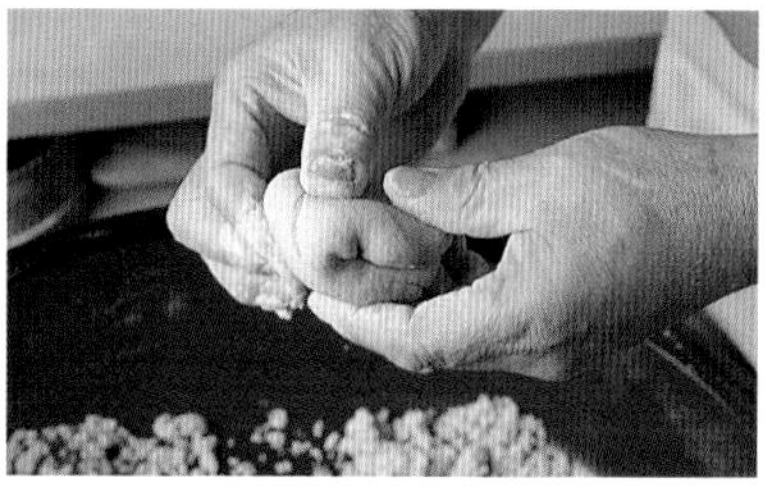

3回目の水回し

14 塊が適度な硬さだと思ったら、粒々になった粉の半分ほどをまとめて練り、加水の状態を見極める。

15 加水がやや不足している場合は、残り半分の粒々の粉に少し加水する。この時、水が入りすぎないように注意する。

16 加水した粉をかき混ぜ、水を浸透させる。

17 粒々が少し大きくなってきたら、その半分（全体の4分の1）ほどを練りまとめる。

18 ⑭で練りまとめた塊（全体の2分の1）を半分に分ける。

19 ⑱で半分に分けた塊の一つは木鉢に置き、残りの半分を⑰で練りまとめた塊と合わせる。

20 一つに合わせた塊を練る。

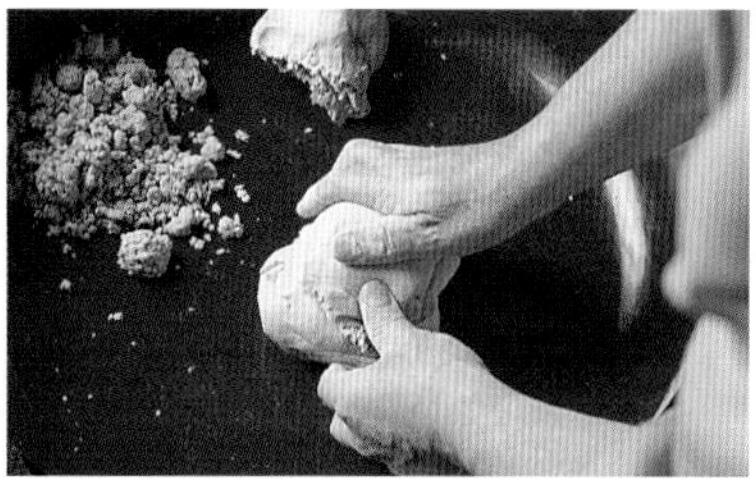

21 一つに合わせた塊を練り込んで硬さを見極める。

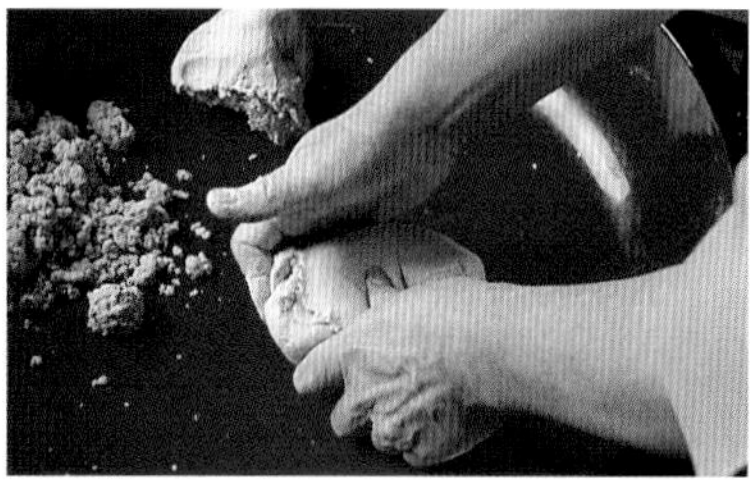

22 最後に残った粒々の粉に、微調整の加水をする。

23 ㉒の粒々を練り込む。

24 ㉓の塊と⑲で木鉢に置いておいた塊を合わせ、練り込んでいく。

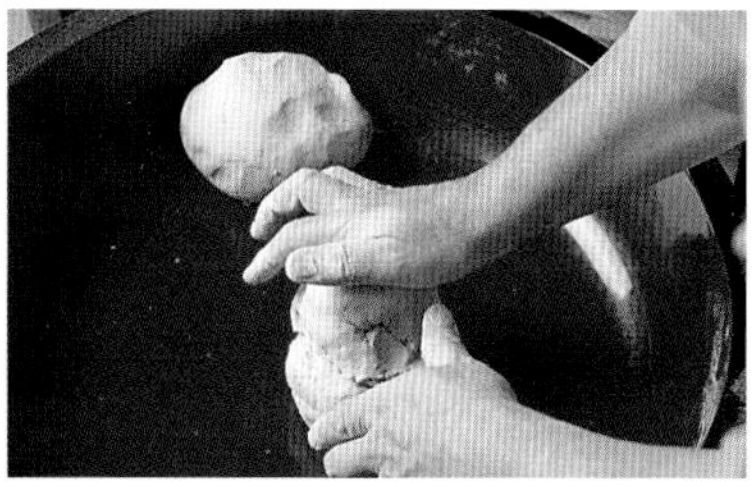

練り

25 ㉑で練った塊と㉔の塊を合わせて、一つの大きなそば玉の塊にする。

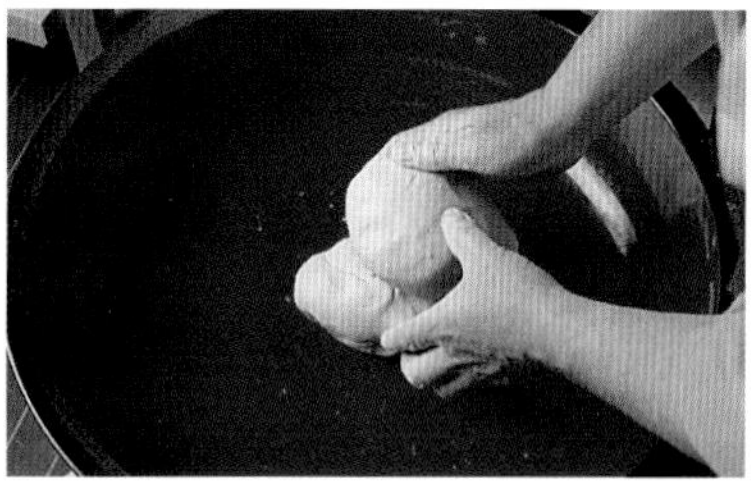

26

合わせた塊の左側に左手を添えて押さえ、右の手のひらで練り込んでいく。塊を左手で回しながら体重をかけて練り込みをくり返し、練り上げる。

菊練り

27

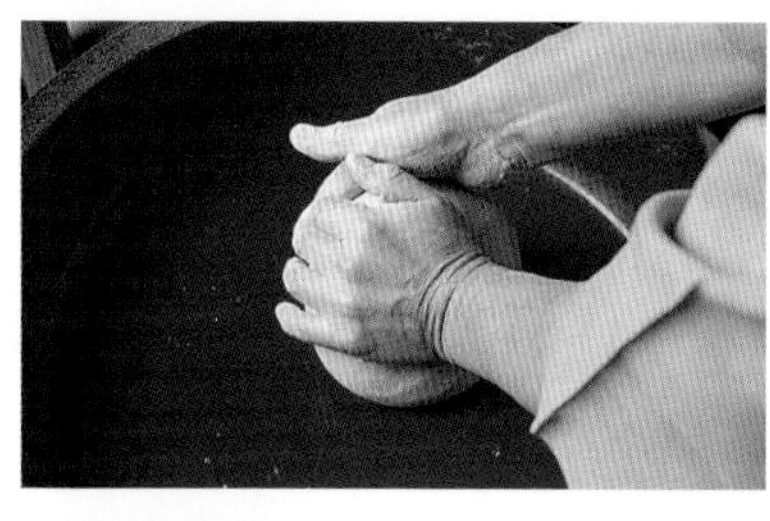

練り上がりの状態を見定め、菊練りの作業に移行する。左の手のひらで押さえ込み、右の手のひらを重ね合わせるようにして内側に折り込むようにする。

28

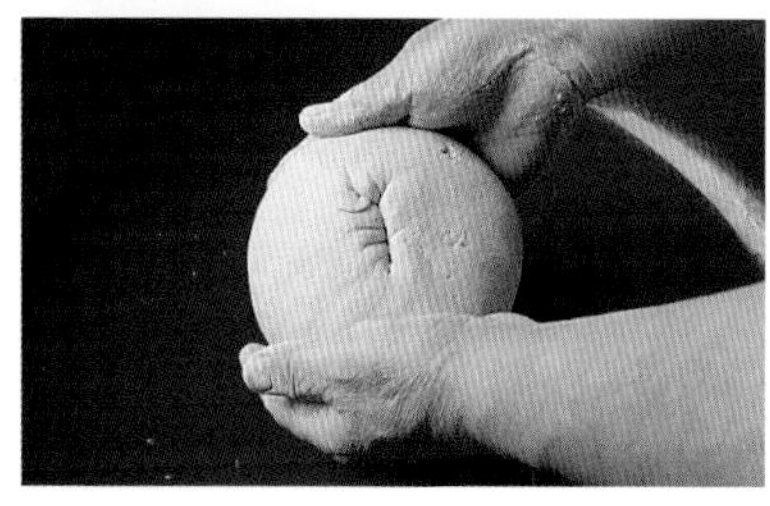

菊練りは菊の花模様にこだわることなく、素肌がしっとりとなめらかに艶が出るまで練り上げる。

へそ出し

29

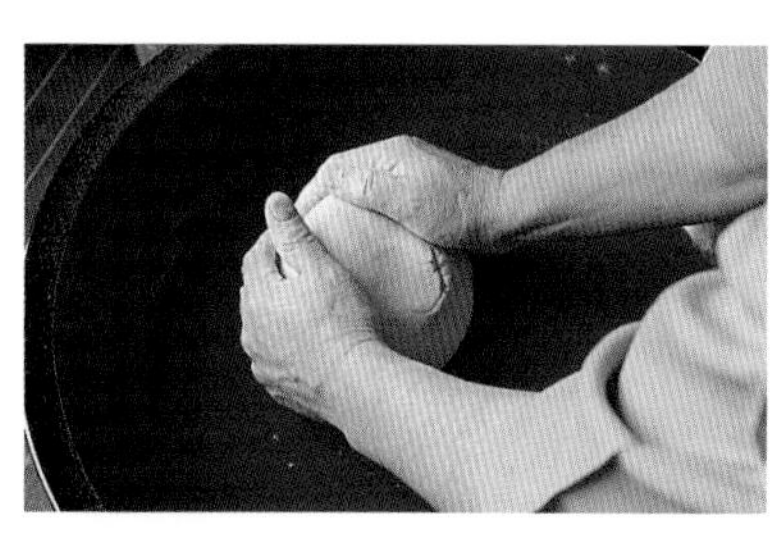

菊の花模様を手前にして立て、両側を手のひらで合わせるように押さえ、木鉢の向こう側の曲面を利用して手前に絞り込むようにする。指先は使わない。

30

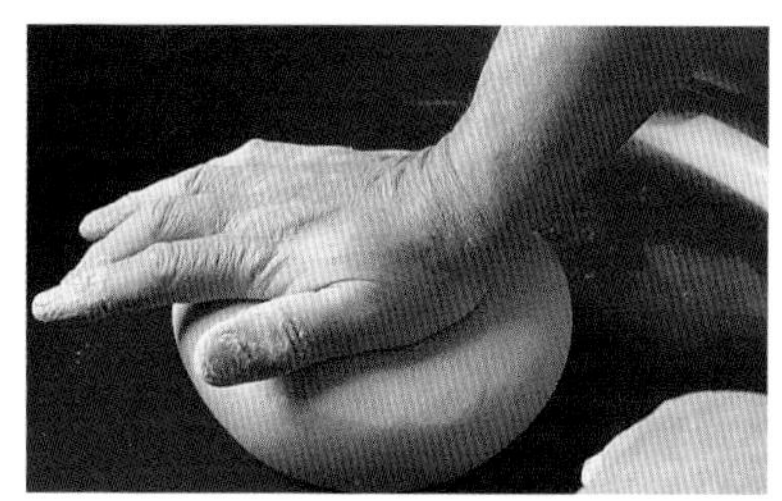

中心部にできたへそを上にして置き、右の手のひらで押さえつけて平らにならす。厚さ6～7㎝の円形にする。

※そば玉が硬い時の修正

硬すぎた時は塊を細かくちぎって加水し、そば粉を振りかけ、糊状になったものをからませて練り上げる。

※そば玉が軟らかい時の修正

やむをえないので、そば粉（場合によっては打ち粉）を加えて上記の手法で適正な硬さにする。

※木鉢の作業の注意点

木鉢の作業は15分以内に終わるように手早く行う。

延し

地延し

1

延し台に打ち粉を振り、その上にそば玉を置く。そば玉の上にも打ち粉を少し振る。

2

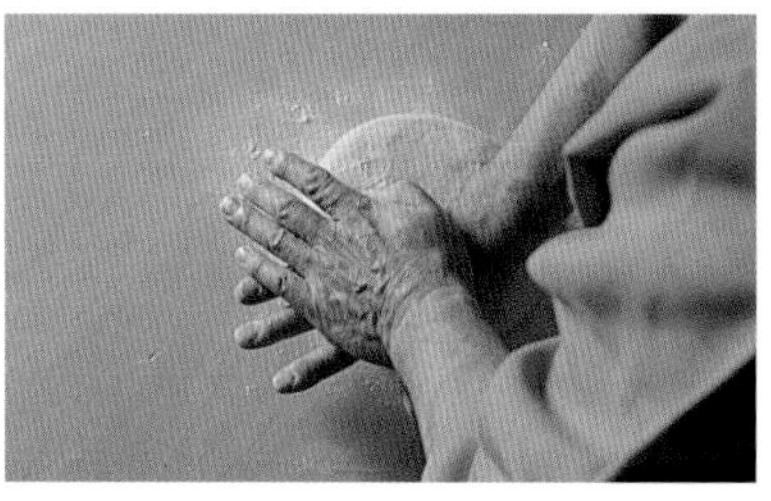

そば玉に右手を置き、その上に左手を重ねる。時計の10時の位置から右回りに、3時の位置まで右の手のひらで延していく。

3

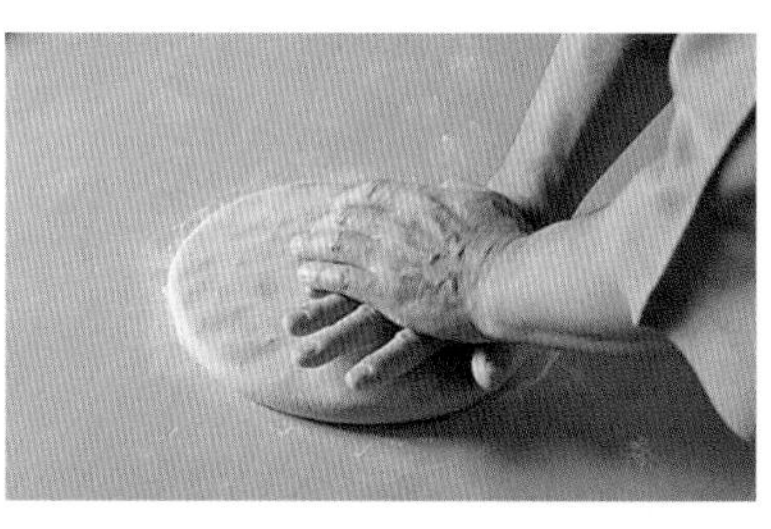

左手でそば玉の左側を持って回し、②の続きをくり返す。

4

1周で大きく延そうとせず、3～4周で直径30㎝ほどに延していく。一度に押さえ込まずに、手のひらで徐々に延していくのがポイント。

5

中心部にできる高まりは、手のひらで押さえ込みながら平らに円く薄く延す。直径は35㎝ほどになる。

丸出し

6

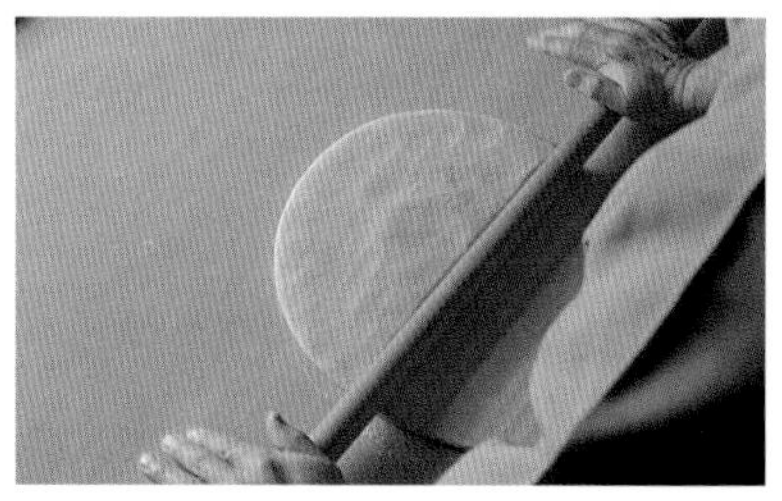

延し台に打ち粉を少し振って麺生地を置き、麺生地の上にも打ち粉を少し振って表面をならす。巻き棒で麺生地を押さえ込むようにして延していく。

7 巻き棒の両端を持って押さえ、前方に波打ちのような感じで押さえ込むように延していく。巻き棒を転がして延すより早く延せる。

8 中心点から約60度間隔（12時～2時の間）で⑦をくり返し、6回ほどで1周する。直径50㎝ほどの円形になる。

9 ほぼ円く、均等な厚さになったら、巻き棒を転がして延していく。

10 麺生地の角度を変えながら、また麺生地の状態を見極めながら、打ち粉を少し振って延し、均等な厚さの円形にする。直径は60㎝ほどになる。打ち粉は多すぎず、少なすぎずがポイント。

四つ出し

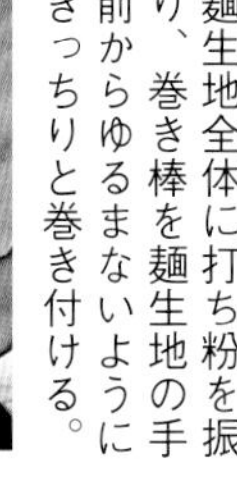

11 麺生地全体に打ち粉を振り、巻き棒を麺生地の手前からゆるまないようにきっちりと巻き付ける。

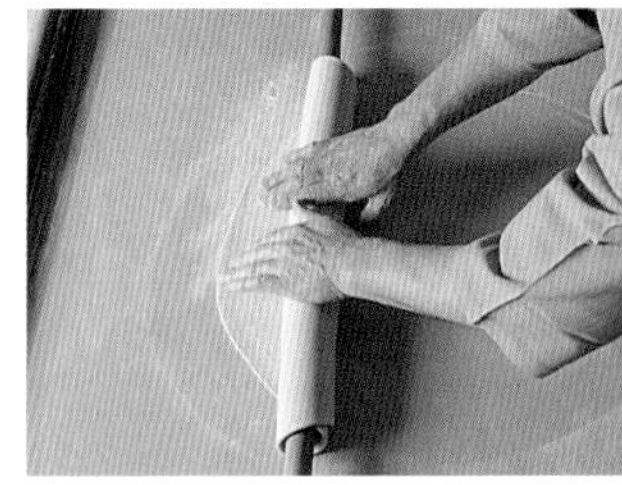

12 巻き付けた中心を押さえるようにして前方に転がす。手元に引き戻し、3～4回同じようにくり返す。この時、両手の親指を離さずに手の力をしっかりと伝えることが大切。

13 麺生地を巻き棒に巻き付けたまま180度向きを変え、手前から前方に広げる。楕円に近い形になる。

14 ⑪と同じように麺生地をゆるまないように手前からきっちりと巻き付ける。

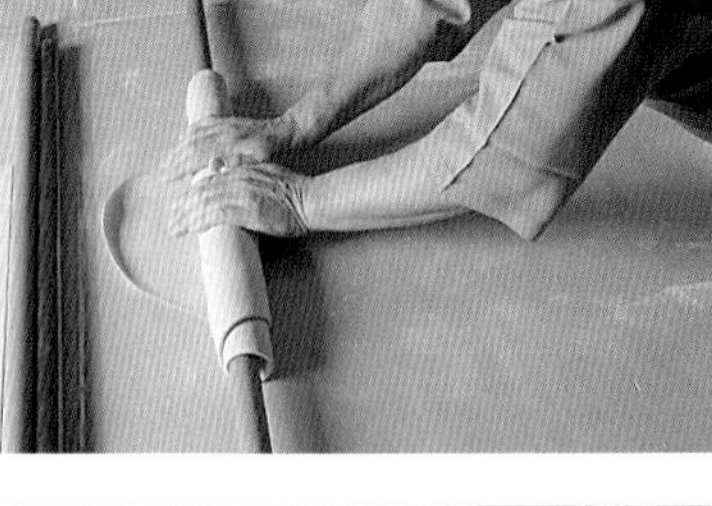

15 ⑫と同じように前方に2～3回押し転がす。

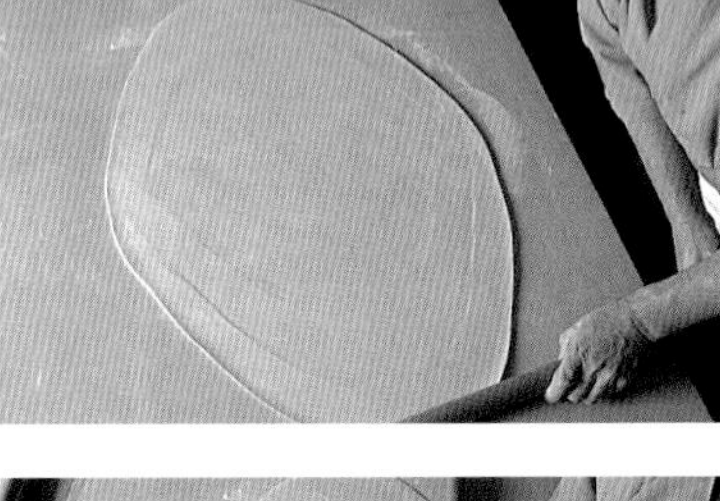

16 麺生地を巻き棒に巻き付けたまま90度向きを変えて右側に置き、両手で巻き棒の手前を持って左へ広げる。麺生地の形は楕円形になっている。

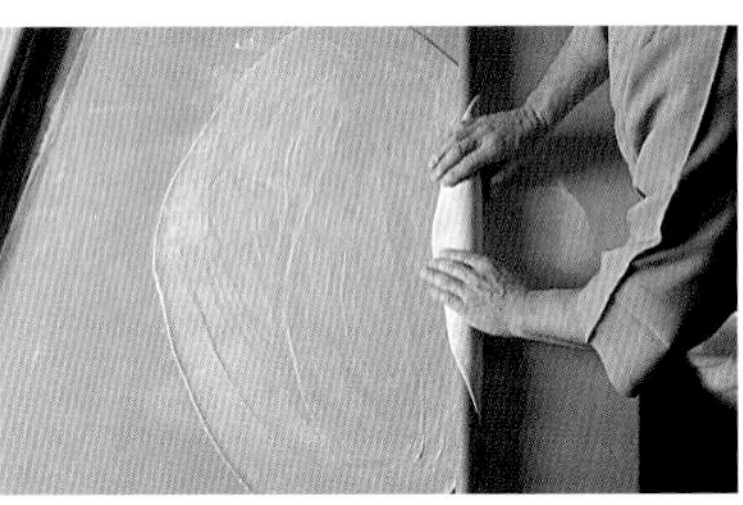

17 打ち粉を振り、麺生地の手前を巻き棒に巻き付けて手前に引き寄せる。

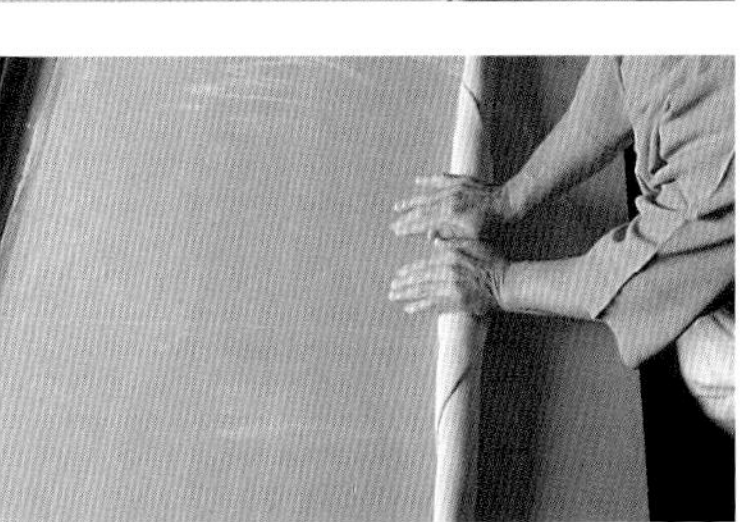

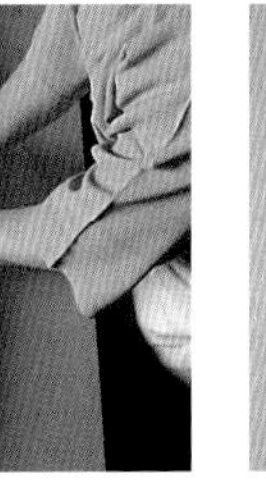

18 麺生地の上に両手を乗せ、わずかに押さえるようにして前方に転がして延す。

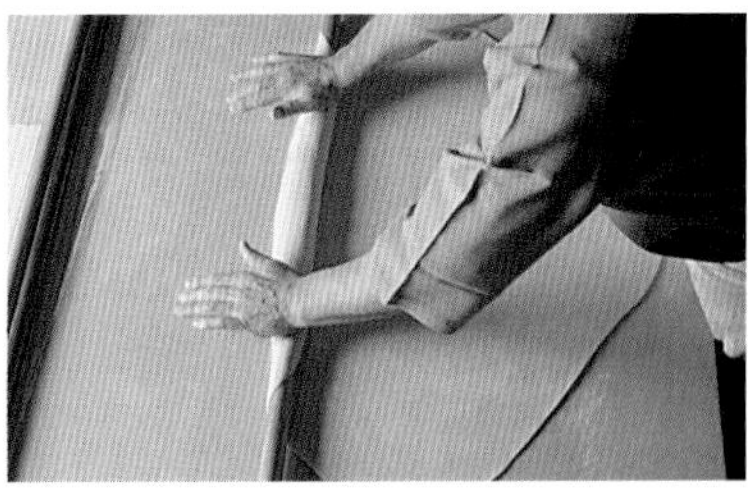

19 巻き棒を180度向きを変え、手前から前方に広げる。

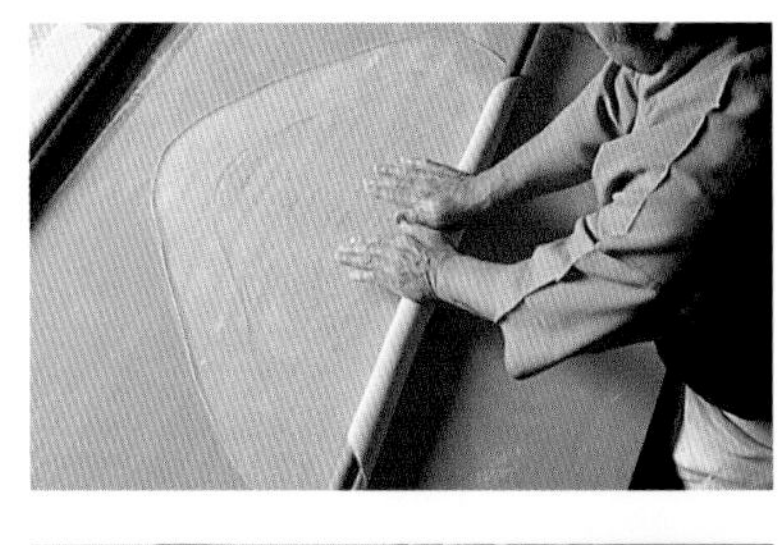

20 菱形の麺生地の上に打ち粉を振り、⑭と同じように麺生地を巻き棒に巻き付ける。

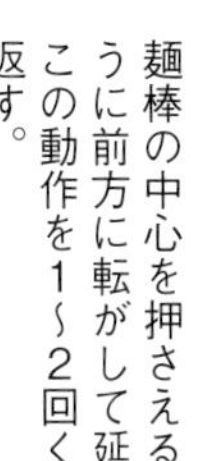

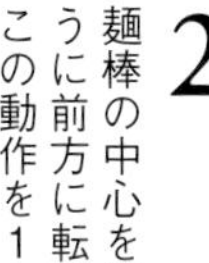

21 麺棒の中心を押さえるように前方に転がして延す。この動作を1～2回くり返す。

22 右上に巻き棒を45度斜めに置き、右手は巻き棒の手元に、左手は麺生地に添え、左下に向けて広げる。麺生地は角の出たほぼ正方形になる。

肉分け・幅出し

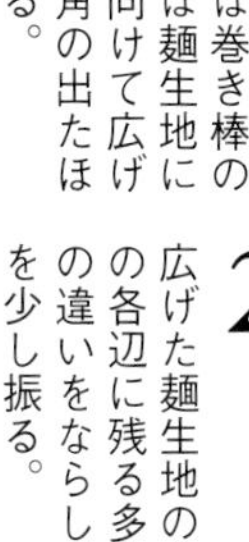

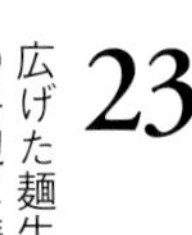

23 広げた麺生地の左右上下の各辺に残る多少の厚さの違いをならし、打ち粉を少し振る。

24 両手は延し棒の左右の端のほうに置き、前方に転がして延していく。これを数回くり返して厚みをならす。

25 左右の肉分けを終えたら、麺生地がゆるまないように手前から巻き棒に巻き取る。

26 手前に引き寄せ、両手を麺生地の両端のほうから中心のほうに移しながら巻き延しをし、数回くり返す。これが延しの基本。

27 広げた麺生地全体の厚みを見定めながら、延し棒で凹凸の修正をする。延し棒で強く押さえすぎず、小刻みに転がすように厚さを均一にする。ここでは薄く延すことが目的ではないことに注意する。

本延し

28 麺生地に少量の打ち粉を振る。

29 麺生地がゆるまないように巻き棒で手前から巻き取り、手前に引き寄せる。中央から前方の麺生地の厚みをならしながら、上半分の麺生地の厚さを均一に延す。

30 巻き取って㉖を数回くり返す。180度向きを変え、手前から前方に麺生地を広げる。

31 広げた麺生地の前方から手前に厚みをならす。延し棒を前方に転がして延す。

32 麺生地の手前の辺の厚みを左側から右へ均等になるようにならし、揃える。とくに巻き始めと終りが厚くなりがちなので注意する。

33 再び麺生地をゆるまないように巻き棒で手前から巻き取る。

34 手前から広げ、本延しを終えていない3分の1ほどのところから前方を延し棒で厚みを均等にならしていく。

35 前方は30㎝ほど手前を左側から右側のほうへ、手前から外側に肉を移すように延していく。

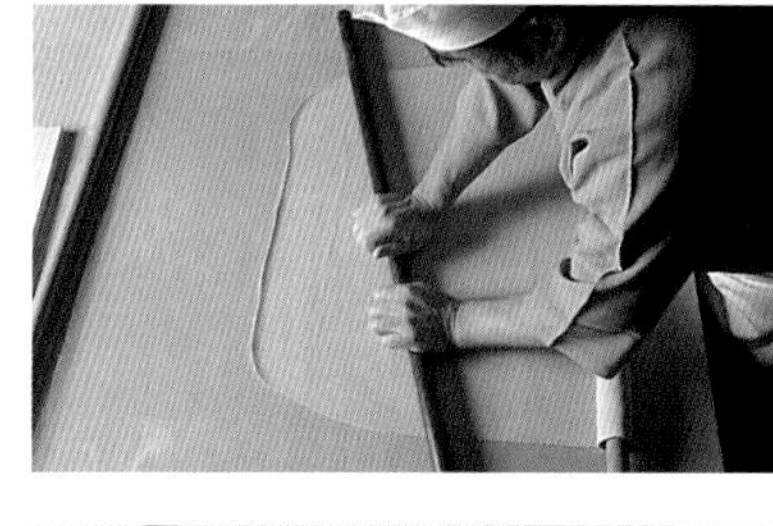

36 右側も同じく手前から外側へと肉を移し、上辺が平らになるようにならし、延しを終える。

切り

たたみ

1 麺生地を巻いた巻き棒を右手で持ち、左側から右に6割ほど広げ、左に折り返し、左端を少し余して重ね揃える。

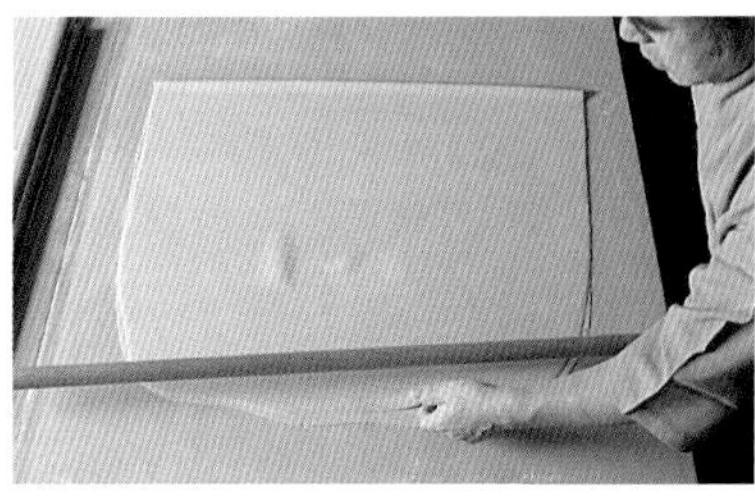

2 麺生地を巻き棒で巻き戻し、10㎝ほど余して麺生地の右端の折り目を右手で押さえ、切りやすくする。

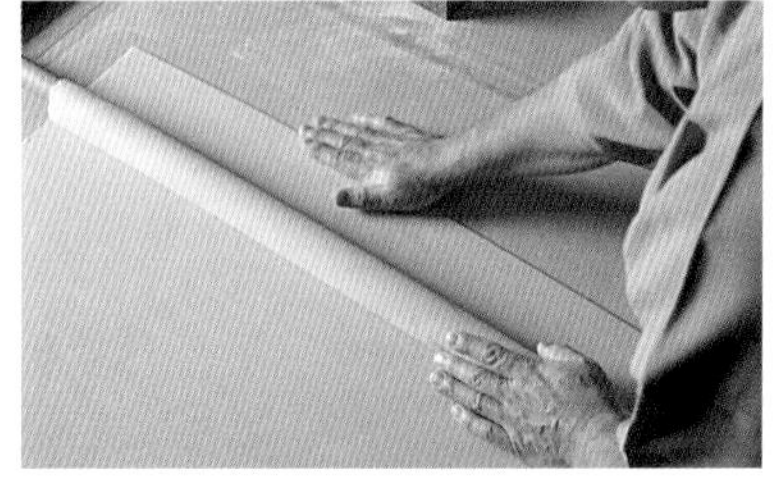

3 麺生地を巻き棒に巻いたまま、左手で麺生地を押さえ、巻き棒を右手で押し広げるようにして切っていく（切りくずを少なくするために切り離す）。

4 広げてあった麺生地の上に打ち粉をまんべんなく振る。その右端の切り口に、巻き棒に巻いた麺生地を揃えて重ねる。

5 麺生地を2枚に重ねる。下の生地より上の生地の長さが短くなるように重ねる（切り終えをなめらかにするため）。

6 2枚重ねにした麺生地の上に、打ち粉をやや多めにまんべんなく振る。

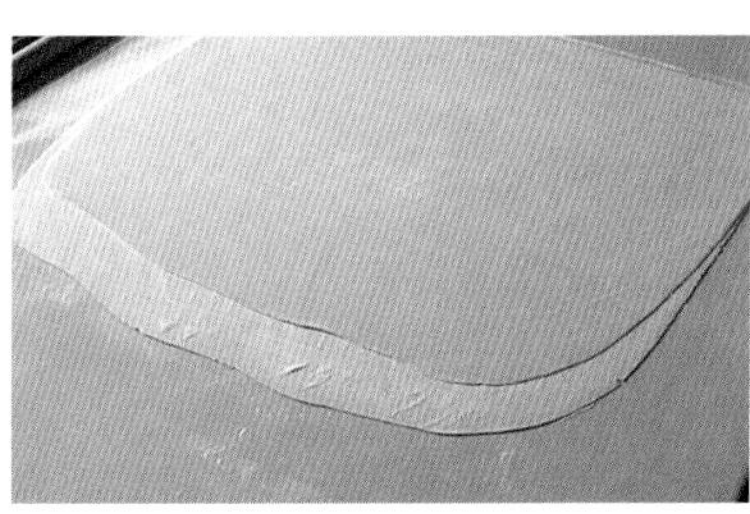

厚みのチェック

延しを終えて巻き取られた麺生地を適宜に折り重ね、両手の親指と人差し指で挟み、均等な厚さになっているかをチェックする。不揃いがあれば、再度延し台に戻してその辺りを延し直す。

7 麺生地の縁を両手で持って前方から手前に折り返して重ねる。4枚重ねになる。麺棒を使って折り返すのもよい。

8 表面に打ち粉をやや多めに振り、手のひらで軽くならす。前方の折り目は手で押さえないこと。

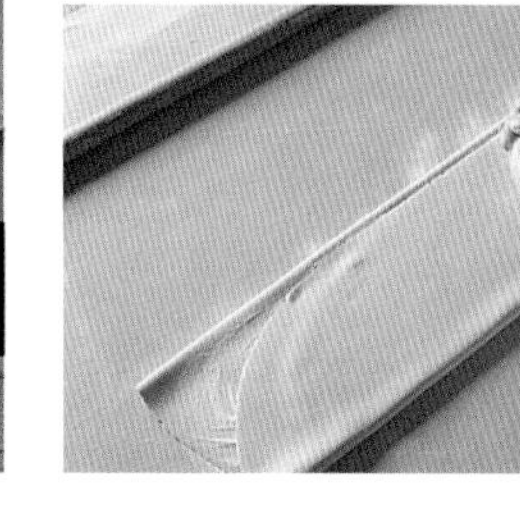

9 さらに麺生地の手前から前方に折り返し、上辺を揃えるように重ねる。8枚重ねになる。表面に打ち粉をやや多めに振る。麺生地は下よりも出さないようにする（出た分が切りくずになる）。

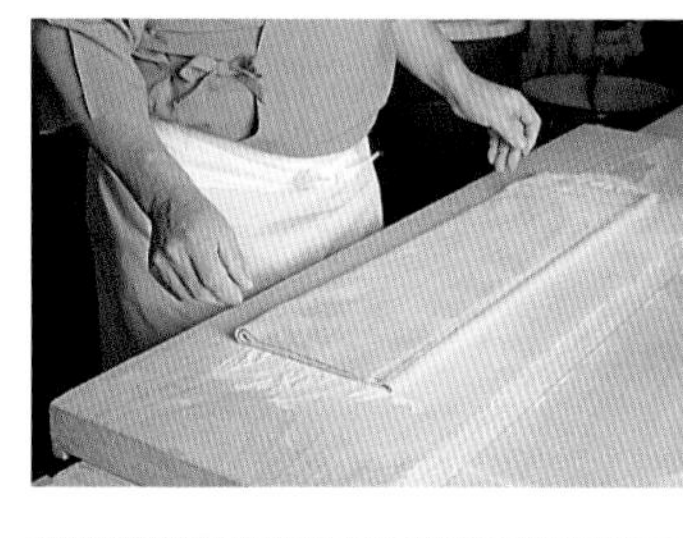

10 切り板を手元に置き、折りたたんだ麺生地よりやや広めに打ち粉を敷く。折りたたんだ麺生地の下に手前から両手を差し込み、切り板にのせる。

11 こま板で麺生地を押さえ、端から切り始める。左手はこま板の枕から5㎝ほど離して押さえる。こま板はキツネ手の親指、人差し指、小指の3支点で押さえる。

12 包丁を手前から前方に押し出すように送りながら切っていく。切り幅を麺生地の厚さに合わせ、リズミカルに切り進む。

13 包丁の中心点を、たたんだ麺生地の中心点からやや前に押し出すように切っていく。

14 40回ほど切り進んで一区切りし、切ったそばの下に包丁を通して手のひらでそばをほぐし、切り口が離れるようにする。

15 ほぐしたそばを両手の指先で取り上げ、右手に持ち替え、左の手のひらで下から3～4回振るようにして打ち粉を振り落とす。

16 両手でそばの手前のほうを持ち、生舟にまっすぐに揃えて並べていく。これを切り終えるまでくり返す。

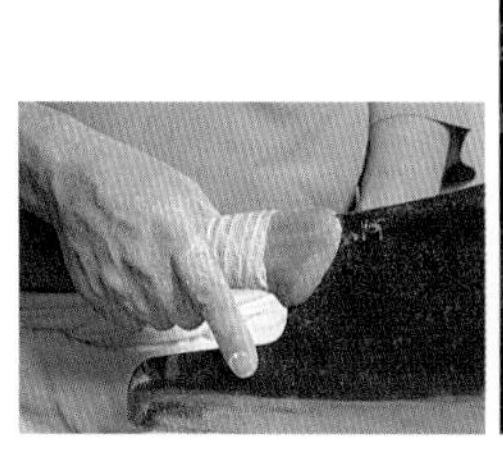

切りの姿勢

足幅は肩幅で、右足をやや開いて「ハ」の字に立つ。体は45度斜め。ほぼ直立に近い姿勢で楽に立つ。両脇を締め、こま板をしっかり押さえる。右脇は、卵を脇の下に挟んだ感じで締める。包丁は人差し指を伸ばし、中指、薬指、小指で握る。包丁の峰の延長が右腕になるような立ち位置がよい。頭を下げすぎると腰が引けるので注意する。

そば打ち技術の真髄

高橋邦弘

達磨●大分・杵築

そば打ち一筋に磨き抜かれた手打ちの技。無駄のない合理的な手法を追求

そばは二八で打つ。切りべら25本の細打ち（1・2㎜）。原料は、全国各地から自ら求めた玄ソバを石臼で自家製粉している。そばを盛る容器はざる。

こよなくそば打ちを楽しむ

昭和50年に東京・目白で開業した「翁」主人、高橋邦弘氏は、昭和61年に理想のそばを求めて山梨・長坂町に移転。もりそばのみを提供するという手打ちそば店の独自のスタイルを築き上げ、長くそば愛好家を惹きつけてきた。また、全国各地のそば教室や村おこしでのそば打ち指導に飛び回り、多忙を極めてきた。

平成13年には店名を「達磨」として広島・豊平町に移り、そして平成28年には大分・杵築に再度移った。高橋氏は新たな店について、「自分で粉を挽いて、打って茹でる。要するに、自分一人で完結するそば屋。ずっと、そんな店をやってみたかったんです」と言う。なお、店は会員制（会員の紹介も可）・完全予約制である。

精密機械のごとくのそば打ち技術

単純な作業のくり返しであるそば打ちだが、高橋氏の作業手順は、精密機械によるもののように正確に測ったように進められていく。長年培われた経験のなせる技であろう。そばを打つ一つひとつの作業には、それなりの意味があり、そのためになす作業をきっちりやることが大事だ、との確信というよりも信念を感じる。

水回しからこね、丸出し、延し、そして切りに至る工程をそれぞれ見ても、作業の手順、リズム、時間、出来上がりのほとんどが、同じ結果をもたらしている。また、木鉢でのこね方、延しの作業での麺棒の動かし方、回数、さらには切りの回数、切り幅などが、まったくと言っていいほど同じ作業手順、処理時間のくり返しである。

高橋氏は次のように話す。「技術を教えることにおいては、自分が経験したことのないことは教える自信はない。あくまでも、自分が体験し経験して会得したことを踏まえて実践的に示す一つひとつの作業の意味を、汲み取ってもらうことが大事だ」。

手打ちの道具は、よいものを吟味し、長く付き合っていくもの、との意志が表れているものばかり。木鉢は故片倉康雄師匠が塗ったもので、約40年も使い込んだ朱のカシュー塗り。延し棒は写真のものは直径27㎜のかや（99㎝）だが、現在は26㎜のメープルを使う。巻き棒（28㎜）は松（100㎝）。包丁は本打ちの特注品。こま板は檜。

木鉢

1回目の水回し

1 そば粉と小麦粉を混ぜ合わせ、表面を平らにならす。粉の総量は1・5kg。そば粉と小麦粉の割合は8対2の二八。

2 木鉢の中の粉の中央に、用意した水の95％を一気に加水する。水はあらかじめきちんと計量しておく。

3 中央にたまった水の上に回りの粉を両手ですくうようにかけながら、右から左へ大きくかき混ぜる。

4 前方の粉を木鉢の左右に沿って手前にかき寄せ、手前から両手ですくい上げて中央にかけ、混ぜ合わせる。

5 両手の指先だけで、さざ波のように手早く左右上下に回しながら動かしてかき混ぜる。

6 次第に小さな粒々ができてきた粉を、両手の指先ですくうように中央にかけ、さざ波のように上下左右に動かしながらかき混ぜる。全体が小さな粒子で揃う。

2回目の水回し

7 ボウルから残りの水を手のひらに受け、粉全体に振りかける。極め水の量は、その時の粉の状態、気温、湿度で異なる。

8 両手の指先を大きくかき回すように動かす。手前からすくい上げるようにかけ、手早く大きくかき回す。粒々が大きな塊になってくる。

9 大きな塊になってきたものを、水が均等に行きわたったことを見定めながら一つにまとめていく。

10 大きな塊を両手でつかみ、残りの小さな塊を拾い込みながらまとめる。

水回しの姿勢

足は肩幅ほどに広げ、足先を少し広げて安定させる。顔は木鉢を真上から覗くように構える。膝を柔らかく使って身体全体をリズミカルに動かす。

菊練り

11 練り込みながらまとめ、練りと菊練りを区別することなく、練り始めから菊練りで練り込んでいく。

12 平らになった麺生地を左手で立てるようにして、たなごころで押さえる。押さえ込む力は身体全体でかけるようにし、手先で練り込まない。

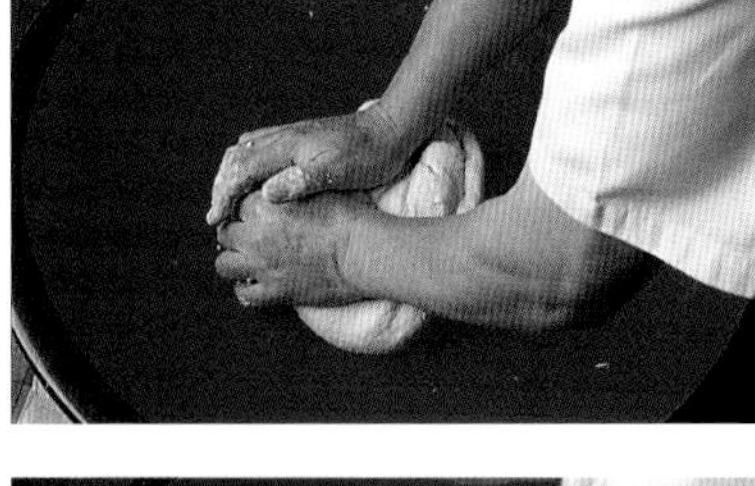

13 左手で押さえたまま、たなごころで押し倒すように練り込んでいく。菊練りの作業は木鉢の中央で行い、両手をリズミカルに動かす。

14 ⑫、⑬の作業をくり返し、少しずつ左に回しながら、手際よく右手のたなごころで中央に練り込んでいく。左手も同様に練り込んでいく。

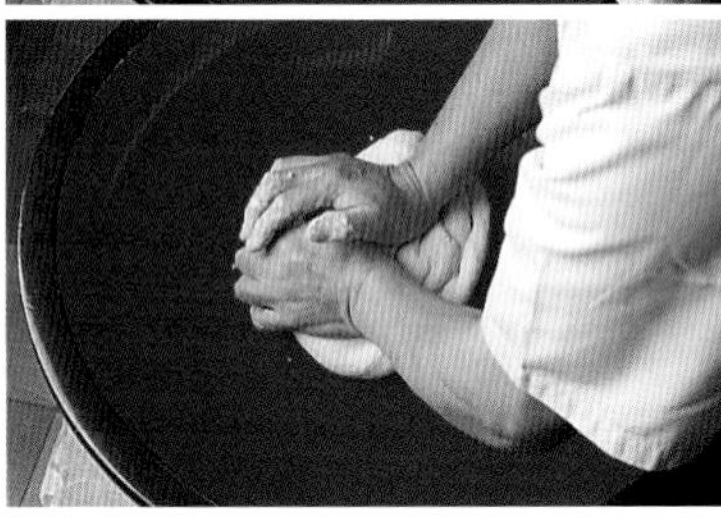

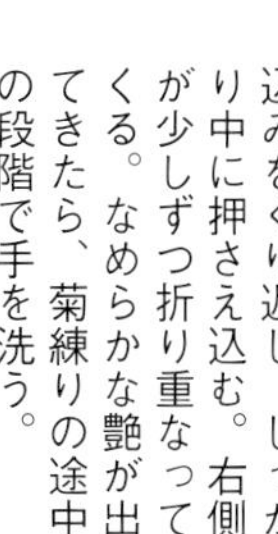

15 さらに右手と左手で練り込みをくり返し、しっかり中に押さえ込む。右側が少しずつ折り重なってくる。なめらかな艶が出てきたら、菊練りの途中の段階で手を洗う。

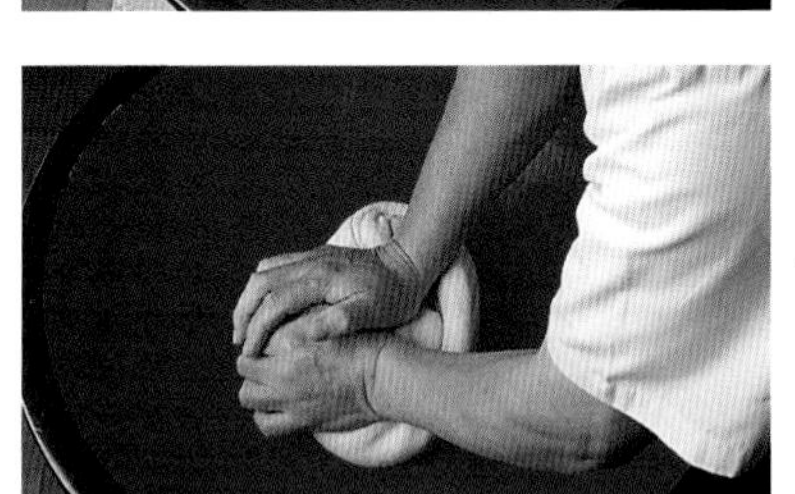

16 そば玉を左に少しずつ回しながらくり返す。そば玉の手前側が少し浮いてくるくらいに、押さえ込む感じで練り込む。

17 そば玉の右上を手のひらで包み込むようにして右側から中心に折り込む。押さえ込む力を徐々に抜きつつ、お供え餅のようになるまでくり返す。菊練りは次第に小さくしていく。この時、左手はそば玉を支えるだけ。

18 菊練りの仕上がりは、きれいな菊の花模様になる。

へそだし

19 菊の花模様を手前にしてそば玉を立てる。両側を両の手のひらで合わせるように押さえ、手前に絞り込むようにする。指先は使わない。

20 木鉢の曲面を利用し、両手で包み込むように押さえながら転がし、尻を閉じる。この時、手のひらで玉になったそば玉を無理に締め込まないようにする。

21 できた円錐形のそば玉の頂点を上にして置く。

22 手のひらで上から押さえ、上面を平らにならす。上下をひっくり返し、上面を平らにならす。

延し

地延し

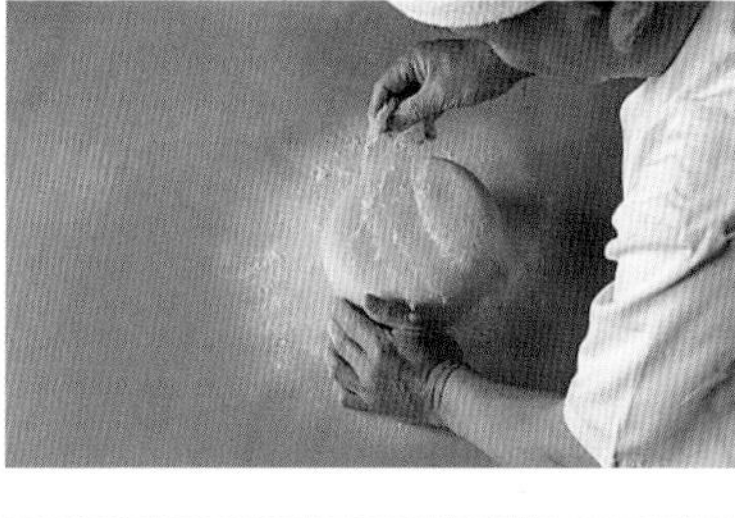

1 延し台に打ち粉を振り、その上にそば玉を置き、そば玉の上にも打ち粉を振る。

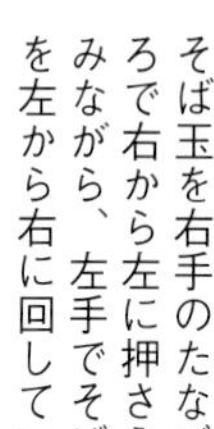
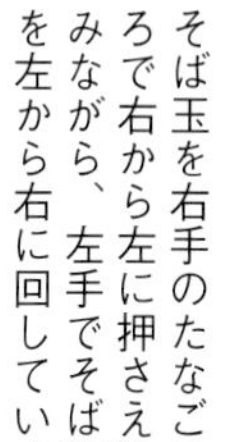
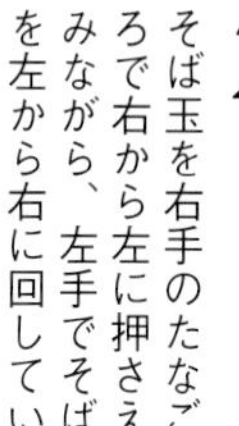
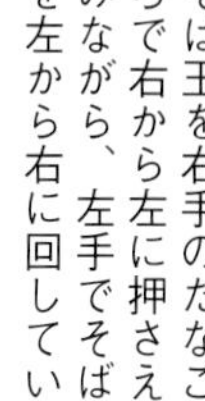

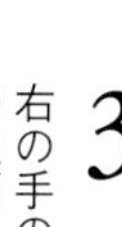
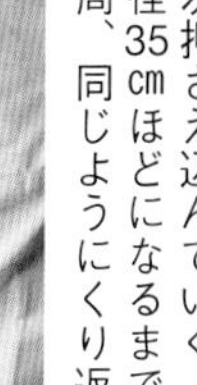

2 そば玉を右手のたなごころで右から左に押さえ込みながら、左手でそば玉を左から右に回していく。

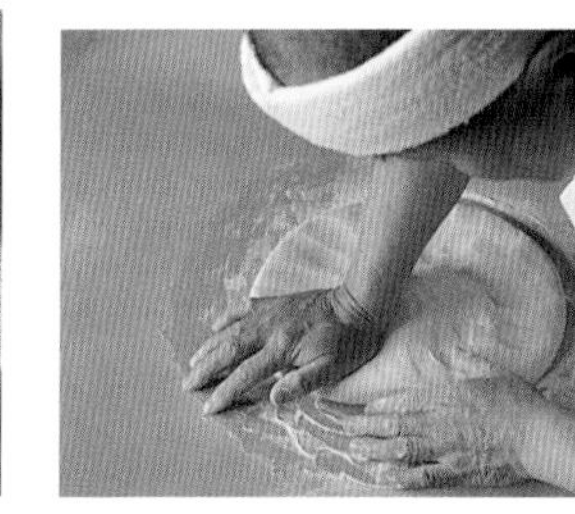
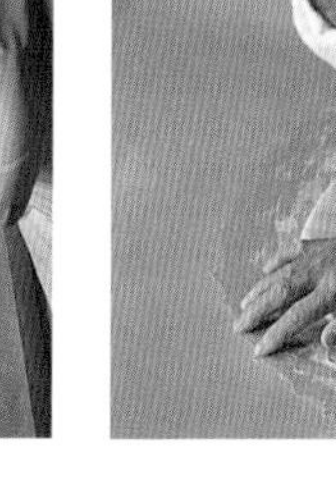

3 右の手のひらで、そば玉の上面を時計の2時から8時の位置に向かって順次押さえ込んでいく。直径35㎝ほどになるまで2周、同じようにくり返す。

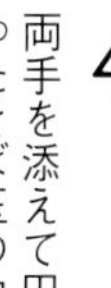

4 両手を添えて円盤状になったそば玉の中心の盛り上がりをつぶすようにならして、おおよそ表面を平らにする。

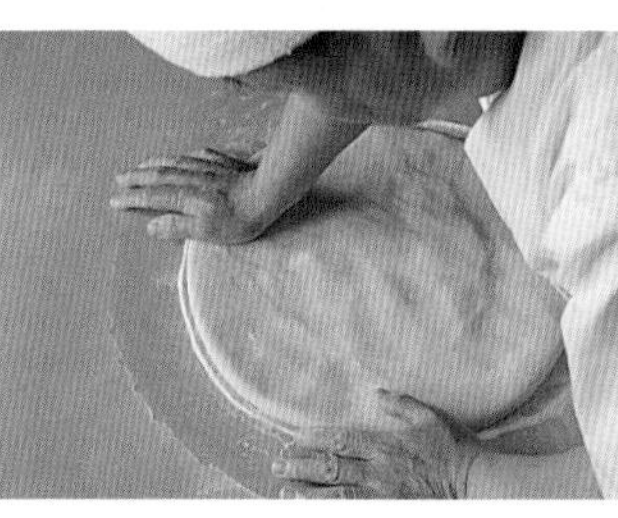
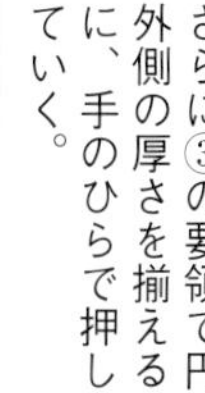

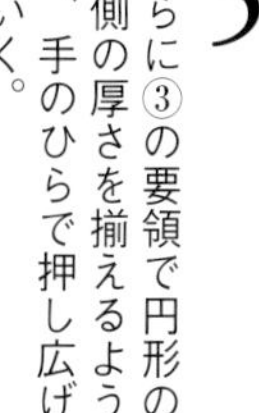

5 さらに③の要領で円形の外側の厚さを揃えるように、手のひらで押し広げていく。

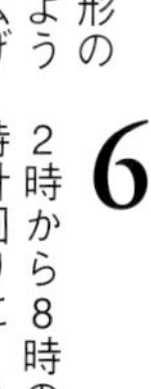

6 2時から8時の方向に反時計回りに180度間隔で押し広げて1周する。

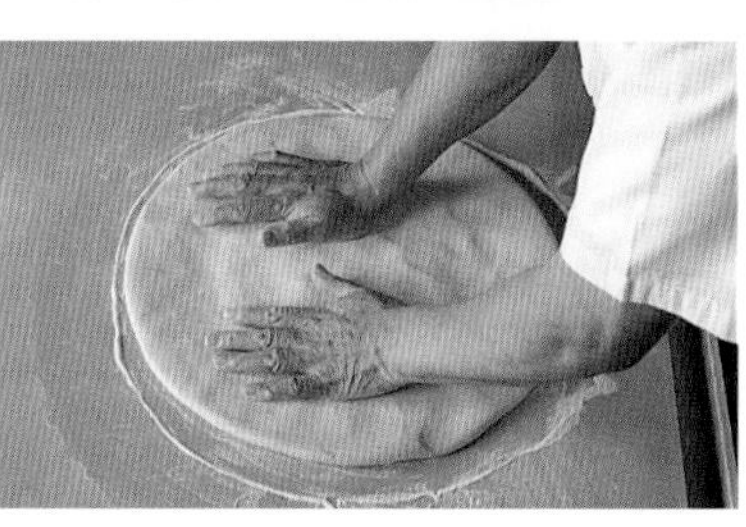

7 1周してから中央の盛り上がり部分を平らにならす。

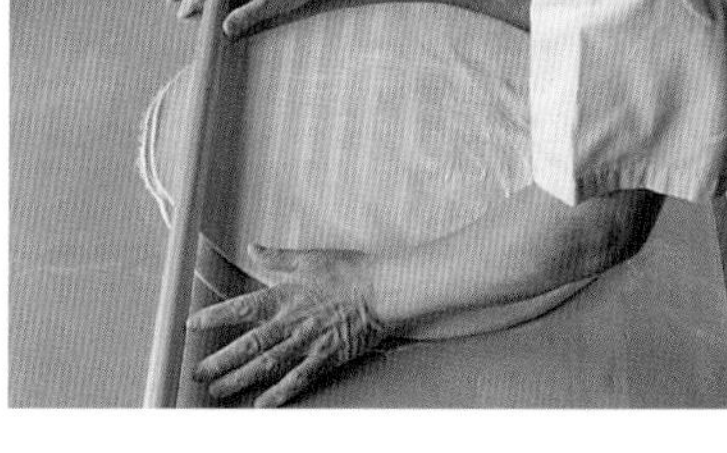
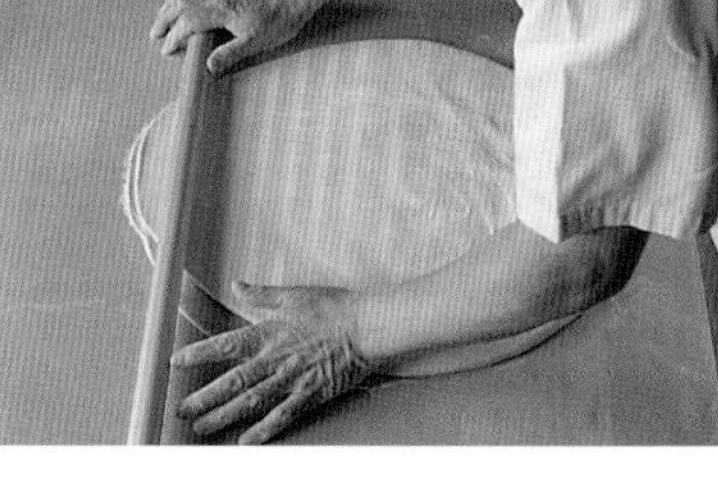

8 おおよそ平らに仕上がった状態は直径45㎝ほどになる。

丸出し

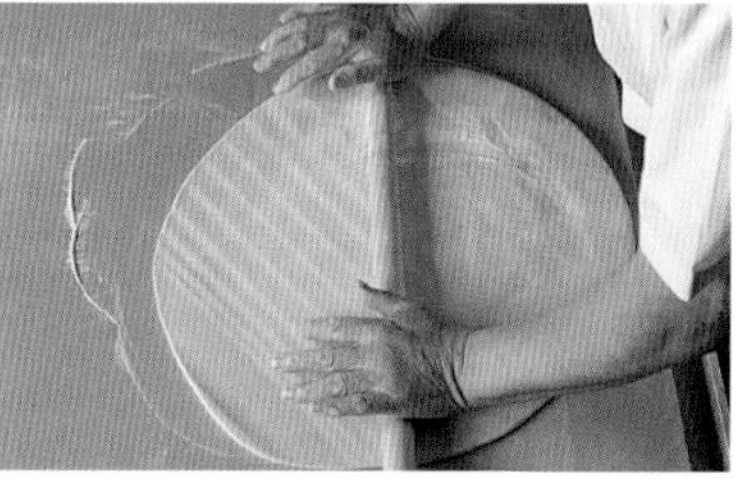
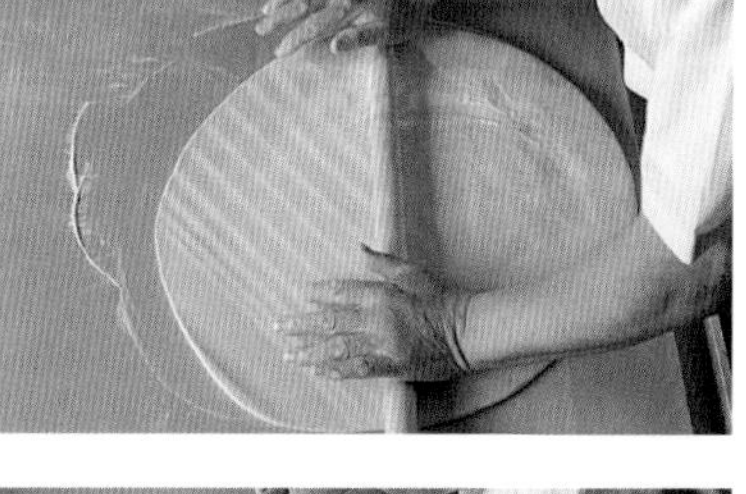
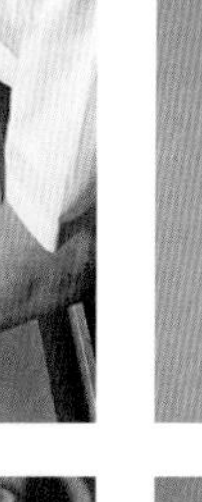

9 麺生地の周りの打ち粉を刷毛で取り除き、麺生地に打ち粉を振って表面をならす。麺生地の中心部から上方によりをかけるような感じで延し棒で押し延していく。

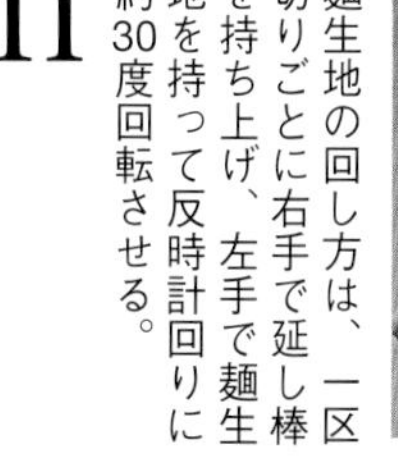

10 中心点から約30度間隔で⑨の作業をくり返し、12回で1周する。この時、延し棒は初めは押さえ込むように時計回りに延していく。

11 麺生地の回し方は、一区切りごとに右手で延し棒を持ち上げ、左手で麺生地を持って反時計回りに約30度回転させる。

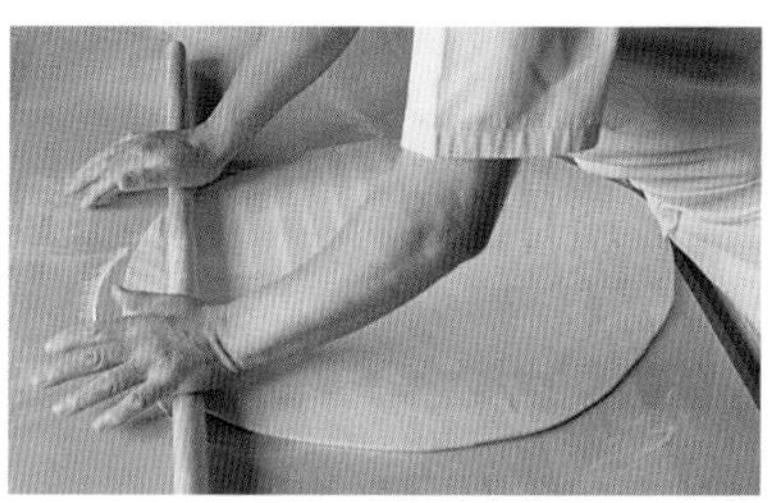

12 延し棒は麺生地の上方の縁1㎝ほど手前で力を抜き、麺生地の縁から落とさず、縁をつぶさないように注意する。

四つ出し

13 次に延し棒を握り、時計の10時から2時の間をわずかずつ角度（約15度）を区切りながらリズミカルに延す。

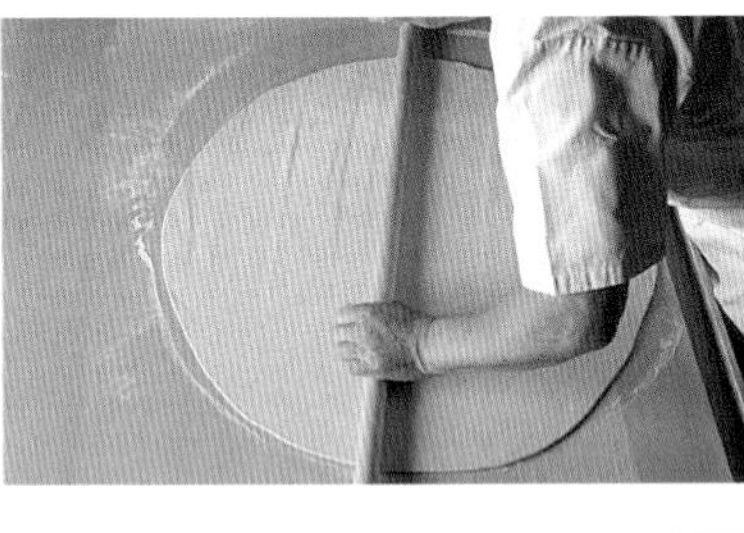

14 麺生地が次第に大きくなってきたら、全体が円形になるように注意しながら、左から右への押し延しをくり返す。

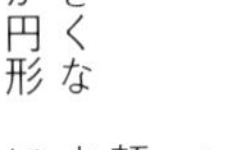
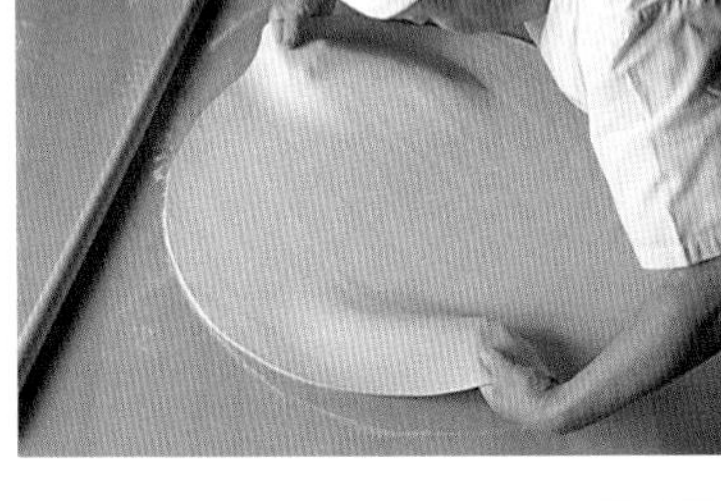

15 麺生地を回すように動かすには、両手を上方の縁に差し入れ、右手を2時、左手を8時の位置に移し、それぞれ4時間分、反時計回りに回転させる。

16 10時から2時の間をできるだけ細やかに、厚さと円い形に注意しながら、延しをくり返す。

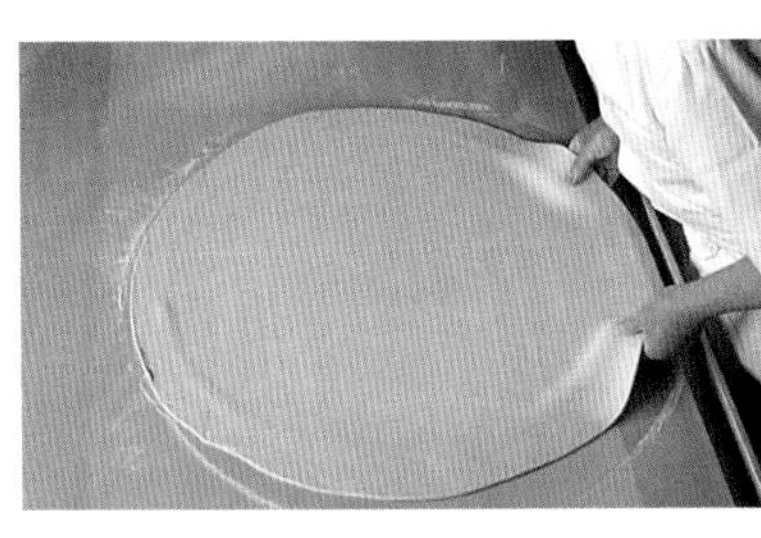
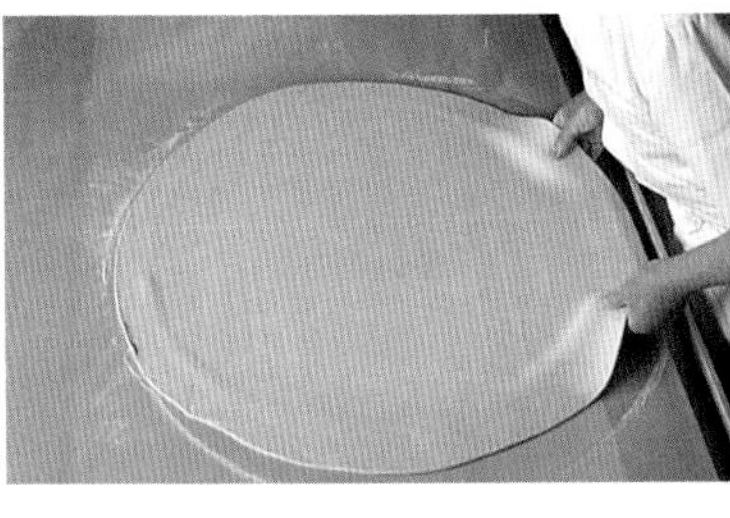
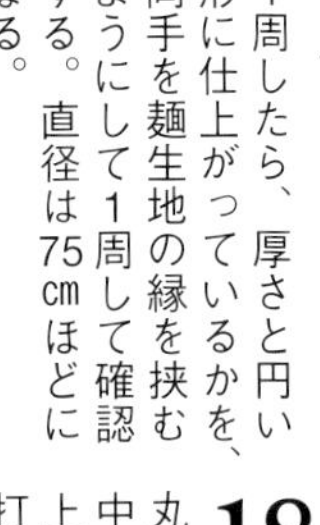

17 1周したら、厚さと円い形に仕上がっているかを、両手を麺生地の縁を挟むようにして1周して確認する。直径は75㎝ほどになる。

18 丸出しを終えた麺生地の中央に上から下、下から上に往復するように縦に打ち粉を振る。

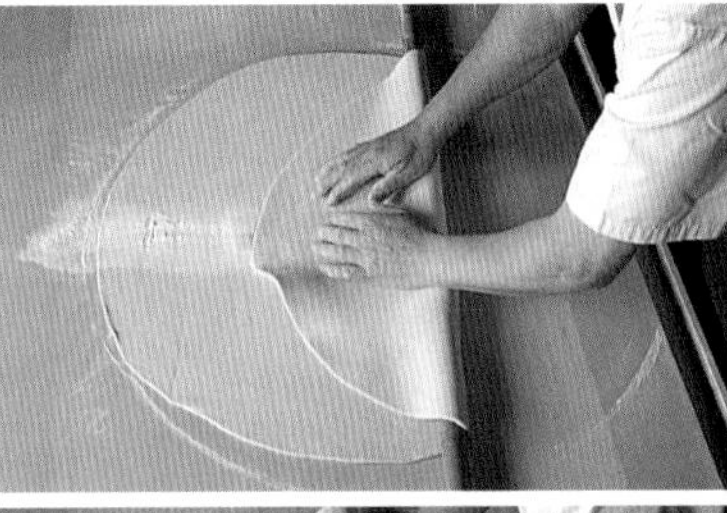

19 巻き棒を麺生地の手前から20㎝ほど上に置いて麺生地を手前からかぶせ、指先で押さえながら引き寄せ、ゆるまないようにきっちりと巻き棒に巻き付ける。巻き付けた中心を軽く押さえるようにして前方に転がす。

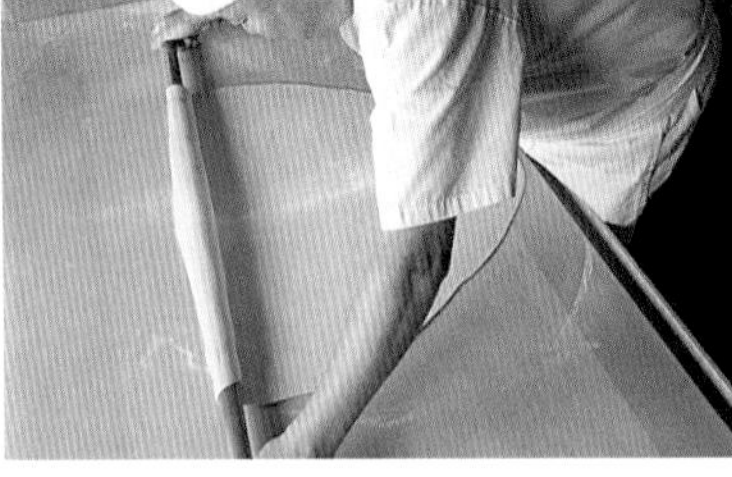
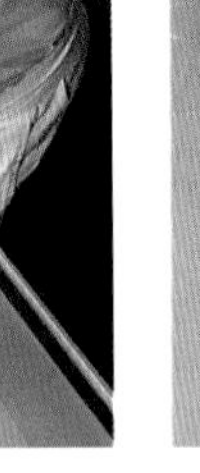

20 巻き棒を手前に引き戻し、3～4回同じようにくり返す。巻き棒を１８０度向きを変え、手前から上方に広げる。

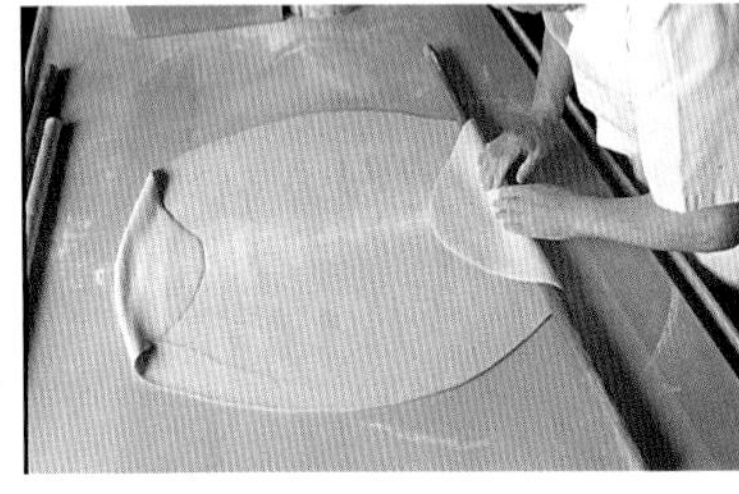

21 ⑲と同じように、手前からゆるまないように麺生地を巻き棒に巻き付ける。

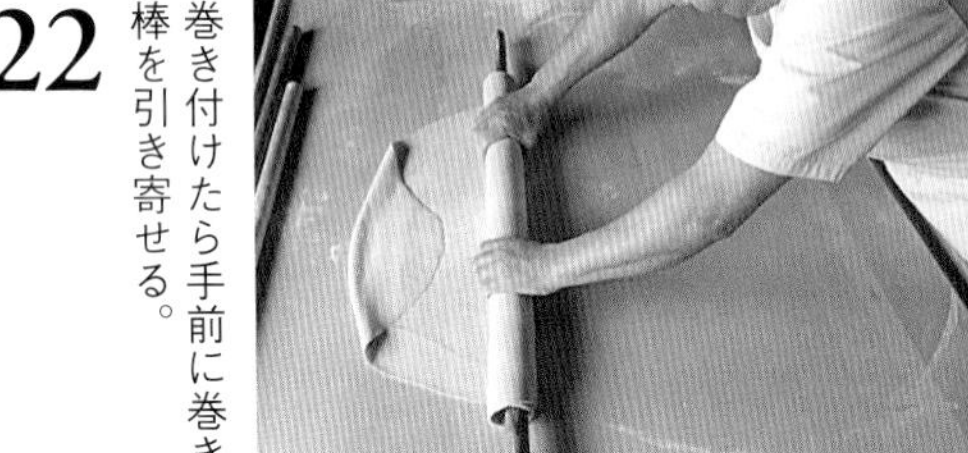
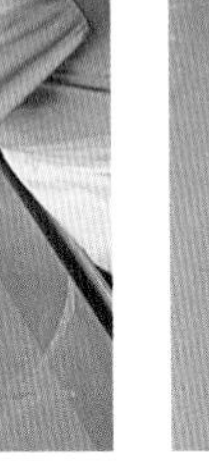

22 巻き付けたら手前に巻き棒を引き寄せる。

23 巻き棒に巻き付けた麺生地の上に両手をわずかに押さえるようにのせ、前方に転がす。

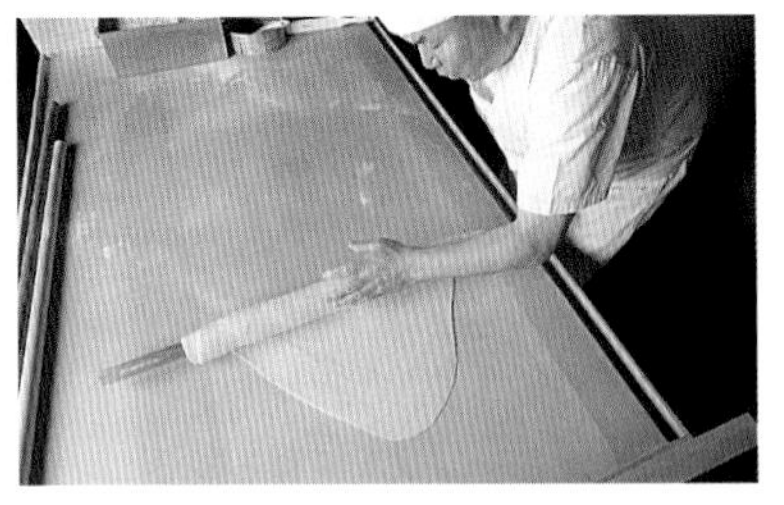

24 巻き棒を反時計回りに90度向きを変えて左側に置き、右手で巻き棒の手前を持ち、左手で麺生地の中央を押さえながら広げる。麺生地は菱形になっている。

25 菱形の麺生地の上に巻き棒を置いたまま、中央に下から上、上から下に往復するように縦に打ち粉を振る。

26 巻き棒を麺生地の手前から20㎝ほど上に置いて麺生地を手前からかぶせ、指先で押さえながら引き寄せ、ゆるまないように巻き棒に巻き付ける。

27 巻き付けた麺生地の中心を押さえるようにして前方に転がす。手前に引き戻しては同じ作業を2～3回くり返す。

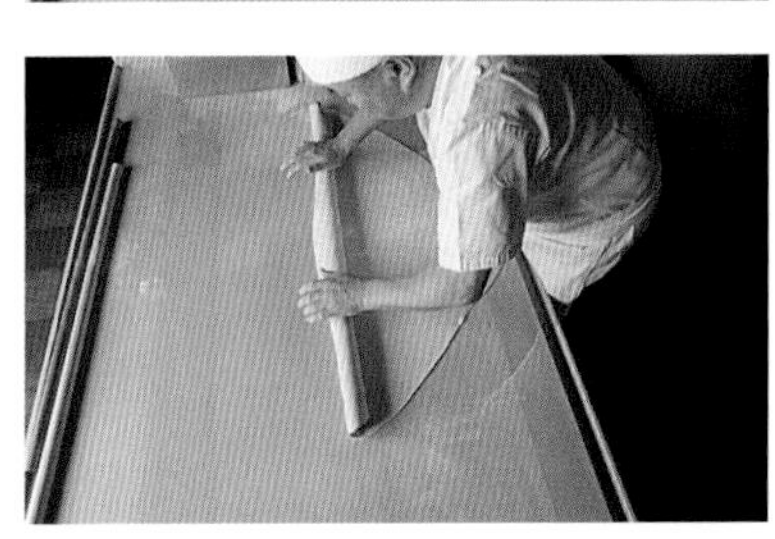
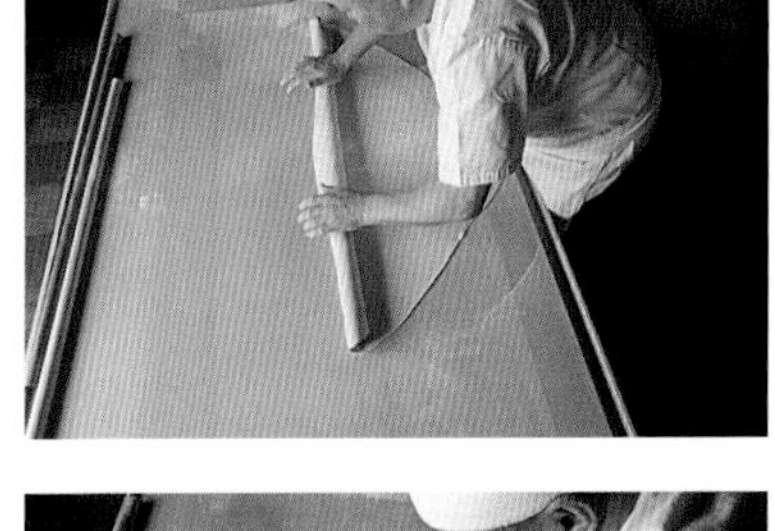

28 巻き棒を180度向きを変え、手前から上方に広げる。㉕と同じように再び手前から巻き付けて巻き延しをくり返す。

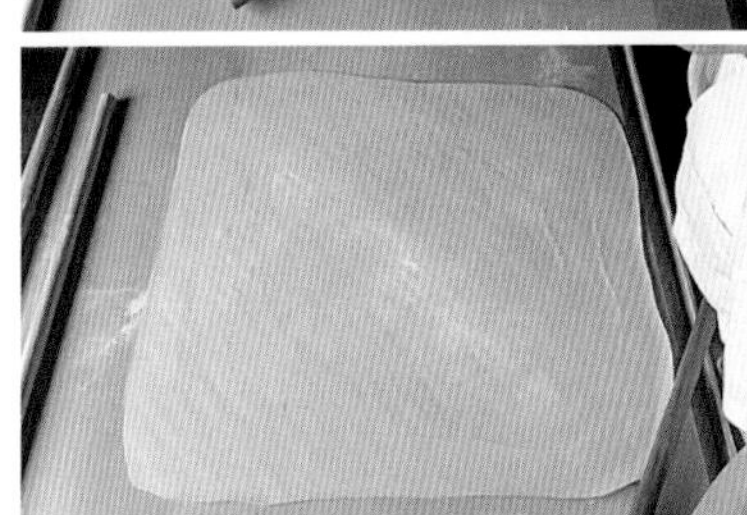

29 右上に巻き棒を45度斜めに置き、右手は巻き棒の手前に、左手は麺生地にかけ、左下に麺生地を広げる。麺生地はほぼ四角になっている。

肉分け

30 麺生地の4辺に残る多少の厚みを、初めに左側の辺の厚い部分を上の方向に、次に手前の方向にやや力を入れて引くように延す。右側も同様に延す。

31 左右の肉分けを終えたら、ゆるまないように麺生地を半分ほど巻き取って手前に引き寄せ、上方の辺の肉分けをする。左の角側から始め、右手に少し力を入れて内から外へ肉を移す。

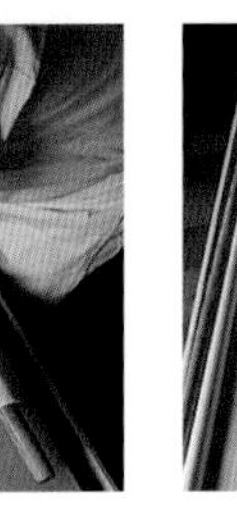

32 右の角側は左手に力を少し入れ、内から外へ肉を移す。この時、内側の手（ここでは左手）はあまり大きく動かさないようにする。

33 次いで上辺の肉分けは、延しを延し台と平行のまま手前から上方に肉を移す。さらに全体が均等な厚さになるようにならす。

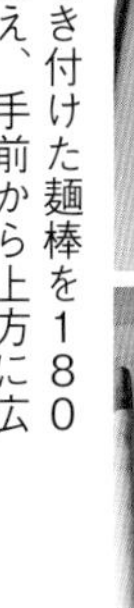

本延し

34 麺生地を巻き付けた麺棒を180度向きを変え、手前から上方に広げる。麺生地の上方から手前に引くように延して、角と先端の厚さを平均にならすようにする。

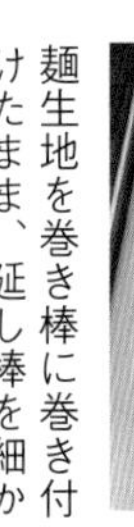

35 麺生地を巻き棒に巻き付けたまま、延し棒を細かく転がしながら厚さを均等にならしていく。

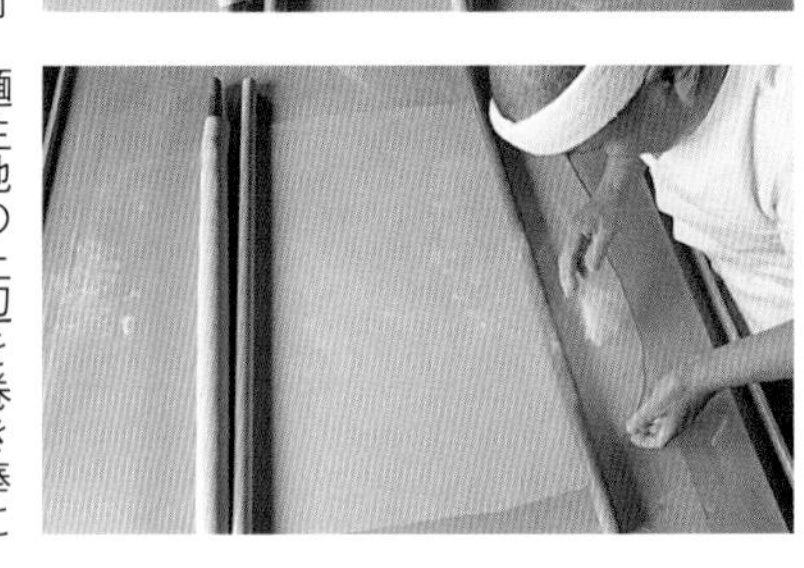
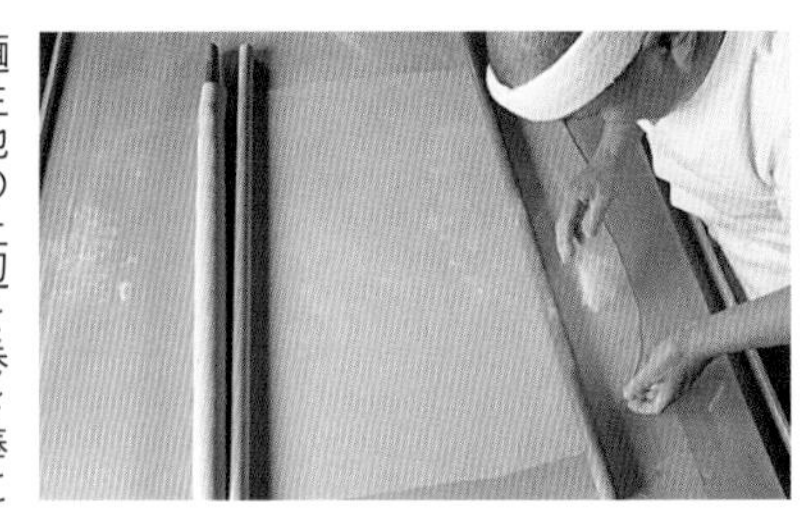

36 麺生地の上辺を巻き棒に巻き付けたまま、打ち粉を振り、もう一本の巻き棒に手前から麺生地をかぶせてゆるまないように巻き付ける。

37 手前の麺生地を3分の1ほど巻き取ってから両手で巻き棒を手前に引き寄せる。奥の巻き棒を少し前方に広げ、麺生地の40㎝ほどの幅を延す。

38 薄く延し終えたら、手前の巻き棒で巻き取り、両手で2本の巻き棒を手前に引き寄せる。

39 麺生地の上方を広げ、手前から30㎝ほどの幅を、延し棒を上下に細かく転がしながら厚さを均等にならし、延していく。

40 作業しやすい位置に麺生地を巻き取りながら、麺生地の左右中央の順に厚さを均等にならし、延していく。

41 最後に、上辺の厚さをならし、辺を延し台と平行になるようにして延し終える。

42 延し終えて巻き取った麺生地を写真のような角度で見て、均等な厚さになっているかチェックする。もし気になる厚さの部分があれば、再度延し台に戻してその辺りを延す。

切り

たたみ

1 巻き取った麺生地を左側に置き、巻き棒を右手で持って左手で転がしながら麺生地の6割方を広げる。その上に打ち粉を多めにまんべんなく振り、表面の打ち粉を手のひらでならす。

2 巻き棒を右手で持ち、右側を折り返して左側に重ねていく。

3 次に左側を折り返して右側に重ねていき、3枚の麺生地がほぼ同じ幅になるようにする。

4 ③で右側の折り返しまで広げた麺生地を巻き棒に巻き取りながら左側の折り返しまで戻り、折り返しのところを巻き棒で押さえつけて折り目を入れる。

5 ④で入れた折り目に沿って、右手の人差し指を手刀にして手前から上方に切り離していく。

6 切り離した巻き棒は180度向きを変え、2枚重ねにした麺生地の横に置く。麺生地の表面に打ち粉を多めにまんべんなく振り、表面の打ち粉を手のひらでならす。

7 巻き棒に巻き取られている麺生地の切り口を2枚重ねにした麺生地の右側に合わせ、上辺を平行に重ねて左側へ広げる。3枚重ねになる。

8 麺生地の表面に打ち粉を多めに振る。

9 麺生地の縁を両手で持って上方から手前に折り返して重ねる。6枚重ねになる。

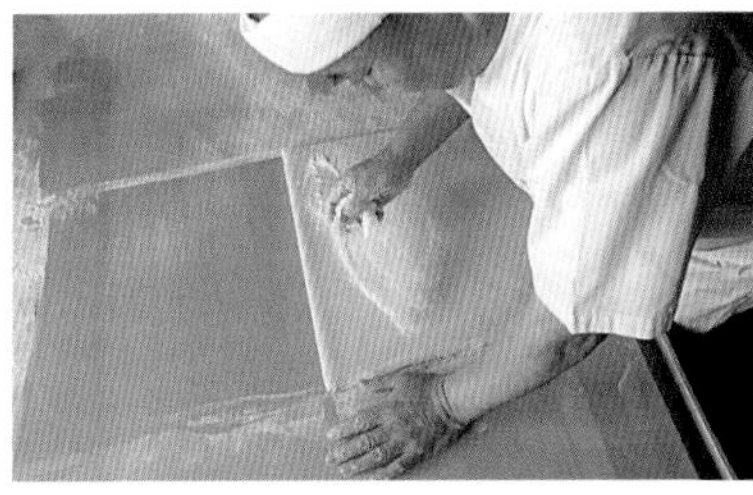

10 麺生地の表面に打ち粉を多めに振る。

11 麺生地の下に手前から両手を差し込み、手前から上方に折り返して重ねる。両手で麺生地のズレを直す。12枚重ねになる。

切り

12 切り板に打ち粉を麺生地よりやや広めに、また多めに敷く。その上にたたんだ麺生地をのせる。

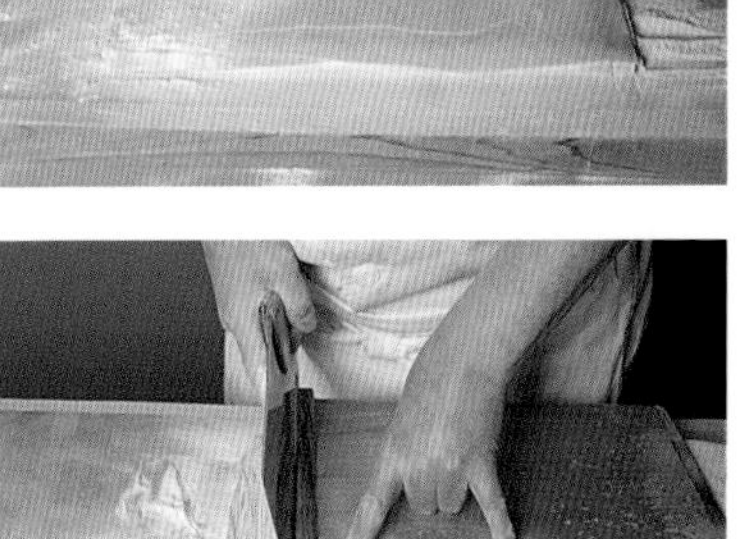

13 こま板で麺生地を押さえ、端を少し切り落としてから切り始める。こま板はキツネ手の3支点で押さえる。切りは包丁の真ん中を使い、こま板は切り板と平行に移動させる。

14 包丁を手前から前方に押すように送りながら切っていく。切り幅を麺生地の厚さに合わせ、リズミカルに切り進む。

15 切りは65回ほどを一区切りに、包丁で横へずらして置くのを切り終えるまでくり返す。切り終えたら、こまの下に包丁を入れてこまを開く。

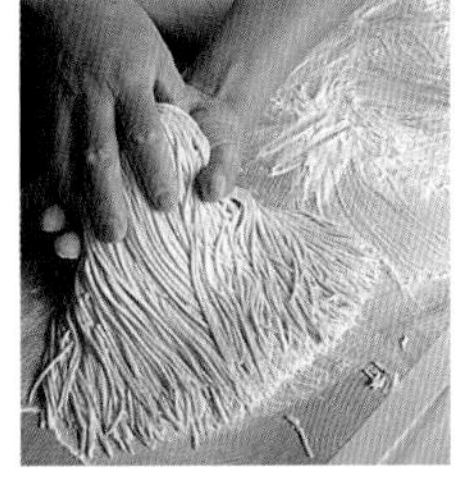

16 左手をこまの手前から下に入れ、右手で上から押さえるようにして持ち上げる。

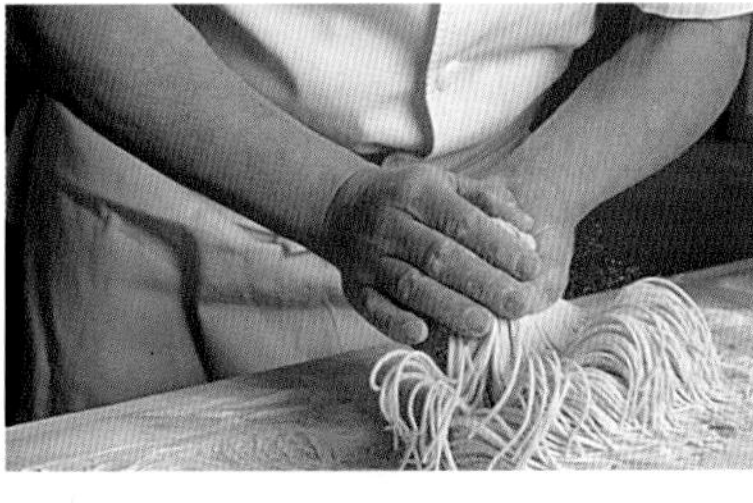

17 切り終えたそばを右手に持ち替え、切り板に打ちつけるようにして打ち粉を3～4回振って落とす。

18 そばの下のほうを生舟の手前におろし、まっすぐよじれないように入れていく。

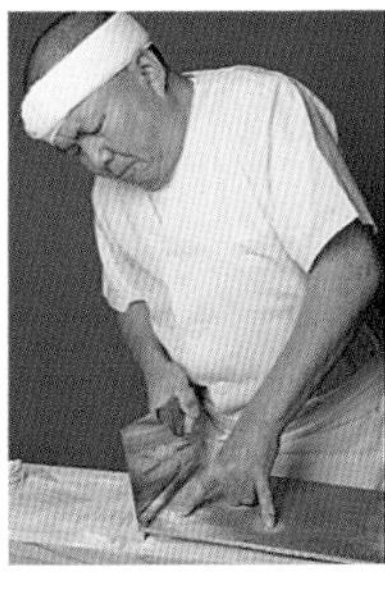

切りの姿勢

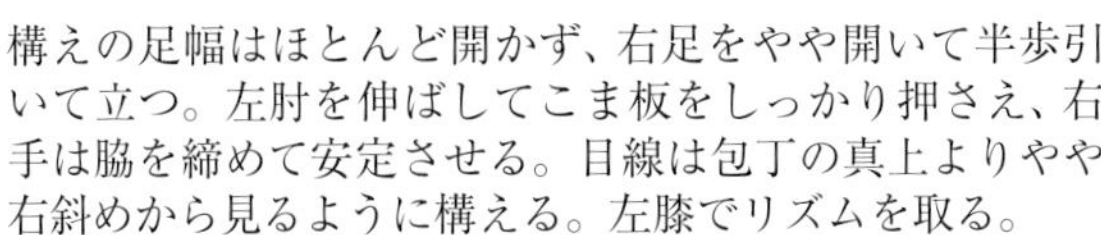

構えの足幅はほとんど開かず、右足をやや開いて半歩引いて立つ。左肘を伸ばしてこま板をしっかり押さえ、右手は脇を締めて安定させる。目線は包丁の真上よりやや右斜めから見るように構える。左膝でリズムを取る。

技術篇

第2章

郷土そばの技術とその特徴

全国各地に伝わる郷土そばの打ち方は、左頁の地図に示す通り全国に点在する。いまではその影を薄めつつあるとはいえ、その土地土地に代々受け継がれてきた手法技術であり、そば文化である。できる限り継承していきたいものである。

全麺協では定款第5条（下記参照）に基づき、古くから伝わる郷土のそば打ち技術をライブラリーとして保存する事業を平成25年から進めている。

この章では、いままでに取材した郷土そばの技術とその特徴を取り上げた。多くのそば打ち愛好者に知ってもらい、楽しみながら挑戦してもらいたいと考え、全国の郷土そばの中から11カ所（40頁以降）の郷土そばの打ち方を具体的に紹介している。

ここでの郷土そばとは、地方色の濃い素材と独自のそば打ちの技法によって作られる、その土地だけに伝わる地方色の強いそば切りを指している。その意味では、ソバが栽培されている全国各地にはそれぞれの郷土そばがあるわけだが、その多くが、時代とともに江戸流の洗練されたそば打ちの技法を取り入れていて、昔ながらの本来の姿とは変わってきている。しかし、その土地ならではの郷土そばの味わいは、現在もその土地の人のみならず、多くのそば愛好者の味覚と心をとらえて離さない魅力を持っている。

このような郷土そばは、つなぎにその土地ならではの材料を用いたり、独自のそば道具や技法で打たれたものが多い。また、つなぎを使わずにそば粉だけで打つ、いわゆる生粉で打つ十割そばが多い。そば打ちの技法はさまざまで、水回しの時に熱湯を加える湯ごねであったり、湯ごねと水ごねの両方を用いる場合もある。延し方は、丸延しで、麺棒1本で打つのが郷土そばの本来の姿といってよいだろう。そこで使われるそば道具の多くは、その土地の素材から作られ、そこには独自の先人の工夫が見られる。

一般社団法人全麺協定款

（事業）

第5条（5）

全国各地に伝わる「郷土そば」の研究と保存

本事業は上記規程に基づき平成25年からスタートした。取材11ヵ所の「郷土のそば打ち」はDVDに収録されている。まだまだ全国にはその土地に古くから伝わるそば打ちやそばの食べ方はある。令和3年時点ではコロナ禍の行動制限で事業は自粛しているが、機会があればまた再開し資料に残したいと考えている。本書ではDVDの抜粋を掲載しているが、詳しく知りたい方はDVDをご覧いただきたい。

●問合せ先
全麺協事務局
電話／03-3512-7112
Email／zenmen.honbu@gmail.com

●協力
落合輝美（元全麺協段位普及部長）
砂野信（NPO法人フードラボ蕎麦打ち部代表）
畑迫ツトム（㈱デジタルキッス代表）

●全国各地に伝わる主な郷土そば

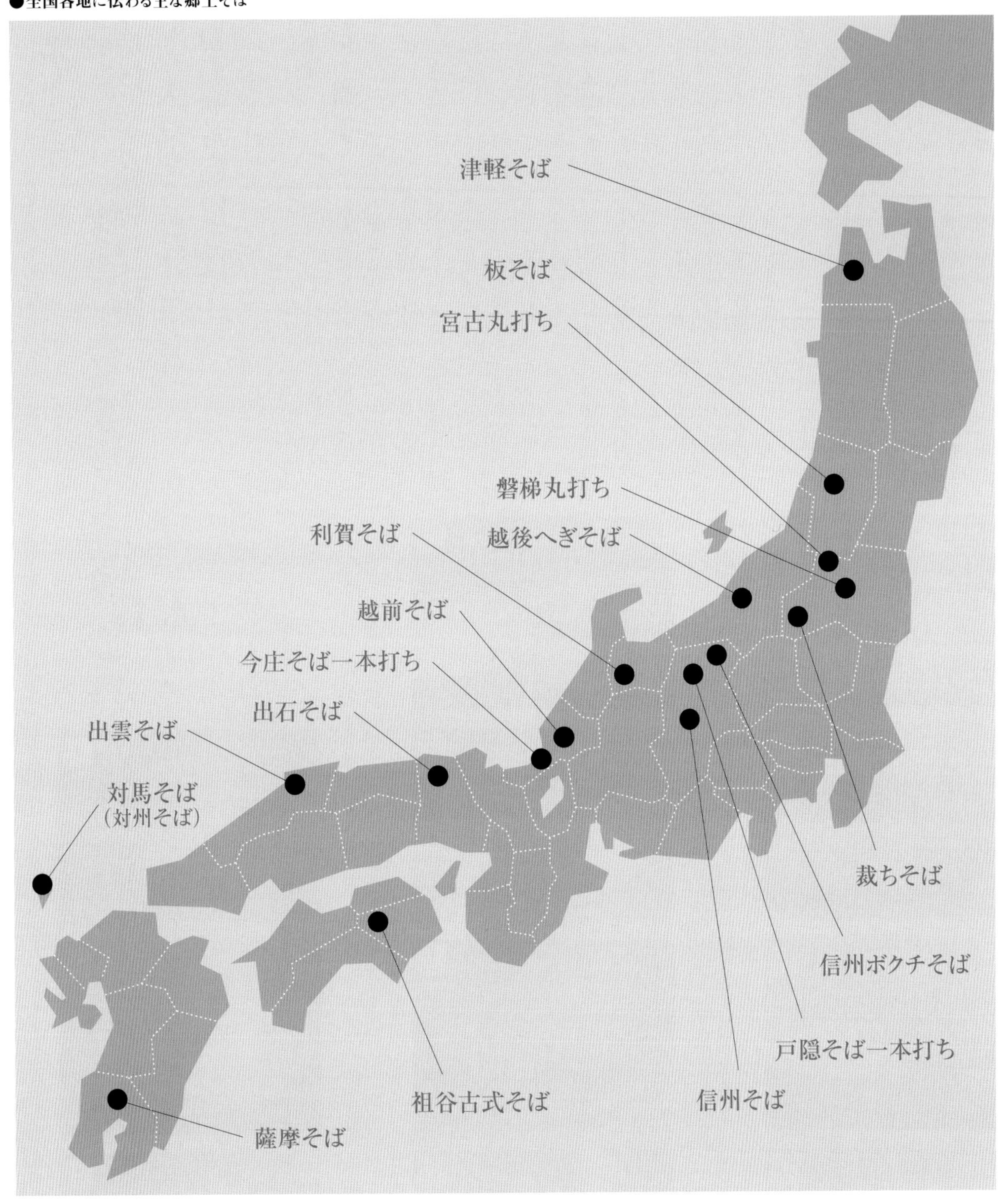

［青森・弘前］

津軽そば

津軽地方に伝わる独特の技法。すりつぶした大豆から呉汁をとり、そば粉と合わせる幻のそば

そばと会席郷土料理 野の庵
技術 佐藤 彰・貞子
撮影／2014年8月

津軽地方に伝わるそば打ちの技法で、津軽そばという名称で呼ばれるようになったのは大正の初期から。2昼夜をかけて作る保存性の高いそばだが、手間がかかるため、いまや幻のそばともいわれている。

大豆を水に1～2日間浸けて少し醗酵させ、すり鉢ですりつぶして呉汁を作る。そして、呉汁を布ごしして豆乳をとる。その豆乳にそば粉を入れ、よく混ぜてから火にかけてていねいに練りながら「そば練り」というそばがき状のものを作り、小分けして練り玉（「もと」ともいう）にする。これを水に浸けて冷ます。

木鉢にそば粉を入れ、その中に水気をきった練り玉を加えてこねる。そば粉の練り具合を見ながら練り玉を適宜追加して、そば玉に仕上げる。この工程は江戸そばの木鉢の仕事と同じだが、小分けした練り玉をほぐしながらそば粉と混ぜるのはかなり大変な作業である。そうして丸くまとめたそば玉を延して、そばに打つ。

打ったそばはすぐには茹でず、夏で5時間、冬は一昼夜ねかせてから茹で上げる。茹でて水にさらしたそばは、梅雨時でも3～4日は悪くならないという。この特徴を生かして昔は屋台のそばで用いられた。

打ち方には別の方法もある。そば粉を熱湯で練ってそば練りを作り、これを小分けした練り玉を水に浸けて一晩ねかす。豆乳のとり方は同じだが、木鉢にそば粉を入れて豆乳を加え、その中に水気を切った練り玉を加えてそば玉を作る。

木鉢

1 水に浸した大豆をすり鉢に入れ、すりこぎですりつぶす。

2 大豆をペースト状になるまでよくすりつぶし、呉汁を作る。

3 呉汁を布巾でこす。

4 布巾をよく絞り、豆乳をとる。

5 小鍋に豆乳をとり、そば粉を200gほど入れてよくかき混ぜる。

6 鍋を火にかけてそばがき状の「そば練り」を作り、小分けして水にとる。

7 そば練りを小分けした練り玉を5～6個作り、冷水で冷やす。

8 冷えるのを待つ。

9 木鉢にそば粉1・3kgを準備し、練り玉を4個ほど入れてよく混ぜる。

10 練り玉の塊がまんべんなくそば粉に混ざるように撹拌する。

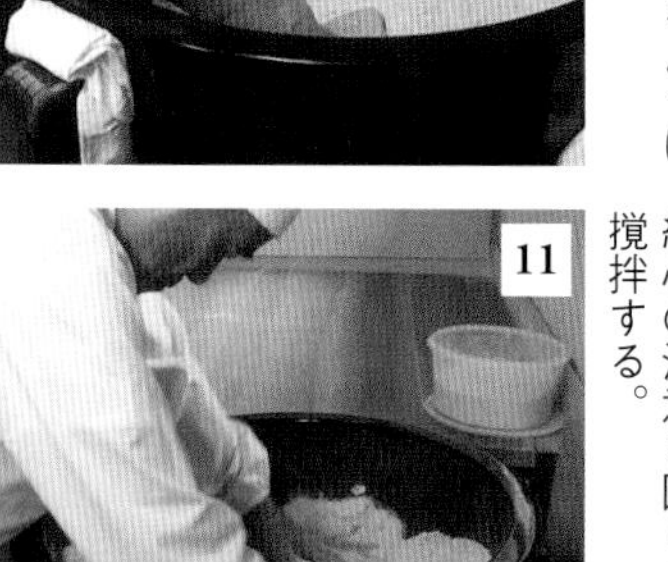

11 二八そばの水回しよりも細心の注意を図りながら撹拌する。

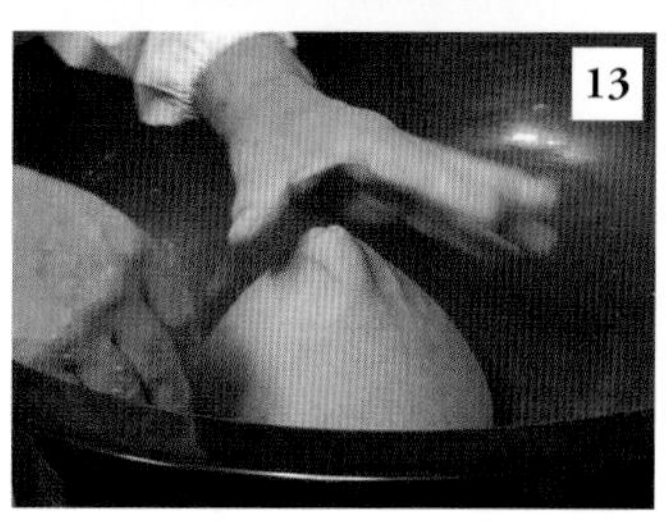

12　そば粉が粒状になってくる。

13　江戸そばの要領と同じく、そばの塊に艶が出てきたらそば玉にまとめる。

延し

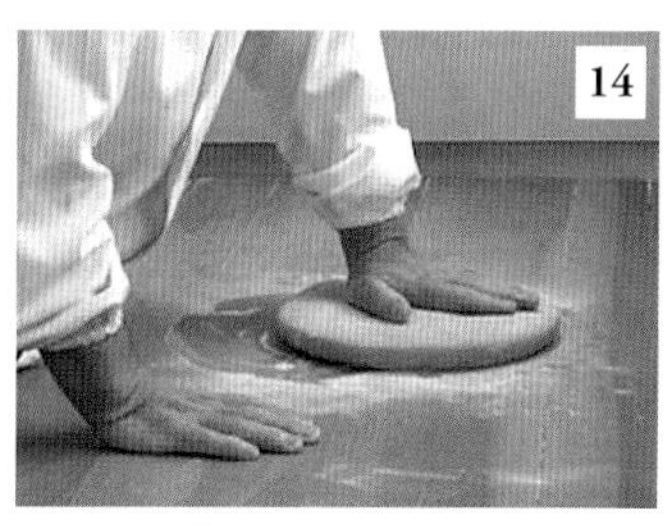

そば玉を延し台にのせて地延しする。麺生地の縁に割れが入るので注意。

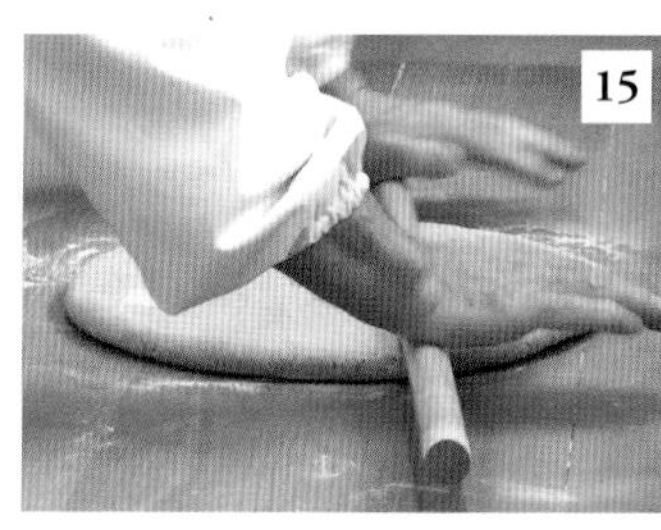

縁の割れに注意して麺棒で丸出しする。

直径60㎝ほどの円形にしたら麺生地を麺棒に巻き付けて角出しをする。

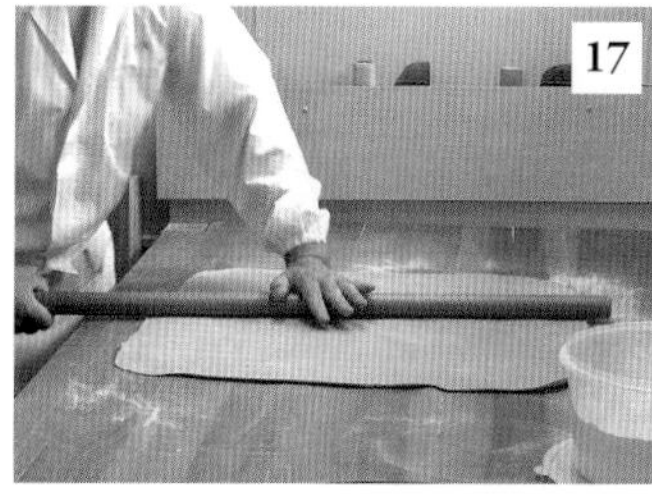

延し台に打ち粉を振り、本延しする。縁の割れに注意し、均一の厚さに延す。

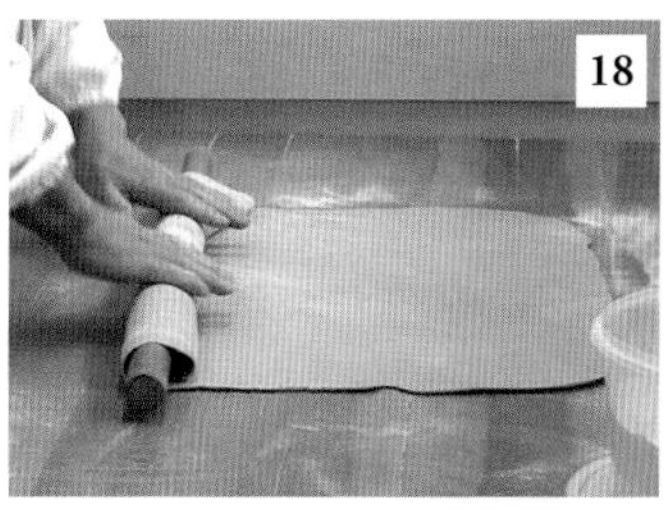

本延しを続ける。麺生地の厚さに注意。

8枚にたたむ。

切り

切り始め。できるだけリズミカルに切り進める。

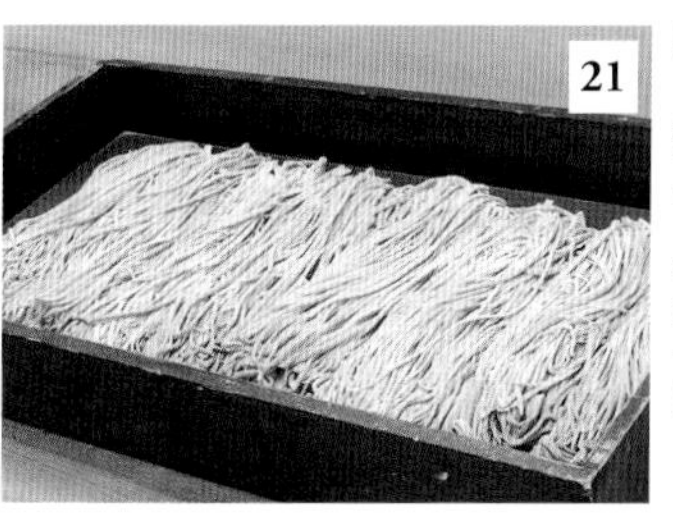

切り揃えられたそば。

〔山形・寒河江(さがえ)〕

板そば

板そばは、いまや山形の名物。金山杉の大きな板に盛られたそばは、甘皮も挽き込んだ太めの二八そば

ふるさと寒河江そば工房
技術 神藤光夫
撮影／2015年3月

村山盆地の中央に位置する寒河江(さがえ)市周辺は、板そばで知られる。ざるでなく木で作られた長方形の器に盛られたそばをいう。

遠い昔、山形県山村地方において、秋の収穫祭などの農家の共同作業にそばを振る舞っていたことから始まり、一度にたくさんの人がそばを箸でつまめるようにと大型の木箱が使われるようになり今日に至っている。

木箱に盛られるそばは通常3〜5人前の量で、そのそばは比較的太いのが特徴である。そば粉は地元産の原料を石臼で挽きぐるみにした、黒っぽく、しっとりとした、やや粗めのものである。

打ち方は、そば粉に2割ほどの小麦粉を加えて水練りにし、丸延しにする。水回しは3回に分けて加水。延しは、延し棒で丸出しをした後、巻き棒を使って巻き延しをくり返しながら大きく延していく。仕上げの本延しは延し棒で厚みの調整をしている。

切りは、4枚重ねにたたんだ麺生地を2等分して8枚に重ね、切っていく。切り幅はやや太めの2・3㎜見当。茹で時間は、二八そばでも太打ちのため、2分30秒と比較的長い。山形の銘木、金山杉(かねやますぎ)で作られた杉板への盛りつけは量感がある。

鉢は地元、山形の平清水焼の陶鉢、延し棒は桐の太棒（直径7㎝）、巻き棒も桐（直径5㎝、長さ150㎝）、包丁とこま板。

木鉢

1 鉢に粉2kg（そば粉8、小麦粉2）を入れて混ぜ、1回目の加水を行う。

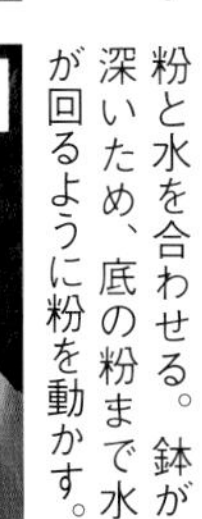
2 粉と水を合わせる。鉢が深いため、底の粉まで水が回るように粉を動かす。

3 2回目の加水を行う。

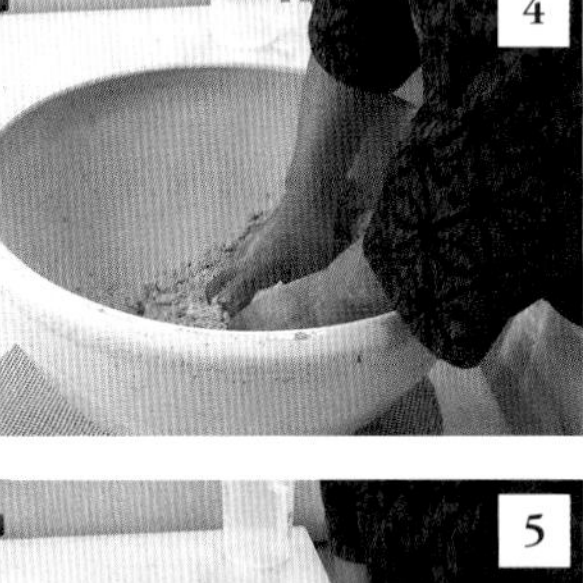
4 3回目の加水を行い、内回し、あおりなど手を多様に動かして水回しする。

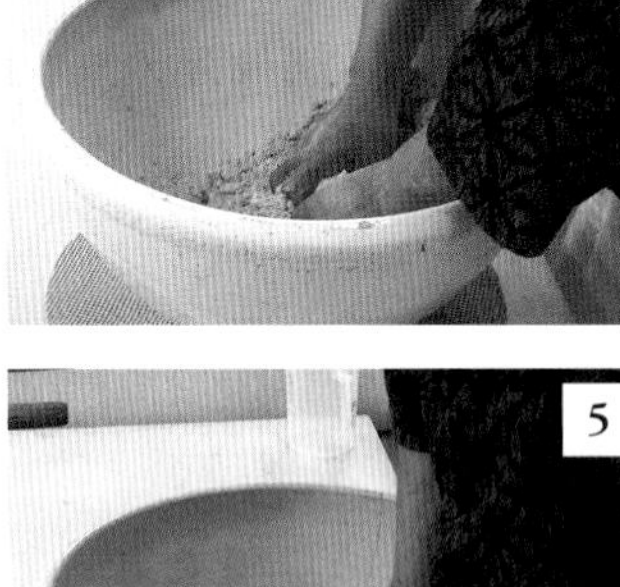
5 鉢の底の粉を掘り起こすように粉全体に水を回す。

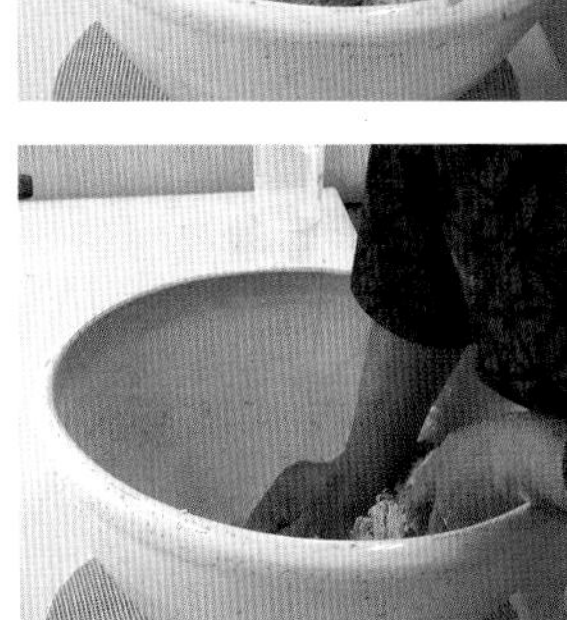
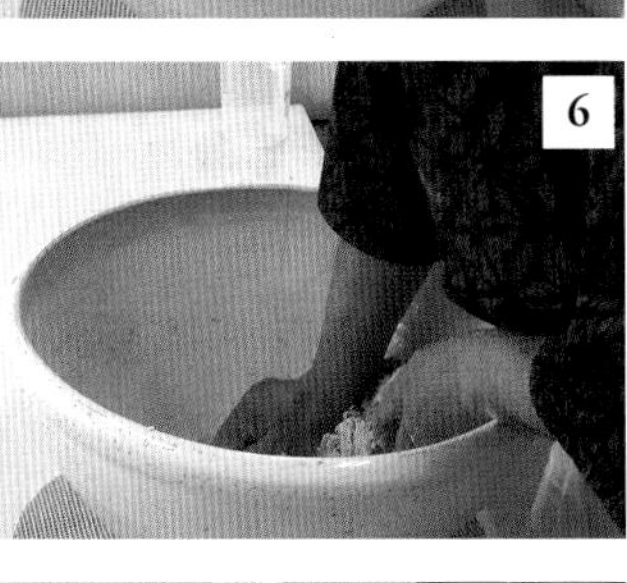

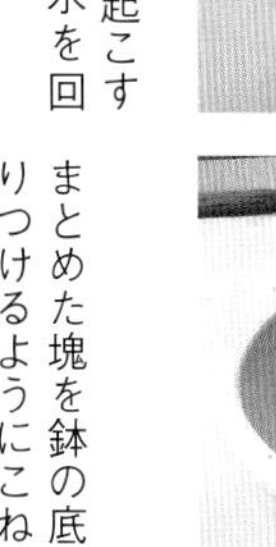
6 まとめた塊を鉢の底に練りつけるようにこねる。

7 鉢の底にたたきつけながら、両手でこねていく。

8 麺生地を中へ中へと練り込み、そば玉にしていく。

9 そば玉を鉢から出して延し台で菊練りを行う。

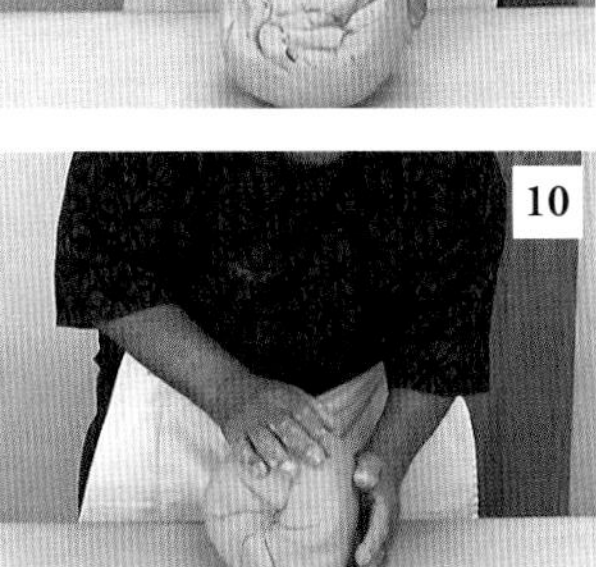
10 菊練りの仕上がり。

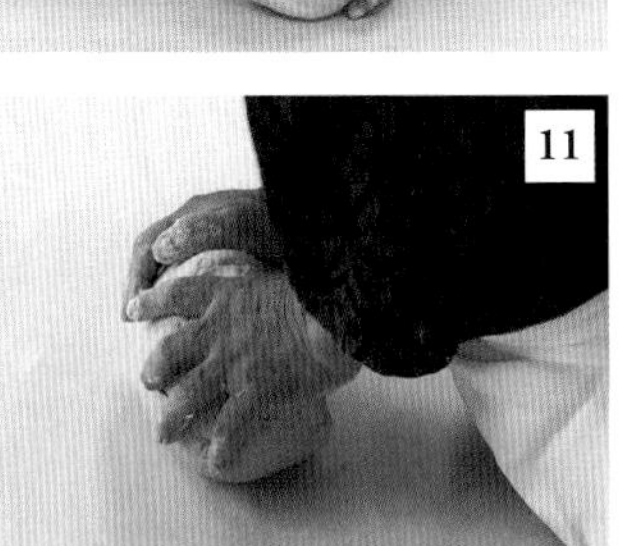

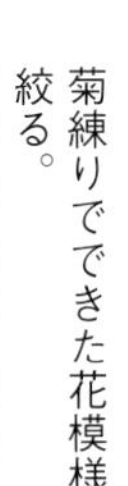
11 菊練りでできた花模様を絞る。

延し

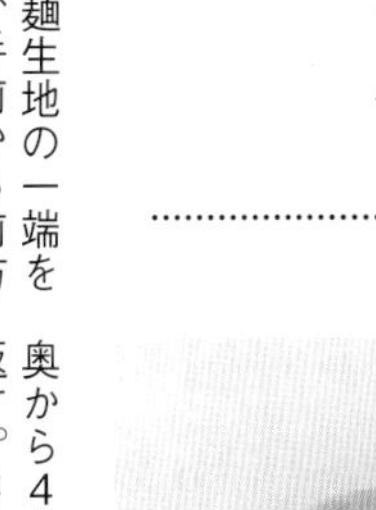

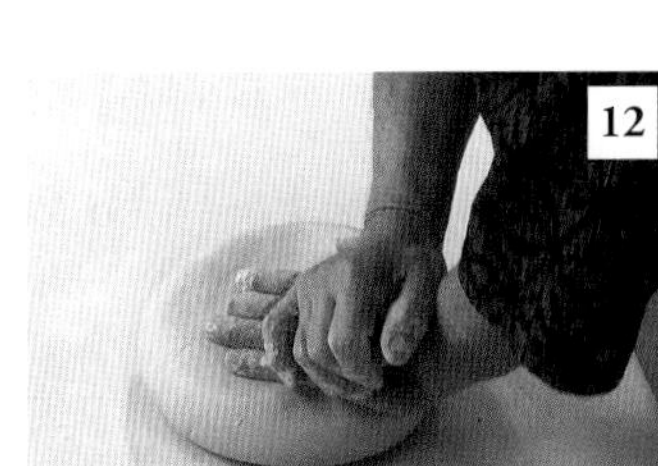
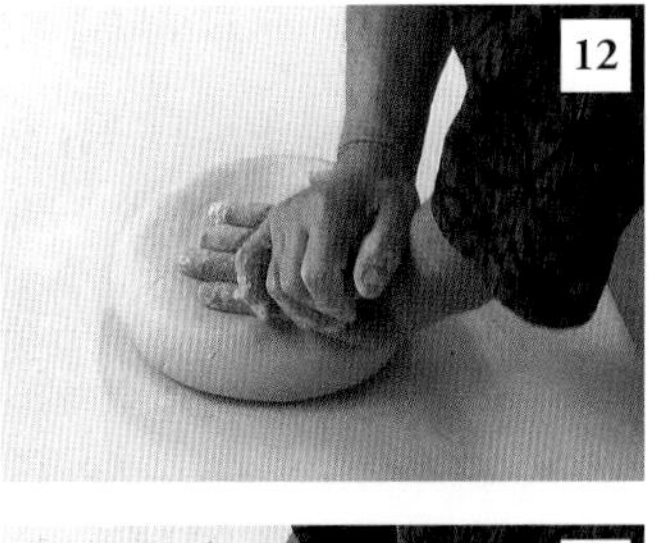

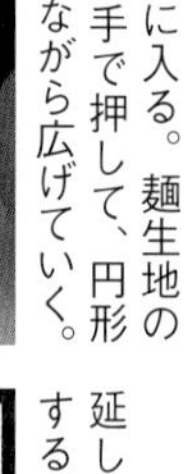

12 地延しに入る。麺生地の縁を両手で押して、円形を保ちながら広げていく。

13 延し棒を使い、丸出しをする。

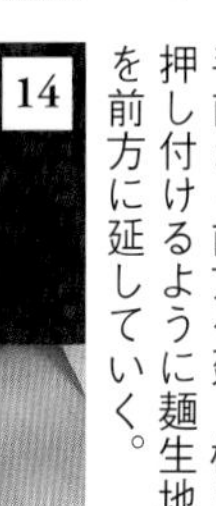

14 手前から前方へ延し棒を押し付けるように麺生地を前方に延していく。

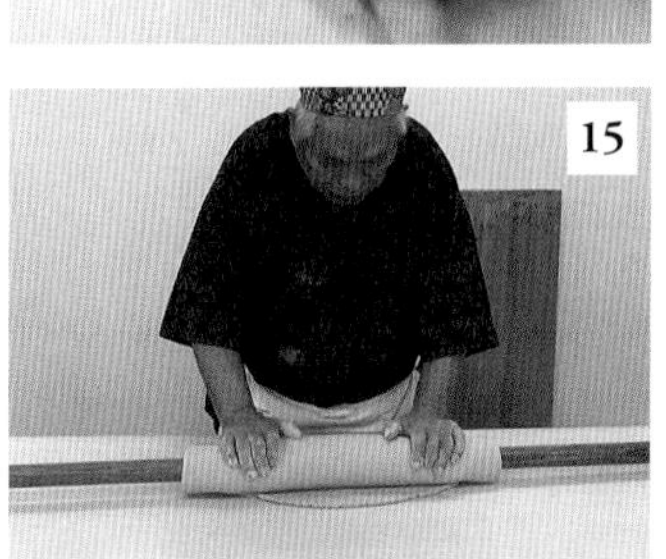
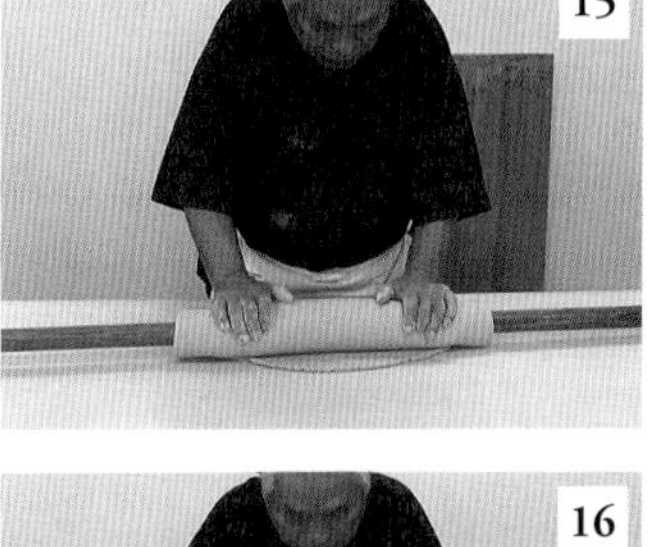

15 巻き棒を使って巻き延す。

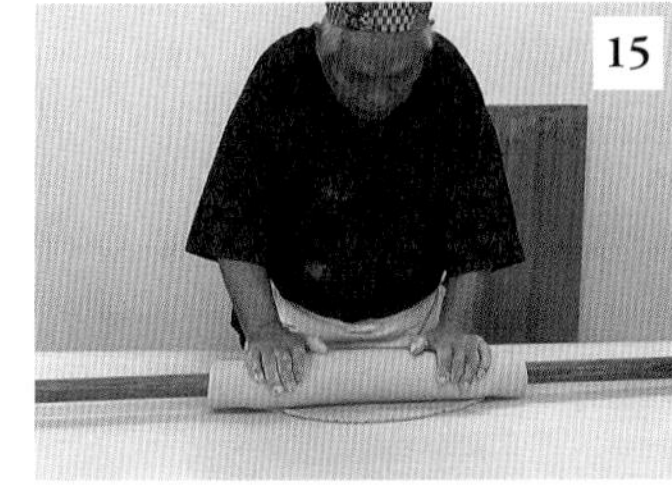
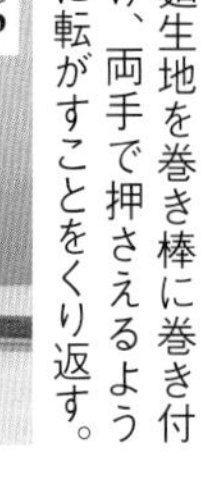

16 麺生地を巻き棒に巻き付け、両手で押さえるように転がすことをくり返す。

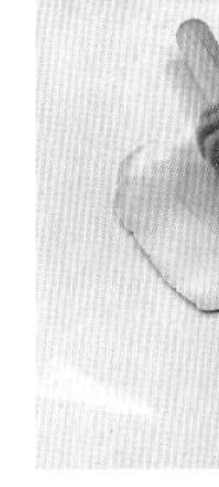

17 延し棒で麺生地の厚い部分を延して厚さを均一にする。

18 巻き棒に麺生地の一端を巻き付け、手前から前方へ折りたたむ。

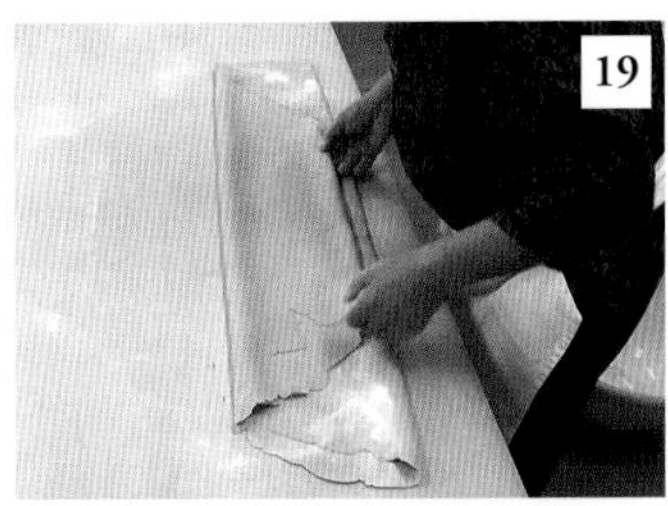

19 奥から4分の1ほど折り返す。さらに前方から手前に重ねるようにたたむ。

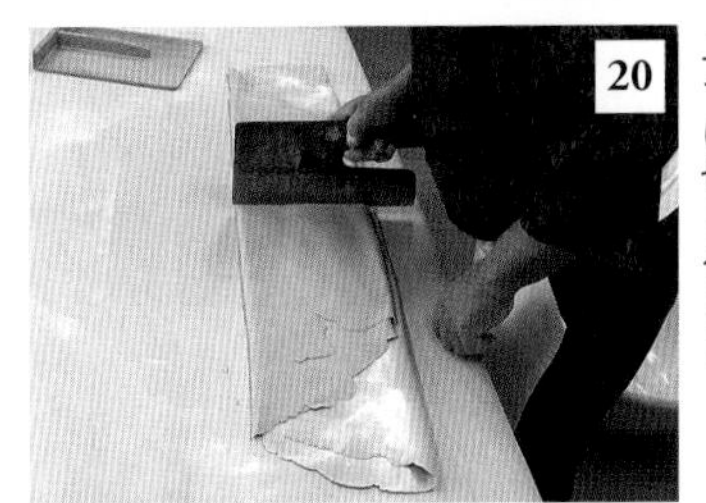

20 たたんだ麺生地を包丁で二つに切り分ける。

21 二つに切り分けた麺生地を上下に重ねる。

22 重ねた麺生地に打ち粉を振る。

切り

23 こま板を使い、包丁で切る。

24 切り幅はやや太め。切った後、麺をさばく。

25 切った麺を生舟に収める。

26 麺の出来上がり。

27 板そばの出来上がり。各人で取り分ける。

［福島・檜枝岐］

裁ちそば

山間の生活に密着した裁ちそば。菜切り包丁を使い、布を裁つように手ごまで切る

温泉民宿 あづま
技術 星 淑孝
撮影／2013年4月

檜枝岐村は会津駒ケ岳と燧ケ岳、帝釈山に囲まれ、村の面積のうち約98％を林野が占めている日本でも有数の豪雪地帯である。近年では尾瀬沼観光の玄関口として人気がある。

裁ちそばは、福島県の県南、標高2000m級の山々に囲まれた檜枝岐村などの厳しい環境の中で育まれてきた。標高の高い位置にある檜枝岐村は稲作に不適な土地であったため、古くからソバを栽培して生活してきたことから、そば粉を使ったそば料理が数多くいまに伝わる。

裁ちそばは檜枝岐の独特な製法で作るそば。ハンゾウと呼ばれるこね鉢にそば粉を入れ、適量の熱湯を箸で混ぜながら加える。粉全体に湯が混ざったら、水を回しかけて本格的に練りつける。こね上がったらいくつかの団子に分け、さらによくこね上げる。ここでは、そば粉1kgで練り上げた生地を6等分に小分けし、さらに練り上げて「こでっち」というそば玉にする。この時に均等の重さにすることが大切である。

延しは長さ60cm、直径7cmほどの太くて短い麺棒1本で行う。こね上がったそば玉を一つずつ丸延しし、3mmほどの厚さに延ばす。

裁ちそばはそば粉十割で切れやすい。そのため、小分けして延した麺生地をたたまずに重ねて切るという独特の裁ちの技術から生まれた。

とくに布地を裁つように菜切り包丁を使って手ごまで切るところは、裁ちそばならではの技である。そば食の原風景とも言われ、根強いファンが多い。

木鉢

1 そば粉1kgでつなぎ粉はなし。最初に熱湯を入れてつなぎとする。

2 菜箸で熱湯を散らし、湯ごねの核を作る。第一段階の大事な作業。

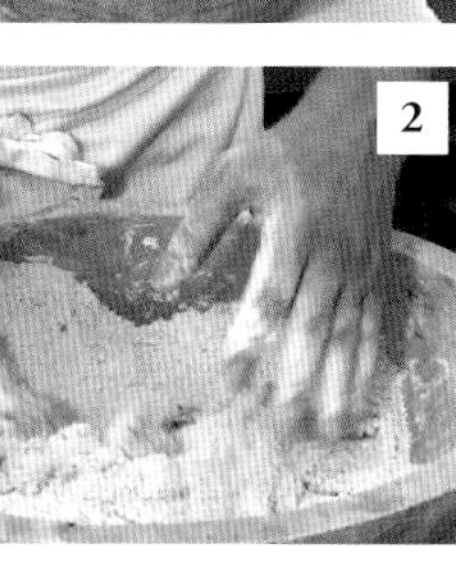
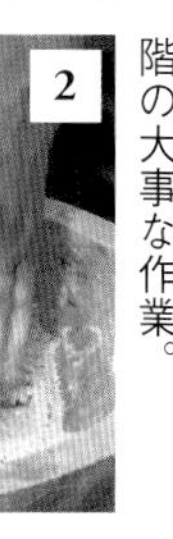
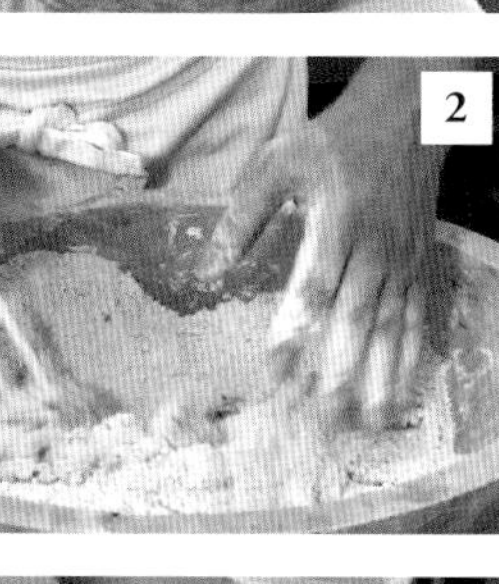

3 熱湯をそば粉全体に回す。

4 粉の状態を見ながら水を加える。最初の熱湯が2、水が1の割合。

5 塊を上から崩すようにして練り始める。

6 崩した塊を寄せ集めながら練り込んでいく。

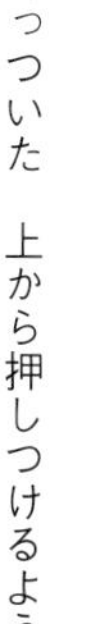

7 周りの粉を含ませて練り込んでいく。

8 生地の硬さを見ながら水を少し加える。

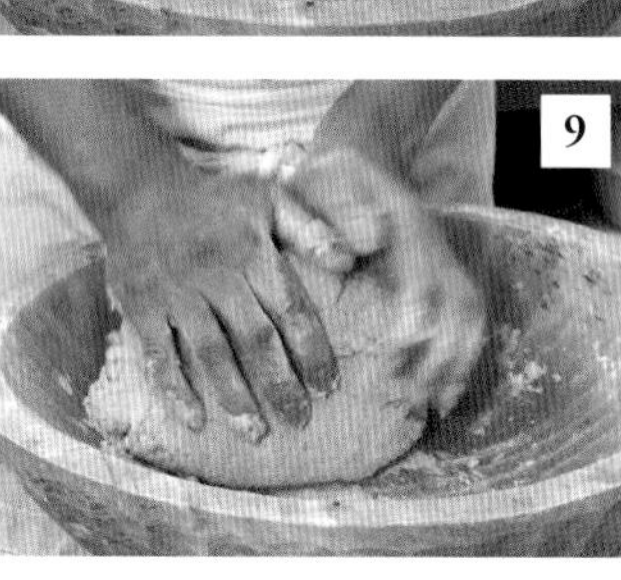
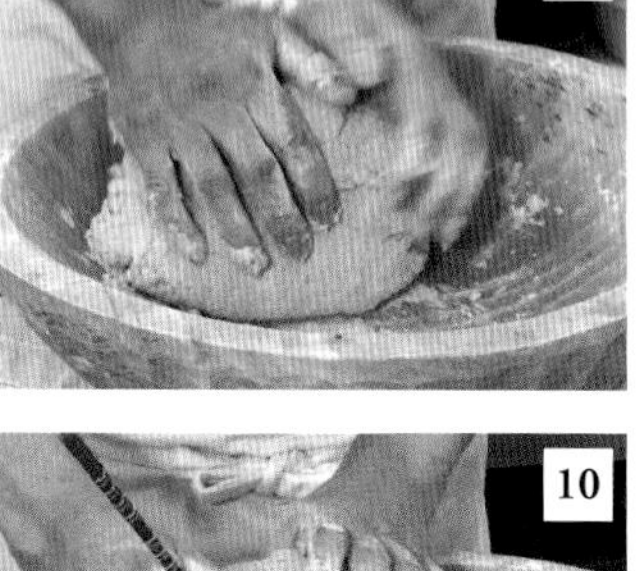

9 力を込めてよくこねる。

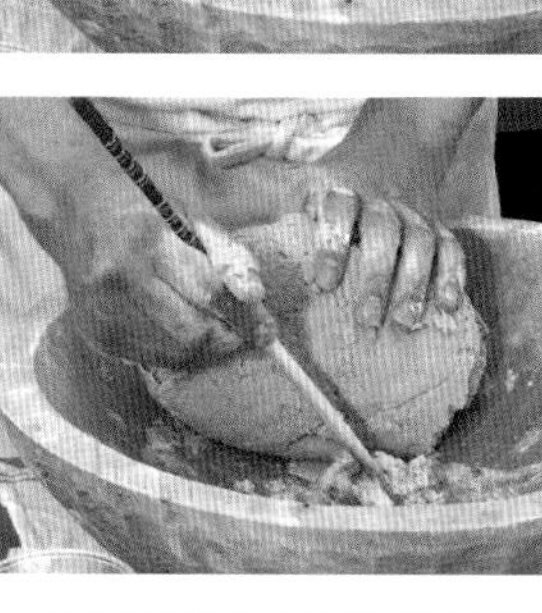

10 菜箸で木鉢にくっついた生地をていねいに取る。

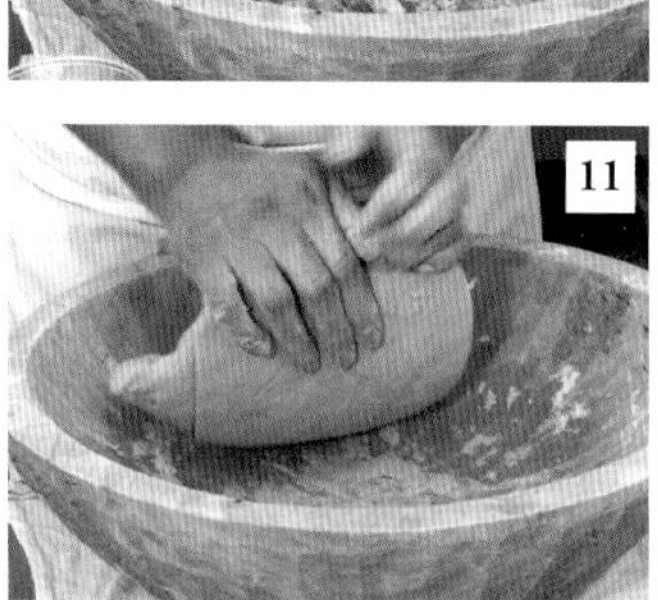

11 上から押しつけるようにこねる。

12
生地は耳たぶくらいの硬さがちょうどよい。加水は経験と勘による。

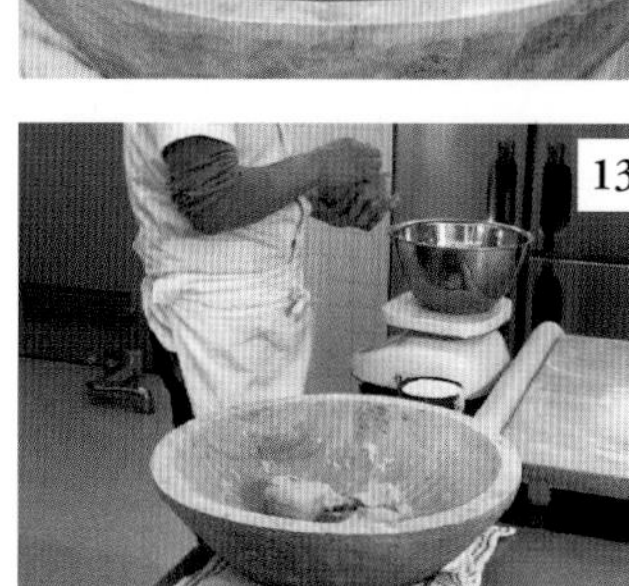
13
練り上げた生地の全体の重さを量る。

14
生地を6等分に小分けし、6個の「こでっち」を作る。

15
延しでのひび割れ防止のため、こでっちがつるつるになるまでこねる。

16
こでっちをあらかじめ手で平たくする。

延し

17
平たくしたこでっちを延し台にのせ、延しの準備に入る。

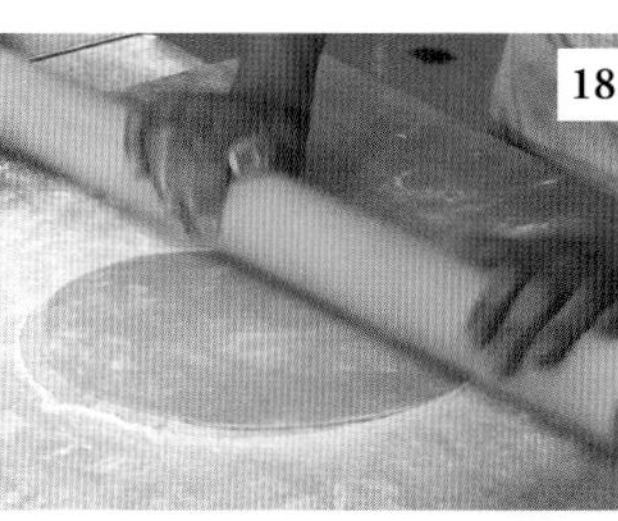
18
生地を時計回しに回しながら、太い麺棒で丸延しする。

19
生地を楕円形に巻き延す。楕円形のほうが切ったとき無駄が少ない。

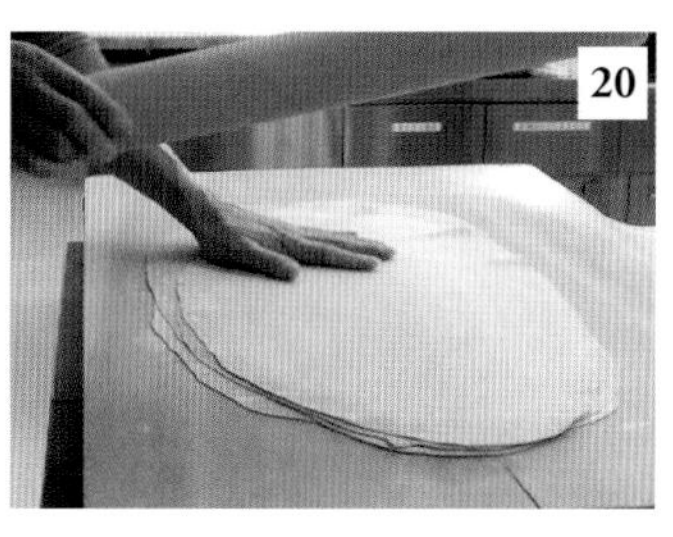
20
6枚の生地の大きさが揃うためにはこでっちは均等の重さであること。

切り

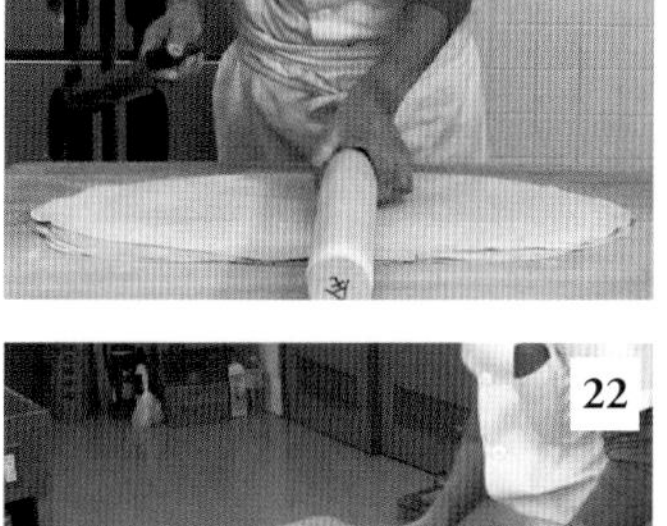
21
麺生地を重ね、麺棒を定規にして半分に切る。

22
切った麺生地を重ねて12枚に。そばが切れやすいので折りたたまない。

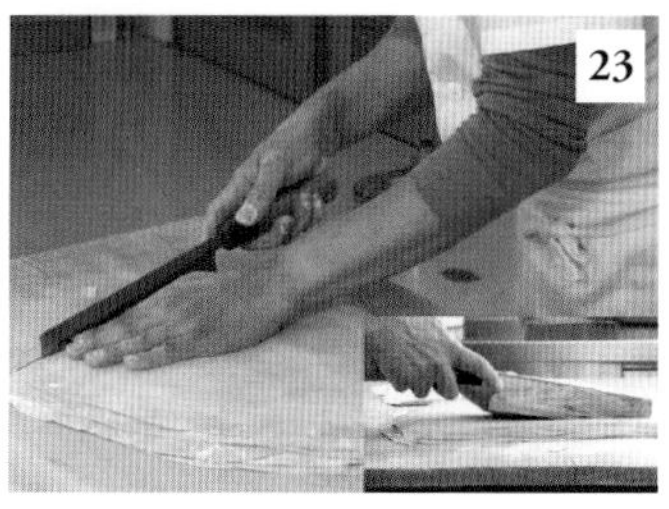
23
重ねた生地を菜切り包丁で手ごまで引き切る。切り幅の目安は厚さと同じ。

24
裁ちそばの由来となった包丁さばき。

25
切ったそばを1束ずつ新聞紙にくるむ。乾燥防止とともに釜前で便利。

26
もりそばの出来上がり。

［福島・磐梯］

磐梯丸打ち

いまや会津地方でも珍しい打ち延しのそば打ちの技法を伝える。切りは、中抜きのそば包丁を使う

磐梯そば道場
技術 長谷川 吉勝
撮影／2013年2月

会津磐梯山のふもとに位置する会津山間部におけるそばの歴史は古く、鎌倉時代までにも遡るとされる。米作にあまり恵まれず、ソバやヒエなどの雑穀が主な食べものとされてきた。

そばは、振る舞い料理や結婚式などに必ず添えられるほどに日々の生活に密着して何かとその中心に置かれてきた。宴席などでは、必ずといえるほどに会津万歳の流れを汲む「そば口上」が添えられ、宴席を盛り上げたといわれる。口上の題材は、「そばのほめ口上」「そば売り口上」「婚礼の祝い口上」など。会津地方のほとんどに残されており、いまでは少なくなったとはいえ、折に触れて語られている。

そば粉は地粉の石臼挽きの十割で、やや粗めの挽きぐるみ。色は少し黒っぽく、風味や香りがある。会津磐梯そばの打ち方は、他の郷土そばと共通するところも多いが、水回しや延しに際立った特徴がある。

水回しから切りまでのそば打ちの作業は、すべて座ったまま行う座打ち。十割のそば粉を湯練り（湯ごめ）するところは多くの郷土そばと共通するが、水練り（水ごね）も併用する。加水の量は、長い経験に基づいた勘による。

延しは、他には見られない打ち延しの手法で、麺棒に巻き付けたまま打ちつけるようにしながら大きな円形に延していく。たたみ方も個性的な手順でなされる。切りは、8枚重ねの麺生地を会津特有の中抜きのそば包丁で行う。切り幅は1.5㎜ほどで細め。

木鉢

1 そば粉1kgをふるいに通す。異物などの混入を防ぎながら粉を馴染ませる。

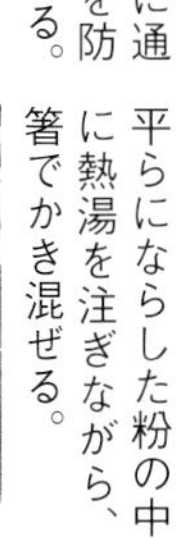

2 平らにならした粉の中央に熱湯を注ぎながら、菜箸でかき混ぜる。

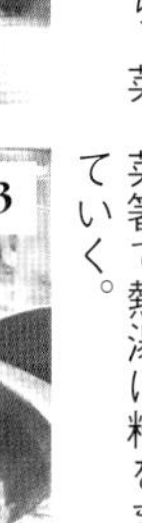

3 菜箸で熱湯に粉をまぶしていく。

4 粉に湯を手早く浸透させるため、手もみで混ぜていく。

5 盛り固めた熱気のある粉にビニールシートをかけ、1分半ほどねかせる。

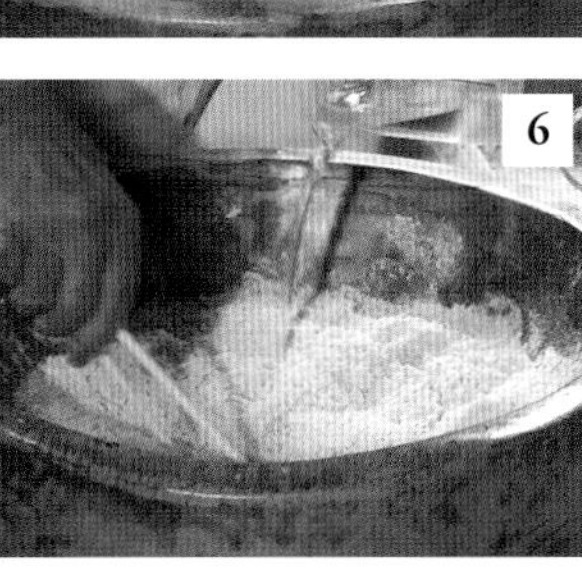
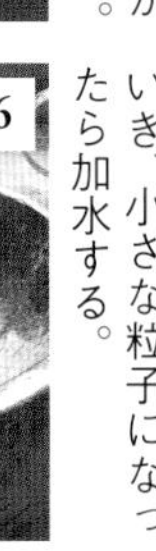

6 そばの山を菜箸で崩していき、小さな粒子になったら加水する。

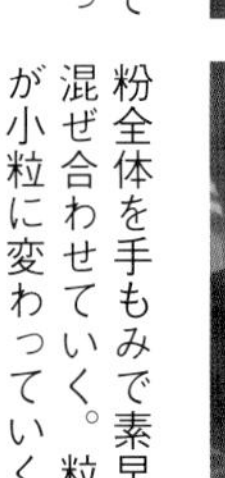

7 粉全体を手もみで素早く混ぜ合わせていく。粒子が小粒に変わっていく。

8 粉を手もみで手早く混ぜていく。

9 3回目の加水。粉全体の水の浸透具合を見ながら数回に分けて入れる。

10 極め水を入れたら、手前からまとめながら練り始める。

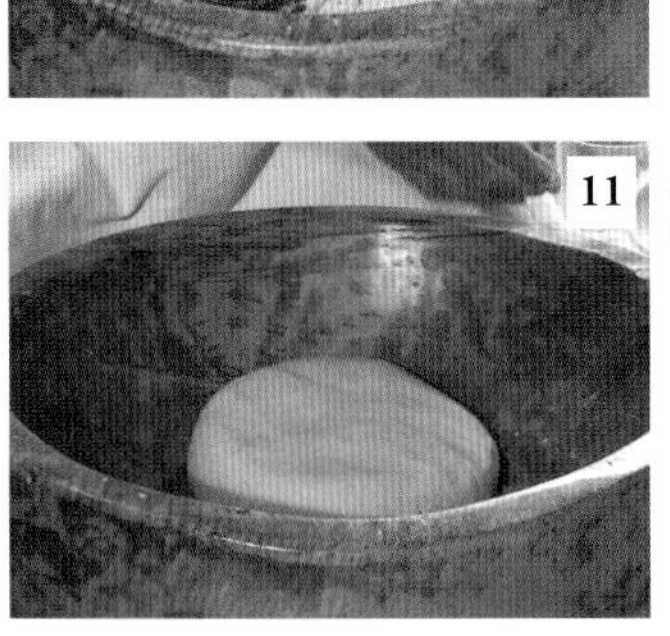
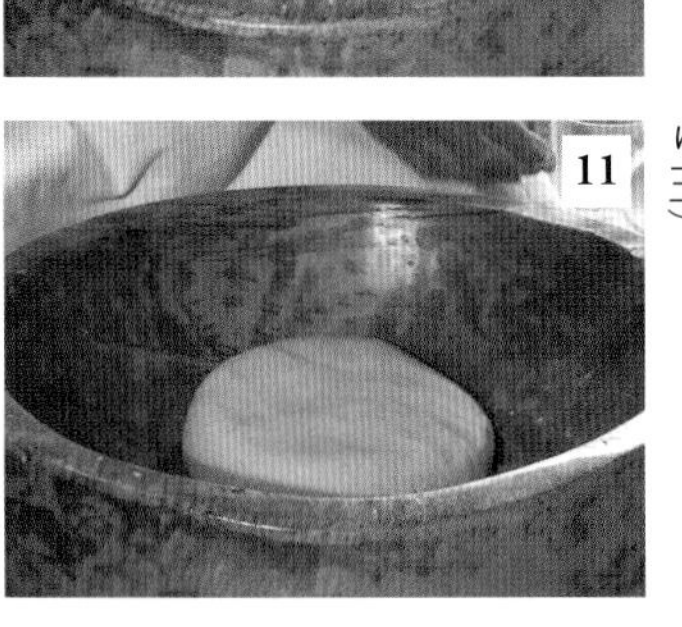

11 練り上がったそば玉（練り玉）。

延し

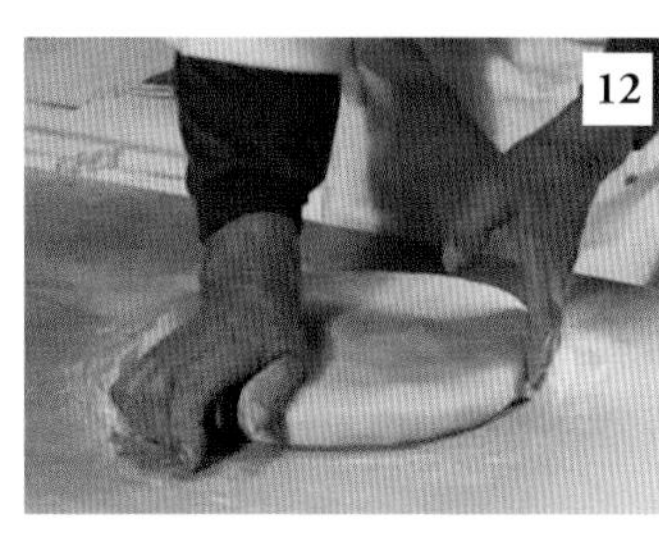

12 延し台とそば玉に打ち粉を振り、そば玉を回しつつ手のひらで押さえ込む。

13 均等な厚さ（2㎝ほど）の円形（直径30㎝見当）に仕上げていく。

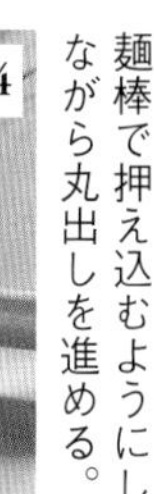

14 麺棒で押え込むようにしながら丸出しを進める。

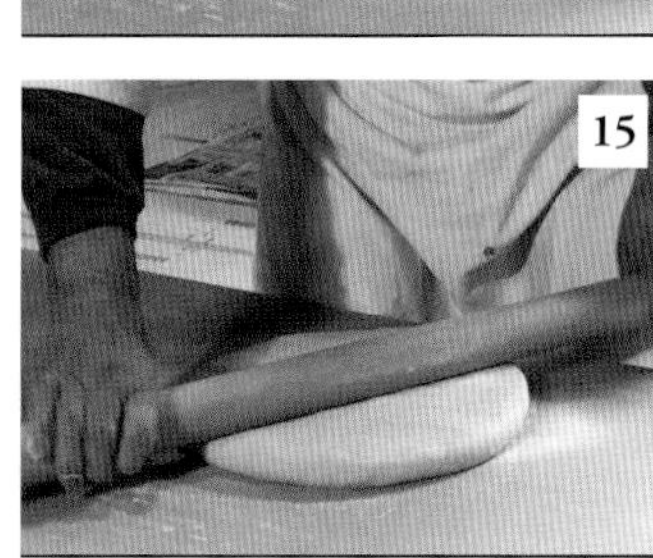

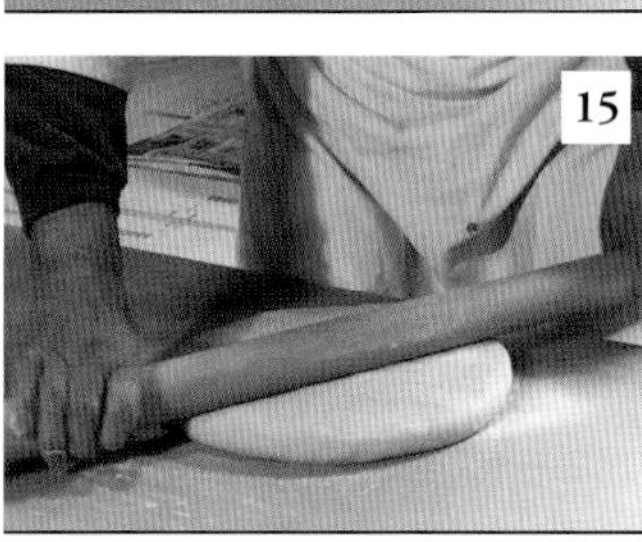

15 向きを30度見当で変えながら、押さえ込むように徐々に押し広げる。

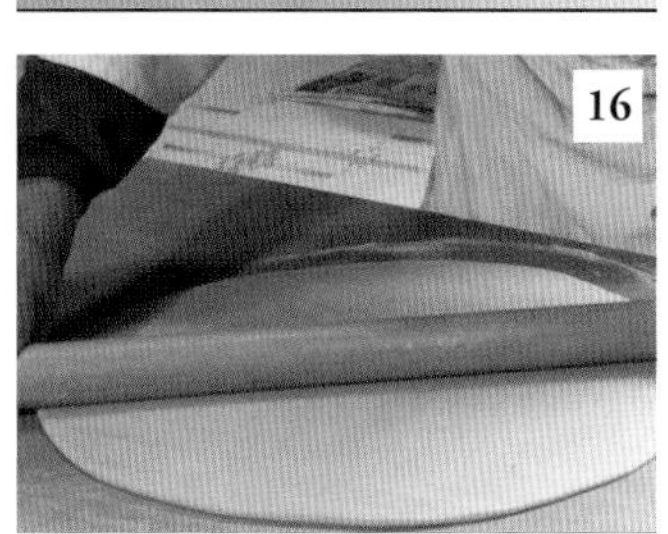

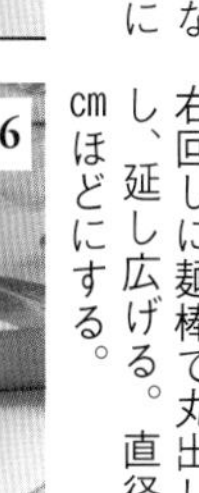

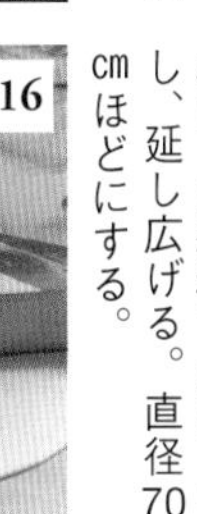

16 右回しに麺棒で丸出しをし、延し広げる。直径70㎝ほどにする。

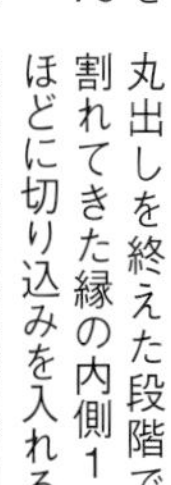

17 丸出しを終えた段階で、割れてきた縁の内側1㎝ほどに切り込みを入れる。

18 切り取ったヘタを取り上げる。これを「隅切り」または「耳とり」という。

19 切り取ったヘタをよく練り込んで玉にし、水をつけて麺生地の中央に置く。

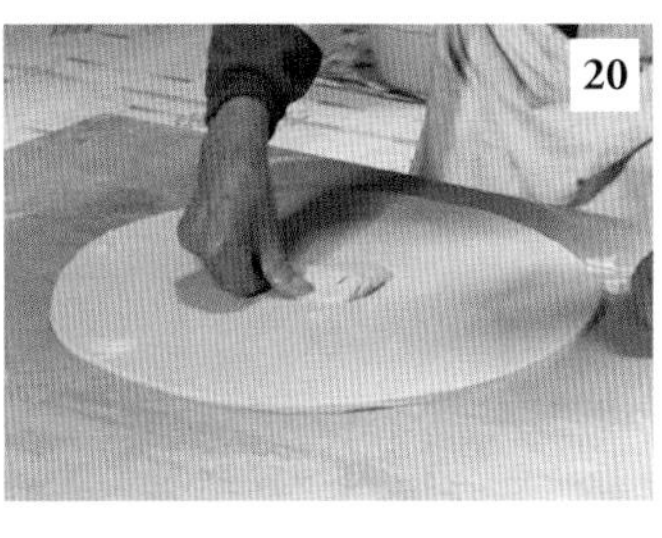

20 麺生地に置いたヘタを親指で端から押し込むようにし、麺生地に練り込む。

21 ヘタを練り込んだところを麺棒で延し、全体の厚みを均等にならしていく。

22 麺生地を巻いた麺棒ごと打ちつける動作と巻き延しをくり返し、薄く延す。

23 直径110㎝、厚さ1・5㎜に延した麺生地を6割ほど広げて打ち粉を振る。

24 麺棒に麺生地を巻き付けたまま、前方に二つ折りにして重ねる。

25 2枚重ねの麺生地の左端を持って右端にすり寄せ、4枚重ねに折り重ねる。

26 4枚重ねの麺生地の左端を持って8枚重ねに折り、右端を15㎝ほど余す。

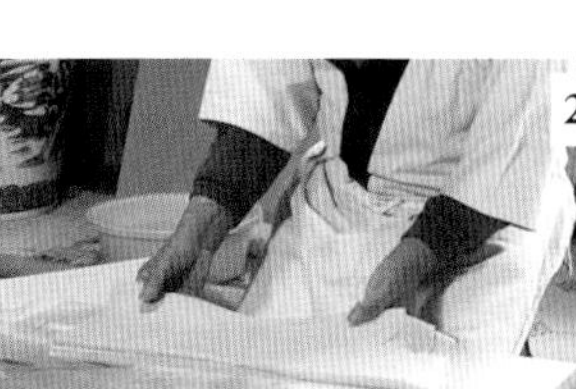

切り

27 8枚にたたんだ麺生地を切り板の上にのせる。麺生地の表面に打ち粉を振る。

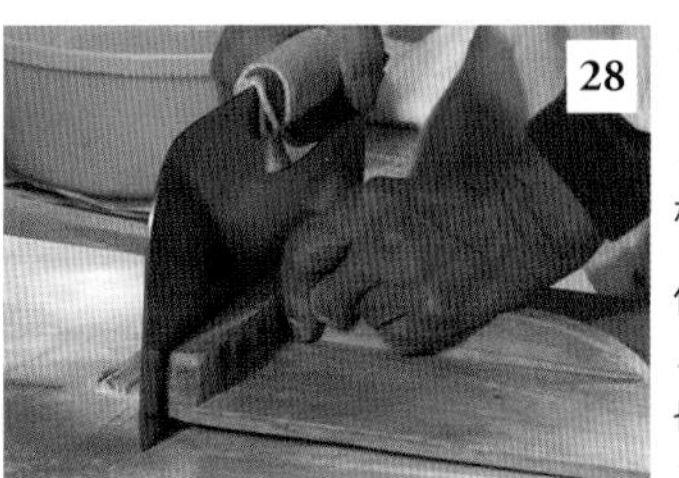

28 余り部分を切り取り、麺生地の表面に打ち粉を振る。こま板を使って切る。

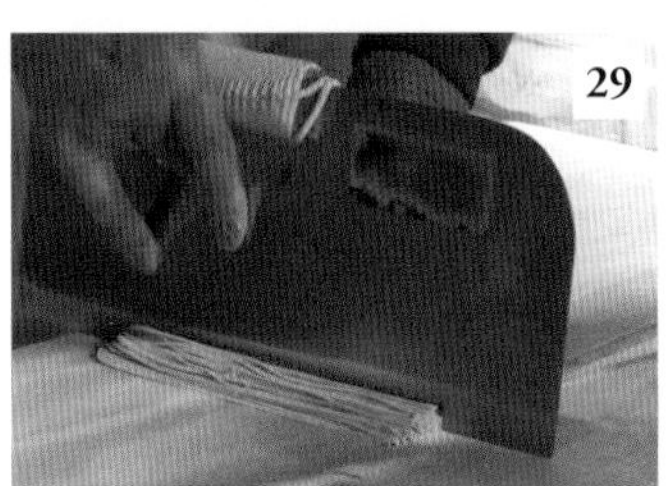

29 包丁は中抜きの会津包丁で、切り方は押し切り。切り幅は約1・3㎜の細切り。

30 こま開きをしたそばは生舟に段々に重ね、きれいに並び揃える。

［福島・山都（やまと）］

宮古丸打ち

十割の色白なそば粉を湯練りし、水練りし、小分けの玉に。丸延しし、半月に重ねて包丁で切る

宮古そば 権三郎
技術 関口榮子
撮影／2013年2月

会津の北側にそびえる飯豊（いいで）連峰のふもと、福島県喜多方市山都（やまと）町宮古地区では自然環境の厳しい山間農家での暮らしの中、古くからソバが栽培され、食膳に添えられていた。同地区は以前から県内随一の「そばの隠れ里」としてその名を馳せていた。

標高400mを超え寒暖の差が激しい風土は、良質のソバが育つ条件を満たしている。宮古地区は標高が高く米作には不適であり、ソバをより多く常食としていた。越後裏街道筋にあるため、行商などで逗留する人々にはソバを「家庭で食するそば」より贅沢に挽いて振る舞っていたと言われ、郷土そばとしては珍しく白っぽい十割そばが特徴である。

数十年前から「宮古の農家で打たれたそばはうまい」という評判が立ち、徐々にその名が知れ渡るようになった。山都町では宮古の集落を盛り上げようと昭和60年（1985）にそば祭りを始め、毎年開催している。現在では約30戸ある農家のうち12～13戸が客間を開放し、保健所に届け出をして予約営業を行う。これらは農家食堂として「宮古丸打ちそば」を提供している。

飯豊山に積もった万年雪から溶け出す伏流水がソバを育て、また、そばを打ち上げるおいしい水として使われている。このおいしい水とそばで香りを楽しむ「水そば」が有名である。

そば打ちも独特で、とくに中抜きのそば包丁は他ではほとんど見ないものである。なお、湯練りの後に水練りする方法もあるが、ここでは湯練りとしている。

木鉢

1 木鉢にそば粉1kgを入れ、1回目の加水は熱湯200ccを入れる。

2 熱湯を入れたところにそば粉を手早くまぶす。

3 2回目の加水は熱湯200cc。

4 もみ手でそば粉を手早くかき混ぜる。

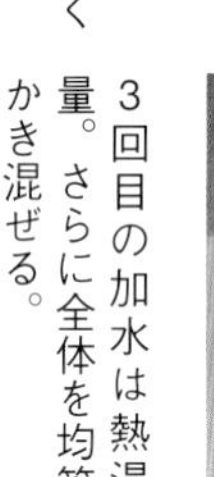

5 3回目の加水は熱湯少量。さらに全体を均等にかき混ぜる。

6 もみ手でそば粉をさらにかき混ぜる。

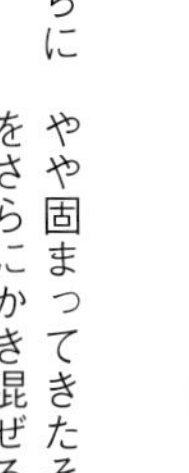

7 やや固まってきたそば粉をさらにかき混ぜる。

8 そば粉を握ってみて「パチン」とはじける状態になるまで湯ごねを続ける。

9 そば粉全体をていねいに手もみする。

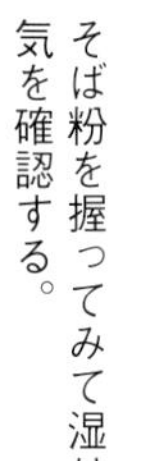

10 そば粉を握ってみて湿り気を確認する。

11 加水が終わったそば粉をまとめて山にして蒸らす。

12 まとまったそば粉を両手で押さえ込むように体重をかけて練り込む。

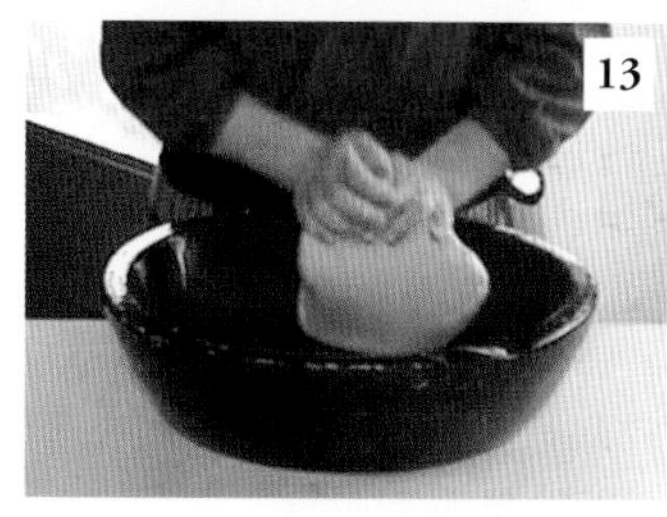

13 絞り込んだ部分を下にして上から押さえ、お供え餅のように形を整える。

14 ひと塊のそば粉を4等分して小玉に小分けする。

延し

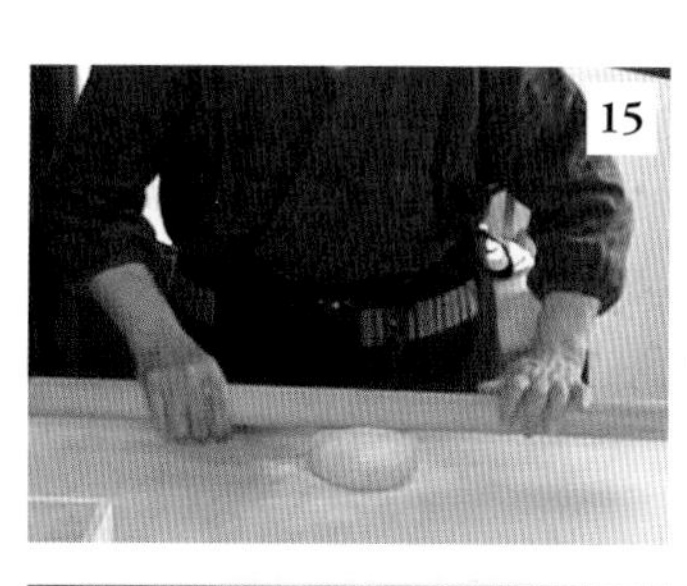

15 小分けした小玉を延し台に移し、麺棒を使って厚さ1cmほどに延す。

16 麺生地を回すようにして丸出しをする。

17 通常の丸延しをする。

18 左手に少し力を入れて、丸延しを大きくする。

19 丸延しした麺生地を巻き取って回転させる。

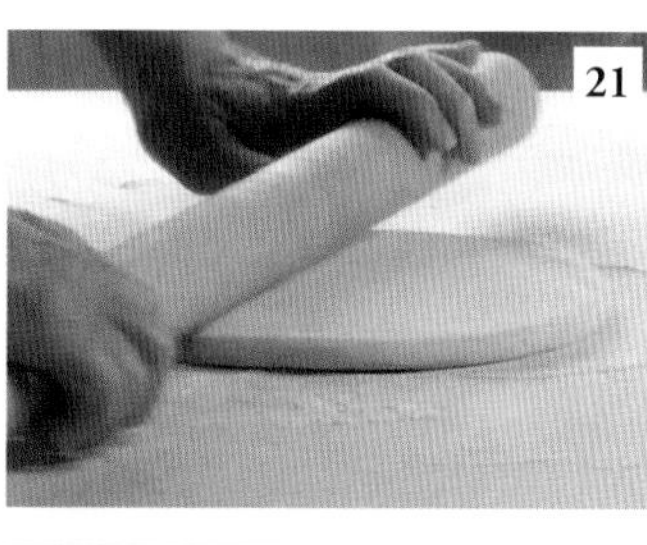

20 麺生地の厚さが均等になるまで延す。

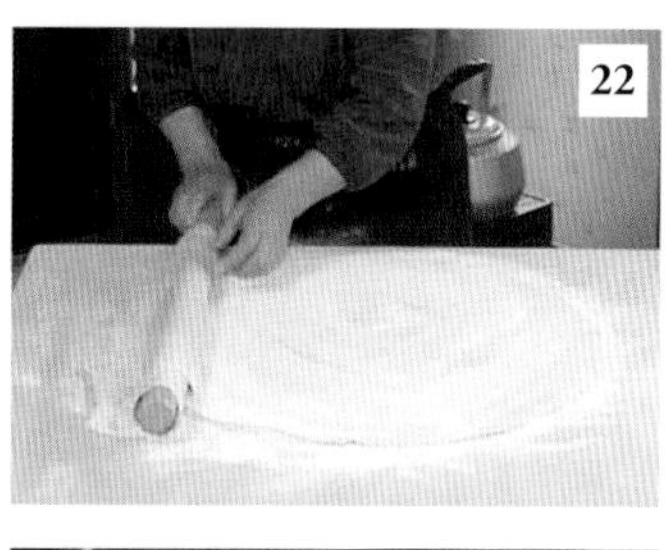

21 2個目の小玉を1個目と同様に延す。

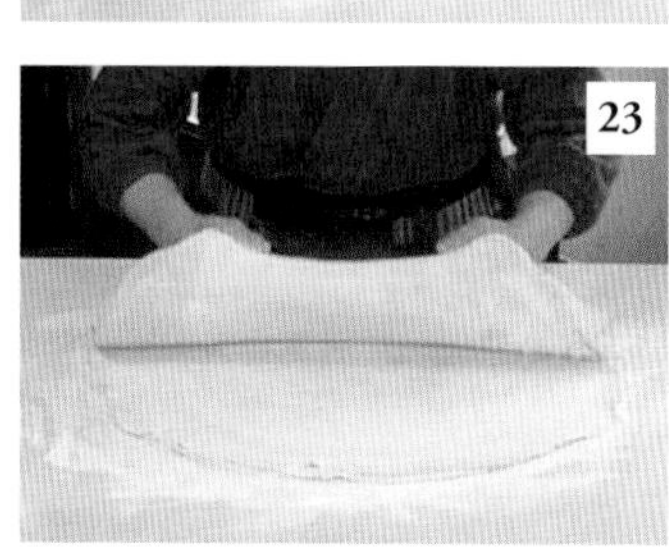

22 同様の工程で4枚の円形の麺生地を作る。

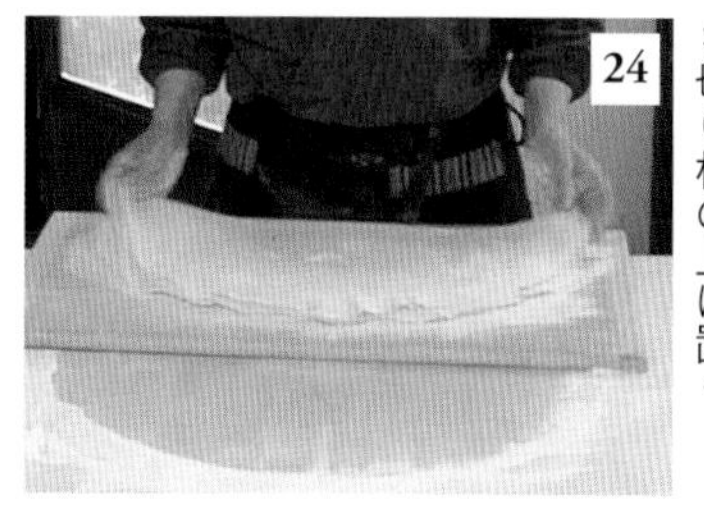

23 円形の麺生地を手前から先へ二つ折りにたたみ重ねる。半月型という。

24 もう一度たたんだ麺生地を切り板の上に置く。

切り

25 切りの作業。

26 切りの作業の途中。

27 包丁はこの地域独特の中抜きの会津包丁。

28 包丁は重さ1・2kg。包丁の重さで切る。

29 切ったそばを1束ずつ木鉢に入れていく。

［新潟・十日町］

越後へぎそば

フノリをつなぎに使った淡い緑色をしたコシの強い細打ちのそばを波模様のようにへぎに盛る

田麦そば
技術 福崎 平八郎
撮影／2014年5月

杉や檜を薄くはいだ板で作った平板に縁を付けた角盆のことを「へぎ折敷」、略して「へぎ」と呼ぶ。新潟県の小千谷や十日町などではこのへぎに波模様に盛ったもりそばを「へぎそば」「越後へぎそば」などという。

十日町の地場産業は同地の気候風土を生かした絹織物である。緯糸（横糸）に撚りをかけて糊で固定させ、織り上げた後に糊を洗い落としてからもんで撚りを戻して縮ませる。その糊の原料が海藻のフノリ（布海苔）である。

そばで使用するフノリは、1年間ねかせて十分に乾燥させて褐色になったものを銅鍋で水と煮ることで緑色のゼラチン状になったもの。このフノリをそばのつなぎとして用い、独特の強いコシと喉ごしをもたせたのが、越後のへぎそばである。

へぎそばの特徴はこのフノリをつなぎに使用することで、茹で上がったそばはフノリが入っているため淡い緑色をしている。

越後地方ではフノリでつないだそばをへぎに3〜4人前盛りつけたものをへぎそばという。また、ひと口ですすれるくらいの小さな玉にしたそばを親指に引っかけるように盛ることから、「手振りそば」「手繰りそば」ともいう。

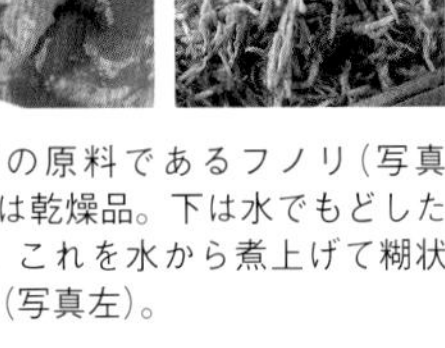

つなぎの原料であるフノリ（写真右。上は乾燥品。下は水でもどした状態）。これを水から煮上げて糊状にする（写真左）。

木鉢

1 乾燥させたものを水から煮て糊状にしたフノリをつなぎとして使用する。

2 そば粉とつなぎのフノリを用意する。

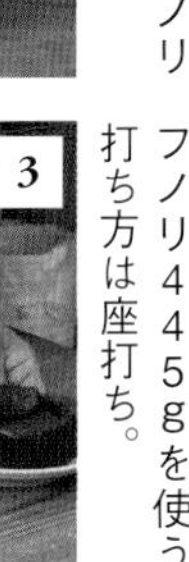

3 そば粉800gに対してフノリ445gを使う。打ち方は座打ち。

4 そば粉の上にフノリを入れ、フノリに触れないようにそば粉でおおう。

5 両手の指を開き、指先を立てるようにしてそば粉とフノリを均等に混ぜる。

6 水は使わずフノリの水分だけで混ぜ合わせる。

7 両手の中に取り込むように塊にまとめていく。

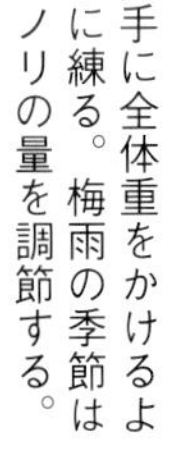

8 両手に全体重をかけるように練る。梅雨の季節はフノリの量を調節する。

9 回転させながら丸くまとめていく。

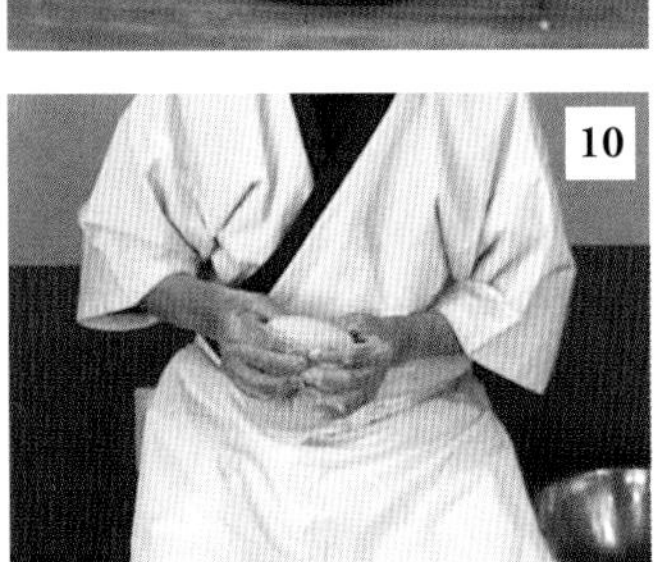
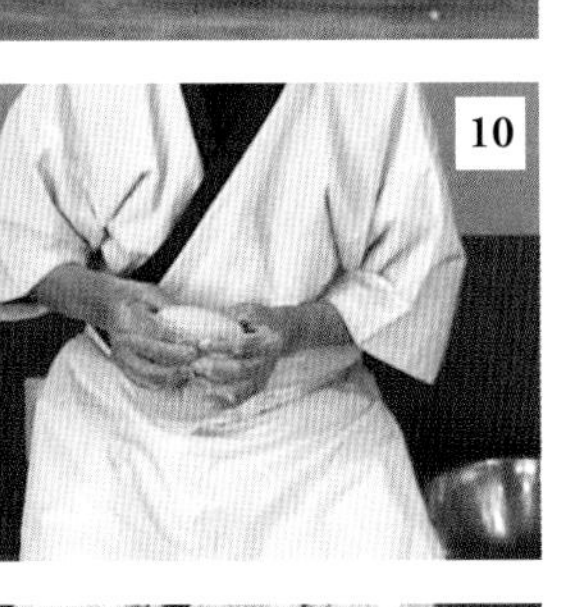

10 塊を割ってしっかりこねられているか確認する。

11 練り上げて鏡餅の形にする。

延し

12 延し台に打ち粉を振り、地延しをする。

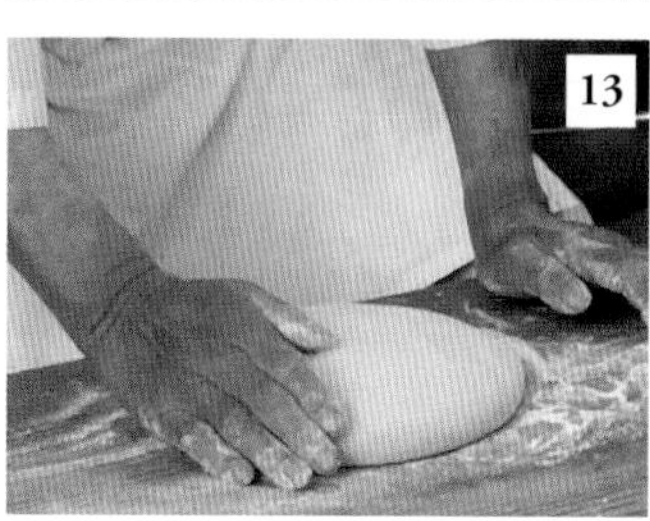

13 回転させながら円形に延していく。

14 丸出し。延し棒を使い、波延しで少しずつ回転させて円形にしていく。

15 延し棒を使って大きく延していく。

16 少しずつ方向を変え、麺生地を延す。

17 巻き延しをする。

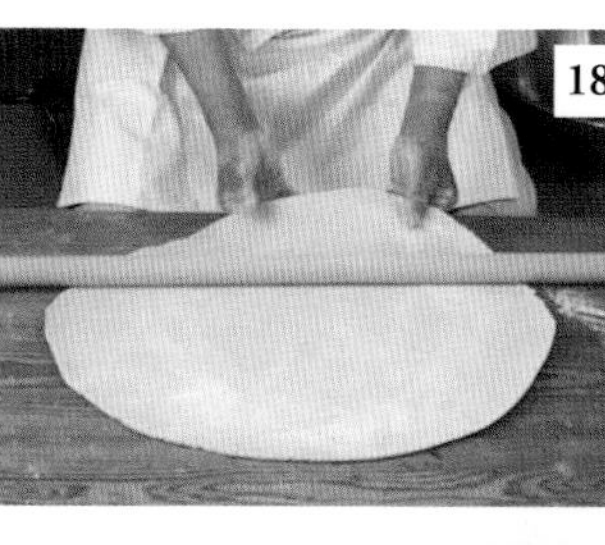

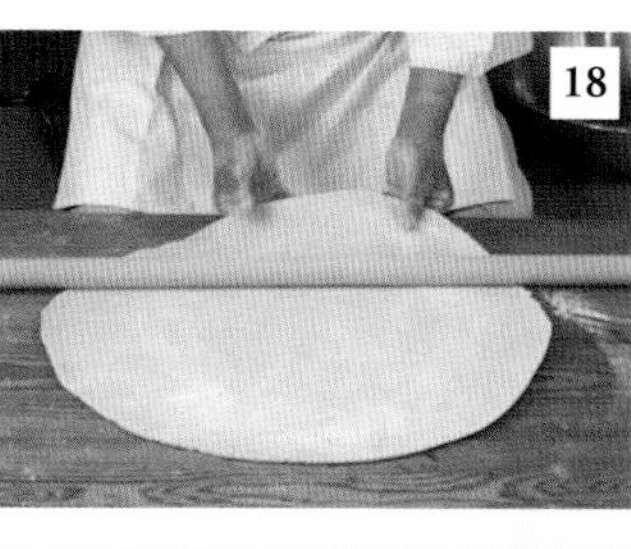

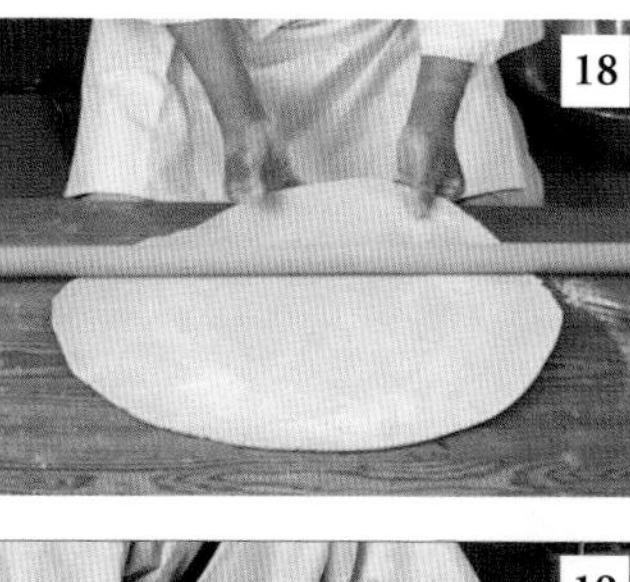

18 角度を変え、さらに大きく延す。

19 長い巻き棒に変え、巻き延しをする。

20 大きい円形に延して巻き延しは終了。

21 麺生地を縦方向に半分にたたむ。

22 先から手前にさらに半分たたむ。

23 もう一度先から手前にたたみ、6枚だたみにする。

切り

24 横長の麺生地を半分に切る。

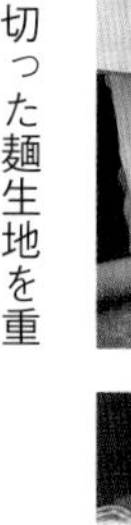

25 半分に切った麺生地を重ねて、膝を立てた姿勢で切る。

26 切り幅約2㎜で切り進む。

27 独特の細長いこま板は枕の部分が丸く、作業しやすい。

28 大量の湯でそばを茹でる。

29 親指にそばを巻き付けて盛っていく。

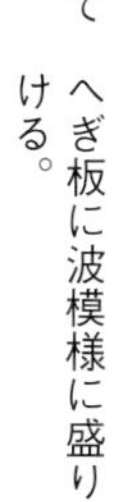

30 へぎ板に波模様に盛りつける。

［長野・飯山］

信州ボクチそば

オヤマボクチの葉の繊維でそば粉をつなぎ、コシを持たせて打ち込む

手打ちそばの宿 石田屋
技術 石田屋 一徹
撮影／2014年5月

飯山は古くは信州と日本海を結ぶ交通の要所として栄えた。戦国時代には千曲川左岸に飯山城が築かれ、城を中心にした城下町として発展した。

江戸時代には千曲川を利用した舟運と越後に通じる街道を使った物流機能が発達、新田開拓や用水整備などがなされて農業の基盤が築かれた。豊かな自然風土の中で独特の文化や歴史、伝統と人情が育まれ、また山々に囲まれて四季の彩りをたたえる農作物に恵まれ、魅力あふれる地としていまに受け継がれている。

飯山をはじめ北信州には、ヤマゴボウともいうキク科の多年草であるオヤマボクチの葉の繊維をつなぎに用いて打つ、この地方ならではのそばが伝わる。摘み取ったオヤマボクチの葉を重曹でアクを抜きながら茹で、繊維のみを乾燥させて使う。

オヤマボクチの別の処理法としては、生葉を煮て甕に入れてひと夏ねかせて腐らせた後、水の中でよくもみ洗いして繊維のみを乾燥させる方法がある。

オヤマボクチは昔は野生のものを採取したが、いまは畑で栽培している。

オヤマボクチは水に5時間ほど浸して柔らかくし、少量のそば粉とほぐしたオヤマボクチをよく混ぜ、繊維がそば粉にまんべんなく行きわたるようにこねる。生地が硬いため、麺棒に巻いてたたくように転がして延す。延した麺生地は少し乾かしてから手ごまで押し切る。

茹で上げたそばは、コシは強いが硬くはなく、やさしい食感のそばである。

木鉢

1 木鉢に1・5kgのそば粉を入れ、そのうち300gほどを別にしておく。

2 水に浸して柔らかくしたオヤマボクチを、小分けしたそば粉に混ぜ込む。

3 混ぜ終わったら水を加えて練り込んでいく。

4 木鉢の中のそば粉に加水して水回しをする。

5 オヤマボクチを練り込んだ③と水回しを終えた④を合わせて練り込む。

6 時間をかけてまんべんなく加水しながらていねいに練り込んでいく。

7 オヤマボクチが麺生地の中に均一にいきわたるように練り込む。

8 乾きすぎないようにほどよく加水しながら練り込む。

9 練り上がりを見極めたらまとめ、くくり終わったら約10分ねかせる。

延し

10 延し台に打ち粉を十分に敷き、地延しを始める。

11 延し棒で丸出しする。オヤマボクチの繊維が強いのでなかなか延びない。

12 丸延しから角出しに入る。二八そばの打ち方とほぼ同じ要領で行う。

13 本延し。なかなか延びないので体重をかけて延す。

14 上から圧力をかける押し延し。

15 延し終えたら厚さを確認する。

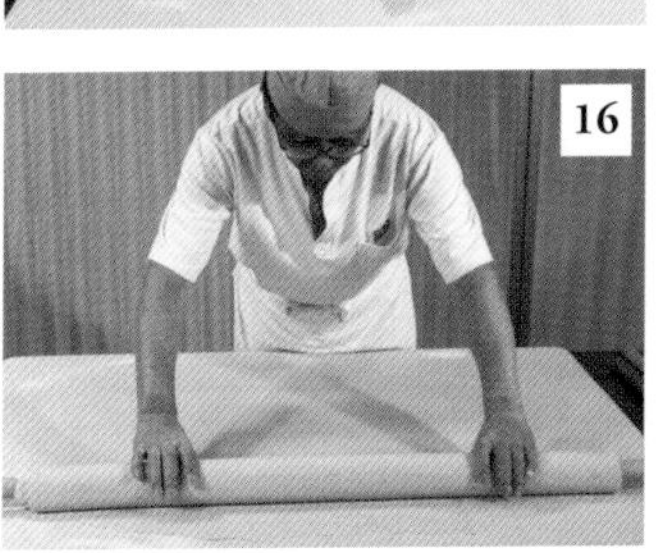

16 延しが終わったら巻き棒に麺生地を巻き取る。

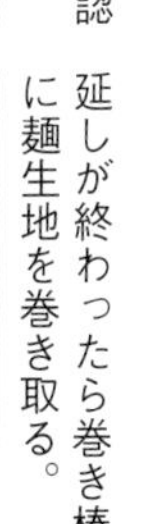

17 別の台に和紙を広げ、そこに麺生地を広げる。

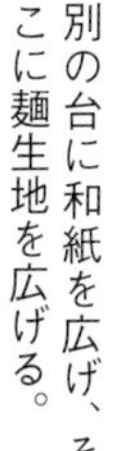

18 広げた麺生地を約1時間乾燥させる。

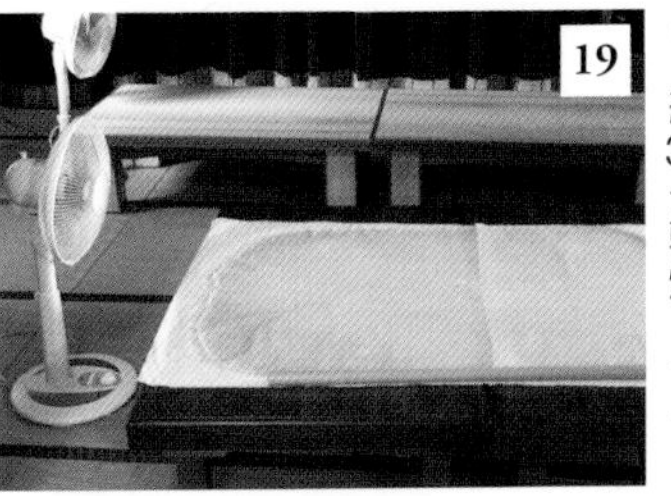

19 急ぐ時は扇風機で風を送り、約30分乾燥させる。

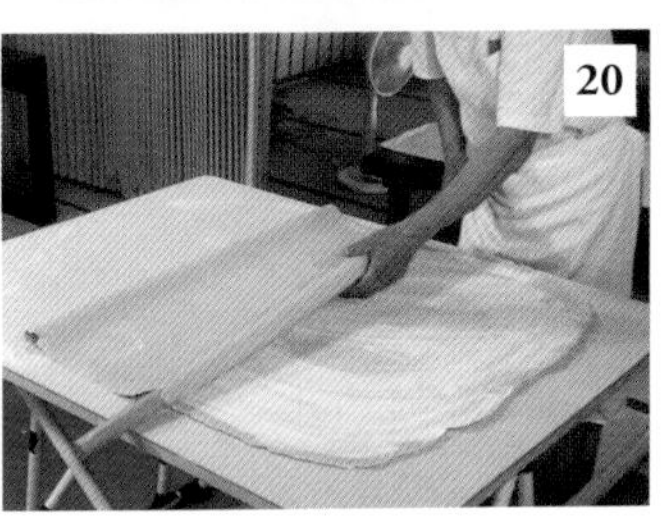

20 麺生地の表面が白く乾燥した状態になったらたたみに入る。

21 8枚重ねにたたむ。打ち粉はたっぷりと振る。

切り

22 切り板に打ち粉を敷き、切りの準備。

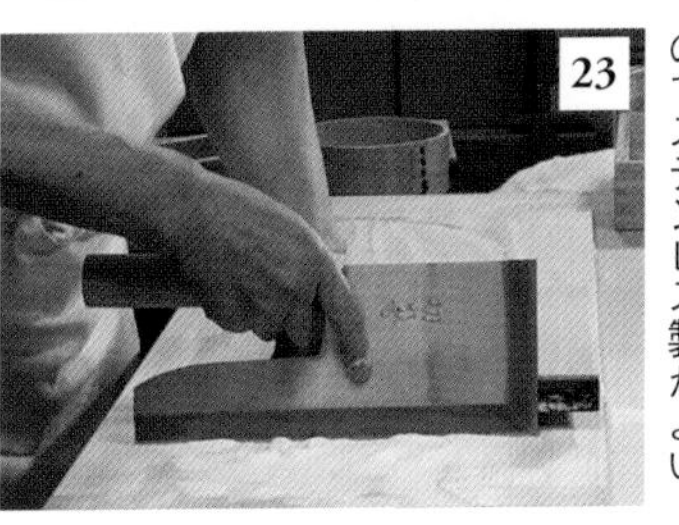

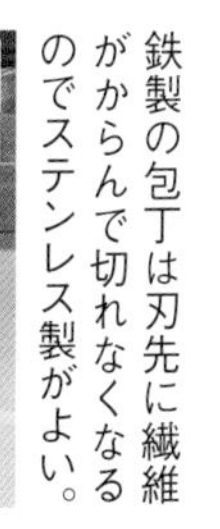

23 鉄製の包丁は刃先に繊維がからんで切れなくなるのでステンレス製がよい。

24 切り揃える。

25 切り終えたら生舟に並べる。

26 信州ボクチそばの出来上がり。

［長野・戸隠］

戸隠そば一本打ち

太くて長い麺棒に麺生地を巻き付け、規則正しく回しながら大きな円形に延していく

元戸隠そば博物館とんくるりん 講師
技術 徳武初子
撮影／2015年9月

戸隠は急峻な戸隠山と裾野を潤す豊かな水が古くから農耕民を育み、水を司る神の住むところとあがめられている。その起こりは天岩戸伝説による。

神代の昔、天照大神という女の神様が弟のスサノオの乱行を気に病み岩屋に籠もってしまった時、怪力無双のタジカラオノミコトが岩戸を取って遠くに投げた。その岩戸は信濃の国、戸隠へ飛んでいき、それが山となり戸隠山と呼ばれるようになったなどといわれる。

戸隠は風土と自然条件がソバの栽培に適しているため、霧下ソバといわれる香り高いソバができる。そして、嫁入り道具の一つと言われた伝統のそば打ちの技術と冷たい清水が加わって、戸隠ならではの味が作り出される。

古来から伝わる「一本棒、丸延ばし」と呼ばれるそば打ち方法や、「ぼっち盛り」と呼ばれる独特の盛りつけが戸隠そばの特徴である。

伝統の「一本棒、丸延ばし」は、背丈ほどある一本の麺棒に麺生地を巻き付けて大きな延し台に転がし、角度を変えて同じ作業をくり返して円形に延していくそば打ち方法である。最近ではこうした豪快な一本打ちはあまり見られなくなった。

一方、「ぼっち盛り」の由来には諸説ある。「ぼっち盛りの形は人魂をかたどっている」「戸隠地区に5社ある神社になぞらえて五つに盛る」「漢字では『法師盛り』と書く」といったものので、地域の山岳信仰や修験道と深い関わりがあるとされている。

木鉢

1 木鉢にそば粉と小麦粉を入れ、混ぜてから水を少しずつ回し入れる。

2 水のかかっていない外側の粉を水のかかった部分に手早くかぶせていく。

3 粉と水をもみ手でやさしく合わせていく。

4 もみ手でしっかり水を回していく。

5 粉全体に十分に水が行きわたったところでまとめる。

6 粉の塊を上から押しつけるようにして、だんだん大きくまとめていく。

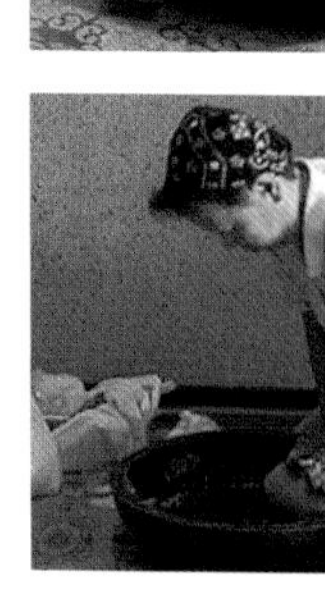

7 膝立ちになって体重を利用して練り込む。

8 木鉢の縁から中心へ押し出すように練る。

9 そば玉を左手で支えて右手で外側の部分を内側に押し込む。

10 そば玉を少しずつ回しながら、外側の部分を中心に押し込んでいく。

11 そば玉を自分の方向に向けて両手で挟み込むようにして花形を絞り込む。

12 へそ出し。花形をしっかり閉じて空気を抜く。

13 絞り込んだ部分を下にして上から押さえ、お供え餅のように形を整える。

延し

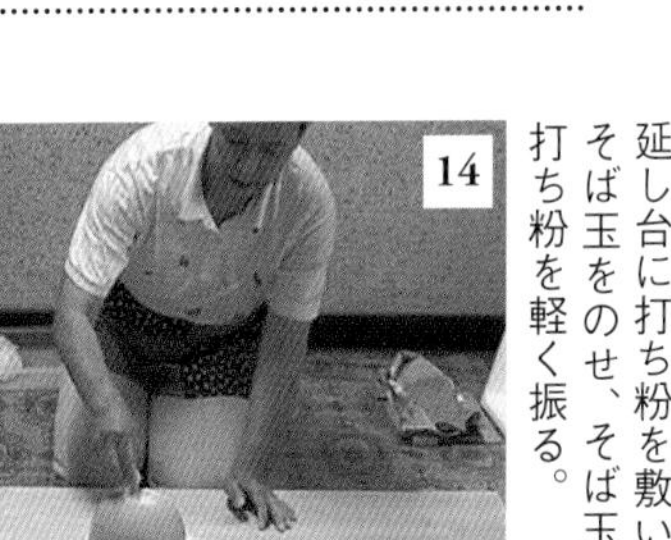

14 延し台に打ち粉を敷いてそば玉をのせ、そば玉に打ち粉を軽く振る。

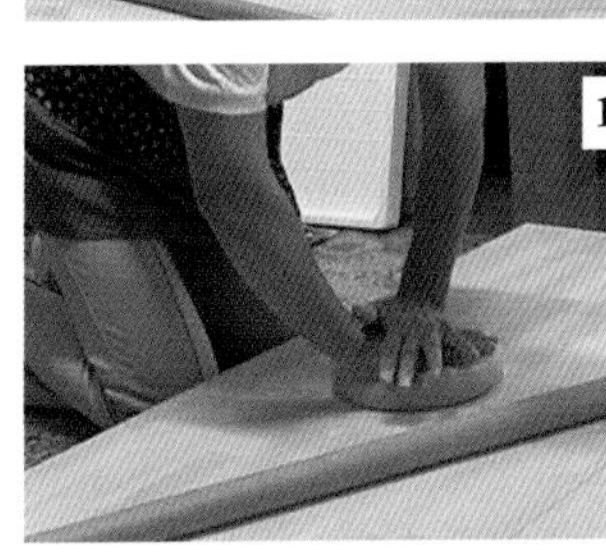
15 そば玉の上に両手を重ね、円形を保ちながら押し広げていく（地延し）。

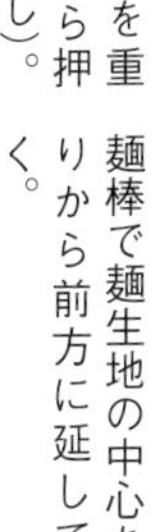
16 麺棒で麺生地の中心あたりから前方に延していく。

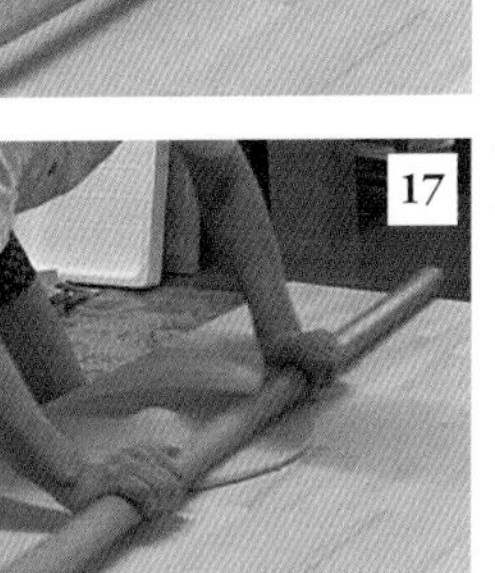
17 麺生地の中心は高く残しておく。

18 最後に中心の高い部分を両手で押して平らにする。

19 丸い麺生地を麺棒に巻き付け、両手で転がすことをくり返す（巻き延し）。

20 麺生地を回す角度を常に一定にして巻き延しをくり返す。

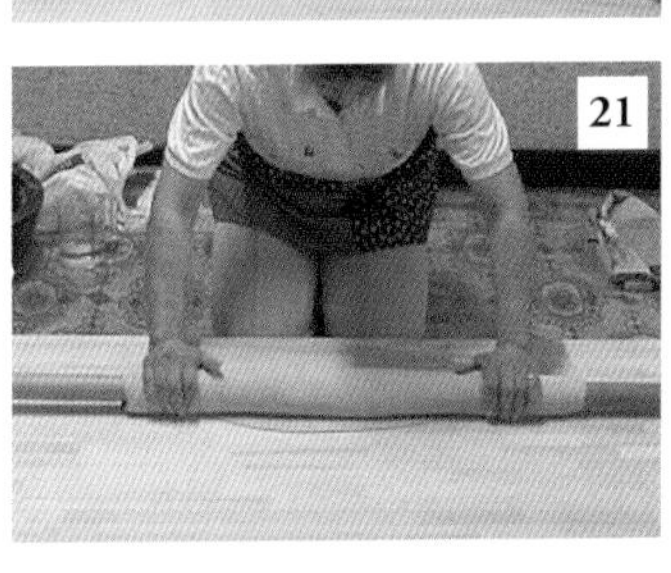
21 麺生地の厚さが同じになるように手の位置を調整しながら延していく。

22 麺生地は厚さ2㎜、直径100㎝ほどを目安として延していく。

23 麺生地にコシを出すため、麺生地を延し台に打ち付けるようにして延す。

24 麺生地を手前から前方に半分重ねる。

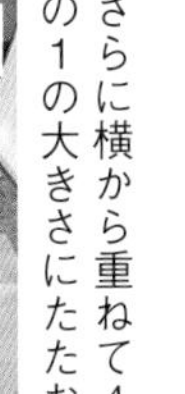
25 さらに横から重ねて4分の1の大きさにたたむ。

26 イチョウの葉の形になった麺生地を手前から先端をずらして重ねてたたむ。

切り

27 麺生地を切り板にのせ、先端のはみ出た部分を切り取って長方形に整える。

28 膝立ちの姿勢で、包丁は垂直に落とし切り。2束分切り進む。

29 切ったそばを1束ずつ生舟に入れていく。

30 戸隠そばの出来上がり。

〔福井・越前〕

越前そば

その歴史は400年余り。大根おろしと一緒に食べる「越前おろしそば」はいまや全国区へ

元福井そばルネッサンス推進実行委員会会長
技術　塩田弦夫（のりお）
撮影／2015年11月

福井県（主に嶺北（れいほく）地方）では、冷たいそばにたっぷりの大根おろしと削り節、刻みネギをのせて食べる「越前おろしそば」が有名。県内の各店で、毎年11月後半頃から香り高い新そばのおろしそばが楽しめる。

いまから400年以上前の慶長6年（1601）に府中（現在の越前市）の領主となった本多富正（とみまさ）が、京都・伏見からそば職人の金子権左衛門を連れてきたことが越前おろしそばのはじまりとされる。城下の人々に戦や災害に備える救荒食としてソバの栽培を奨励し、健康面でもプラスになるように大根おろしと一緒に食べる食べ方を考案したのが、越前おろしそばの由来だという。

本来、ソバの実は黒い殻に包まれたもの。玄ソバと呼ばれるこの実を製粉するとそば粉になるが、越前おろしそばでは黒い殻まで挽き込む「挽きぐるみ」というそば粉を使うことで、色が黒く、香りの高いそばになる。現在では基本的に殻は除くが、石臼で挽いた挽きぐるみのそば粉を使うのが一般的である。

越前おろしそばの醍醐味が味わえるのは、ソバとダイコンの旬である秋から冬にかけて。やや太打ちでコシがあり、ソバの風味が強い越前そばを、ダイコンの搾り汁の辛みでかみしめて味わう。福井ではそばの品書きの定番は越前おろしそばである。

そばの打ち方は、麺棒一本で丸延しにするのが本来の姿。そばを盛った深皿に大根おろしとかけ汁を合わせた汁をかけ、そばにからめて食べるのがもともとの食べ方といわれている。

木鉢

1 福井産のそば粉1kg（二八の割合）を2回に分けてふるい、木鉢に入れる。

2 木鉢の中のそば粉をさらっとならす。

3 右手でそば粉を混ぜながら、1回目の加水は用意した水から適量入れる。

4 粉が水を含んで細かくなってきたところで2回目の加水をする。

5 粉が小さな粒々になってくる様子を見て3回目の加水をする。

6 水分の加減を確かめながら塊を寄せ集め、練り込んでいく。

7 練りの向きを変えながら、上から押さえ込むように練り込んでいく。

8 手のひらについた粉を取り除きつつ、体全体を使って練り上げる。

9 さらに練りをくり返して加水の具合を手のひらで確かめる。

10 右の手のひらで包み込むように丸めていく。

11 そば玉の練り口を手前にして絞り込むようにへそ出しをする。

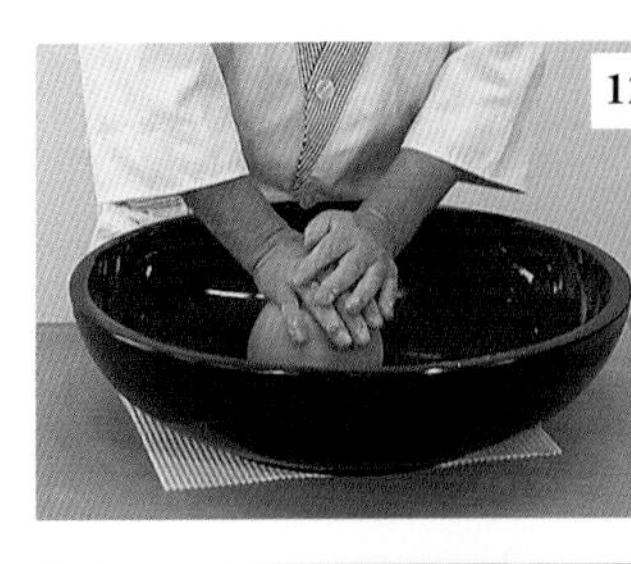

12 中心部にできたへそを上にして手のひらで押さえつける。

13 木鉢の中で、そば玉を右の手のひらで押さえ込んで円形に延していく。

延し

14 麺生地の外側に手を置き、円形を保ちながら麺棒で前方に延していく。

15 麺棒で麺生地を反時計回りに回しながら均一な厚さに延していく。

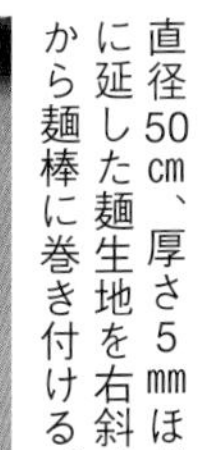

16 直径50㎝、厚さ5㎜ほどに延した麺生地を右斜めから麺棒に巻き付ける。

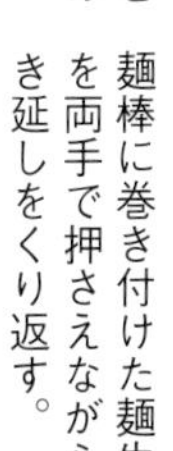

17 麺棒に巻き付けた麺生地を両手で押さえながら巻き延しをくり返す。

18 麺生地の向きを約30度ずつ回して麺棒に巻き付け、巻き延しをする。

19 両手は麺生地に触れないように麺生地の外側に置く。

20 両手で麺棒を押さえながら巻き延しをくり返し、大きな円形に延していく。

21 数回ごとに打ち粉を振り、大きく延された麺生地の厚さを手で確認する。

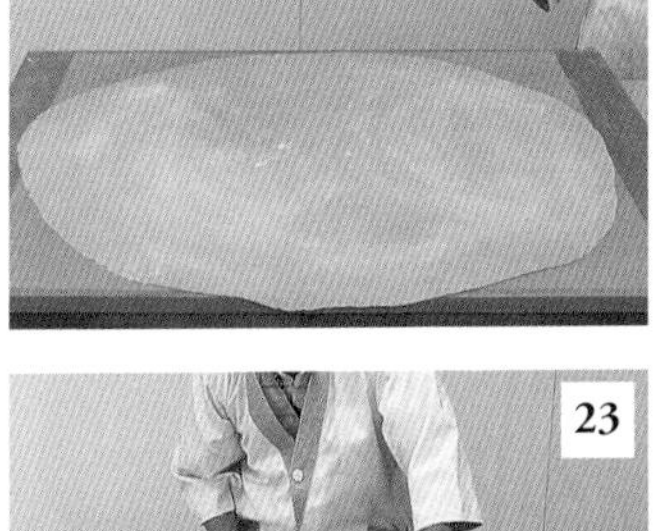

22 延し上がった麺生地は直径120㎝ほどで、ほぼ円形に仕上がっている。

23 麺生地の表面に打ち粉を振り、右端を持って左端に引いて二つ折りにする。

24 2枚重ねの麺生地を反時計回りに90度回し、打ち粉を振る。

25 手前から3分の1ほど下部の麺生地を前方に折り重ねて、打ち粉を振る。

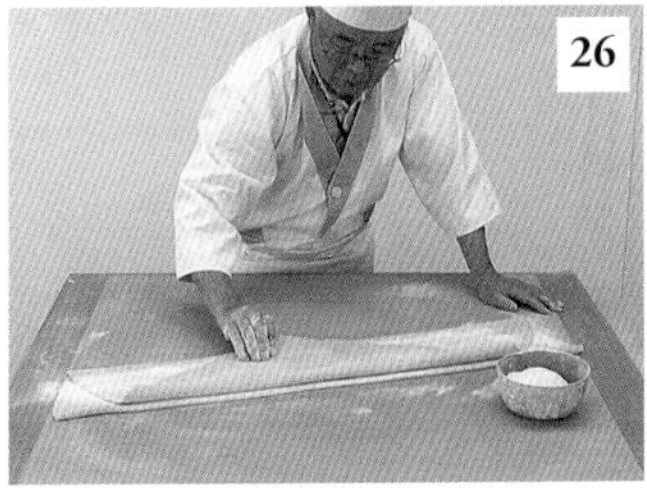

26 麺生地の上部を手前に折り返して6枚重ねにする。

切り

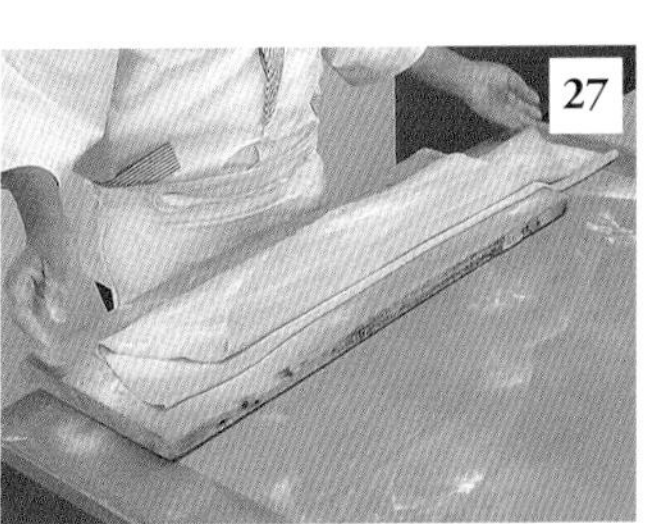

27 6枚重ねの麺生地の上に打ち粉を振り、切り板の上に移す。

28 包丁は人差し指を伸ばして握り、わずかな押し切りで進む。

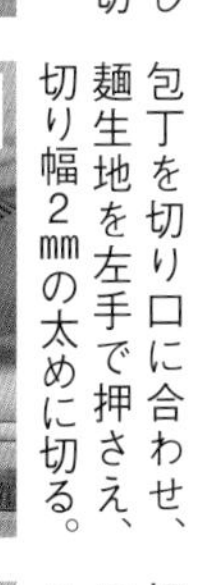

29 包丁を切り口に合わせ、麺生地を左手で押さえ、切り幅2㎜の太めに切る。

30 切った1こまは包丁の先にのせて口開けし、生舟に移す。

［福井・今庄］

今庄(いまじょう)そば一本打ち

地元産のそば粉をヤマイモでつなぎ、一本棒で丸延し。大根おろしとネギで味わう

今庄そば道場
技術　小林淳子
撮影／2015年11月

古来、今庄(いまじょう)は北陸と京、越前と若狭を結ぶ北国の玄関口として交通の歴史とともに生きてきた宿場町である。今庄宿は近世にもっとも栄え、現在の街並みもその面影を残している。

北国(ほっこく)街道（栃ノ木峠越え）は江戸参勤には最短路で、越前の各藩は今庄宿を利用した。江戸時代中期以降は商用や京への寺参り、伊勢参りなどの旅人の宿泊が急増し、宿は繁忙を極めたという。天保年間（1830〜44年）には戸数が200余りあり、そのうち旅籠屋55軒、茶屋15軒、娼屋2軒、縮緬(ちりめん)屋2軒、鳥屋15軒などがあったという。

山林に囲まれた山里では、昔から木を伐採した後の山の斜面でのソバの栽培が盛んで、今庄在来という小粒で張りのある品種のソバが収穫される。歴史的には越前そばと同じで、大根おろしの辛さと一緒に食べるおろしそばが主流である。本来の打ち方は一本棒で丸延しにする。

明治期になって鉄道が開通し、昭和5年（1930）には北陸本線の今庄駅のホームに駅そばが開設。越前焼きの器に盛られたそばが旅行客に喜ばれ、「今庄そば」の名が広く知られるようになった。

福井県を代表する昔ながらの田舎そば「今庄おろしそば」のおいしさの秘密は、寒暖の差が大きいことと雪どけのおいしい水で育った極上のソバの実にある。ソバの実の風味を損なわないように石臼で丹念に挽いたそば粉に地元特産の自生のヤマイモをつなぎに使うことによって、そばのコシが強くなるという。

木鉢

1　材料と道具。そば粉は750g、つなぎのヤマイモは100g。

2　ヤマイモはおろし金でおろしてからすり鉢で当たって粘りを出したもの。

3　そば粉に粘りを出したヤマイモを入れる。

4　そば粉とヤマイモを混ぜる。

5　両手でそば粉にヤマイモをすり込むようにして混ぜる。

6　そば粉とヤマイモが混ざったところで水を加える。水は310cc。

7　よく混ぜる。もっとも難しいのは水加減。

8　両手をすり合わせるようにして水回しをする。

9　手についた粉を取る。

10　だんだん塊が大きくなっていく。

11　塊をまとめる。

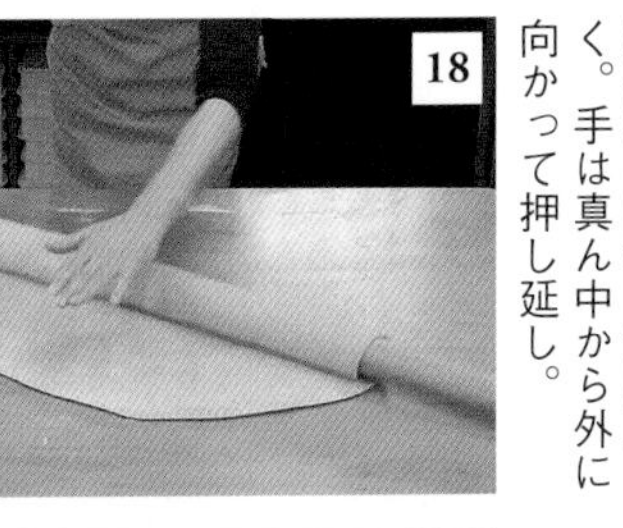

12 まとめた塊を上から押し込むように練る。

13 全身を使って練る。そば玉にだんだん艶が出てきてしっとりしてくる。

14 菊練りからくくりへ。

延し

15 そば玉を延し台に移して両手を使って地延しする。

16 地延しでできるだけ均一の厚さに円形に延した麺生地を丸出しする。

17 麺棒は太い一本棒。生地を反時計回しに回しながら丸出しをくり返す。

18 麺生地の回転は規則正しく。手は真ん中から外に向かって押し延し。

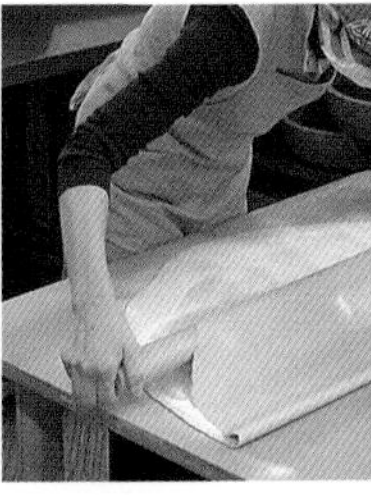
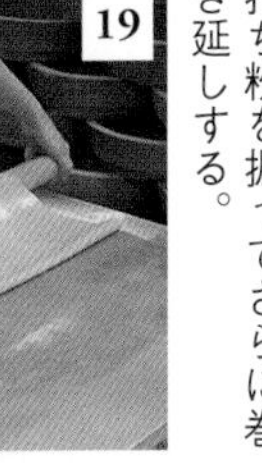

19 打ち粉を振ってさらに巻き延しする。

20 延し終えたら打ち粉を振ってたたむ。半分ずつ折って8枚にたたむ。

切り

21 切り板にのせる。敷き粉はせず、麺生地の上には打ち粉を振る。

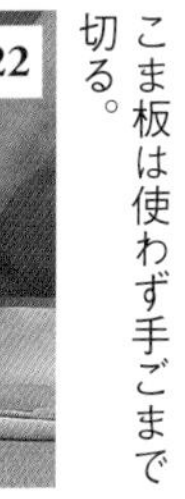

22 こま板は使わず手ごまで切る。

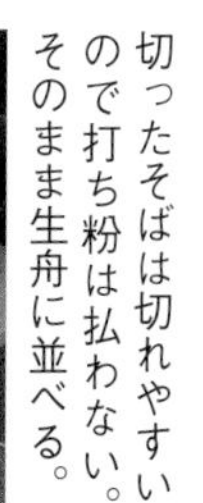

23 切ったそばは切れやすいので打ち粉は払わない。そのまま生舟に並べる。

24 茹で。そばをほぐしながら熱湯に投入する。

25 冷水にとり、両手でもみ洗いする。

26 そばを小皿に盛りつけ、薬味は大根おろしとネギ。冷たいつゆをかける。

［徳島・祖谷］

祖谷(いや)古式そば

小粒だが良質のソバが穫れる日本三大秘境の一つ、祖谷。手挽きのそば粉で打つそばは格別

古式そば かずら体験塾
技術 都築麗子
撮影／2019年11月

徳島県の最西端に位置する日本三大秘境の一つ、祖谷(いや)。吉野川の支流の祖谷渓谷に沿う地区を指し、昼と夜の寒暖差が激しく、ソバの栽培に適したこの地域は古来から良質なソバの産地として知られている。

傾斜地の畑には、麦、ヒエ、ソバなどが作付けされてきた。品種は徳島在来種で小粒だが、収量が多く、粘りが強いのが特徴である。山間部の暮らしには育てやすく保存、貯蔵性の高いソバは欠かせない。

平家の落人(おちうど)のかくれ里であるこの地に伝統的に伝わる祖谷そばは、在来種のソバを殻ごと挽いたそば粉を用いる。基本的につなぎを使わないので香りが高く、一般的なそばに比べると麺が太くて短い。

祖谷では人が集まれば必ず祖谷そばを振る舞い、集まりの時は嫁と姑が夜なべ仕事で石臼でソバを挽いた。夜なべ仕事の眠気を覚ますように唄われたのが徳島県を代表する民謡「祖谷の粉ひき唄」である。ここでは、その歌い手としても名高いそば打ち名人の都築麗子さんに、奥祖谷に伝わる古式そば打ちを手挽きのそば粉を使って披露してもらった。

そばはやや黒っぽい太打ちの田舎そば。本来はかけそばにして食べ、つけ汁につけて食べることはしなかったが、最近はお客の好みに合わせるという。

かけ汁に用いるだしは、大ぶりのイリコを使用し、ミリン、酒、淡口醤油で味をととのえる。かつては、キジなどの野鳥や渓流のアマゴを用いて汁を作ったという。

木鉢

1 そば粉は玄ソバを石臼で手挽きし、ふるいにかけたもの。

2 最初の加水は手に粉がつくので箸を使って行う。

3 昔はそば粉100%で打ったが、いまは1割ほど小麦粉を入れる。

4 両手を使ってよく混ぜる。

5 加水は粉の量の半分以下。気温にもよるが夏は少なめ、冬は多め。

6 つなぎが少ないので、素早く水回しをしないとそばが風邪を引いてしまう。

7 練って硬かったら、玉の一部をちぎって水をつけてそば玉に付ける。

8 水回しを終えたらくくる。

9 延し台に移してそば玉を練り込む。

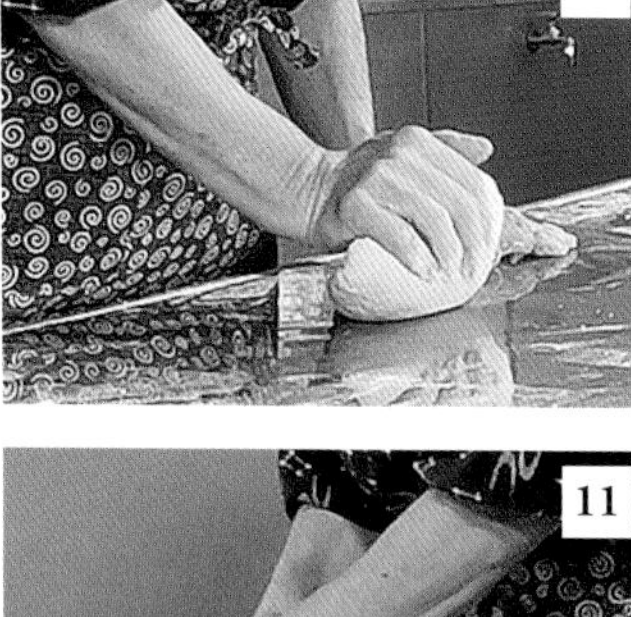

10 菊練りの要領で練り込んでいく。

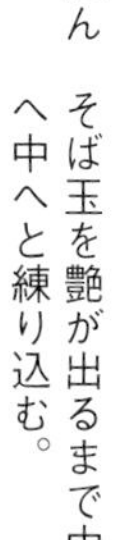

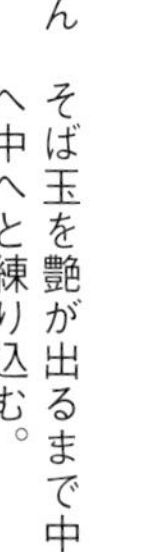

11 そば玉を艶が出るまで中へ中へと練り込む。

12 練りが続く。この工程がコシのもとになる。

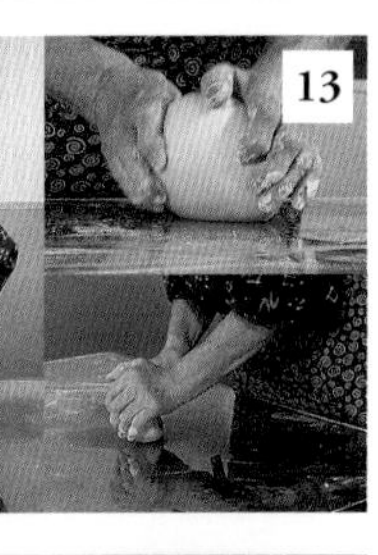

13 両手を使って練っていく。

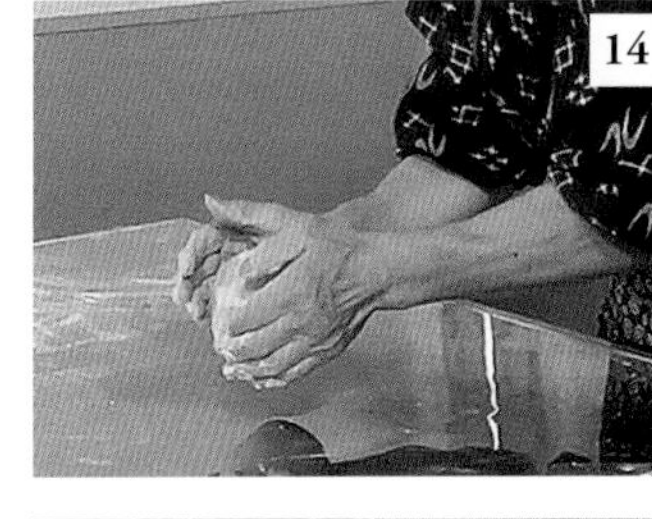

14 そば玉を絞る。

15 そば玉をくくって山型にする。

延し

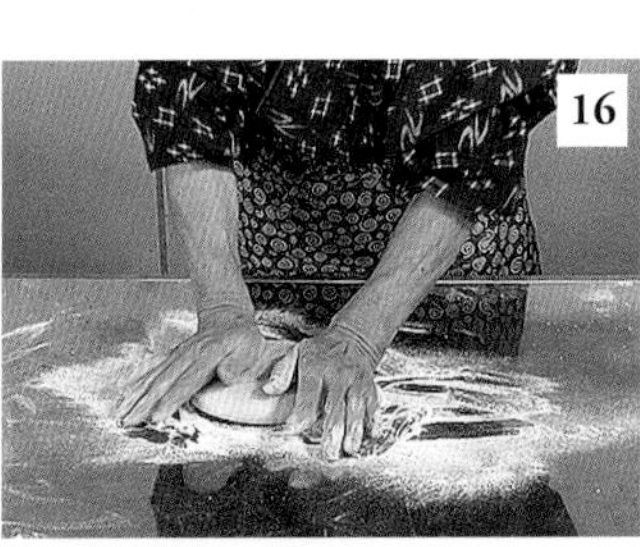

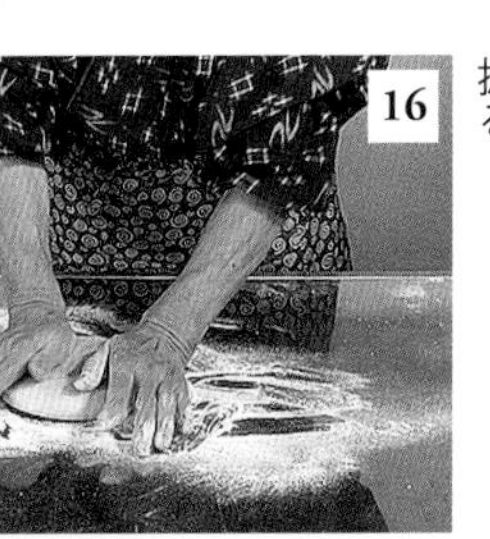

16 地延し。打ち粉は多めに振る。

17 延し棒を使って丸出しする。

18 できるだけ平らに延す。

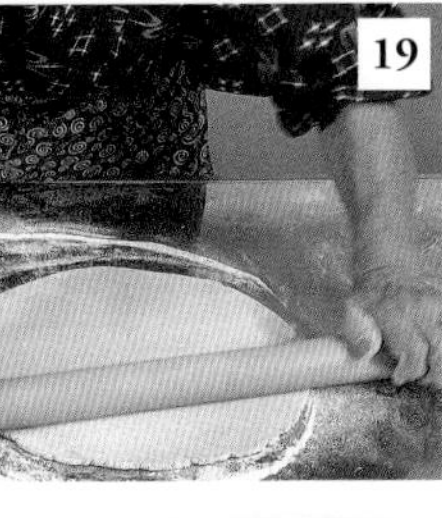

19 大きく丸出しする。

20 巻き棒を使って巻き延しで角出し、続いて本延し。巻き延しは素早く行う。

21 延しの終了。

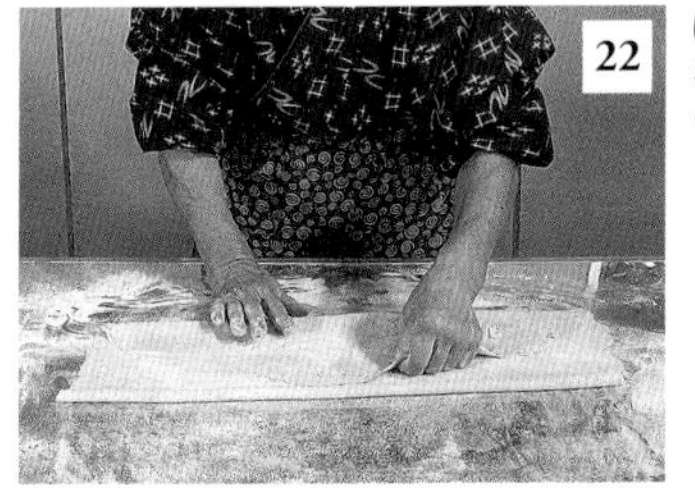

22 たたみ。3回で8枚たたみ。かなり狭いたたみ幅になる。

切り

23 菜切り包丁で外刃の手ごま切り。切っては脇に放るように置いていく。

24 切りのリズムは速い。

25 切り終えたそばを並べるのは木鉢の中。

26 かけそばの出来上がり。最近は冷たいもりそばとしても食べる。

技術篇

第3章 そば道段位認定制度の目的と概要

全麺協 段位認定部

全麺協は、平成4年（1992年）に開催された「世界そば博覧会in利賀」で示された協働の精神を基調として、そばによる地域活性化を推進する目的で平成5年に設立された。

その後の全麺協の活動から、社会的にも高い評価を得てきていること、また全麺協の基幹事業である「段位認定制度」による認定者が1万5000人を超えるまでになってきたこと、さらに段位認定者からは、早い時期に法人化して段位の位置づけを確立してもらいたいという多数の要望が強く出ていたことなどから、平成23年度の総会において、「法人化すべき」との提案を受け、理事会にて検討を開始した。

そして、設立20周年目を迎えた平成25年度の総会にて、それまで任意団体であった全麺協は平成26年5月1日に一般社団法人化することを決定した。これを契機にさらなる飛躍を目指して「一般社団法人全麺協」として、新たな一歩を踏み出したのである。法人化されたことは、社会的にも高い評価を得たと同時に、重い責任が生じたことになる。

これは全麺協が「そばによる地域活性化」を本気で進め、より高い社会的評価と信頼を勝ち得るための決意表明である。

(1) 一般社団法人全麺協設立までの歩み

富山県利賀村と地域活性化の原点

第二次世界大戦後における我が国の農山漁村には戦地に赴いていた若者が戻り、ベビーブームが始まって村は子供たちであふれ活気があった。富山県東砺波郡利賀村（現南砺市利賀村。以下、利賀村）は県の南西部に位置し、標高1000mを超える山々に囲まれた、岐阜県の飛騨山峡に接する山村である。

利賀村の人口は昭和21年に村史上最高の4675人を数えていたが、昭和30年から始まった高度経済成長期に入ると他の農山漁村と同様に若者を中心に人口が激減し、昭和40年には2515人までに減少した。

農山漁村における過疎の進行は基幹産業から日常生活にまで悪影響を与え、その対策として地域活性化の取り組みを開始した。我が国における高度経済成長は、農林漁業の一次産業から重化学工業を中心とした二次産業へ産業構造を転換させることによって実現したものであり、その意味で農山漁村における地域活性化の原点は高度経済成長期にあるといえる。

利賀村では全国の過疎地に先駆けて地域活性化に向けた「合掌文化村構想」を策定し、「東京都武蔵野市との姉妹都市交流」「越中五箇山・雪の文化交流」などの交流を軸とした地域活性化事業を開始した。早稲田小劇場（後にSCOT、と改称）主宰の鈴木忠志氏は利賀村に本拠地を移し、昭和57年に「利賀村から広く世界に通用する芸術・文化を発信する」との趣旨から「利賀村フェスティバル'82—第一回世界演劇祭 in 富山」を開催した。当時、人口が1000人ほどの利賀村に、世界6ヵ国12劇団と国内外から1万3000人もの観客が訪れてかつてないほど賑わった。第1回世界演劇祭の開催は村民にこのうえない満足感を与えるとともに、国際的イベントが小さな村でも開催できるという大きな自信を与えた。『世界は日本だけではない。日本は東京だけではない。この利賀村で世界に出会う』。これは世界演劇祭のスローガンであるとともに、以後の利賀村における地域活性化の基本姿勢となった。

平成4年に利賀村で開催された世界そば博覧会の様子。

そばを通して世界と出会う

村内の数ヵ所で開かれていたそば会をスケールアップし、昭和61年に雪と民謡・アトラクションが楽しめる「利賀村そば祭り」として開催したところ、豪雪地帯の真冬でありながら3000人もの来場者が集まった。「利賀村そば祭り」は年々試行錯誤を重ねながら継続して開催され、いまや冬の富山県を代表する一大イベントに成長している。

利賀村は真冬のそば祭りが成功したことから、そば料理の提供と山村文化の発信を目指そうと「そばの郷」開設を計画し、当時日本におけるそばに関する学問分野の第一人者として有名な信州大学の氏原暉男教授を招聘して指導を仰いだ。氏原教授から、そばもまた「世界」にかかわる文化であることを知らされると、昭和64年1月に村長以下18名の友好調査団を結成して、そばの源流を求めてネパール・ツクチェ村へと旅立った。

ツクチェ村ではムスタン県知事が立ち会いのもとで友好村の調印、そばに関する資料の収集、画僧サシ・ドージ・トラチャン師から友好記念の曼荼羅制作の約束を得るなど成果の多い旅となった。サシ・ドージ・トラチャン師ら3名の絵師は利賀村に1年半滞在して、「瞑想の館」に展示する4m四方の大曼荼羅2枚、仏画2枚を描き上げた。

地域活性化の集大成「世界そば博覧会 in 利賀」

そばを通して新たな出会いと発見があり、遠くネパール・ツクチェ村との友好の輪が広がったが、その総仕上げとなるのが平成4年夏に開催された「世界そば博覧会 in 利賀」である。利賀村は世界そば博覧会をこれまでの地域活性化事業の集大成と位置付けて、村の総力を挙げて取り組んだ。長期にわたるイベント会場は恒久的な施設設備が必要で、開催経費はそれまでのイベントとは比較にならないほどの高額となった。また、バザールの出店や郷土芸能出演、会場スタッフについては、利賀村との交流によって結ばれた自治体や団体が支援協力した。

「世界そば博覧会 in 利賀」は平成4年8月7日から9月6日までの31日間にわたり「そばの世界—その広がりと出会い」をテーマに、世界15ヵ国と国内38市町村の参加協力を得て開催された。期間中は現職大臣、県知事ら要人、全国の市町村、農林業・飲食業関係者の視察、さらに利賀村出身の人々の見学が連日続き、会場からは全国に向けてテレビ放送も行われた。開催期間中の来場者数は13万6530人を数え、「小さな村の大きな挑戦」と呼ばれた「世界そば博覧会 in 利賀」の開催は大成功を収め、利賀村のそばによる地域活性化の取り組みは大きく花開いた。

全麺協の設立趣旨とその経緯

利賀村は平成4年12月に東京都内の明治記念館において「世界そば博覧会報告会」を開き、当時の宮崎道正村長は「世界そば博覧会in利賀」に参加し支援した全国各地の自治体（38市町村）の協力に感謝の意を表した。

さらに、そのレガシーとして自治体の相互扶助を継続する組織である全国麺類文化地域間交流推進協議会（以下、全麺協）の設立を感謝の証としたいと提案し、出席者から大きな賛同を得た。利賀村はそばなどの麺類で地域活性化に取り組む全国の市町村にも呼びかけ、平成5年11月に明治記念館において21市町村2団体の参加を得て「設立総会」を開催、初代会長に宮崎利賀村村長を選任して全麺協が誕生した。

当時の全麺協規約の冒頭で、「世界そば博覧会in利賀」で生まれた地域間の交流について触れ、『そば等麺類の食文化を活かした地域の活性化に取り組んでいる全国の自治体、民間団体間のネットワーク化を図り、相互扶助と協働の精神によって一層の地域振興を推進することを目的とする』と規定した。

麺類の中でも「そば」で活性化を図ろうとしている地域は、利賀村のような農山村がほとんどである。そして過疎問題、とりわけ若者の流出や高齢化、地域産業の弱体化など、共通する地域課題を抱えながらその解決に取り組んでいるものの、一つの自治体が単独で取り組んで解決できるほど容易なものではない。

全麺協は、共通の地域課題を抱える地域だからこそ力を合わせて知恵を出し合い、「世界そば博覧会in利賀」で示された相互扶助の精神で連携して、互いの地域を活性化させることを目的として結成されたのである。同じ名称や歴史的由来などによって姉妹都市関係を結ぶ自治体はあったが、一つのイベントによって連携交流関係を結ぼうとする自治体は前例がなく、全麺協の設立は中央官庁や全国の自治体、マスコミからも大きな注目を集めた。

(2) 素人そば打ち段位認定制度を制定

「素人そば打ち段位認定制度」導入の経緯

素人を対象にした常設の「そば打ち道場」は、昭和60年1月に福井県福井市内に中山重成氏が開設した「越前そば道場」が全国で最初であった。この「越前そば道場」開設が、その後多くの自治体、そば愛好団体などによる「そば道場」開設の道を開いた。当時は大量生産・大消費の時代が過ぎて安定成長・成熟時代に入った時であり、「手作り」の再評価や「生涯学習」の必要性が叫ばれていたこともあって、「そば打ち道場」の開設は瞬く間に全国に広まった。

そばが多くの自治体で地域活性化の素材として迎え入れられた背景には、農山村の特色を現すのに大変有効であったこと、水田の減反政策の中でソバが取り組みやすい農作物であったこと、食の安心・安全と健康志向が高まって昔から健康食として認知されていたそばに注目が集まったことなどが挙げられる。

さらに、戦後ベビーブームに生まれた「団塊の世代」が定年退職を迎える時期と重なったこともあり、手軽に始められて奥の深い「そば打ち」は目の肥えている中高年世代にとって魅力ある趣味としてその年代層の人の心をとらえたのである。

「越前そば道場」開設時に中山重成道場主と、後に「第2回日本そば博覧会」の開催責任者を務める谷端淳一郎氏が、そばの魅力と可能性を語り合う中で発想したのが「素人そば打ち段位認定会の開催」と「そば道の確立」であった。二人は構想を温めながら準備を重ねつつ実現の機会を待ち、全麺協が「第2回日本そば博覧会」として開催した「越前そばフェスタin池田」の中でようやく実現することができた。

「第2回日本そば博覧会」は平成7年9月に福井県池田町で開催され、このプレイベントと

資料❶　全麺協 日本そば博覧会 開催一覧

※ 開催年は平成

	イベント名称	開催地・開催年月	
第1回	'94日本新そば祭りin会津	福島県山都町	6年11月
第2回	'95越前そばフェスタin池田	福井県池田町	7年9月
第3回	日本新そば祭り'97inほろかない	北海道幌加内町	9年8月
第4回	うつくしま農林水産まつり	福島県郡山市，他	10年11月
第5回	'99常陸秋そばフェスティバルin金砂郷	茨城県金砂郷町	11年11月
第6回	日本新そばまつり2000inとよひら	広島県豊平町	12年11月
第7回	山都雪室そばまつり	福島県山都町	13年7月
第8回	今市そばまつり	栃木県今市市	14年11月
第9回	世界そばフェスタin幌加内	北海道幌加内町	15年9月
第10回	第1回信州・松本そば祭り	長野県松本市	16年10月
第11回	日本そば博覧会in福井	福井県福井市	17年11月

	イベント名称	開催地・開催年月	
第12回	日本そば博覧会inさっぽろ	北海道札幌市	18年9月
第13回	日本そば博覧会in磐梯	福島県磐梯町	19年10月
第14回	日本そば博覧会in幌加内	北海道幌加内町	20年9月
第15回	日本そば博覧会in日光	栃木県日光市	21年11月
第16回	日本そば博覧会in福井	福井県福井市	22年11月
第17回	日本そば博覧会in松本	長野県松本市	23年10月
第18回	日本そば博覧会inいわき	福島県いわき市	24年10月
第19回	日本そば博覧会in幌加内	北海道幌加内町	25年9月
第20回	日本そば博覧会in新発田	新潟県新発田市	26年10月
第21回	日本そば博覧会in松本	長野県松本市	27年10月
第22回	日本そば博覧会in幌加内	北海道幌加内町	30年8, 9月

して「第1回全日本素人そば打ち名人・池田大会」が実施された。

この大会では、そば打ち技能審査による「初段位の認定」と「第1回全日本素人そば打ち名人大会の予選」が行われて県内外から34人が受験した。

素人を対象にそば打ちの技能を審査基準によって審査員が判定し、「段位」を認定する「そば打ち段位認定会」の開催は全国で初めてであった。段位認定会がマスコミで大きく報道されたこともあり、「第2回日本そば博覧会（越前そばフェスタin池田）」は池田町で開催されたイベントとして最高記録の来場者8000人を集めて大成功であった。

しかし、当時の日本社会においては市町村合併が進み、自治体を巻き込んだ事業を推進することが困難になってきた。そのため、多くの自治体が全麺協会員としては退会を余儀なくされた。その一方で、前述した年代層のそばを趣味とする愛好団体の会員の増加が顕著となり、全麺協の会員構成に大きな変化が生じてきたことはそば打ち段位認定制度の促進に拍車をかけた。

資料❷　そば道段位認定者数の推移

※各年度末時点

	初段	二段	三段	四段	五段	六段	合計
平成7年	30						30
平成8年	28	19					47
平成9年	92	81	22				195
平成10年	147	148	48				343
平成12年	340	184	78				602
平成15年	1,256	704	148	27			2,135
平成17年	1,710	1,201	354	72			3,337
平成20年	2,588	2,174	870	156	8		5,796
平成21年	2,957	2,521	1,055	203	8		6,744
平成22年	3,400	2,915	1,259	251	18		7,843
平成23年	3,577	3,288	1,418	368	18		8,609
平成24年	3,835	3,581	1,631	469	18		9,534
平成25年	4,122	3,867	1,829	555	33		10,406
平成26年	4,369	4,159	1,998	709	44		11,279
平成27年	4,637	4,453	2,222	764	64		12,140
平成28年	4,934	4,703	2,366	901	65		12,969
平成29年	5,107	5,038	2,535	1,002	96		13,778
平成30年	5,320	5,281	2,724	1,109	118		14,552
令和元年	5,468	5,623	2,792	1,256	137	8	15,284

平成7年開催の「第2回日本そば博覧会（越前そばフェスタin池田）」での素人そば打ち段位認定会の成功を受け、全麺協は翌年に素人そば打ち段位認定制度検討会を開き、この制度を全国的なものとする検討を開始した。

全麺協の顧問を務めていた日本イベントプロデュース協会の平野重臣理事長は、『組織には活動を活性化させ目標を達成するために、構成員が共同して取り組む事業の存在が必要である。「段位認定制度」はマス・メディアを通じて全麺協の存在や活動が社会に認知され、情報発信

第19回日本そば博覧会（北海道幌加内町）の会場の賑わい。

能力強化に役立つ」と主張し、「素人そば打ち段位認定事業」を全麺協の事業とするよう指導した。全麺協は平成9年の通常総会で「素人そば打ち段位認定制度実施要綱」を制定し、「素人そば打ち段位認定会」は全麺協の事業としてスタートすることとなった。

第1回素人そば打ち段位認定コンテストの開催

　全麺協は、前述のような経緯を経て正式に素人そば打ち段位認定制度を採り入れ、平成9年8月に全麺協「第1回素人そば打ち段位コンテスト」として、北海道幌加内町「第3回日本そば博覧会（日本新そば祭り'97 inほろかない）」の実施に合わせて開催した。

　そして、この時に全麺協素人そば打ち段位の初段、二段、三段位が認定され、認定者に付与された。その後「段位認定制度普及委員会」を組織して本制度の普及促進と拡充強化を図ることとなる。

全麺協の事業として素人そば打ち段位認定制度を導入

　このような経緯をたどって全麺協の事業として素人そば打ち段位認定制度が導入された。

当時の会則によれば全麺協の事業は、

①そばによる「地域振興事業」の研究と実践
②「素人そば打ち段位認定制度」の推進普及
③「そば道」普及による地域振興リーダーの育成
④そば文化の研究と情報発信
⑤その他、当法人の目的達成に必要な事業

の5点である。

　①のそばによる「地域振興事業」の実践については、「日本そば博覧会」を平成6年から全国各地で年1回開催（資料❶）して、「世界そば博覧会in利賀」で示された地域間での相互扶助の精神を継承している。

　②は、全麺協を代表する事業として全国各地で段位認定会が開催されている。

　この「素人そば打ち段位認定制度」を全国規模で開催しているのは、全麺協が最初であり、唯一の組織である。

　この制度を導入した当時は、全麺協の法人会員が全国各地において初段位から三段位までの段位認定会を開催して段位を付与していたが、その後さらなる上位段の段位認定を希望する者が増加してきたことから高段位認定会を開催することとなった。現在は、全麺協会員が開催する初段位と二段位の地域認定会、支部が主催する三段位認定会、本部が主催する四段位と五段位の認定会という3種類の認定会と「六段位選考会」がある。

　全麺協の段位認定者数は資料❷の通り年々増えている。認定会の完成度を高めることによって、令和元年度には1万5000人を超えるまでに拡大して、社会的評価は高まり広く多くの人に認知されるまでに成長してきた。

　そば打ち段位認定制度が着想された当初は、プロのそば屋さんと素人のそば打ち愛好家が車の両輪のごとく協力し合って「そば業界」を盛り上げていこうと話し合った経緯があった。そば打ち技能の程度によって「段位」を付与するためには、プロのそば屋さんに「審査員」を依頼するしか、その当時は手立てがなかったのである。そば打ち愛好家を対象にした「段位認定制度」は社会的にもそばとそば打ちのＰＲや普及となり、そば業界の振興になると判断されて、心あるそば屋さんには「段位認定制度審査員」を快く務めていただいた。

「玄人はだし」という言葉があるが、これは、素人にもかかわらず専門家が驚くほど技芸や学問に優れているという意味であり、「そば打ち段位認定制度」はこれを目指そうと考え、頭に「素人」と付けて「素人そば打ち段位認定制度」と命名した。

平成７年に福井県池田町で全国で初めて開催されたそば打ち段位認定会の様子。

しかし、令和元年11月の「第1回基本問題審議会」の委員から、『一般人の印象として、「素人」はいかにも手馴れていない初心者という印象が強い』『平成30年度末現在、全麺協段位認定制度による四段位認定者が１１０９人、五段位認定者が１１８人おり、素人の域を脱している人が多くなった』といった意見が出たうえ、高段位認定者の活動場面が増加してきていたことから、名称から「素人」を除くことが妥当であると提言された。

全麺協では、段位認定事業が開始された頃から「段位」は『「そば道」を正しく歩むための道標』と位置付けていた。そのため、「そば打ち段位認定制度」の名称から「素人」を外して「そば道」を付けることは、積み上げてきた歴史と実績、全麺協が掲げている地域活性化に貢献する、という目的にもかなっていた。

また、高段位認定者の活動場面が増加してきていることからも妥当であると判断され、令和元年12月の理事会において「素人そば打ち段位認定制度」から「そば道段位認定制度」に名称変更することが組織決定された。

(3) そば道段位認定制度の目的と高段位者の役割

前述したように、全麺協は会員の相互扶助と協働の精神によって、地域活性化を推進することを目指している組織である。この全麺協が実施する「そば道段位認定制度」は、当然のことながらそば打ちのプロを育成することが目的ではない。全麺協定款では、「心豊かで潤いのある生活の実現を図るとともに、地域活性化に取り組む各種団体と連携し、相互扶助と協働精神に基づいたそばによる地域振興を進めること」を目的としている。

そば打ちと「人格形成」

「おいしいそば」を打つにはまず、そば打ちの基本を身に付けることが必要である。そば打ちの各作業の目的を理解し、道具の正しい使い方を覚え、効率よくかつ合理的に作業することがそばを打つ基本であり、これらの知識と技能を習得する「自己研鑽」が不可欠である。

また、そば打ちは打ち手の性格やその時の気分が顕著に現れる作業で、せっかちな性格の人はせっかちにそばを打ち、気分や体調がすぐれない時にはよいそばを打つことができない。つまり、よいそばを打とうと努めることは自分の悪いところを改善することが必要であり、良好な気分と体調を保つ必要に迫られることから、自分を修めるための「自己修練」が求められる。

さらに、調理にあたっては一度に７００ｇから１５００ｇの粉を使うが、この量のそばを一人で全部食べ切ることはできない。したがって、そばを打つという作業は自分だけでなく家族や友人、知人に食べていただくそばを打つということであり、極めて「愛情」のある利他的な作業である。つまり、そば打ちには技術を身に付ける「自己研鑽」と自分の心を修める「自己修練」、他人に対する「深い愛情」が求められる極めて次元の高い作業であり、これらのことを通して「人格形成（自分づくり）」に結び付くのである。

そば打ちと「仲間作り」「地域づくり」

そばには不思議な魅力があり、「そば会」を開くと多くの友人や知人が集まって来る。そうした集まりでは、そば打ちだけでなく、会場設営の準備からだしとり、そばの盛りつけなど多くの作業があり、これらを教え合い協力し合うことによって自然に「仲間づくり」が行われる。共同の作業を通じて結び合う人間関係は良好で、強い絆を結ぶことに有効である。こうした人間関係を地域の中で構築することが「地域活性化」のスタートであり、「そば会」の開催という小さな行動を起こすことが刺激となって地域が活性化されていくと考えられる。

そばで結ばれた仲間で協力して地域のイベントでそばを提供したり、学童や高齢者の施設訪問でそばを打つことによって感謝の言葉を受け、そば打ちは仲間内の楽しみから喜びへと成長する。これら地域における活動を継続させることによって、仲間作りの輪が広がり地域が活性化されていく。

全麺協会員の地域では、これらの地域活動が日常的に、しかも自然に行われ、各地の地域活性化に大きな役割を果たしているのである。そば打ち作業ではそばが切れないように「つなぐ」ことが大切だと言われているが、同時にそばは「人と人をつなぐ」魅力と「地域を元気にする」可能性を持っているのである。

「四段位」以上の段位

全麺協「そば道段位認定制度」の目的は単にそば打ちの技能を競うものではなく、「人格形成」「仲間作り」「地域づくり」にあることは前述した。しかし、そば打ちを覚えてしばらくの間はいきおい「技能競争」に走りがちになる。初段位から三段位までは受験者数が多く、書類選考などは限界があって実施することは難しい。そのため認定審査は「技能審査」だけになり、そば打ち技能だけが重視されがちである。

段位認定制度本来の目的を実現するために設けられたのが、全国認定会として実施される高段位の四段位と五段位である。特徴的なことは、

①「認定講習会」の受講修了を義務付けたこと、
②所属団体からの承認・推薦制を設けたこと、
③小論文・筆記試験を実施すること、の3点である。

三段位までの「技能中心」から、そばに関する知識や活動実績、小論文の執筆など「知識・実績・人物中心」へと認知の重点を大きくシフトしている。

高段位の設定は、「段位認定制度」の目的を明確にするとともに、その実現を図ろうとしている。五段位の有段者には「地方審査員」への道を設け、「段位認定制度」の指導者的役割とそばによる地域振興の一翼を担ってもらうようにしている。

なお、平成30年11月15日に開催された第4回理事会において、令和元年度からの「四段位認定会」の実施要項の一部が改正された。主な改正点は、下記の5点である。

①四段位認定会の主催は全麺協本部だが、技能審査は支部が主管する。
②受験者の技能審査の受験場所は、原則として所属支部内とする。
③全麺協本部からの「受験希望調査」は廃止とする。
④受験申込書への所属団体長の推薦書添付は不要となり、代わりに、受験申込書に所属団体長が押印して、団体分を取りまとめて全麺協本部に提出する。
⑤事前審査項目は、（1）プロフィール（2）小論文（400字程度）（3）単位取得数（直近2年間分）に簡素化された。

一般公開そば大学講座と四段位・五段位認定講習会

これまで全麺協は、そば大学講座や段位認定講習会など、多くの機会にそばに関する知識研修会を開催していたが、受講者は段位認定会の受験希望者など全麺協内にとどまっていた。そのため、そばに関する歴史、文化、栄養、健康などの幅広い知識や、そばを通じての地域振興・国際貢献など、そばの利点だけでなく、肝心の全麺協の存在やその活動について広く一般市民にまで普及浸透されていなかった。

こうした現状を打破し、全麺協の存在とその活動をPRするために、初めての試みとして全麺協発祥の地である富山県富山国際会議場において、一般市民を募って「一般公開そば大学in富山」が令和元年5月25日に開催された。また、翌26日には四段位・五段位認定会受験希望者と合わせて、一般のそば愛好家を対象にした四段位・五段位認定講習会が行われた。

「五段位認定会」開催の目的と意義

平成19年に「最高段位認定会」と銘打ち、全麺協発祥の地である利賀村を本審査会場として最初の「五段位認定会」が開催された。五段位認定会を「最高段位認定会」とした理由は、「段位認定会」によって段位を認定するのは「五段位」までとし、それ以上の段位は全麺協への貢献などの功績によって付与することにしたからである。五段位認定者の位置付けや審査内容について次のように組織決定して、最初の五段位認定会・本審査会を開催した。

①「五段位認定者」とは、アマチュアばかりでなくプロからも敬意を受けるような「アマチュア」である。

②時間をかけてそばの普及実績、人格、知識、経験、指導力、技能を審査判定する。

③受験者相互の人間関係を深めて、全国規模の地域活動が提携できるようにする。

④「技能審査」偏重に陥らないよう審査方法を熟慮し、審査員を慎重に選定する。

五段位認定者の中から認定後の期間と実績を判定し、特任審査員と同様の技能審査ができるとしている。また「指導員」として認定し、そば打ちの楽しみやそば打ち技能の普及、そばの歴史・文化を正しく伝える役割を担わせている。さらに、全麺協の本部・支部役員として組織運営を中心的に担うとともに、地域におけるそばによる地域活性化のリーダーとして活動の場を広げている。

六段位以上の誕生の経緯

前述の通り、「五段位認定会」は平成19年9月に全麺協発祥の地である富山県南砺市利賀村にて開催された。当初は、「五段位認定会」は3年おきに開催されたが、受験希望者が多くなったため平成30年からは毎年開催されるようになり、令和2年現在137名が五段位に認定されている。

しかし、年月の経過と、五段位認定者の増加、段位認定者の果たすべき役割がより重くなるにしたがって、五段位以上の段位創設を期待する声が多くなってきた。そのため「全国認定会専門チーム員会議」を開催して、具体的な検討を重ねてきた。そして、専門チーム員会議で出された検討結果をもとに、平成29年度の理事会にてさらに協議を重ねた結果、「六段位・七段位・八段位認定制度運用要綱」(令和3年4月1日からはそば道段位認定制度規程に包含)を決定し、平成30年4月1日付で施行することになった。

令和元年度に入り、理事会での協議を経て「実施要綱」を制定し、「そば道六段位(蕎士)認定会」開催に向けて準備作業を行ったところ、受験対象者である「五段位認定から満5年以上経過している者」の中から、全麺協活動の推進と発展に功績を挙げている五段位認定者が受験申し込みをした。そして、「第1回六段位認定選考会」は令和2年1月26日に全麺協研修センターで実施され、技能審査と面接審査の結果、8名の六段位(蕎士)が誕生した。

(4) そば道段位認定制度への名称変更とその狙い

段位認定制度の概念

資料❸は、そば道段位認定制度の概念を表したもので、「技能」「普及」「知識」の修練・習得と「人格形成」の関係を示している。

そば打ちとそばの知識を学び、その普及に努めることが人格形成になることを説明している。

「技能」とは、よいそばを打つために必要な技術であり、自己研鑽、自己修練と人に対する深い愛情が求められる。

「普及」とは、そばとそば打ちを指導普及することであり、そばに対する深い愛着と強い情熱、人への愛情が求められる。

「知識」とは、そばについての知識と経験であり、そばに対する深い愛着、強い情熱と探求心が求められる。

「人格形成」とは、そば打ちの技能修練に励み、普及を行い、知識習得によってなされる紳士、淑女の形成をいう。

そば打ちに興味を覚えて修練に励むうちに人格が磨かれ、そば打ちを覚えることでそばをもっと知りたくなり（知識）、そばとそば打ちを人に伝えること（普及）で、さらに技能修練と知識習得に励む循環ができる。この循環の中で、よりよい人格へと磨かれていくのである。

「プロ」と「アマチュア」の共通点と相違点

「そば打ち」という作業は同じだが、プロとアマチュアは「手段」と「目的」が違うことに注意したい（資料❹参照）。

「そば打ち」という同じ作業を通して、「プロ」は経営結果（利益）を求め、「アマチュア」はその過程の中で行われる「人格形成（心の豊かさ）」「仲間作り」「地域づくり」を求めている。

全麺協「そば道段位認定制度」は、そば道を歩むことで人格形成を行い、心豊かな人生を送ろうとするところに目的がある。

目的をよく理解して、「プロのようなアマチュア」を目指すような考え方に陥らないよう注意したい。

目的と手段を混同しない

全麺協の目的は相互扶助と協働による地域振興であるが、それを実現させる一つの手段として、「そば道段位認定制度」がある。前述した通り、そば道段位認定の目的は「自分づくり（人格形成）」であり、手段が「そば打ち」である。手段は目的を達成するために用いられるものであるが、ともすると手段と目的を混同して手段が目的になってしまうことが見受けられる。

そば打ち技能だけに関心が注がれて段位に認定されることが目的となってしまったり、段位認定事業だけが注目される全麺協であってはならない。

そば打ちは非常に魅力的な作業であり、周りが見えなくなるほどに人を夢中にさせてしまう不思議な力を持っている。そば打ちが持つこの魅力を「自分づくり」と「地域振興」に生かそうとしているのが、そば道段位認定制度であり、全麺協なのである。

全麺協そば道段位認定 技能審査チェック項目（114頁～参照）にある「力量の目安」は

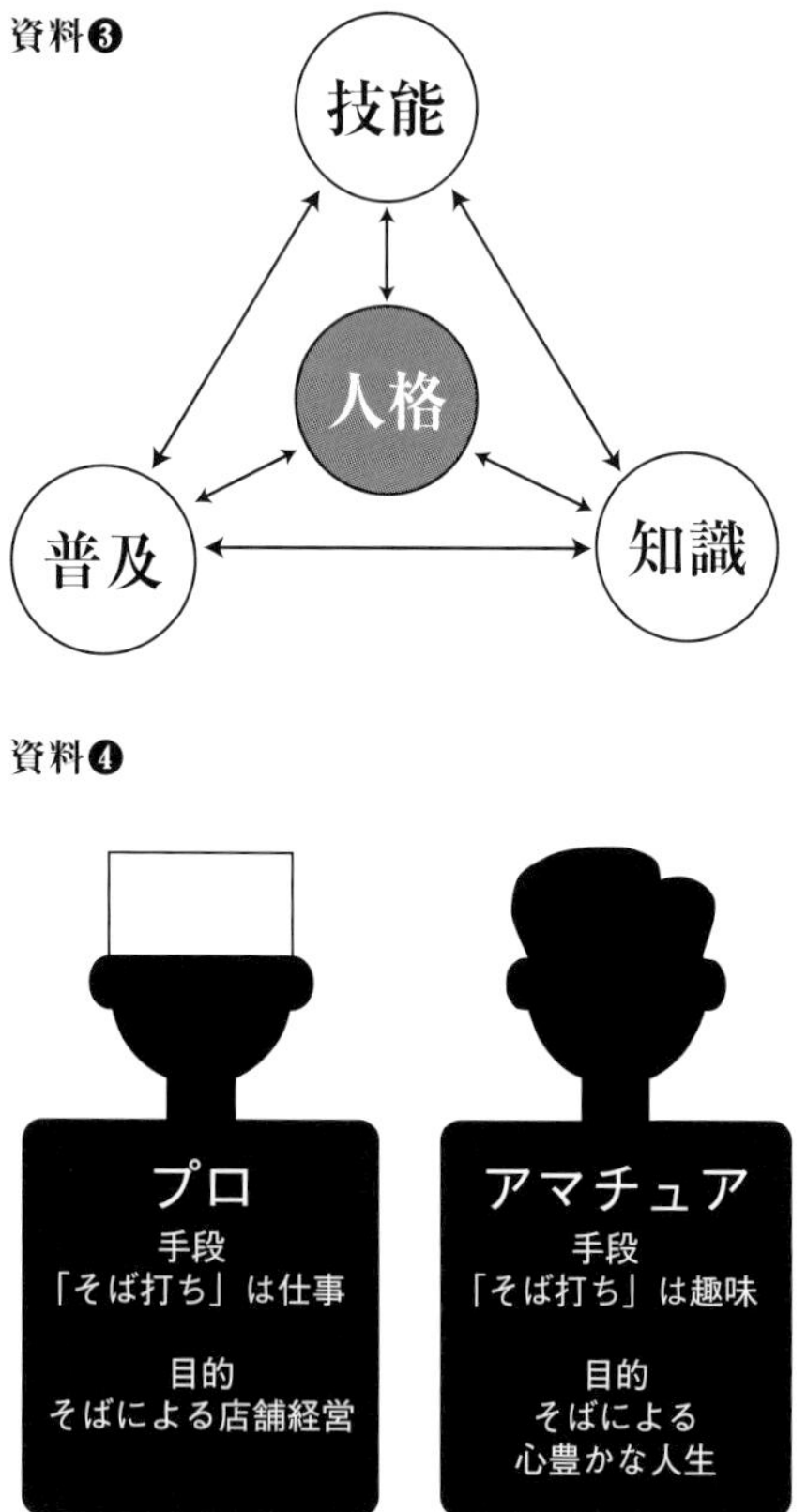

『木を見て森を見ず』のたとえのように、技能審査基準ばかりに気を取られて「そば道段位認定制度」の本質を見失ってしまわないように設けられたものである。

段位認定における技能審査基準とともに「人前に出せるそばが打てること」「そばの歴史や文化について紹介できること」など、社会的に評価される力量を明記することによって、そば打ちが自己満足的な趣味の域にとどまって目的化されないようにしているのである。

有段者の役割と社会的位置付け

国技である相撲の横綱には、単なる「強さ」だけでなく、「品格」が求められている。「そば道段位認定制度」も同様で、上位段になるほど「そば打ち」の巧みさだけでなく、「技能」「知識」の習得と「普及」活動に励み、「経験」を重ねるうちに磨かれた「優れた人格」が求められる。

「技能」「普及」「知識」「経験」「人格」が兼ね備わった上位段認定者には、社会的位置付けを行うことによって活躍の場を設けて「そばによる地域活性化」を推進することが求められている。

全麺協会員には「そば打ち教室」の講師を務めるなど、公民館と連携した地域活動を行っている段位認定者が多い。全麺協本部は地域づくりの拠点になっている公民館の全国組織である全国公民館連合会と連携して、公民館の講師や生涯学習の指導者として上位段認定者の社会的位置付けを行うことを計画している。

公民館は自治体が設置し、全国ほとんどの地域をカバーできる約1万5000館（平成30年度社会教育調査）が設置されており、利用者は年間約2億人を数えている。公民館は地域住民にとってもっとも身近な学習拠点であり、地域住民の交流の場としても重要な役割を果たしているとともに、地域づくりの拠点としての利用が圧倒的に多い。

全麺協が目的としている「そばによる地域活性化」と「そばで人と人をつなぎ地域社会を元気にする」歩みは、公民館との連携によって強力な相乗効果を生み出すものと期待される。

段位認定制度と「そば道」

そば打ちは他人のために調理するという、深い愛情が求められる利他的な作業であるが、全麺協が目的とする地域活性化もまた利他的な精神が不可欠である。そば打ち段位認定者は上位になるにしたがって、自身が持つ技能を他人に見せびらかし賛辞を得たくなるものである。そうした気持ちにブレーキをかけ、段位認定制度と全麺協の目的に戻させる非常に重要な役割を、そばによる人格形成を説く「そば道」が担っているのである。

前述した通り、「そば道」はそば打ち段位認定制度の制定とほぼ同時期に構想がなされている。そば打ち技能によって段位を付与する「そば打ち段位認定制度」は、そば打ちの魅力が持つ危うさとしてそば打ち技能にしか関心を持たない者を生み出す危険性を持っていることを、すでに構想の時点で予測していたのである。強さだけを追い求めていた柔術や剣術が、柔道と剣道という修行を通して人としての道を究めていくように整備されたことによって大きく発展したと同様に、段位認定制度の発展には「そば道」の存在が不可欠なのである。

「最高段位五段認定会」では、技能審査（写真上）のほか、意見発表（写真右下）、筆記試験（写真左下）が行われる。平成19年に利賀村で実施された第1回の様子。

全麺協ではそばを通じて人格形成を行おうとする「そば道」を段位認定制度を進める理念と位置付け、そば打ち段位は「そば道」を歩むための「道しるべ」であるとしている。

「そば道」は武道と同様に厳しい研鑽と修練に励むことが求められ、ゆえにそれらの「道」と比べて勝るとも劣らない「自己形成」を伴うものである。「そば道」を我が国における新しい『道』として確立し、普及させたいと願うものである。

(5) 全麺協活動の推進を目指して

そば道基本理念とそば道憲章の制定

全麺協の「そば道」は、発足当時から長く概念としてとらえていた。この「そば道」の明文化を図ろうと、平成26年度に「そば道理念諮問委員会」が設けられ、2年間にわたり協議・検討を重ねた結果、平成28年4月の理事会にて一部修正が加えられ、下記の全麺協の基本理念とそば道憲章は組織決定された。

そして、平成28年12月の「段位認定制度運用20周年記念式典」において、全麺協の「そば道基本理念」と「そば道憲章」が全麺協会員に披露され、「そば道基本理念」は、「そば道は手打ちそばを通じて自らを高め、心豊かで潤いのある人生を歩み社会に貢献することです」と制定された。

「そば道憲章」は以下の6点である。

1．私たちはそば打ち技術を会得しその奥義を極めます。

1．私たちはそばの歴史と文化を学び次世代へと継承します。

1．私たちはそば打ちを通じて五感を磨き創造力を高めます。

1．私たちはもてなしの心を育み出会いと喜びに感謝します。

1．私たちはそば打ちを広め仲間とともに地域づくりに努めます。

1．私たちのそば道は礼に始まり礼に終わります。

全麺協活動拠点の開設

平成30年10月、東京都台東区西浅草に「全麺協研修センター」が開設された。研修センターは全麺協本部が直接運営する施設で、全麺協会員のそば打ち技術の向上のための研修や講習会などの他、一般の方々を対象としたそば打ち体験教室などを行っており、全麺協のそば普及活動の中心的拠点としての役割を担っている。

ここでは延し台8台が常設されており、そば粉などの材料や、木鉢（直径48㎝、54㎝）、包丁、麺棒といったそば打ちに必要な道具一式を完備している。また、打ったそばをその場で食べられるように厨房設備も整っている施設である。

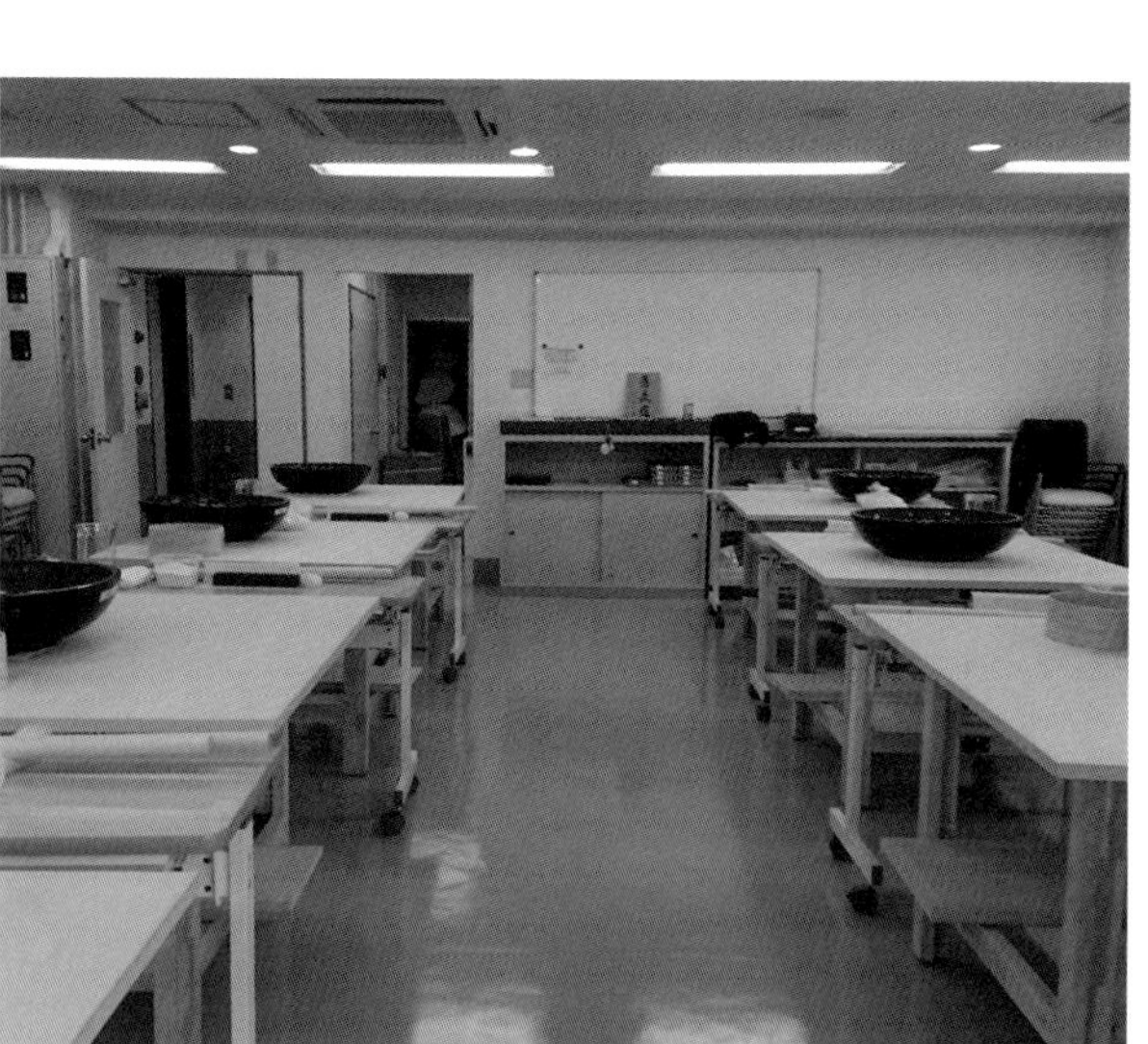

平成30年10月に開設された全麺協研修センターの様子。

5 支部体制による支部活動の開始

全麺協の定款には、「理事会の決議により支部を置く」（第10章第46条）と規定されているのみで、支部の設置や再編についての規定はなかった。全麺協は段位認定制度の進展に伴って、会員数が年々増加するとともに、構成員の内容も自治体会員からそば打ち愛好会会員へと大きく変化した。

その結果、各支部の構成会員数・有段者数に偏りが発生し、偏りは年を追うに従って大きくなっていった。会員数が大きくなり過ぎた支部は、きめ細かな地域活動が疎かになって全麺協の運営にも悪影響が出始めた。

令和元年度には「四段位認定会」の主管が支部へと移行され、段位認定事業を基幹事業とする全麺協は、段位認定会の受験機会や受験者の移動距離などの物理的条件に不公平が出ないように是正する必要があった。また、支部活動が重要になっていく中で、構成会員数や段位認定者数を平均化させる必要があった。

これらの課題に対応するため、平成30年度に4支部長を交えた「支部再編検討委員会」を設置。検討を重ね、下記の基本方針を確認した。

①正会員、個人会員、特別個人会員をほぼ同等規模とする。

②人的交流の利便性や生活経済圏を勘案して検討する。

「支部再編検討委員会」での検討結果を受けて、令和元年3月8日に開催された「第5回理事会」にて、①「東日本支部」を二つに分割して5支部体制とすること、②滋賀県を西日本支部に移行させること、の2点が決定された。

理事会の決定を受けて、全麺協本部と東日本支部は連携しながら再編に取り組み、令和2年度より「東日本支部（青森県、岩手県、秋田県、宮城県、山形県、福島県、栃木県、群馬県、新潟県）」と「首都圏支部（茨城県、埼玉県、千葉県、東京都、神奈川県）」に分割して支部活動を開始した。

そば道段位認定事業を中心にさらなる活動の広がりを

冒頭でも述べたように、利賀村は「村外との交流」を基軸として地域活性化の取り組みを実施してきた。その中で結ばれた多くの絆を知恵と力にして、過疎化が迫る中で生き残るための懸命な地域活性化を行ってきた。その集大成として取り組んだのが「世界そば博覧会in利賀」であり、その成果として全麺協が誕生したのである。

段位認定事業によって全麺協は飛躍的な拡大を見たが、単にそば好きやそば打ちを趣味とする者が集まったからではなく、利賀村が提唱した「地域活性化の相互扶助を行う」という全麺協設立の精神があったからこそ発展したのである。

さらに、全麺協は「日本そば大学」を開催して、そばの魅力と可能性を探求するとともに、「海外そば産地視察」を実施して会員の資質の向上を図っている。全麺協会員は趣味とするそば打ち技能を生かしながら、全国各地でそば祭りの開催やそばによるボランティア活動など、そばによる地域活性化を行ってきた。そばを生かした地域活動を通じて仲間が集まり、そば道段位認定制度によってさらにその輪を広げ、より大きな力でそばによる地域活性化の活動を行うことを25年以上にわたって全国各地で積み上げてきた。

昨今の我が国は、人口減少期への突入を境に元気を失っているように見える。かつて過疎に苦しむ利賀村が、外部交流を基軸として取り組んだ地域活性化の精神と手法が、いまの我が国が抱える課題の解決に求められているのである。人口減少社会に突入した我が国の中で、人と人をつないで地域社会を元気にするための活路が「そば」と利賀村から生まれた「全麺協」の中に秘められている。

そばの歴史は古く、その起源は「縄文時代」まで遡ることができる。４００年以上前に「そば切り」が考案され、全国各地の風土や文化に醸成されながら特色を持ったそば切りやそば料理が全国に根付き、そばは我が国を代表する食文化の一つとなっている。平成25年12月にはユネスコ無形文化遺産として和食が登録され、そば食に対する関心は国内外で高まりを見せている。

一般社団法人化した全麺協は、そば道段位認定事業を中心とした活動を普及させ、そばで人と人をつないで日本全体に「そばによる元気」を届けるとともに、関係機関や団体と連携して、和食を代表する「そば食」を世界中に広めたいと願っている。

四段位認定会における「事前審査 小論文」の過去問題

小論文

平成26年度	昨年、創立20周年を迎えた全国麺類文化地域間交流推進協議会は、本年5月1日に法人化され「一般社団法人全麺協」になりました。あなたが四段位に認定されたら、法人化された全麺協にどのように貢献されるつもりか、その考えを述べてください。
平成27年度	一般社団法人全麺協の現状における課題は何だと思いますか。また、あなたはその課題を解決するためにどうするべきと考えますか、具体的に述べてください。
平成28年度	一般社団法人全麺協は、昨年12月の臨時総会において定款が改正され、会員・会費制度が大幅に改正されました。あなたは今後全麺協がどのような方向に進むべきと考えますか、述べてください。
平成29年度	全麺協素人そば打ち段位認定制度による段位認定会と全国各地で行われている名人戦、選手権大会など単にそば打ちの技だけを競うイベントについてどのように思いますか、述べてください。
平成30年度	一般社団法人全麺協を、より一層魅力ある組織にするためにはどのようにすればよいと考えますか、述べてください。
令和元年度	あなたは、なぜ全麺協四段位認定に挑戦されたのですか、その思いを述べてください。

五段位認定会における「小論文」と「筆記試験」の過去問題（抜粋）

小論文

平成19年度	私のそば人生について述べてください。
平成22年度	そばとの出会いが私に与えたものについて述べてください。
平成25年度	全麺協素人そば打ち段位認定制度の目指すものは「そば道」であるが、あなたはこの「そば道」についてどのように考えておりますか、述べてください。
平成27年度	あなたが考える「そば道」とはどんな道ですか、それを踏まえて、あなたが五段位（最高段位）に認定されたら、どのような形で法人化された全麺協の発展に貢献するつもりですか、具体的に記述してください。
平成29年度	法人化された全麺協において正会員と個人の関係はいかにあるべきと考えますか、述べてください。
平成30年度	一般社団法人全麺協の10年後を見据えた時、今なすべきことはどのようなことだとあなたは考えますか、述べてください。
令和元年度	あなたが考える「全麺協における五段位認定者の役割」について具体的に述べてください。

筆記試験

< そばの歴史・文化に関すること >

【1】次はそばの歴史に関する記述ですが、(　　)内に最も適当な文言を記入してください。

(1) 我が国でのそば栽培は(　　　)世紀に始まったといわれ、西暦(　　　)年には、干ばつに備えてそばの栽培を奨励する(　　　)天皇の詔が出されている。そばのこのような性質を(　　　)作物と呼んでいる。詔には『蕎麦』と漢字で書かれているが、読み方は(　　　)である。この詔が書かれているのは(　　　)である。

(2) 寛延四年(1751)脱稿の蕎麦全書は、江戸時代随一のそばの名著といわれる。単なる見聞記や随筆でなく、自らそばを打つ著者が(　　　)から(　　　)、(　　　)や(　　　)にいたるまで詳細に述べている専門書である。

【2】江戸時代に書かれた「蕎麦全書」は、江戸中のそば屋72軒を挙げ、それぞれそば屋が掲げる名目(キャッチフレーズ)について分類している。その分類4項目を挙げ、分類ごとにその例を5つ記述してください。

【3】変わりそばについての次の記述のうち、(　　)内に正しいものには○を、間違っているものには×をつけなさい。

(1)(　)変わりそばの歴史は古く、そば切りが普及し始めた頃とほぼ同時に始まっている。

(2)(　)江戸時代後期には、すでに現在と同等の白い御膳そば粉が製粉され、変わりそばの流行に寄与した。

(3)(　)文献で確認できる範囲では、卵の黄身のみを使った卵切りが最初の変わりそばのようである。

(4)(　)伝統的な変わりそばは50種類にも及ぶとされているが、これらが隆盛を迎えたのは、19世紀前半のようである。

(5)(　)変わりそばを打つ際、湯ごねの技法を使うのは、少ないたんぱく分でそばをつなぐ力として使うためである。

【4】次の(　　)内を埋めて、文書を完成しなさい。

(1) 料理指南の山家集は山村での料理を記したものだが、その中にそばのつけ汁とする搾り汁の作り方が出ている。そばに限ると断った上で、熱い灰の中に入れておいた(　　)をおろして布ごしし、(　　)を少しすって混ぜ、さらに(　　)して使うというものだ。この汁の作り方は、現在木曽地方で受け継がれており、あまりの辛さから(　　)とも(　　)とも呼ばれる。上伊那では、同様な食べ方を(　　)と呼ぶ。信州では(　　)という食べ方も伝えられているが、これは(　　)の搾り汁に焼き味噌、(　　)、刻みネギ等を加えて(　　)をととのえたものだ。

(2) 江戸時代に製麺機はない。最初に開発されたのは明治(　　)年だが、普及するのは大正になってからのことだ。製麺機がなく、手打ちしか方法がなかった時代に(　　)が強調されているのは、(　　)を商っているかどうかという問題だからである。守貞謾稿のいう(　　)は文脈から読むと、小麦粉でつないだ二八そばではなく、そば、つまり(　　)のそばということになる。ただ蕎麦全書によると、当時すでに製粉の仕方によるそば粉自体の優劣も問題視されていた。するとこれは生粉打ちというだけでなく、(　　)を使用したそばという意味合いも込められていた可能性もある。それはそれとして、江戸時代中期から手打ちあるいは(　　)、(　　)という言葉が、(　　)のそばという意味でキャッチフレーズ的に使われていたのが、幕末頃にはかなりいい加減に使われていたらしい。現在も(　　)にこの用語を用いる店が多いのは、この時代の名残りである。

【5】江戸時代初期のそば打ちは生粉打ちでしたが、小麦粉をつなぎとして使ってそば打ちをするようになったのはいつ頃からか? また、小麦粉をつなぎに使うようになった理由について記述しなさい。

【6】下は、そば切り以前に日本各地で食べられていた蕎麦料理といわれているが、どこの地域で食されていて、どのように食べられていたか簡記しなさい。

そば料理名	食されていた地域	どのように食べられていたか
そばかっけ		
うちわ餅		
柳はっと		
梁越まんじゅう		
そばすべし		

【7】次は、江戸時代のそばに関する記述であるが、正しいものに○、正しくないものに×を(　　)内に記しなさい。

(1)(　)江戸時代の初期から中期にかけては、そばよりうどんの方が人気が高かった。

(2)(　)「二八そば」という名称については色々な考証があるが、その始まりは「守貞謾稿」とする説が有力である。

(3)(　)そば切り、うどんを商う夜売りは、江戸よりも京都の方が早かったといわれている。

(4)(　)江戸時代　夜そば売りが「夜鷹そば」といわれて市民に人気が高くよく食べられていたようであるが、それは売り物がぶっかけだけでなくいろいろな種物が豊富であったからだといわれている。

(5)(　)鰹節のだしに濃口醤油、砂糖、味醂という江戸のそばつゆは、元禄時代に完成され市中のそば屋に定着したといわれている。

＜ ソバの品種・栽培に関すること ＞

【1】『改訂そば打ち教本』第14章 ソバの種類・品種と栽培の中に「ソバの植物学的特徴について」10項目が示されています。下の5項目の意味について、簡潔に説明してください。

項目	説明
タデ科の植物である	
他家受精植物である	
短日植物である	
無限伸長性がある	
ソバの実は後熟作用がある	

【2】ソバ製粉は石臼、ロール、胴搗きの主に三つの方法によって行われています。それぞれの製粉の方法と製粉された粉の特徴について簡記してください。

製粉種別	製粉の方法	粉の特徴
石臼製粉		
ロール製粉		
胴搗き製粉		

【3】夏ソバと秋ソバの栽培生態系について、あなたが知ることを記述してください。

【4】ソバについての記述で正しいものには○、誤っているものには×を（　）内に付けなさい。

(1)（　）ソバはマメ科の植物である。

(2)（　）ソバは他家受粉の植物である。

(3)（　）ダッタンソバは自家受粉である。

(4)（　）ソバは一年中で最も日が長い夏至前に種をまくのがよい。

(5)（　）ソバは花と結実は一斉に進まない。

(6)（　）ソバを刈り取って「島立て」「はさ掛け」するのは昔のことで意味はない。

(7)（　）ソバが北海道で盛んに栽培されているのは発芽温度が低いからである。

(8)（　）ソバは乾燥した土壌を好む。

(9)（　）ソバは吸肥力が弱いので、適時の追肥が必要である。

(10)（　）ソバは空気中の水分を葉面から吸収できる。

(11)（　）ソバの種子は三角で稜形をなし、日本では40〜60日間で収穫される。

(12)（　）洋の東西を問わず、「ソバは貧困を象徴する作物」のように見られている。

(13)（　）ダッタンソバは「ニガソバ」とも呼ばれている。

(14)（　）そば粉は小麦粉に比べて2倍のポリフェノールを含み、健康に良い。

(15)（　）ポーランドでのソバ栽培は、夏型品種が向いている。

【5】下図は一般的なそば粉の製粉工程です。（　　）に適切な語句を記入しなさい。

玄ソバ搬入 ⇒ 精選：（　　）・（　　）⇒（　　）⇒（　　）⇒（　　）⇒（　　）⇒（　　　　）⇒（　　　　）⇒ 出荷

【6】「手刈りは朝、機械刈りは晴天の午後」と言われますが、その理由について説明しなさい。解答欄が不足する場合は裏面に記入すること。

【7】下はソバの栽培、播種期と品種選定に関する記述ですが、(　　)に適切な語句を入れなさい。

生態系が同じであっても、地域によっては(　　　　)や耐倒伏などに差があるので、前、後作との関係や(　　　　)、さらにはその他の営農条件を考慮して品種を選定することがソバ栽培には最も重要なコツである。(　　　　)の大規模農家では、播種に日数がかかるため(　　　　)から種を播き始める。この時期は(　　　　)であるため、北海道では(　　　　)以外の栽培は難しい。また、(　　　　)が作りやすいといっても、暖地(　　　　)での夏型品種の播種は(　　　　)進まないうちに花が咲いてしまい、著しく(　　　　)し、収量が皆無になる。このような地域に合った品種の選択が(　　　　)にとって最も重要である。

【8】石臼で挽いたそば粉が美味しいといわれていますが、石臼製粉の概要とその特徴について記しなさい。

【9】次の記述のうち正しいものには○、間違っているものには×を(　　)内に記入しなさい。

(1) (　) 秋型品種(九州の在来種)を6月上旬に播種すると6月25日ごろ開花する

(2) (　) 夏型品種(北海道キタワセ)を6月上旬に播種すると草丈は1メートル位まで伸びる。

(3) (　) ソバを一斉に発芽させるには、気温20度以下の低温が適温である。

(4) (　) ソバ栽培に肥料を施す場合、窒素を多用すると過繁茂になるので、他の作物に比べて少量でもよい。

(5) (　) 玄ソバの水分含量は、10%前後が適値とされている。

< 健康・栄養に関すること >

【1】そばの栄養成分にルチンがあります。ルチンはビタミンPの一種で、抗酸化物質ポリフェノールの一つでそば特有の栄養成分です。ルチンの健康効果について5点記述してください。

【2】そば粉は、一番粉、二番粉、三番粉と挽きぐるみに区分けされますが、それぞれのそば粉の特徴について栄養成分を含めて簡記してください。

区分	特徴
一番粉(内層粉)	
二番粉(中層粉)	
三番粉(表層粉)	
挽きぐるみ(全層粉)	

【3】日本と世界のそば料理について、①～⑩に適する言葉を右の語群から選んで記入してください。

料理名	場所	特徴
そばすべし	①	いりこだし
うちわ餅	②	もてなしのお茶菓子
ズレバンカ	③	オーブン料理
④	イタリア	そばパスタ
ジーニャ	⑤	押し出し麺
⑥	朝鮮	羊羹状
⑦	ロシア	酵母、サワークリーム
⑧	フランス	塩味
⑨	中国	ちぎった生地
梁越しまんじゅう	⑩	お手玉のように上に投げる

㋐ ピツォケリ
㋑ ブリーニ
㋒ ネパール
㋓ パキスタン
㋔ フランス
㋕ ボレンタ
㋖ 秋田県北部
㋗ 徳島県祖谷
㋘ 北海道幌加内
㋙ 長野県佐久郡
㋚ ムック
㋛ スロベニア
㋜ スイス
㋝ ディロ
㋞ カナダ
㋟ 猫の耳
㋠ ガレット
㋡ ポーランド
㋢ カーシャ
㋣ ロティ

【4】以下の文書はそば粉に含まれるポリフェノールについて述べたものです。(　　)内に、適切な語句を記入しなさい。

(1) そば粉100gには(　　　) mgのポリフェノールが含まれる。この量は赤ワインのグラス(　　　)杯分に相当する。
(2) ポリフェノールは活性酸素除去物質であり、(　　　)やガン等の(　　　)の予防に効果があると言われている。
(3) ルチンはポリフェノールの一種であり、普通そば粉には(　　　) mg/100g、ダッタンそば粉には(　　　) mg/100g含まれる。
(4) ルチンは抗酸化作用があり、(　　　)予防効果、(　　　)効果があると言われている。

【5】次の文章を読んで、後の問いに答えなさい。

ソバには人の健康にかかわる様々な成分が含まれている。その中で最も早くから注目を浴びてきたのは、(a　　　　)の一種でかつてビタミンPと呼ばれていた現在ルチンと名付けられている(b　　　　)に属する無色から(c　　　　)を示す色素成分である。その作用として毛細血管の(d　　　　　)るのに働くことが指摘されている。その結果、ソバは血圧を下げ(e　　　)や(f　　　)の疾患を予防する効果が認められている。①ルチン含量は生育段階によって変化し、最大は(A　)期で、(B　)葉に多い。茎の(C　)部には少なくて(D　)部に多い。また、(E　)粉ほど多い。最近ではその効用が認められ②生鮮品売り場で市販されている品もある。

問1　上記のa～fが付された空欄(　　)に適する語句を入れなさい。
問2　上記のA～Eの付された空欄に適する語句を次のア～コの中から選び、(　　)内にア～コを記入しなさい。
　ア. 若い　イ. 開花　ウ. 結実　エ. 頂　オ. 古い　カ. 厚い　キ. 中層　ク. 幼苗　ケ. 基　コ. 表層
問3　傍線部①について、ソバの栽培種2種のそば粉に含まれるルチンについて比較して説明しなさい。
問4　傍線部②の品名を一つ答えなさい。(　　　　　　　　　　　　　)
問5　ソバに存在するルチン分解酵素の作用について知るところを述べなさい。

【6】最近、そば粉はグリセミック・インデックス(GI)の低い食品として注目されています。下のGIについての記述で(　　　)内に該当する文言又は数字を記載しなさい。

最近、グリセミック・インデックス(GI)と呼ばれる概念が注目されている。(　　　)を摂取した後の(　　　)の(　　　)の上昇曲線を基準食品と比較して数値化したものである。GIは元来(　　　)の治療により考案されたものであるが、最近は(　　　)などの視点から注目されている。GI値の高い食品は、(　　　)が多く分泌されて、(　　　)の増加を導くのでGI値の低い食品が注目されている。そば粉はGI値が低い食品で、白米を100とした基準ではそばは(　　　)、うどんは(　　　)、パンは(　　　)である。

【7】そばはダイエットに効果的であると言われていますが、その理由について下に簡記しなさい。

【8】下のそばの栄養に関する記述ついて、正しいものに○を正しくないものに×を(　　)内に記しなさい。(10点)

(1) (　)ダッタンソバに含まれているルチンの量は、普通ソバの約100倍である。
(2) (　)カリウムはナトリウム(塩分)を排出する働きがあり高血圧症の予防効果があるが、水に溶け出しやすく約30%が茹でたお湯に溶け出してしまので、カリウムを効率良く摂取するにはそば湯を飲むことが大切である。
(3) (　)そば粉のアミノ酸スコアの数値は、小麦粉(薄力粉)の約3分の1、精白米の約2分の1と低い。
(4) (　)そば粉には100g中4.3gの食物繊維が含まれており、他の穀物加工品の中で最も多く食物繊維を含む食品に属する。この食物繊維は不溶性食物が主要(全層粉で81%)を占め、ヘミセルロース、セルロースが主体を成している。
(5) (　)そば粉にはカルシウムがあまり含まれていない。カルシウムに富むチーズ、ミルクなどの乳製品と共に調理することは栄養学的に良い食べ方である。

＜ 全麺協・段位認定制度に関すること ＞

【1】全麺協は平成28年4月に『そば道基本理念』と憲章を制定いたしましたが、以下の(　　　)に適切な言葉を記入し文章を完成して下さい。

『そば道基本理念』
そば道は手打ちそばを通じて(　　　　　)、心豊かで潤いのある人生を歩み(　　　　　)することです。

『そば道憲章』
1. 私たちは、(　　)を会得し(　　)を極めます。
1. 私たちは、(　　)と(　　)を学び、次世代へと継承します。
1. 私たちは、そば打ちを通じて(　　)を磨き、(　　)を高めます。
1. 私たちは、(　　)を育み(　　)(　　)に感謝します。
1. 私たちは、そば打ちを広め(　　)とともに(　　)に努めます。
1. 私たちのそば道は、(　　)。

【2】全麺協は法人化後の平成27年12月に臨時総会を開催して会員・会費制度を改正しました。この制度について次の表及び文章の（　　）内に適当な言葉・数字を入れて下さい。

会員の種類	年会費
正会員	（　　）円＋全麺協個人会員×（　　）円
地方公共団体正会員	（　　）円＋全麺協個人会員×（　　）円
（　　　　　）	（　　）50,000円
特別個人会員	（　　）円
（　　　　　）	なし

注1　年会費納入基準額の算定（　　　　）は、毎年4月1日現在で行う。

注2　全麺協個人会員と全麺協特別個人会員は（　　　　）認定会を受験できる。

注3　全麺協個人会員は（　　　　）認定会を受験できる。

【3】素人そば打ち段位認定制度では、3種類の認定審査員を規定しています。それぞれの登用資格と役割について、次ページの表で簡潔に説明しなさい。

名称	登用資格・役割
特任審査員	
全国審査員	
地方審査員	

【4】下の文書は全麺協に関することですが、（　　）内を埋めなさい

（1）全麺協定款に定める正会員は、本年4月1日現在 約（　　　）団体である。

（2）全麺協に納入基準額を納付している個人会員は、本年4月1日現在（約　　　　）人、特別個人会員は（約　　　　）人である。

（3）素人そば打ち段位認定制度による段位認定者は、本年4月現在（約　　　　）人でその内、五段位認定者は（　　　）人 である。

（4）素人そば打ち段位認定制度による段位認定者が本年4月現在で、1人もいない都道府県は（　）つある。

（5）全麺協本部の組織は、（　　　　）部、（　　　　）部会、（　　　　）部会、（　　　　）部、（　　　　）部会、（　　　　）部会および事務局で構成されている。

【5】そば打ち段位認定に関する下の文章の（　　）内を埋めなさい。

（1）全麺協の目的は（　　）による（　　）であるが、それを実現させる一つの手段として（　　）がある。

（2）素人そば打ち段位認定の（　　）は、（　　）であり、手段が（　　）である。

（3）手段は目的を（　　）するために用いられるものであるが、ともすると手段と目的を混同して手段が目的になってしまうことが見受けられる。

（4）（　　）だけに関心が注がれて、段位に認定されることが目的となってしまったり、（　　）だけが注目される全麺協であってはならない。

（5）そば打ちは非常に（　　）であり、周りが見えなくなるほどに人を夢中にさせてしまう（　　）を持っている。そば打ちが持つこの魅力を（　　）と（　　）に生かそうとしているのが（　　）であり（　　）なのである。

【6】一般社団法人全麺協の定款第5条には事業として7項目掲げられているが、この内の5項目を下に記しなさい。

【7】一般社団法人全麺協の定款に定める「正会員」について、正しく記述されている項目は（　　）内に○印を記しなさい。

（1）（　）当法人の総会で定める会費を納入している団体。

（2）（　）2000円の年会費を納入している個人。

（3）（　）5000円の年会費を納入している個人。

（4）（　）当法人の総会で定める会費を納入している地方公共団体。

（5）（　）当法人の目的に賛同して入会し、当法人の活動に協力賛助する団体。

（6）（　）当法人の総会で定める会費は未納であるが、当法人の活動に協力賛助する団体。

【8】全麺協素人そば打ち段位認定制度では、五段位認定者の位置付けを組織決定していますが、その4項目について下に記述しなさい。

技術篇

第4章

そば道段位認定審査の考え方と審査内容

全麺協
段位認定部

そば道段位認定制度の目的

そば道段位認定制度の狙いは、「そば」および「そば打ち」に親しむことを通じて「豊かな人生」を構築することである。全麺協では、それを「そば道」と定義している。

前章で解説しているが、「そば道」は「素人そば打ち段位認定制度」と同時に構想がなされていた。全麺協ではそばを通じて人格形成を行おうとする「そば道」を素人そば打ち段位認定制度を進める理念と位置づけ、そば打ち段位は「そば道」を歩むための「道しるべ」であり、単にそば打ち技能の巧みさのみで段位が認定されるものではない。

そば道段位認定制度の目的は「調理技術の追求」にあるのではなく、そば打ちによって行われる「生涯学習」にあると考えるべきである。

生涯学習とは、少年期から青年期における学校教育だけでなく、人生すべての時期において継続された学習の機会を設けることによって、自らを高めて豊かな人生を築いていくことをいう。生きがいと地域づくりの観点から、高齢化社会には生涯学習が不可欠とされている。

そば道段位認定制度の仕組み

全麺協のそば道段位認定制度は「そば道段位認定制度規程」（１０４頁～参照）に基づいて運営される。

審査基準と技能審査チェック項目及び補足説明

審査員が、初段位から五段位までの段位別に各工程のどの作業を重要視して審査を行うかについては明確にしている。段位認定会における技能評価は、「そば道段位認定制度規程」に規定されている「第4章　段位認定会実施要領」に従って作成された「技能審査チェック項目」（１１４頁～の表1-1、表1-2参照）とその「補足説明」（１１６頁の表2参照）によって審査される。

「技能審査チェック項目」は各段位共通したものとなっているが、段位が上になるにしたがって高いレベルで確認項目が増え、三段位から五段位では上位段ほど精度の高さが問われる。

各そば打ち工程の解説

1 事前準備及び衛生

具体的な「技能審査チェック項目」の説明に入る前に、まず段位認定会がどのように開催されるのかをまとめる。

認定会は、全麺協正会員によって全国各地で開催されているが、主催者によって認定会場の都合などから開催内容が多少異なる場合があるので、詳細については事前に配布される受験要綱や主催者に問い合わせをして確認しておくとよい。以下は、あくまでも一つの参考例として紹介するものである。

認定会では通常、以下の道具や材料を主催者側で用意し、受験者が用意するものは以下の通りである。

・主催者が用意するもの

①延し台　②木鉢　③ふるい　④生舟　⑤そば粉、小麦粉、打ち粉　⑥加水用の水　⑦手洗い用の水

・受験者が用意するもの

①そば包丁　②麺棒　③切り板　④こま板　⑤計量カップ

【用意しておいたほうがよいもの】

①清掃用具（ブラシ、ちりとり）　②計量カップ　③ボウル　④布巾、タオル　⑤そば玉乾燥防止用ビニールシート　⑥踏み台

　これらの道具や材料などを延し台と脇テーブルに配置した例が**写真❶**である。認定会では通常、**写真❶**のように延し台の右横及び背後にテーブルが準備されている。

　審査時間は40分間で、開始及び終了の合図と経過時間のお知らせを計時係が行う。時間の経過は、会場に設置されたデジタルタイマーで示すところが多い。

事前準備

　技能審査が開始される前に、受験者は指定された延し台及びテーブルに、受験者が用意した道具類をあらかじめきれいに手入れをして適切な位置に配置すること（**写真❶**）。

　不正行為防止のため、ゴミ箱や代用となりうるものは持ち込めない。また、主催者が用意すべき道具や粉類が揃っているか確認すること。不足のものがあれば速やかに会場スタッフに申し入れをして、審査開始に備えること。

衛生

　そば打ちは素手による食品の調理作業であり、清潔、衛生には特段の配慮が必要である。このため、審査の開始前に準備されているポリタンクから水を流しながら手のひら、手の甲、指の間、腕などをよく洗う（**写真❷**）。手洗いを含めすべての準備ができたら、そのまま延し台のうしろで待機し、審査員の入場を待つ。

　審査員が入場してきたら、「そば道憲章」に「私たちのそば道は、礼に始まり礼に終わります」と記載されている通り、開始時と終了時には、受験者と審査員は姿勢を正して向かい合いお互いに礼を交わす。

　その後、審査開始前に、審査員は受験者がそば打ち作業をするのに見苦しくない服装（**写真❸**）をしているか、身支度は衛生的に行われているかを審査する。

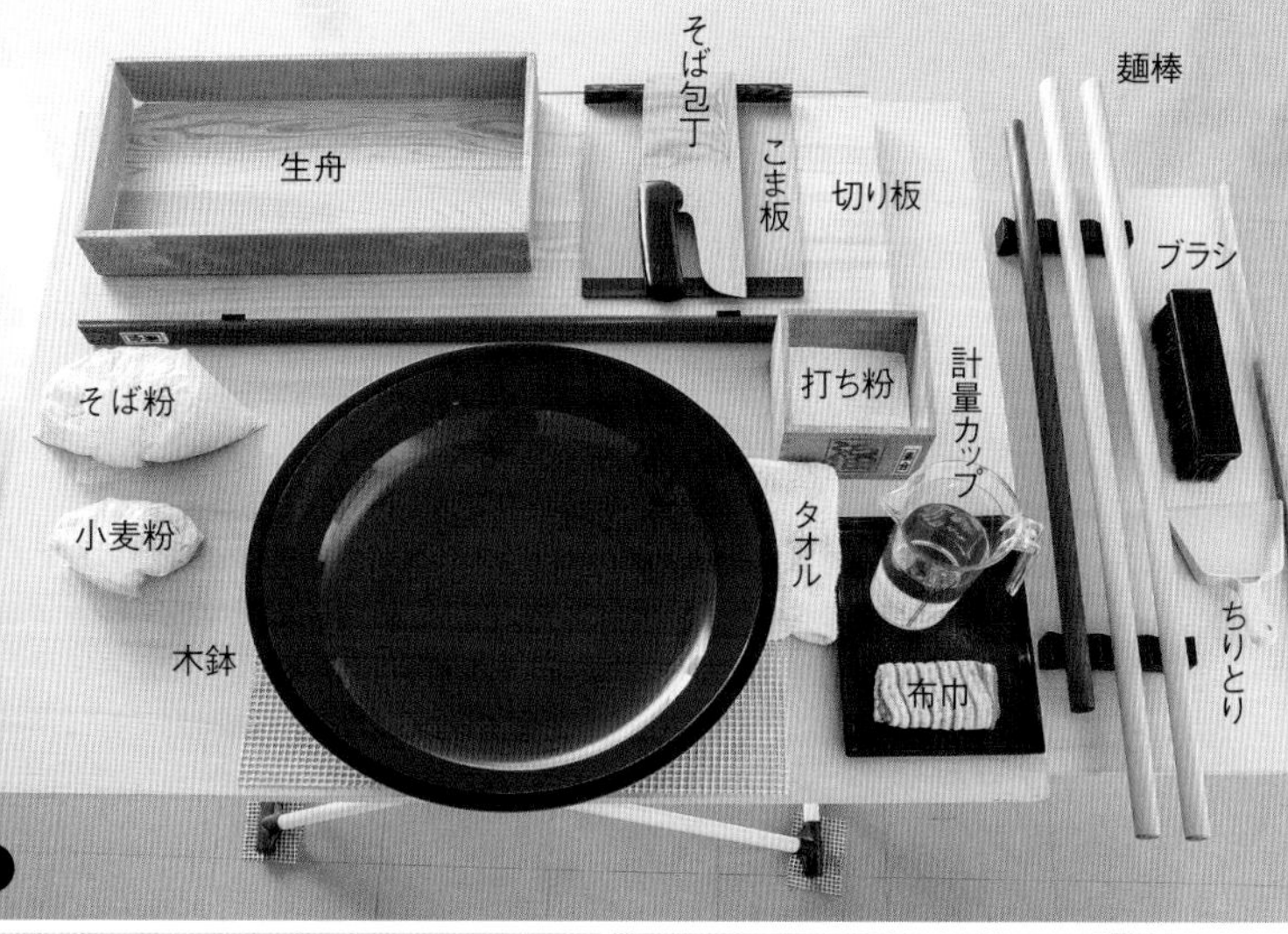

❶

❷

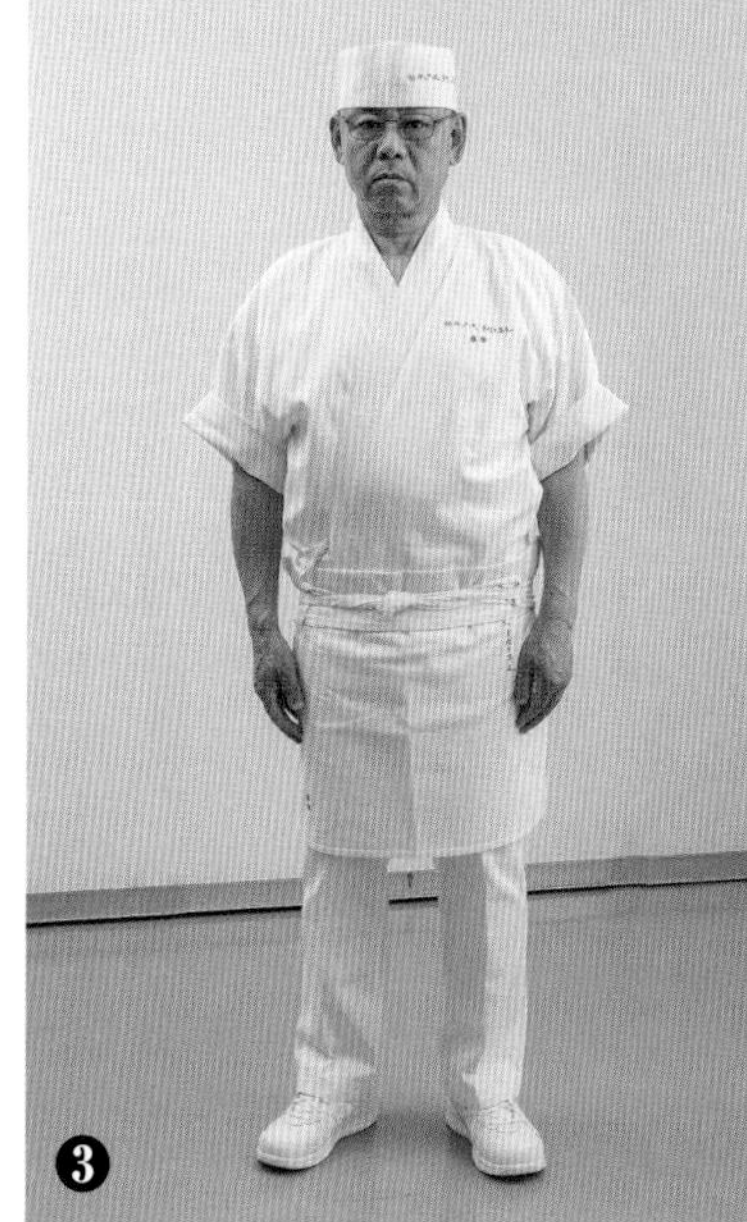
❸

①手洗いは指の間、手首までよく洗って、汚れがないこと。

②髪の毛やフケの落下を防ぐための帽子（調理目的のもので、野球帽などは認められない）などを着用し、前掛けをしていること。

③爪は短く切り揃えられ、汚れがないこと。マニキュアが塗布されていないこと。さらに、腕時計、指輪、腕輪などを着用していないこと。

④服装は、そば打ちにふさわしいもので、ボタンはかけられ、襟口や裾の乱れがなく、見苦しくないものであり、肌着やTシャツのみの着用は、デザインや素材なども含めてそば打ちにふさわしいものかどうかを審査員が判断する。

⑤手指には傷がなく、また傷がある場合は手当てが完全に行われていること（サック・絆創膏処置は、審査開始前に審査員の指示に従う）。

作業中の包丁によるけがは、減点もしくは手技を中止させることがある。

❺

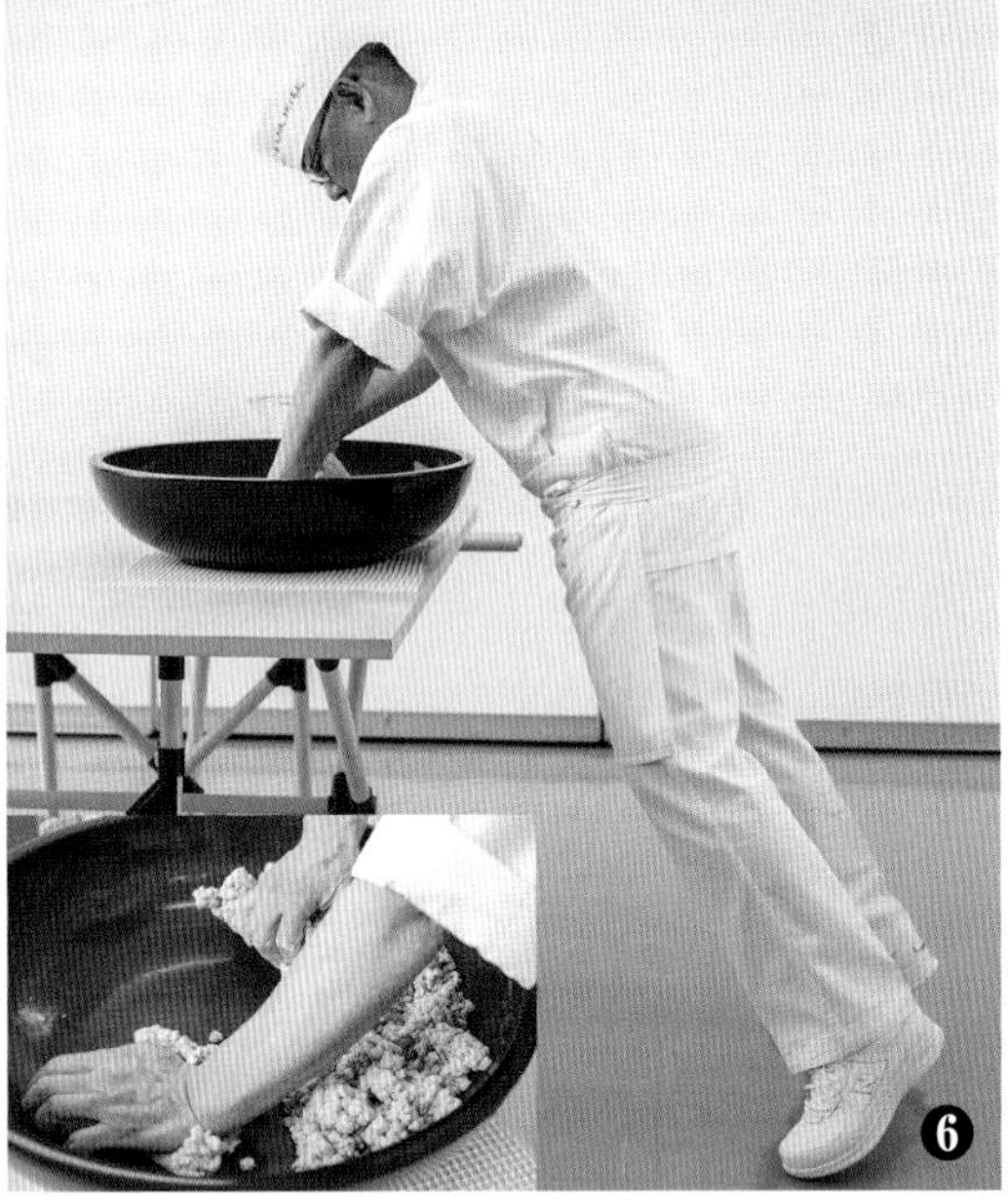

❹

❼

❻

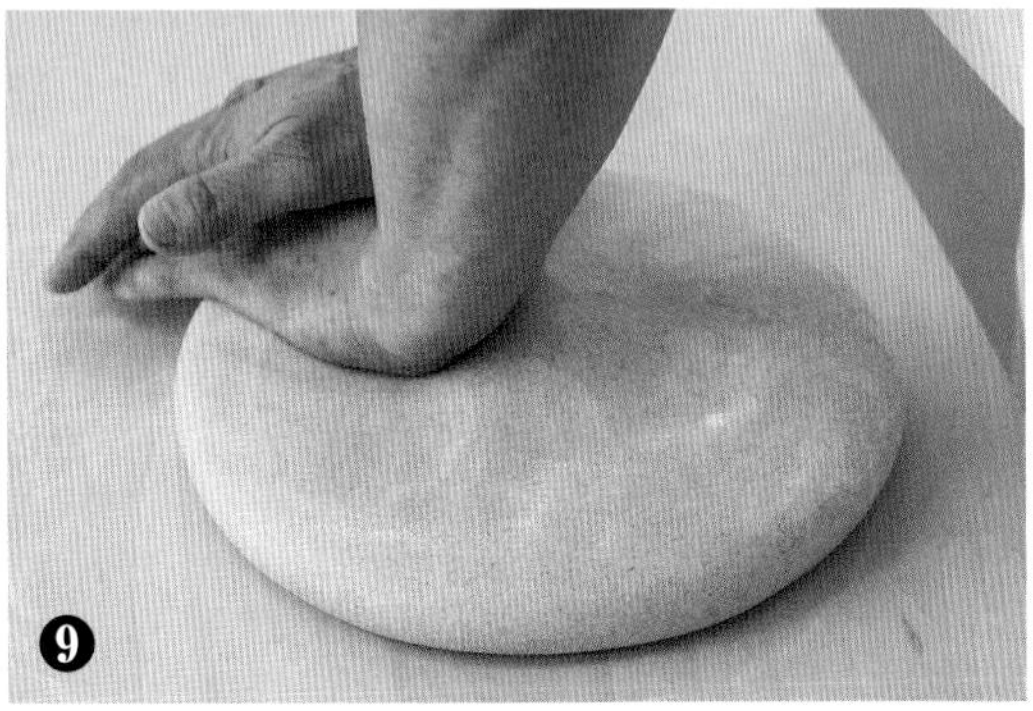

❽

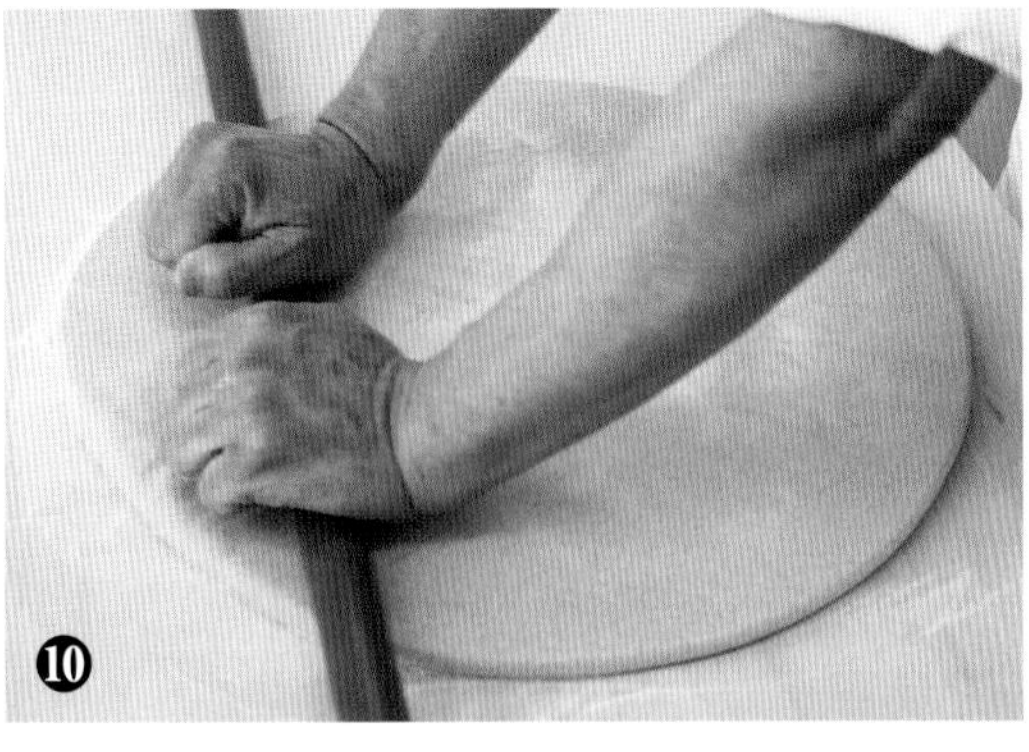

❾

⓫

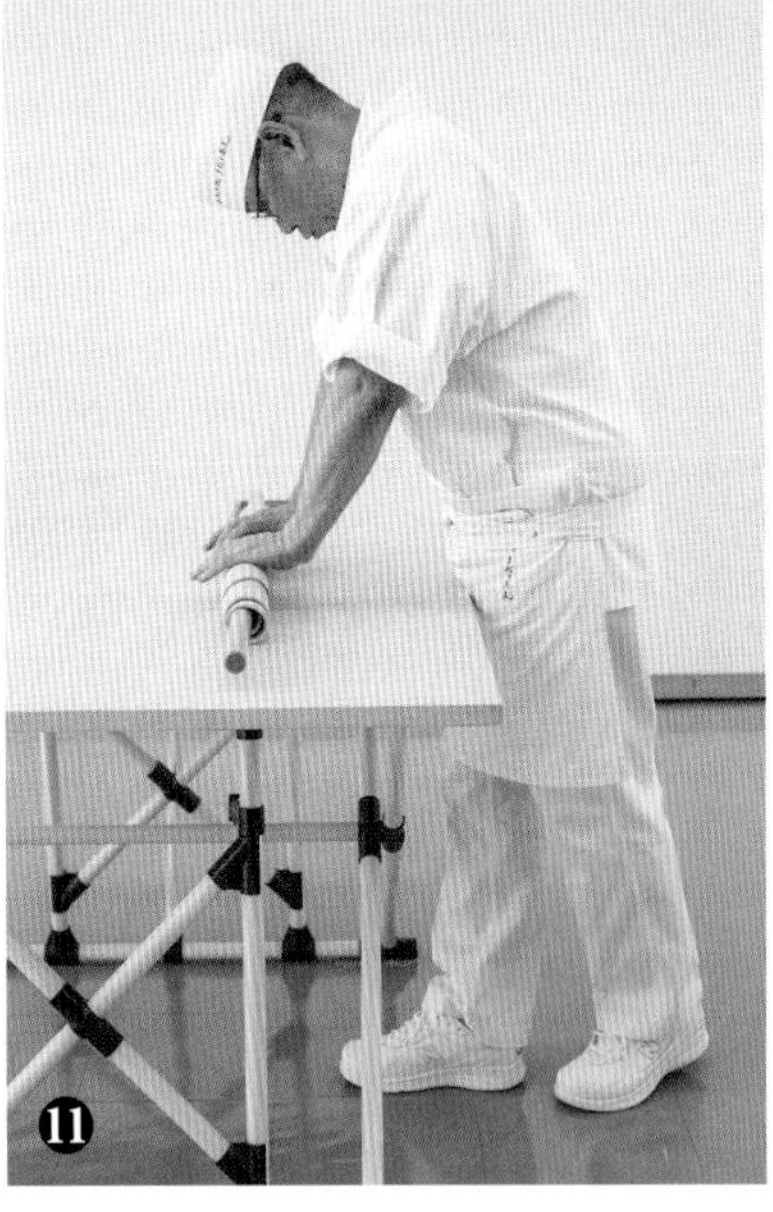

❿

２ 水回し

水回し作業は、手打ちの基本とされるものであるだけに、粉の性質をしっかり熟知したうえで、加水から撹拌が手際よくきちんと行われて粉に水が十分に浸透し、また加水量が適正量と見極められることや無駄のない作業をすることがポイントになる。

①審査開始後、そば粉と小麦粉をふるいに通し、混入している異物を除去する。粉に水がよく浸透するように、空気を含ませるようにふるい込む（写真❹）。

②加水方法、加水回数は随時だが、各回ごとの加水は均一に浸透できているか、各回ごとの加水量は適切か、さらに適正な加水量の見極めをすること。加水量の配分、方法は審査員の判断で評価する。

③粉が手際よく撹拌され、粉に水が均一に浸透されていること。造粒は、粉→けしの実→米粒→小豆→空豆ほどの大きさへと徐々に大きく変化していく様子を確認する（写真❺）。

④水のこぼれ、粉が木鉢の外に散逸していないか、木鉢に粉がこびりついて汚れたまま作業していないかなどに配慮すること。

⑤手の汚れは適切に落とすこと。

⑥加水し過ぎて「ずる玉」になり、打ち粉などを混ぜた場合は減点となる。

⑦水回しの姿勢は、手先に頼らず身体をバランスよく活用してリズミカルに行われており、腕もスムーズに動作していること。外回し、内回し、もみ手、すり手、あおり手などの手法については問わない。

⑧使用した木鉢は、付着している粉をきれいに拭き取り清潔にしてから、後方の机か延し台の下に移動する。

３ こね、練り

こね、練りの作業は、練り上げからくくりまで手際よく加重され、むらなく練られていることが大事なポイントである。

①こね（練り）の工程に移行するタイミングの見極めはよいか。

②こね（練り）の手際よさ、その方法、まとめ具合がよくできていること。また、腕の力だけに任せるのではなくそば玉に体重がよく乗り、適度な練り込みが行われ、ムラなく艶が出ていること（写真❻）。

③菊練りが円滑に行われて形がよく、艶があって仕上がり具合がよいこと。三段位以上の認定会では、「菊練り」が終わったら最低一人の審査員がその状態を審査し、確認する（写真❼）。

④へそ出し（出っ尻、手際よさ、形、空気を混入させない）ができていること（写真❽）。

⑤木鉢の清掃が終了し、そば玉が乾燥しないようにビニールシートなどで養生するなどの配慮がなされ、また手洗いをして手についたそば粉も落とされていること。

⑥練り作業中の手洗いはとくに規定しない。

⑦そば打ちは素手による食品の調理作業であるため、汗の落下は厳禁であり、工程ごとに減点の対象になる。

４ 延し

延しの工程は、延し方の方法によって差異がある。地延し（鏡出し）から丸出しに進むが、丸出しの後に四つ出し（角出し）をして四角形に延すか、丸出しのまま大きく延していくかで手順に違いが出る。違いがあったとしても、延しの手際のよさと適切な大きさ、形、均一な厚さに延されているかが大事なポイントになる。

また、麺棒の使い方は、握り方、圧のかけ方、リズム感、延し棒と巻き棒の使い分けが大切である。

なお、延しの方法（波延し、巻き延しなど）や麺棒の角度、麺棒の種類・本数は、審査員の判段に委ねる。

地延し（鏡出し）、丸出し

①地延し（鏡出し）が手際よく行われ、丸の形状、大きさ、厚さ、手の当て方が適正であること（写真❾）。

②丸出しは手際よさ、丸の形状、大きさ、厚さ、延し跡、麺棒の握り方、転がし方が適正であること（写真❿）。

③打ち粉の使い方が適所、適量、散逸具合が適正であること。

四つ出し（角出し）

この手法を取り入れている場合が多いが、四つ出しの手順、菱形から四角の形などが適正に行われていることが大事である。

①四つ出しの手順が手際よく行われ、麺生地の巻き付け、麺棒の転がし方、手の圧力のかけ方が適正であること（写真⓫）。

②その後の作業効率の点から、大きさや、各部の厚みはムラを少なくするように均一にすることを心掛け、四つ出しの形状がほぼ正方形にできていること（写真⓬）。

肉分け

四つ出しでは、一般的に麺生地の辺部分が厚く、角部分は薄くなっているので、均一な厚さになるように手順よく肉分けを行う。

①麺生地の厚い部分と薄い部分の見極めを行って、手際よく肉分けを行うこと。

②麺棒の使い方、転がし方に注意するとともに、形状は麺生地の縁の線を揃えるように配慮すること。

③肉分けの後、幅出しなどにより麺の適切な長さを確保しているかの見極めが大事なポイントになる。

本延し

延しの仕上げである本延しは手際よく、形、幅、大きさがきちんとできていて、延しムラがないことが大切である。

①厚さは1・5～2・0㎜を基準とすること。

②麺生地の巻き取り方や巻き延しの手際のよさ、麺棒の使い方、転がし方、延し棒と巻き棒の使い方、圧力のかけ方などに十分注意して、延しムラがないようにすること（写真⓭）。

③麺生地に穴、破れがなく、表面が乾燥しないように手際よく慎重に延すこと。

④麺棒の延し棒と巻き棒の使い方が適正であり、リズム感をもって延すこと。

⑤打ち粉は適所で適量を使い、過度にならないこと。

たたみ

たたみの手順が理にかない、次の工程である切りの作業で包丁が手際よく使われるように、打ち粉の量や振り方も配慮することが大切である。

①たたむ手順が適切で麺生地の端がきちんと合わされていて、切りくずをできるだけ出さないようにたたむこと（写真⓮）。

②8枚重ね、12枚重ねなどの重ね方は問わないが、打ち粉が均一に振られ、麺生地に凸凹がないようにすること。

5 切り

切りは包丁さばきが手際よく、切り幅が均等でリズムよく切られ、切りくずが少ないことが評価の対象になる。そば包丁という刃渡りの長い鋭利な刃物を使用する作業なので、危険防止にも十分注意することが大切である。

①切り板の上に敷く打ち粉は適所に適量であり、麺生地の扱い方、置き方が適切であること。

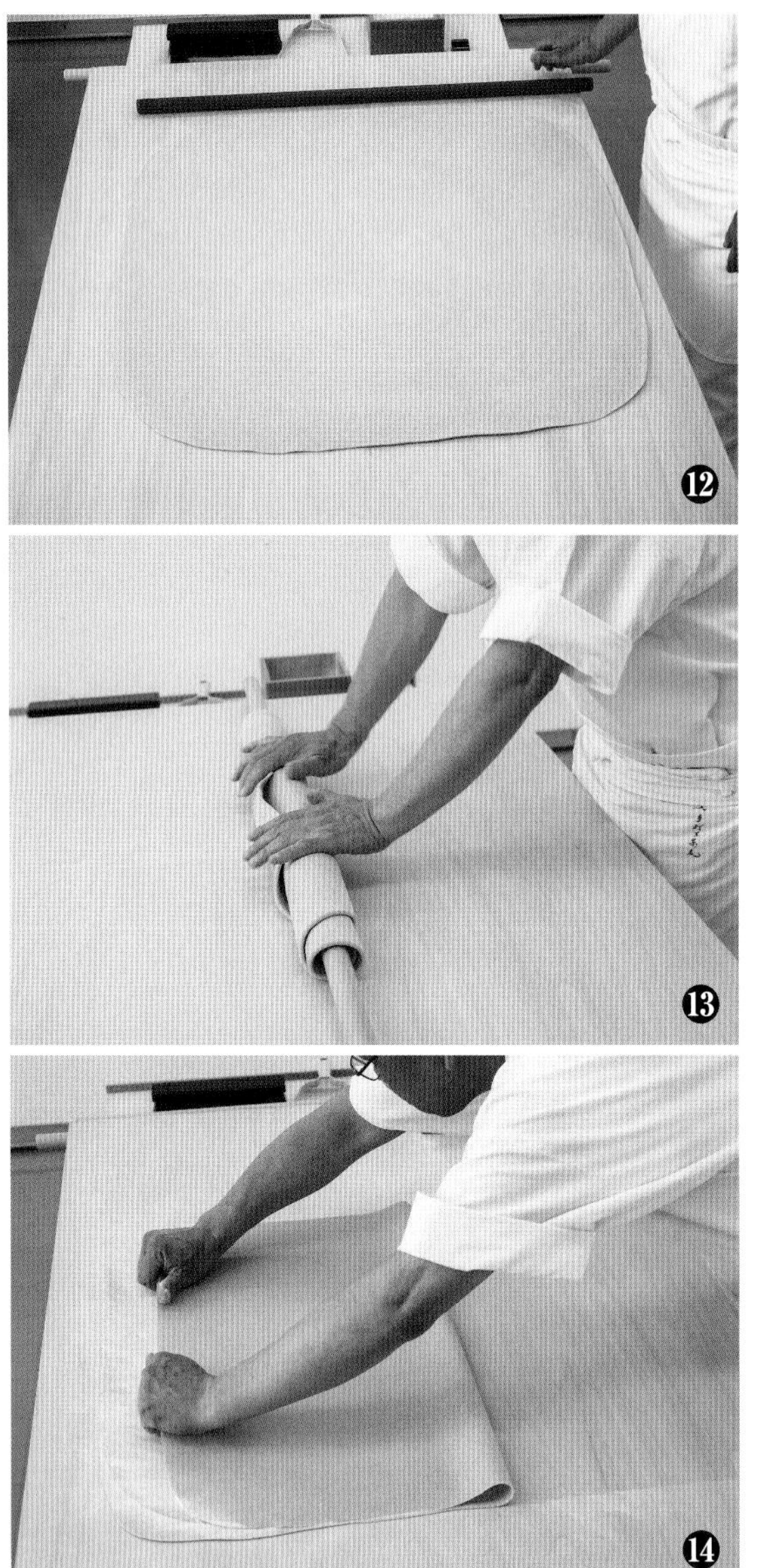

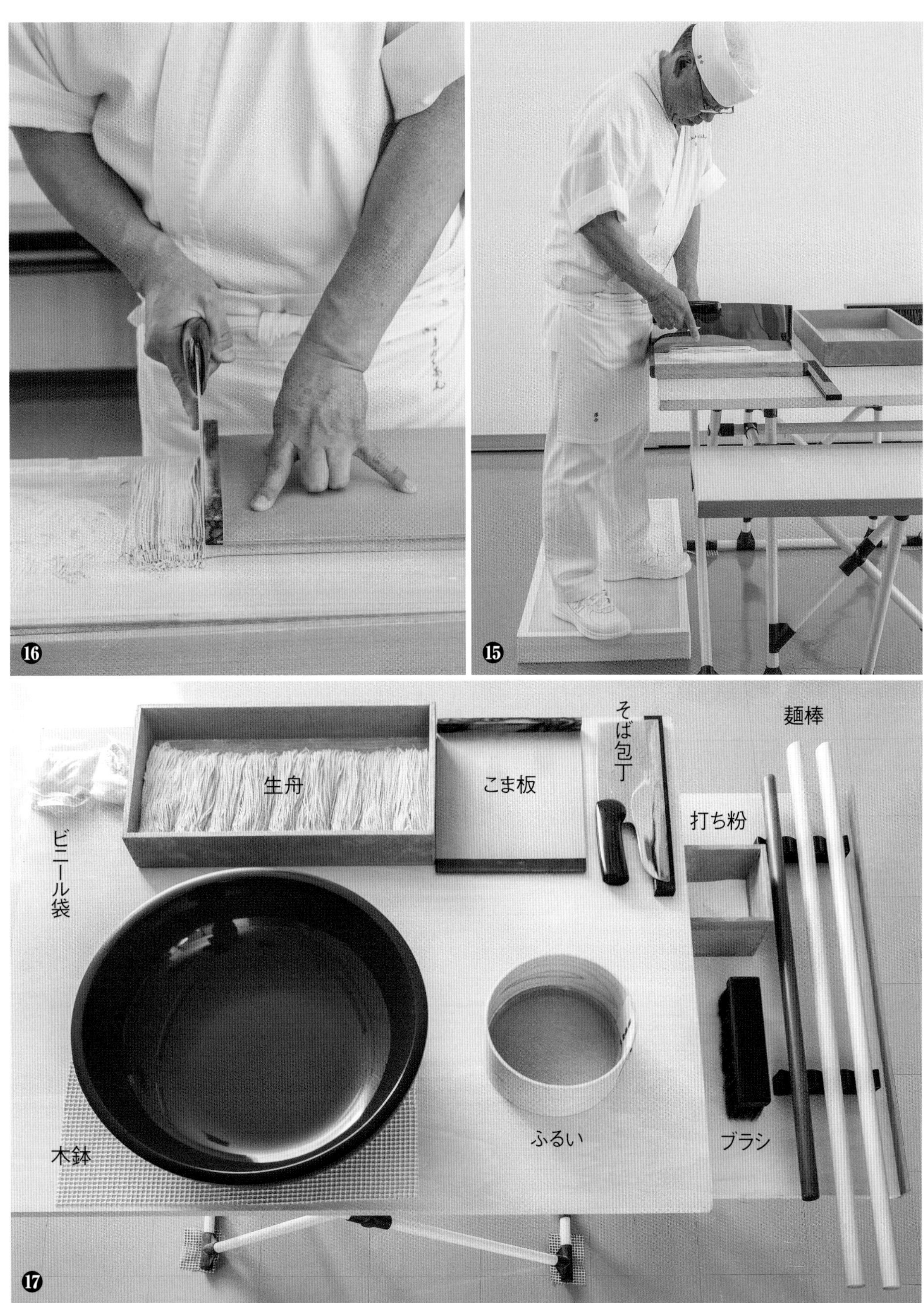

撮影協力／落合輝美（元一般社団法人全麺協段位普及部長） 東京都麺類協同組合

②麺生地の切り板への移動の際の持ち上げ方、扱い方、置き方に注意すること。

③切りの姿勢は構えやこま板の押さえ方、足の構えに安定感があり、リズム感をもって切られていること（写真⑮）。

④包丁さばきはリズム感やスピードがあり、バランスがよく、こま板に当てる角度、包丁を落とす角度、空打ち、いかだがないように注意すること。また、力み過ぎないことも大事である（写真⑯）。

⑤切り幅は1.5～2.0㎜ほどを基準とすること。また、切り揃えが適切であること。なお、切り揃え率は審査員が見た目で判断するが、こま板の押さえが不安定になる麺生地の残り⅓～¼の切り揃えが大事である。

⑥こま板の押さえ方、バランス、進み具合などについて配慮すること。

⑦こま開きの手際、包丁さばき、打ち粉の落とし具合などを適切に行うこと。

⑧出来上がった麺を揃えて生舟に整然と並べること。

⑨そば包丁は延し台を傷つけないようにじかに置かずに、包丁のサヤまたはタオルなどの上に置くように配慮すること。無造作に延し台に置くことは減点の対象となる。

⑩切りくずはできるだけ少なくするようにすること。四段位認定会以上の技能審査では切りくずの残量が計量される。

6 片付け

そば打ちの作業が終了した後の片付けは、衛生や清潔さだけでなく、作業に使用した道具の清掃や手入れの面からも極めて大事なことであり、認定会では重要な評価項目となっている。

①切り板、延し台の上の切りくずと使い終わった打ち粉をふるい分け、個々のビニール袋に入れておくか、または切りくずとふるい分けした打ち粉で別々の山をつくる。どちらにするかは主催者に問い合わせをして確認しておくとよい。

②そば包丁、こま板、麺棒は付着した粉やヘタがきれいに落とされていること。この際、包丁の清掃は危険がないように十分注意すること。

③木鉢は付着している粉をきれいに拭き取り、清潔にしておくこと。

④ふるいは付着している粉をきれいに落としておくこと。

⑤延し台下のそば粉のこぼれ、衣服、身体にそば粉の付着がある場合はきれいに清掃すること。

⑥すべての作業が終了したら、手を挙げて「○○番終了しました」と大きな声で終了宣言すること。終了宣言後は延し台から下がって、道具類には一切手を触れないこと。

⑦切りの作業が完了していれば、片付けが終了していなくても終了宣言をすることができる。ただし、この場合も「片付け」項目は厳しく審査される。

⑧延し台の上は木鉢、切った麺を入れた生舟、切りくずと使い終わった打ち粉を入れたビニール袋（または、切りくずとふるい分けした打ち粉の別々の山）、そば包丁、こま板、ふるいをのせ、審査員が整理・清掃後の片付けの状況を審査できるようにしておくこと（写真⑰）。

7 総評

総評では、そば打ちの態度の全体的な姿勢・意気込み・気構えを判定する。受験申込書に記載されたプロフィール、出来上がったそばに品格・魅力・茹で上がりを想定した食味感などを評価する。

・そば打ち態度

①作業中は適度な緊張感の中で意気込み、態度が終始一貫して前向きで充実感が感じられ、周囲の雰囲気や他から影響されていないこと。

②作業中の姿勢、行動は全般を通じて品格があること。

③観客から助言、指導を受けないこと。

・活動歴とそばの品格・魅力

①受験申込書に記載されたプロフィールは、受験者本人のそば打ちに対する取り組み、活動歴、そばに対する考え方、受験の動機などについて、きちんと正確に記載されているかを審査される。

②打ち上がったそばの仕上がり具合、品格、魅力を醸し出しているかどうかを評価する。

③茹で上がりを想定して、おいしそうな食味を予感するかを評価する。

全麺協の標準そば打ち技術

全麺協 **指導普及部**

全麺協のそば道段位は、初段位から八段位まで設けられている。ここでは、五段位及び六段位取得者4名に、初段位、二段位、三段位、五段位の審査基準である、そば粉の量700g（88頁〜）、1000g（92頁〜）、1500g（96頁〜）の二八と1500gの生粉（100頁〜）でのそば打ちを行ってもらった。

なお、段位認定の審査は、そば道段位認定制度規程に規定する「段位認定技能審査基準」及び「技能審査チェック項目」などに基づいて行われているが、ここで紹介する4名の試技はこれらの審査基準などに厳密に基づいたものではなく、各人のそば打ちに対する考え方や長年の研鑽や経験などに基づいた打ち方となっている。水回しやこねの仕方、麺棒の使い方などの工夫や特徴について、そば打ち技術向上の参考となれば幸いである。

700g 二八そば
試技者 横田節子

1000g 二八そば
試技者 掛札久美子

1500g 二八そば
試技者 井（いい）敏朗

1500g 粗挽き生粉打ち
試技者 萩原敏彦

木鉢

700g 二八そば

試技者 **横田節子**

1回目の加水は、用意した水の7割程度を粉全体に注ぐ。

木鉢の底の細かい粒をあおりながら上に出し、全体を混ぜる。

粉全体がパン粉状になったら2回目の加水をし、残りの水の約半量を注ぐ。

小さな粒を大きな粒にしていく。

全麺協の技能審査の登竜門である初段位は、「ひとりで所定の時間内に、適切な手順でそばが打てる力量を持つ」が目安。そば粉（普通粉）５００ｇと小麦粉２００ｇの計７００ｇを40分で打ち上げる。

〈木鉢作業〉水回しの手の動きは内回しでも外回しでもよく、決まりはない。手を熊の手の形にして指先を使って粉に水を均等に浸透させながら、加水にともない米粒↓小豆粒↓大豆粒と造粒していく。加水量の見極めができたら、一塊にして練りに入る。

練りは両手で体重を利用して練り込む。生地がしっとりとして艶が出てきたら生地の中央に折り込む菊練りをし、菊練りのひだを手のひらの付け根で押さえて転がしながら生地の中に入り込んだ空気を外に出すように閉じていく。次に90度方向を変え、片方の手のひらは生地の底を押さえ、もう片方の手のひらは生地の側面に置き、木鉢の曲面を利用して転がして円錐形を作るくくりをする。その後、円錐形のそば玉を上から手のひらで押して均等な厚さの円形の鏡餅状にする。

〈延し作業〉地延しは手のひらで上から押し、回転させて一定の厚さの真円形にする。地延しの出来ばえが後に影響するので正確に行う。丸出しは延し棒で少しずつ回転させながら前方に延し、大きな均等な厚さの真円形にする。４方向から巻き延しをして四角形にする四つ出しは、目安として、１回目は４～５回ほど転がし、４回目は２～３回ほど転がし、いずれも手のひらは左右均等の力で生地に添わせる程度とする。生地を広げて厚い部分と薄い部分を見極め、均一な厚さに肉分けをする。生地の幅を70～80㎝ほどに整え、90度回転させて長さ80㎝を目標にして半分ずつ本延しをする。

〈切り作業〉麺生地、こま板、包丁の中心を合わせ、リズミカルに麺の太さに合った切り幅で切り進める。１束ずつ打ち粉をていねいに取り、生舟に入れる。最後の２束はこま板が不安定になるのでより慎重に切る。

そば粉を大事に扱い、作業をスムーズに進め、喉ごしのよいおいしいそばを目指す。

5 微調整の加水は、手振りで見極めながら加える。

練り

6 粗練り。腕に体重を乗せて練る。

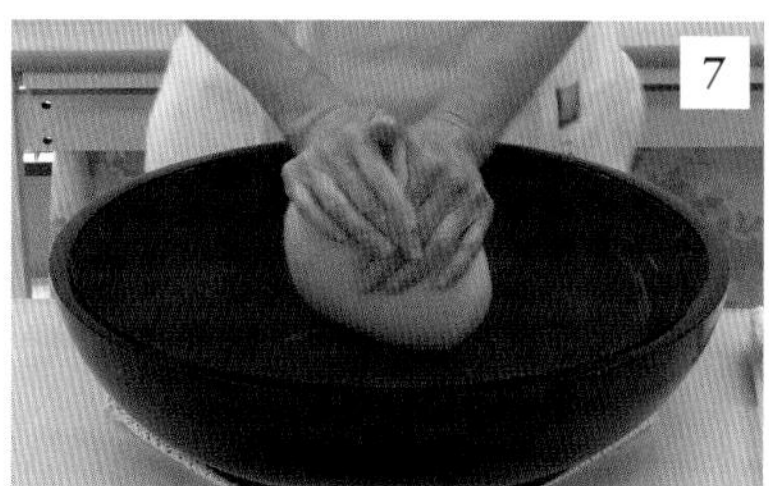

7 外側から中央に折り込むように練る。

菊練り

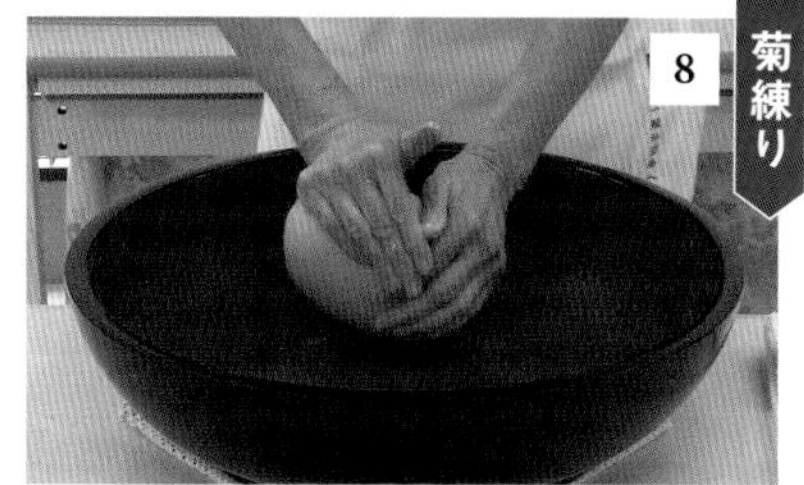

8 そば玉を手のひらで抱え込みながら中心に折り込む。

くくり

9 手のひらで包み込むようにして空気を抜いていく。

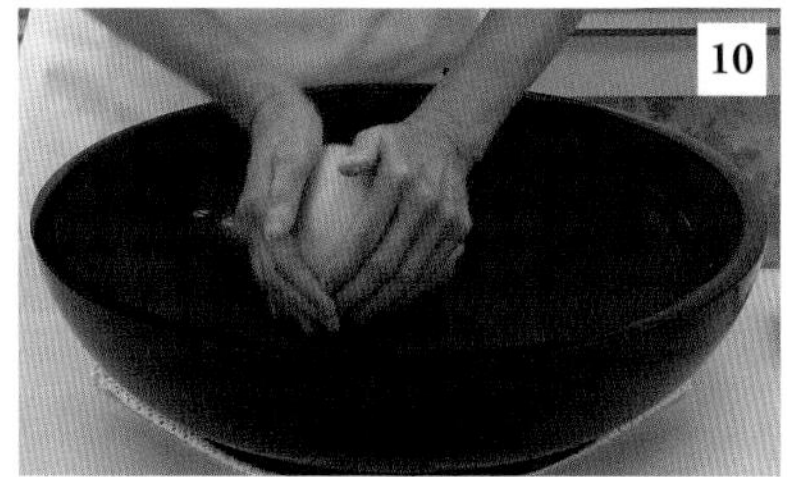

10 木鉢の曲面を利用して転がし、円錐形を作る。

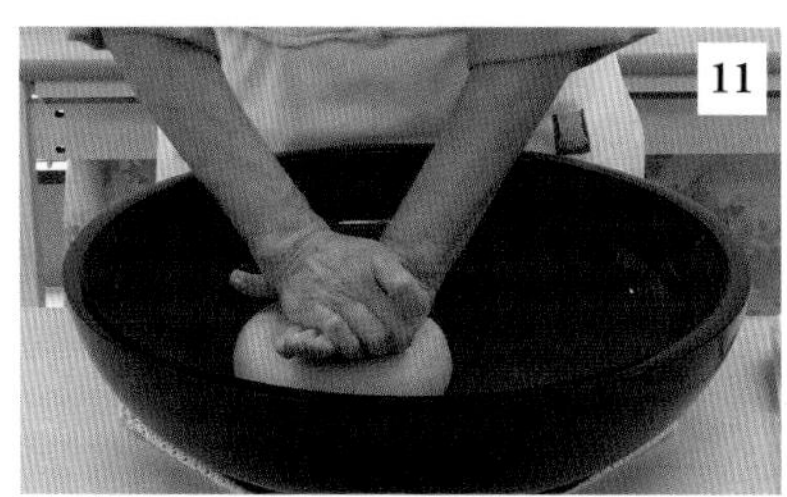

11 手のひらで上から押さえ、上部を平らにならす。

延し

地延し

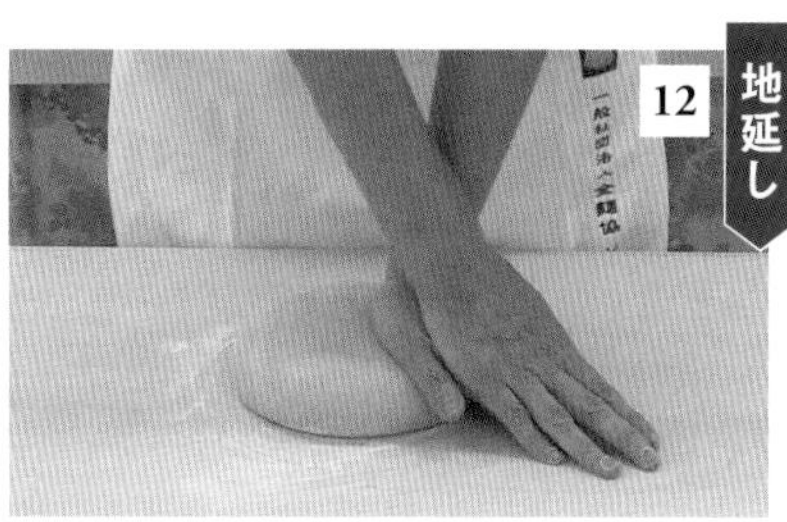

12 肘を伸ばして体重をかけながら手のひらでそば玉を押し込む。

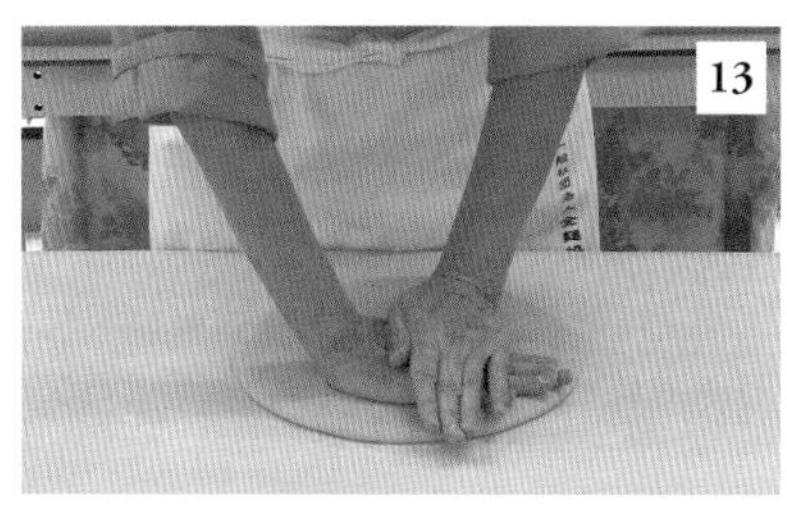

13 引き続き同様に手のひらで押し込んでいく。

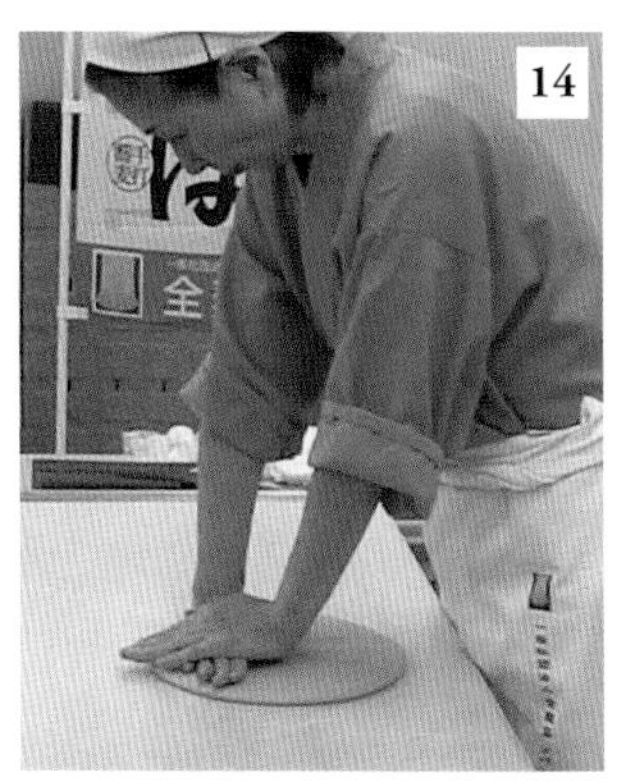

14 厚さは約1・5cm、直径は25〜27cmほどが目安。

丸出し

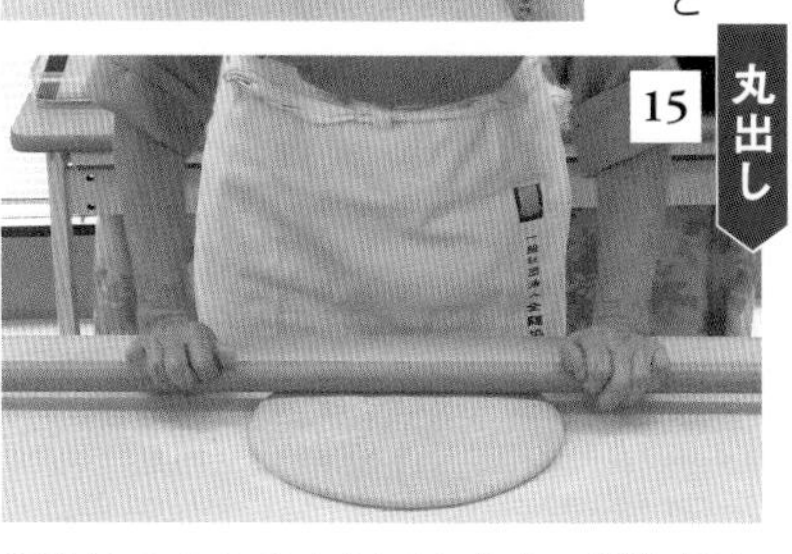

15 麺生地の中央の少し下から上へ延し棒を転がしながら延す。

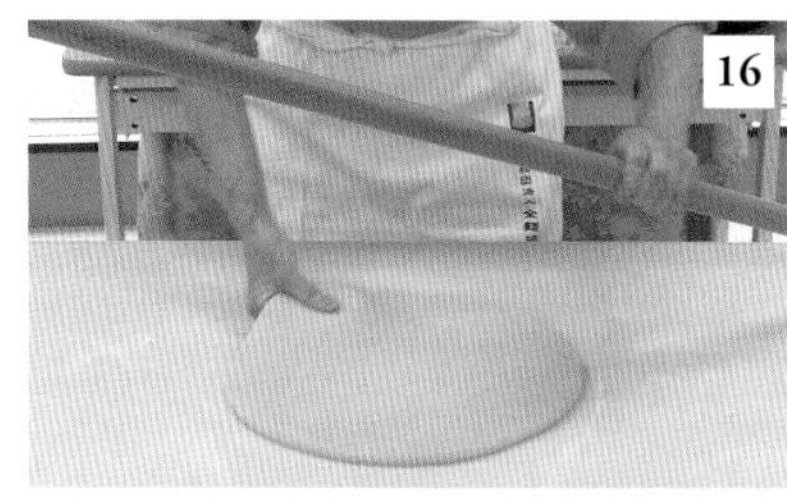

16 麺生地の角度を少しずつ(約30度)ずらして12回で1周するように円形に延す。

17 円形の麺生地の直径は45cmほど、厚さは均一にして0.5cmほどが目安。

四つ出し

18 麺生地に打ち粉を振り、巻き棒にかぶせる。

引き戻して、麺生地を端から巻き棒にゆるまないようにきっちりと巻き込む。

手のひらで軽く押さえて転がして手前に引き戻す。4～5回ほどくり返す。

巻き棒の向きを180度変える。

麺生地を広げて手前から巻き込み、数回転がす。

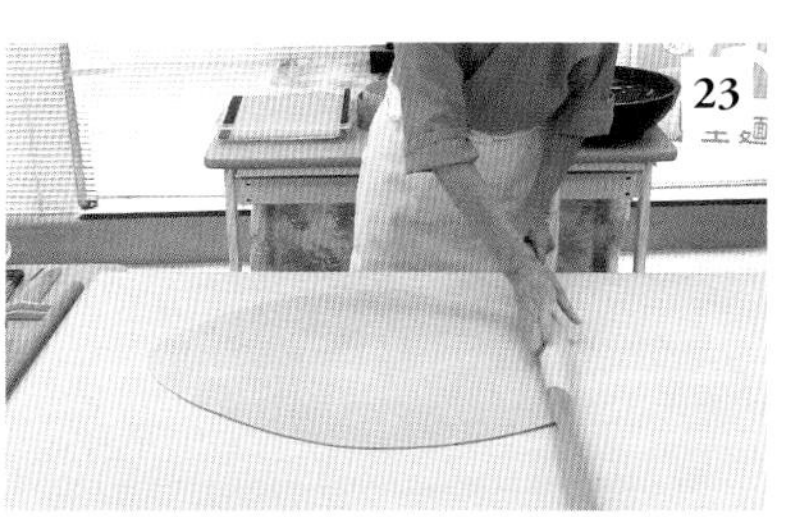

麺生地の向きを90度変えて広げる。アーモンドの形になる。

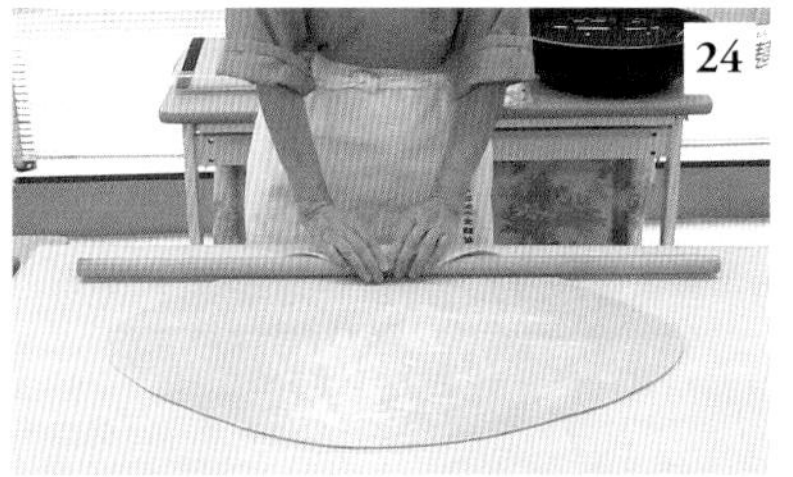

麺生地の端から巻き込み、数回転がす。

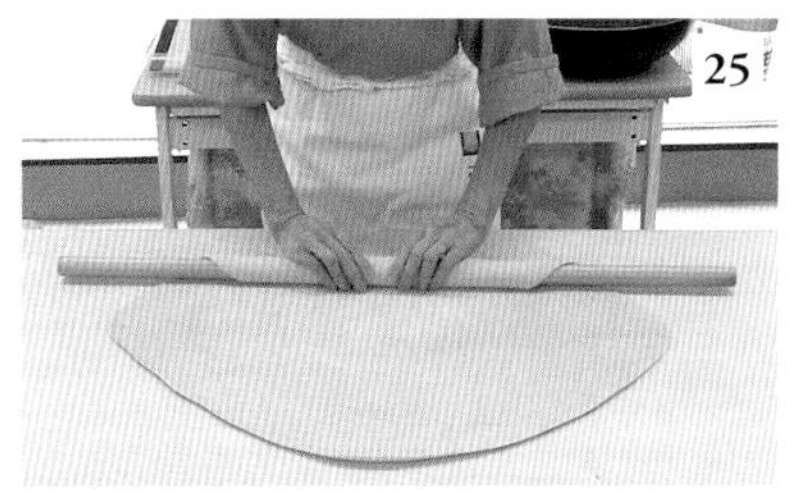

4方向すべて転がす。いずれも手を添える程度の力とする。

麺生地が四角形になっているか、厚さの違いを確認する。

肉分け

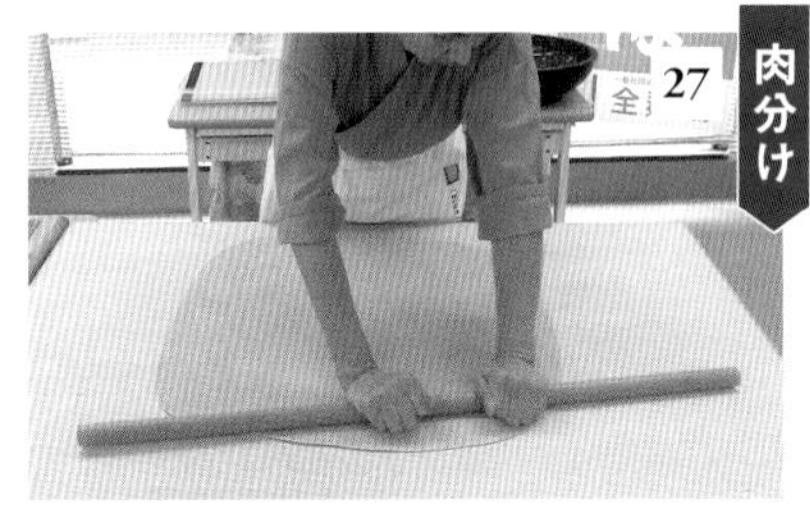

厚みの違いを見極め、均等な厚さにしながら麺生地を整えていく。

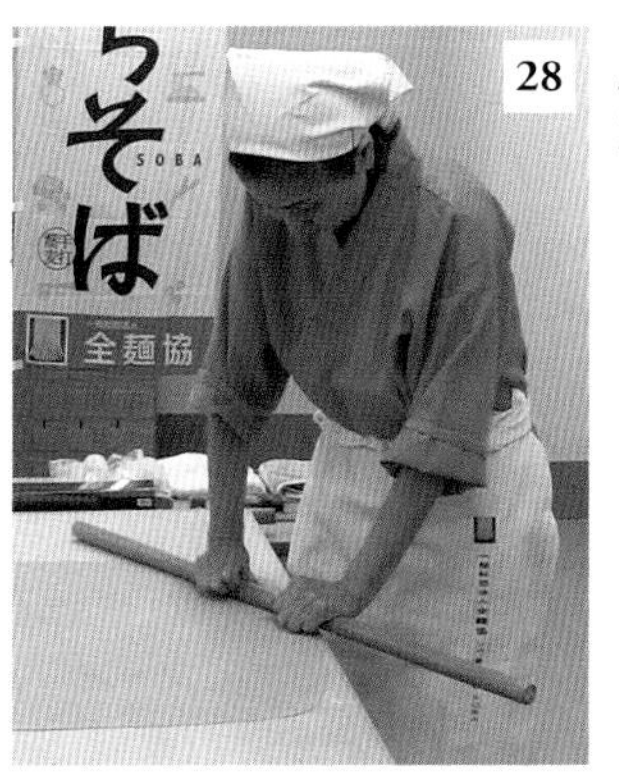

左右、下側の厚さを均等にし、麺生地を修正する。

修正し終わった麺生地は巻き棒に巻き、引き寄せて上側の肉分けをする。

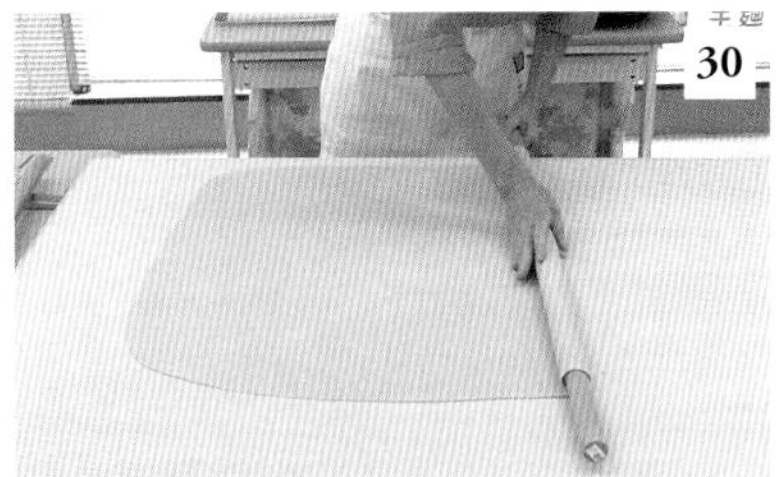

麺生地の向きを90度変える。

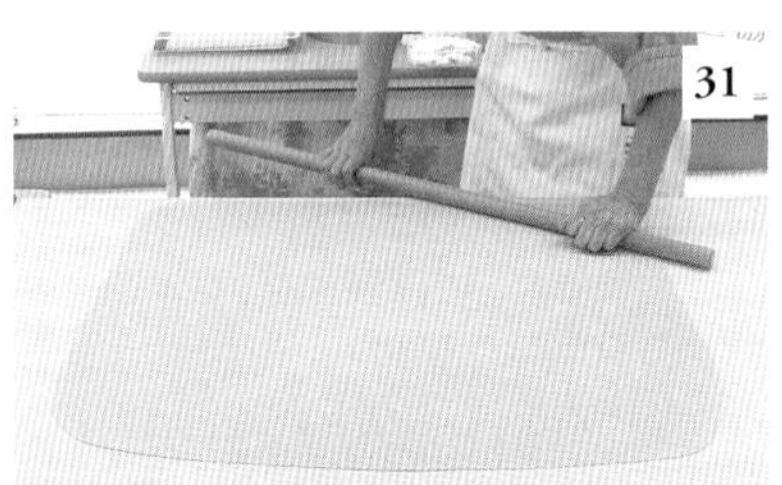

麺生地の厚さが均等か、幅が70～75㎝ほどになっているか確認する。

本延し

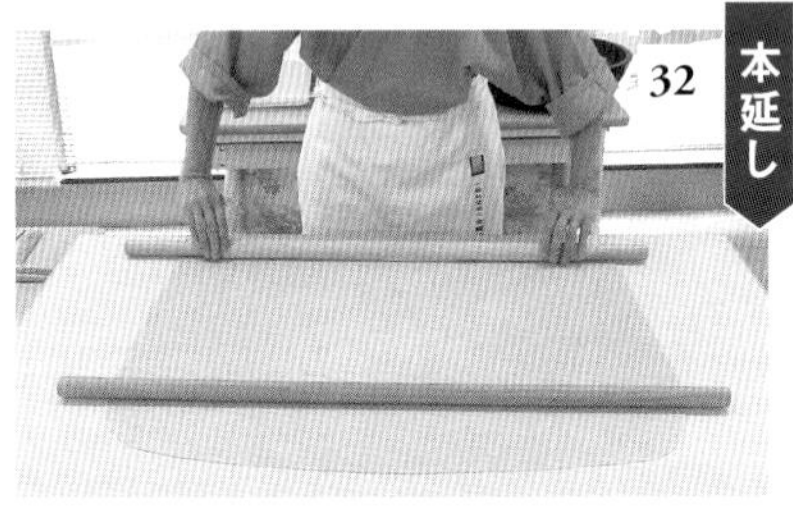

麺生地の手前を半分ほど巻き取り、延す部分が目の下にくるようにして延し棒で延す。

麺生地の上半分を1.5㎜ほどの厚さに延していく。

たたみ

麺生地の目の下の部分を延すため、2回に分けて延す。

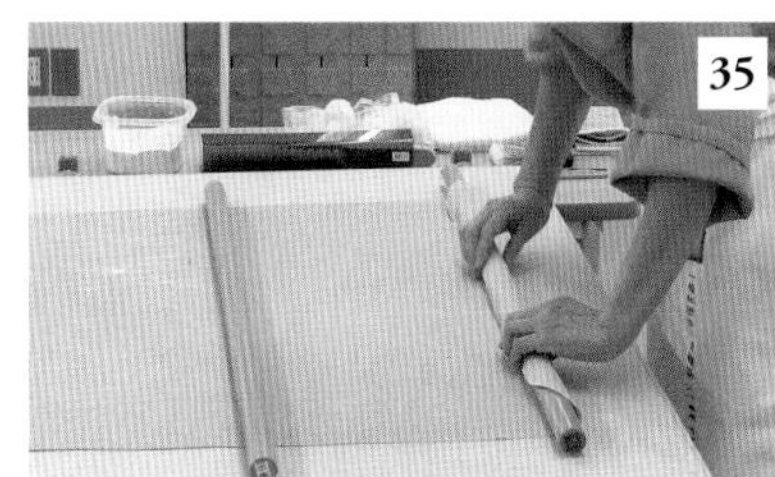

向きを180度変え、延し終わった麺生地は巻き棒に巻き取る。

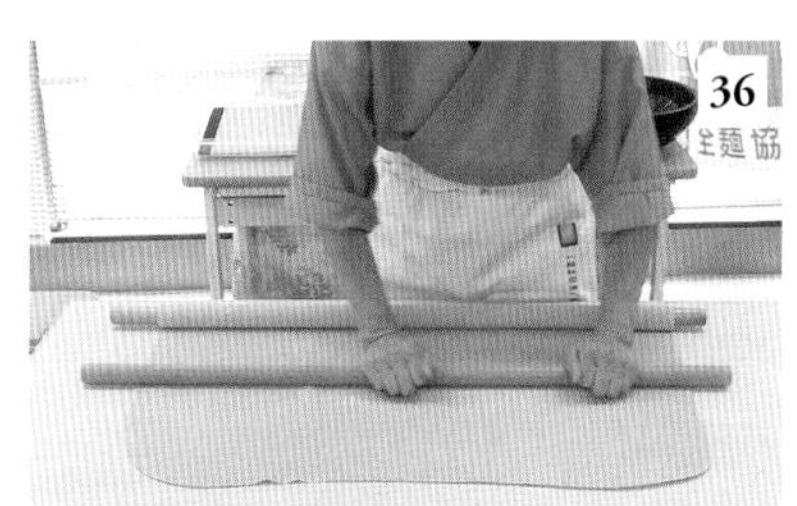

麺生地の残り半分も同様に延していく。

巻き取った麺生地を半分広げる。

広げた麺生地に打ち粉をまんべんなく振る。

巻き込んである麺生地を重ね、その上に打ち粉を振る。

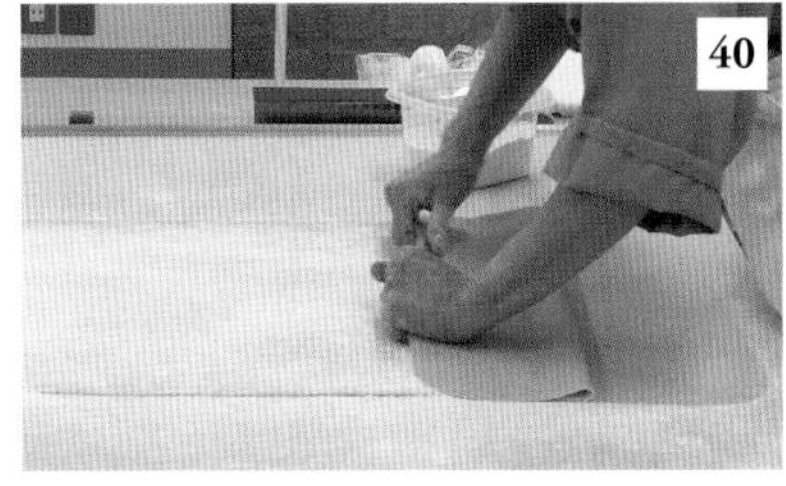

さらに下側を持ち、上に引きずるようにして麺生地を重ねる。

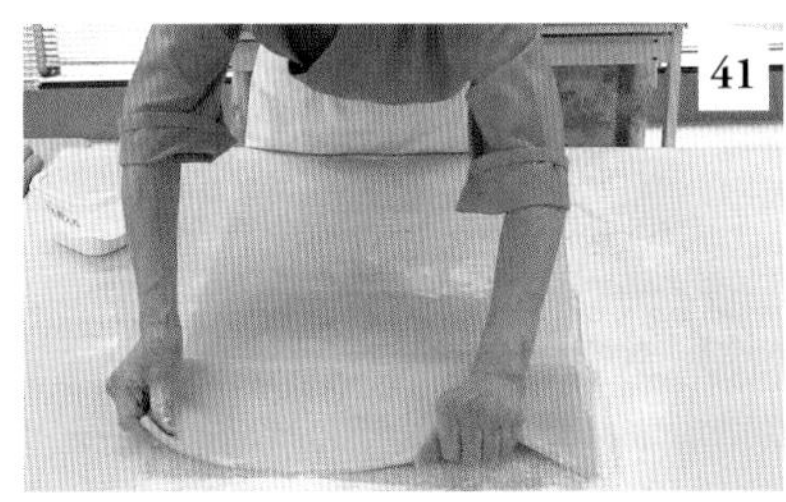

打ち粉を振り、下から上へ重ねる。8枚たたみにする。

切り

切り板に打ち粉を敷いて麺生地を置き、打ち粉を振ってこま板をのせる。

一定の切り幅で切り進め、30本ほどで1束にする。

包丁を下に入れてこまを開き、切り口に打ち粉がつくようにする。

1束を持ち上げ、余分な打ち粉はていねいに払う。

最後まで一定のリズムで切り進め、後半の2束は慎重に切り進める。

仕上がり。

1000g 二八そば

試技者 掛札久美子

木鉢

用意した水の75％を「の」の字を書くように全体に回しかける。

水に指が直接触れないように粉を指先で少しずつかぶせ、両手の指先を使って混ぜ合わせる。

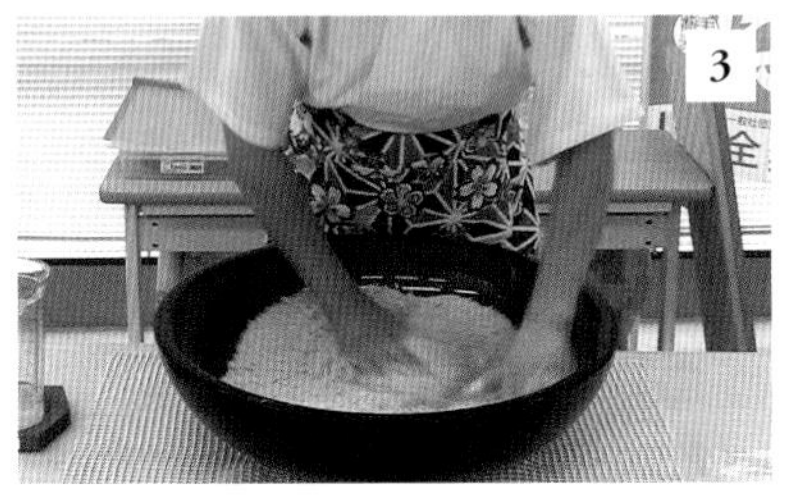

指先で木鉢の底をなでるように手前中央から左斜め上へ動かし、鉢の外周に沿って円を描くように手を動かす。

両手でしっかりと粉をすくい、上下の粉を入れ替える（あおり、天地返し）。膝と腰を使ってリズミカルに行う。

水回しでは、粉全体に水分がまんべんなく行きわたるように水を3回に分けて入れる。木鉢の作業は、腕先だけでなく体全体を使ってリズミカルに動かす。粉全体に水が含まれてくると、白っぽい粉の色が消えて自然にまとまり小さな団子状の塊ができる。水が均一に含まれていれば同じような大きさに揃ってくる。練りの作業も体全体を使ってしっかりと練り込み、艶のあるそば玉に仕上げる。

延しの作業には「地延し」、「丸出し」、「四つ出し」、「本延し」の四つの工程がある。この四つの作業は密接に関係しているので、各工程を正確に行うことが次の工程を行いやすくし、均質できれいなそばに仕上がることにつながる。

地延しの作業は、縁をつぶさないように一定の力でくり返し行う。表面を平らに整え、直径45㎝ほどの円形に仕上げる。丸出しの作業は、生地の中心部から上側に延していく。上側の縁の部分は残り2㎝ほどのところで力を抜き、つぶさないように注意して行う。この作業をくり返して60～65㎝ほどの大きさにする。四つ出しの作業は、手のひらにはあまり力をかけず、生地をやさしく包み込むようにして力を均等に加えながら麺棒を回転させる。本延しの作業は、しっかりと肉分けを行い、幅出しをする（84～88㎝ほど）。麺生地の厚みをよく見て、力を入れすぎずに均一の厚さに延していく。一度薄くした生地は元に戻せないので注意したい。

切りの作業は、麺を切ったら包丁を傾けてこま板をずらす。こま板の角度がぶれないようにリズミカルにすると、切り幅の揃ったきれいなそばができる。切り幅を延した厚さと同じにすると、麺線の断面が正方形となり理想的な形になる。切り終えたそばについた打ち粉は、食感、喉ごしを悪くする原因になり、また茹でた際に湯の中に溶け出して茹での邪魔をするように働くので、きれいに振り落とす。

生舟に並べる時は、舟の手前から先に向けてねじれないようにまっすぐに揃え、整然とした形に見えるようにする。

粉をかき混ぜる作業とあおりをくり返すことで、全体に均一に水が回りパン粉状になる。

粉を平らにし、残りの水の半量を全体に回しかける。指先で粉を少しずつ水にかぶせ、両手の指先を使って混ぜ合わせる。

途中、両手でしっかりと粉をすくい、あおりを入れて上下を入れ替える。

粉全体に水が含まれてくると白っぽい粉の色が消え、自然にまとまって小豆粒くらいの塊ができる。

塊の状態を見て、必要に応じて最後の調整の水を加える。

指を立てて開き、指十本を使って塊を転がすことにより、さらに大きな塊になっていく。

水が全体にまんべんなく回ったら、水回しの完了。

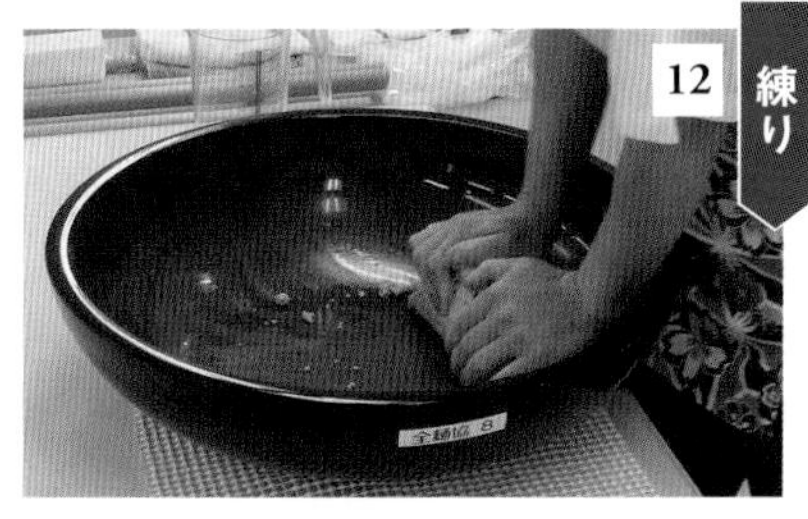

大きくなった塊を木鉢の手前に集め、一気にまとめる。木鉢に残っている生地もていねいにまとめる。

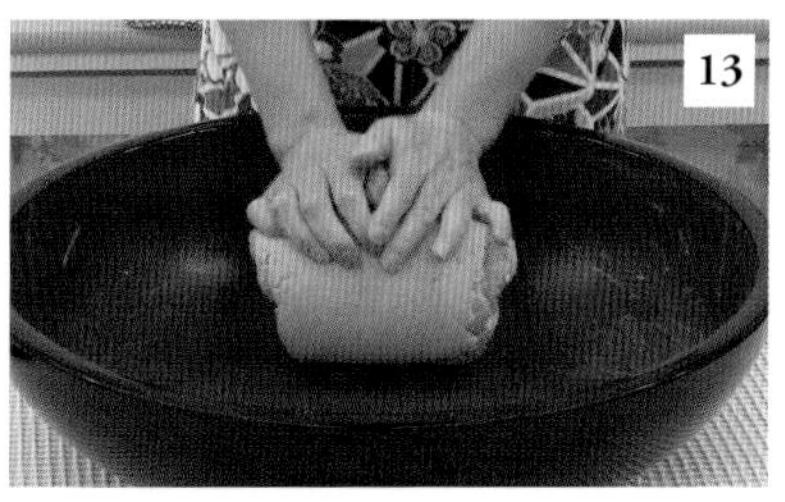

この時点ではまだ粉に水が十分に浸透していないので、はじめに粗練りをする。

両手で前方に押しつけるように練り込んでいく。腕だけでなくしっかりと体重をかけ、艶が出るまで練り込む。

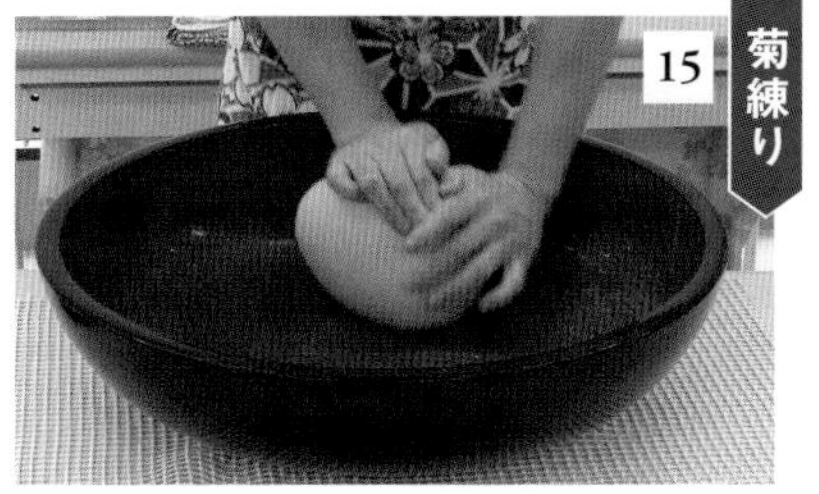

塊を左手で起こしながら、右手のひらで中央部に押し込む。少しずつ回しながらくり返す。

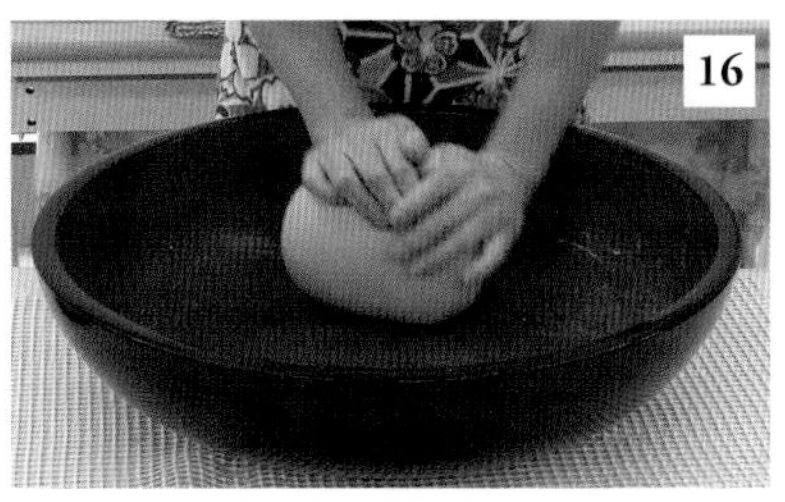

麺生地の肌がしっとりとなめらかに艶が出るまで行い、次第に折り込む幅や力を小さくしていく。

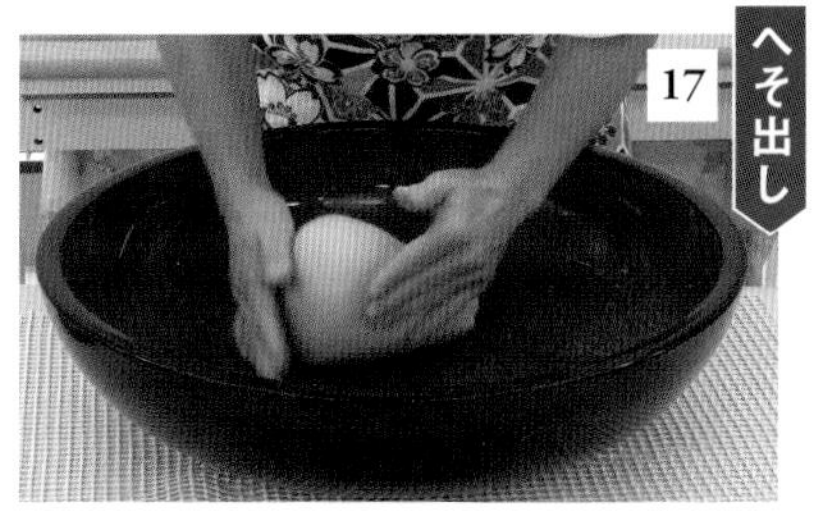

花模様を手前に両手で絞り込み、横向きに置き換えて両手で包み込むように転がし、絞り込んだ口を閉じて円錐形にする。

木鉢の中央に平らなほうを下にして置く。手のひらで上から少しずつ押し、均一な厚みの円盤状になるように整える。

延し

地延し

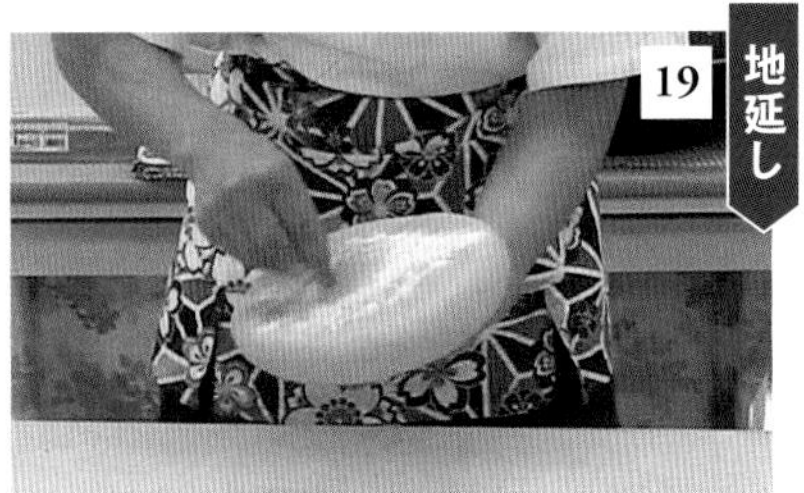

そば玉に直接打ち粉を振り、その面を下にして延し台の中央手前に置く。そば玉の上にも打ち粉を軽く振る。

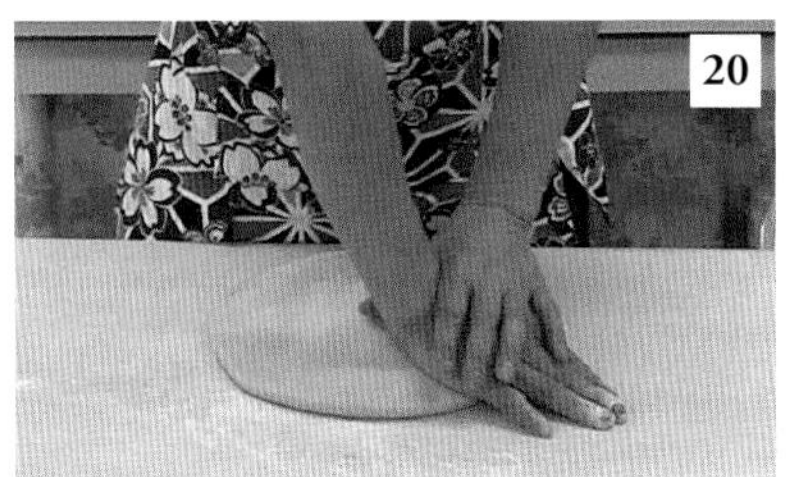

両手を重ねて肘を伸ばし、縁をつぶさないように一定の力で反時計回りに押して延す。

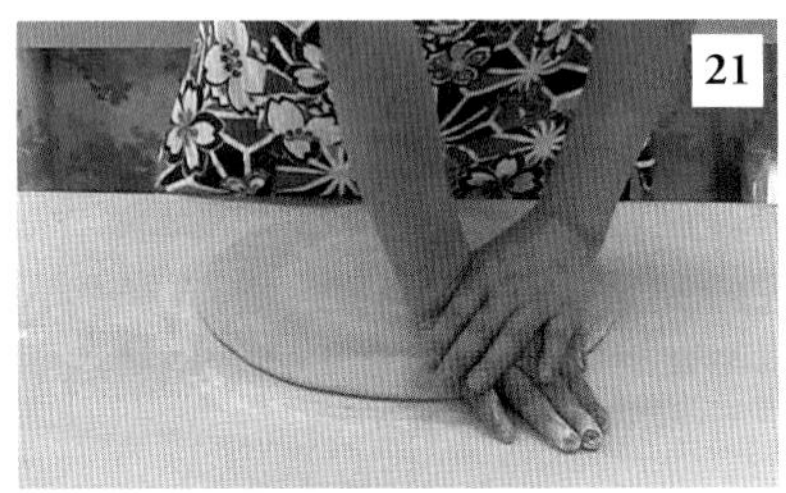

回しながら外側を均等の厚さに延し、中央も平らにし、直径45cmほどにする。

丸出し

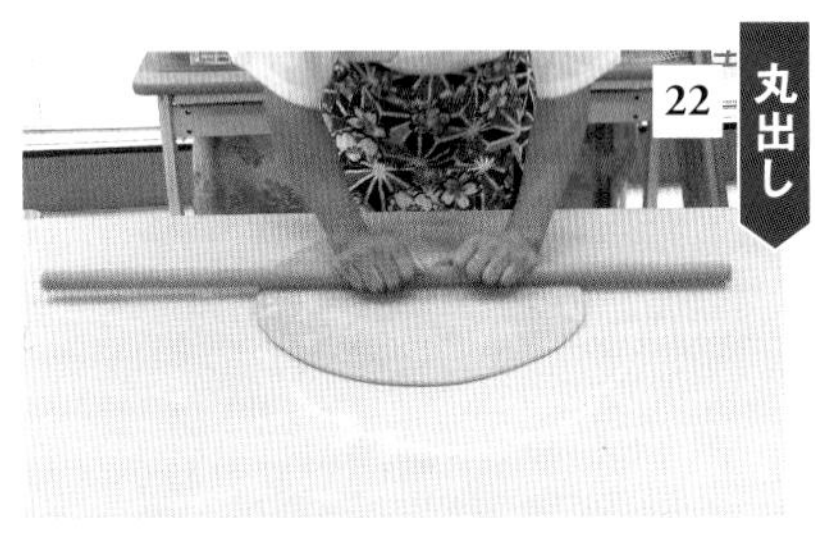

麺生地に軽く打ち粉を振り、中心部から上のほうを延し棒で延していく。

上側の縁の部分は残り2cmほどのところで力を抜き、上側2cmの部分をつぶさないように注意する。

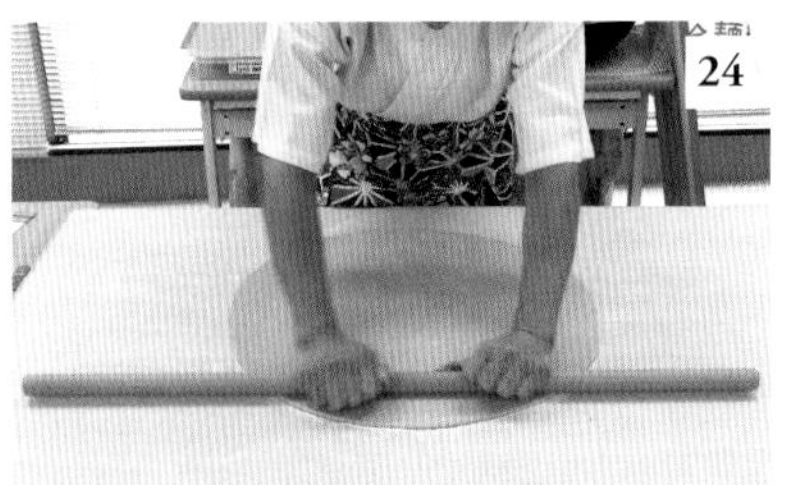

麺棒を12時の方向に1〜3回ほど転がし、麺生地を反時計回りに30度回していき、円形の大きさを60〜65cmとする。

四つ出し

1回目は、麺生地全体に打ち粉を少し振り、麺生地を巻き棒に20cmほどかぶせてからゆるまないように巻き付ける。

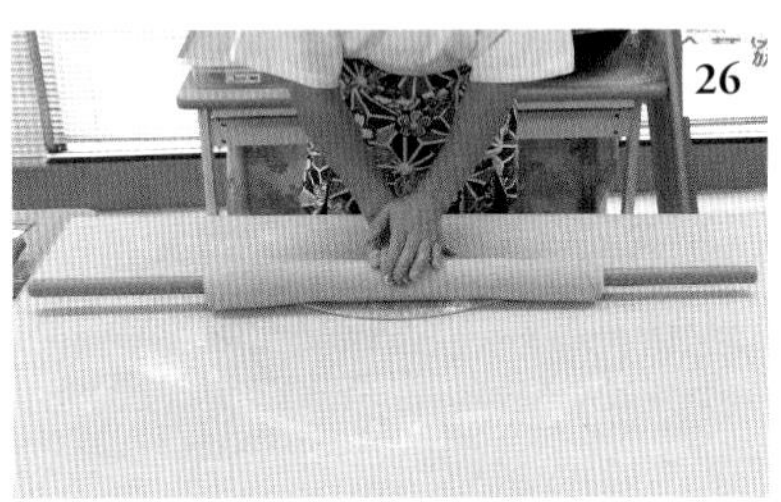

麺生地の中央部分に手を置いて巻き棒を転がし、次第に手を左右に移動させる。麺生地を包み込むように回転させる。

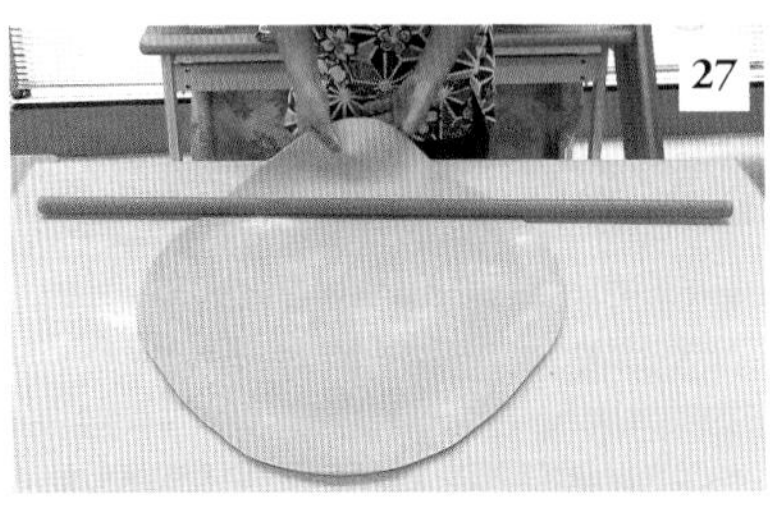

2回目は、麺生地の反対側を巻き取って1回目と同じ要領で転がし、90度回転させて広げる。

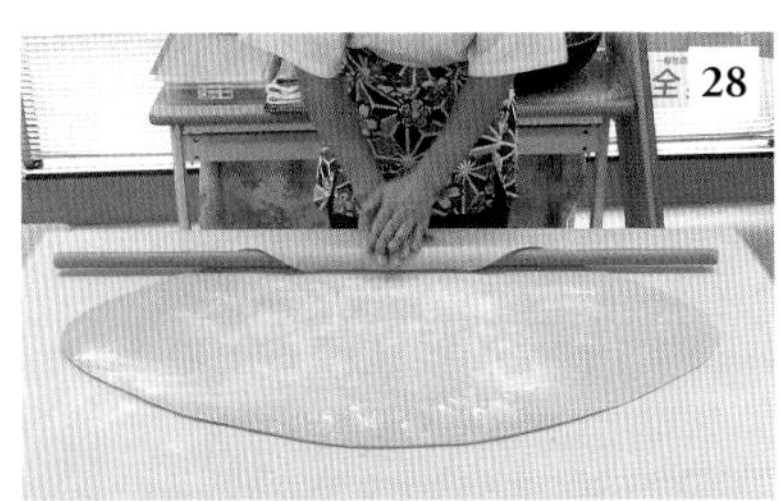

3回目は、麺生地の幅の狭いほうを1、2回目と同様の要領で前後に延していく。

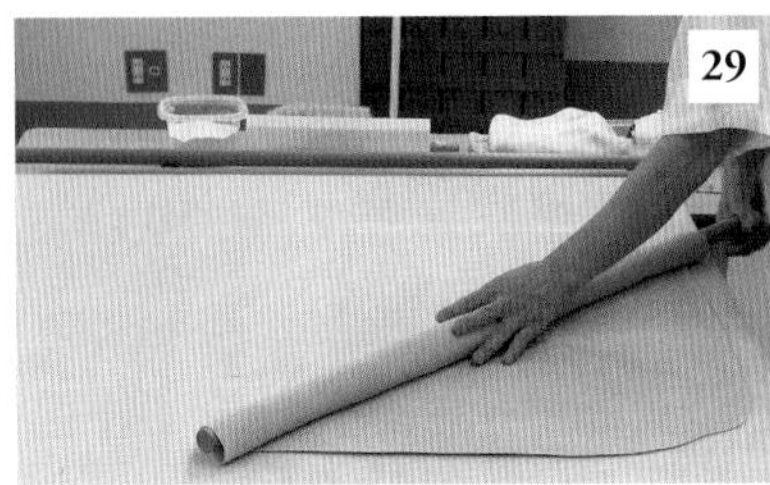

4回目は、全体の角の出方を見ながら2回目と同様に転がし、巻き棒を延し台の左下部に置いて右上に広げる。

肉分け

左右の厚い部分を内側の薄い部分の厚さにできるだけ揃える。この際、麺生地を縦方向にまっすぐにすることを意識する。

下側の厚みを整えたら麺生地を巻き棒に巻き取り、上側の厚みを整える。

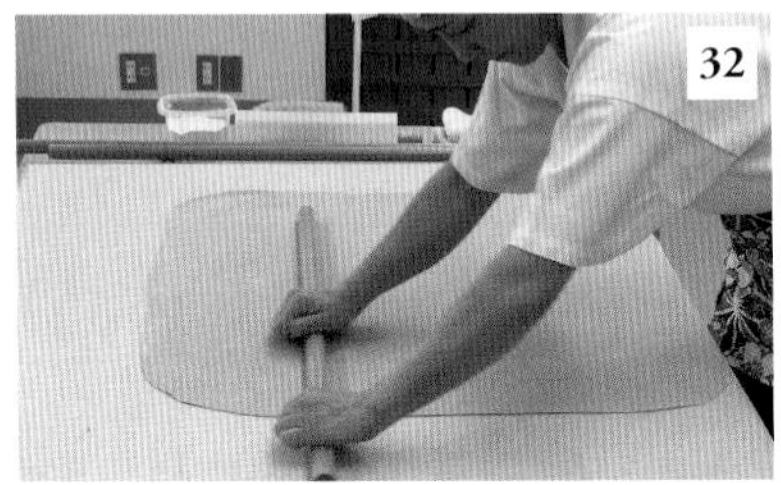

麺生地を90度横にして開く。左右の肉分けをして全体の厚みのバランスを整える。

本延し

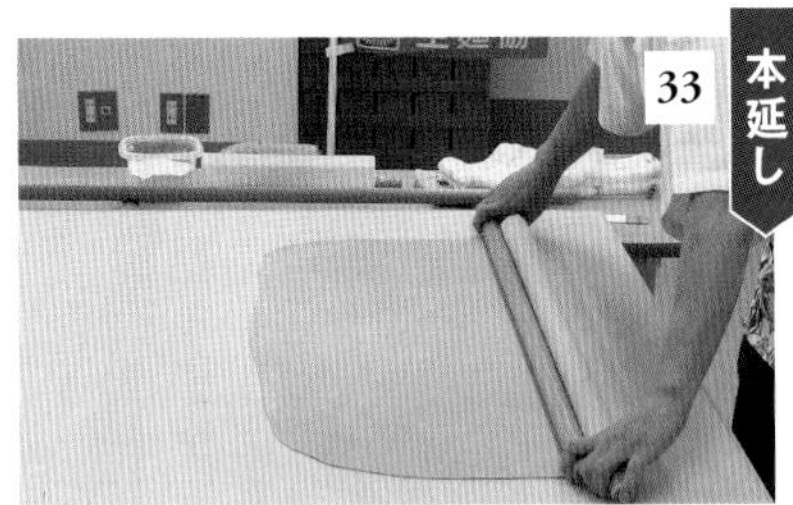

半分ほどを巻き棒に巻き取り、残りの部分を1.5〜2mmの厚さになるように延し棒で延す。

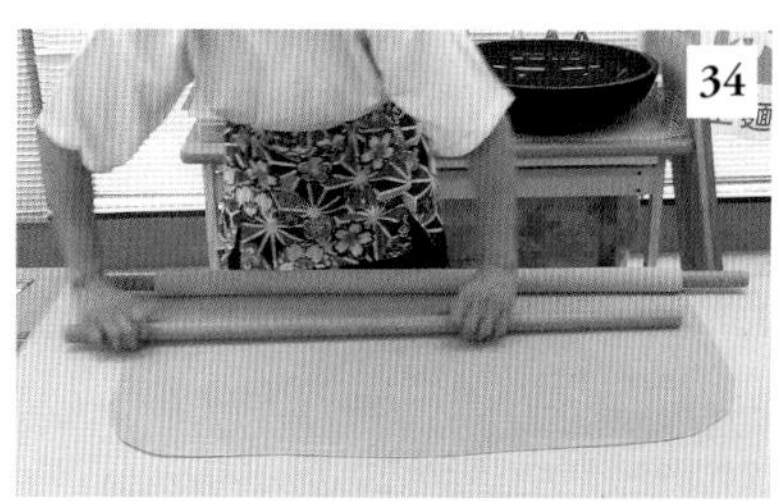

横に移動しながら均一に延し、延し終わった部分を巻き棒に取って同様の作業をくり返す。

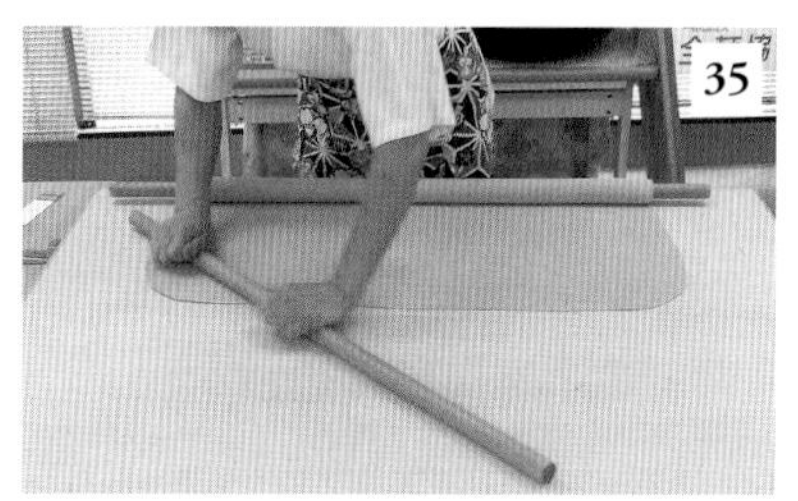

先まで済んだら、上側の厚みをていねいに整える。

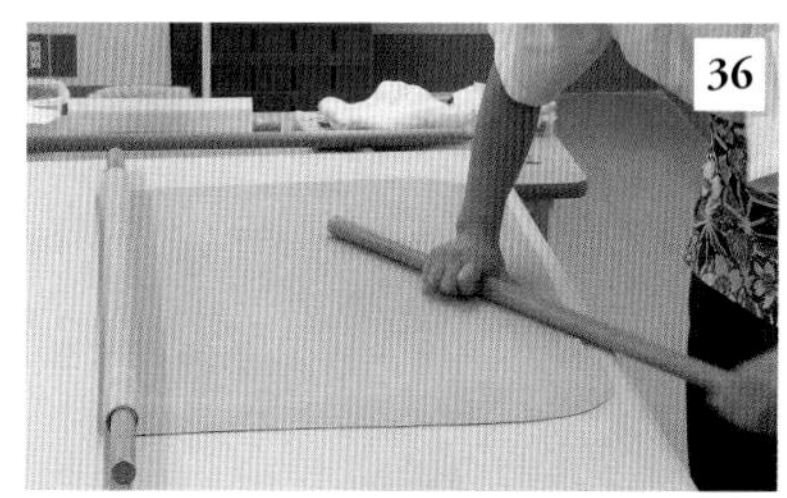

巻き棒の向きを180度回転させて麺生地を広げ、下側を整える。

麺生地の厚みを確認し、延しムラがあった場合はその部分を延す。延しが済んでいない部分を延す作業をくり返す。

仕上げに、麺生地全体に延し棒でローラーをかけるようにして厚さを整える。

上側に厚みが残っていればていねいに厚みを整える。

たたみ

左側から半分より少し広い範囲を延し台と平行に広げ、打ち粉を麺生地全体に適量振る。

巻き付いている残りの麺生地を巻き棒からほどきながら移動させ、左端が合わさるように重ねる（2枚重ね）。

麺生地の上半分に打ち粉を適量振り、手前から前方に滑らせるように麺生地を移動して端を合わせて重ねる（4枚重ね）。

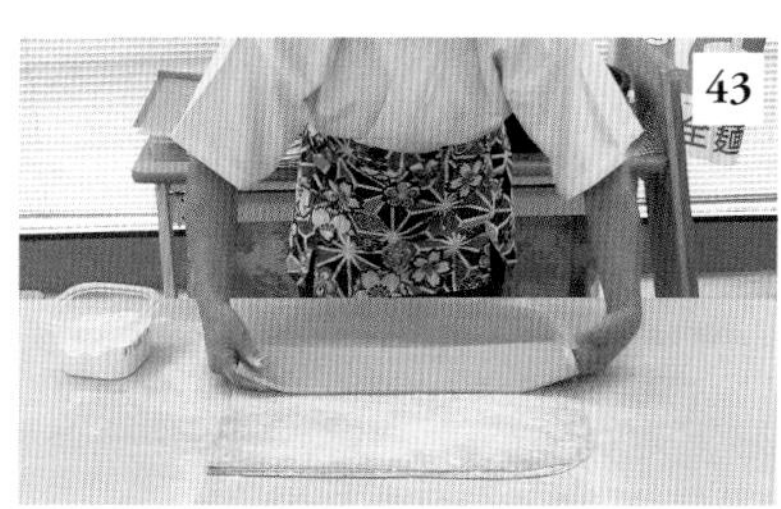

上半分に打ち粉を振り、手前から前方に麺生地を移動し、下側の麺生地より若干手前にずらして重ねる（8枚重ね）。

切り

切り板の上に打ち粉を適量振り、その上にたたんだ麺生地を滑らせてのせ、麺生地の上にも打ち粉を適量振る。

麺生地の上にこま板を麺生地と平行にのせ、こま板の枕から5cmほど離れた位置をこま板が動かないように押さえる。

切ったそばの手前の端をつかみ、反対側部分の打ち粉をていねいに振り落とす。

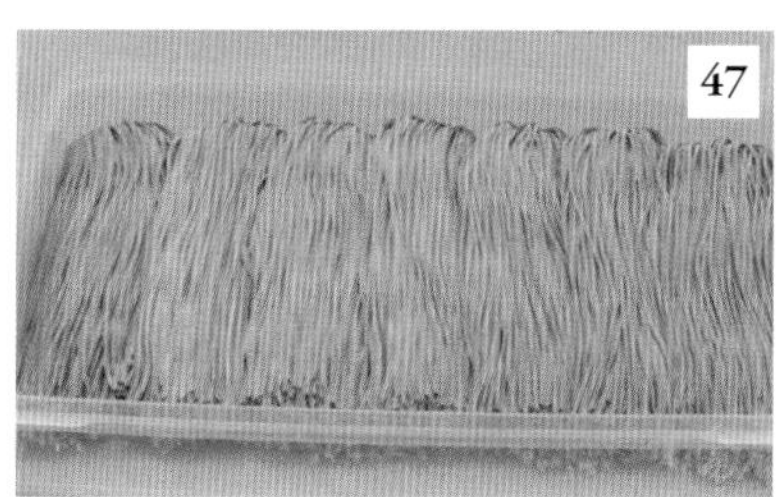

生舟の手前から先に向けてねじれないように、まっすぐに揃えて並べる。仕上がり。

木鉢

1500g 二八そば

試技者 井（いい） 敏朗

物心ついた時からのそば好きが高じて四十の手習いとして、平成15年（2003）に「越前そば道場」（福井市）の故中山重成先生に師事した。先生には「そば道」は、人生を豊かにして人間として成長すること、合理的な打ち方をして食べものとしておいしいそばを打つこと、能を舞うような美しい所作でそば打ちをすること、を教えていただいた。

先生の座右の銘は次の通りである。

「道を解さんと　精進を積みて
　自ら楽しむ　これ道楽なり
そばに道を求め　自然の理のもと
　こころの帰る」

私は先生の教えに感銘し、先生の教えを守り、素人そば打ちとして「そば道」を究めながら、艶やかに長くつながった角の立った凛としたそばが打てるように研鑽している。誰にでもわかりやすく、失敗しない打ち方を心がけ、個々のそば打ちの過程を基本に忠実に合理的にていねいに行っている。

この項では、1・5kgの二八そばの打ち方について述べるが、そばの容量が多くなるほど、すなわち1kgよりも1・5kgのほうが、より基本事項が大切だと思う。

たとえば、次のようなことを心がけたい。延し台や踏み台の高さを調節して体幹の力が能率的に活用できる姿勢をとること。1回目の加水は技量に応じてできるだけたくさんの水をそば粉に与えてよく散らし、2回目以降の水を適正に調整すること。そば玉が均質になるように十分な練りをすること。幅出しの大きさを想定して大きめの均質な丸出しにすること。本延し作業を簡潔にして、麺生地の乾燥を防ぐために均質で十分に大きい四つ出しにすること。本延し作業は麺生地の延す部分が目の真下にくるようにして圧を加えながら行い、麺生地を押したり引っ張ったりしないこと。麺棒はまっすぐに動かして麺生地にストレスを与えないこと。

私が実践している1・5kgの二八そばの打ち方を参考にしていただいたうえで、みなさまにはいろいろなお考えがあると思うので、体格や年齢やそば粉の性質に合ったそば打ちを追求していただきたい。

水回し

1

1回目の加水。中心部だけでなく全体にまんべんなく回しかける。

2

指先は直接水に触れず、外周部から粉をかぶせながら大きな手の動きで素早く粉に水を含ませる。

3

パン粉状になったことを確認し、2回目の加水。②の要領で作業する。

4

横方向、縦方向（天地返し）の併用で小粒状を目指す（大きな粒は上に、小さな粒は下に集まる）。

3回目の加水は鉢底に入れ（小さな粒は下に集まるので）、天地返し、手のひらで圧を加えることにより造粒を促進させる。

団粒化構造による造粒が理想。むやみに固めるのでなく、粉にストレスを与えない水回しをする。

練り

水回しが終了したら、木鉢の手前の粒を集めて一気に塊にまとめる。

腕力に頼ることなく、腕をまっすぐ伸ばして体（重）を使うことで、高齢者や非力な女性でもしっかり練り込める。

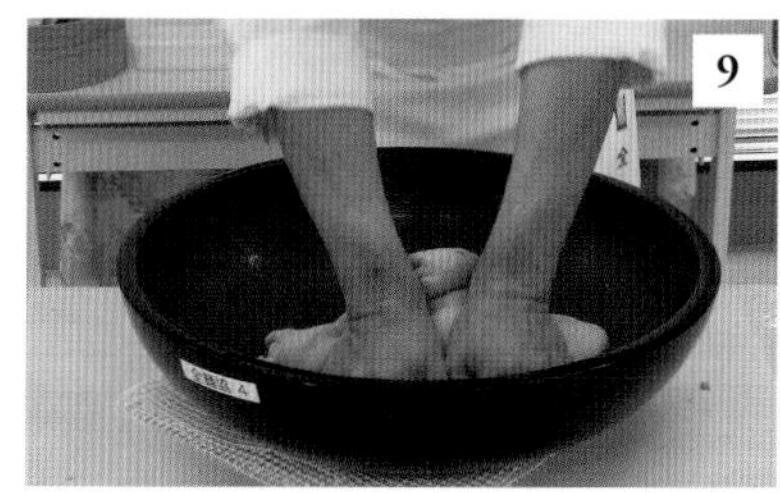

練り込みは押さえつけるのではなく、鉢の手前部分が反り上がるようにストロークを大きくし、しっかりと練りつける。

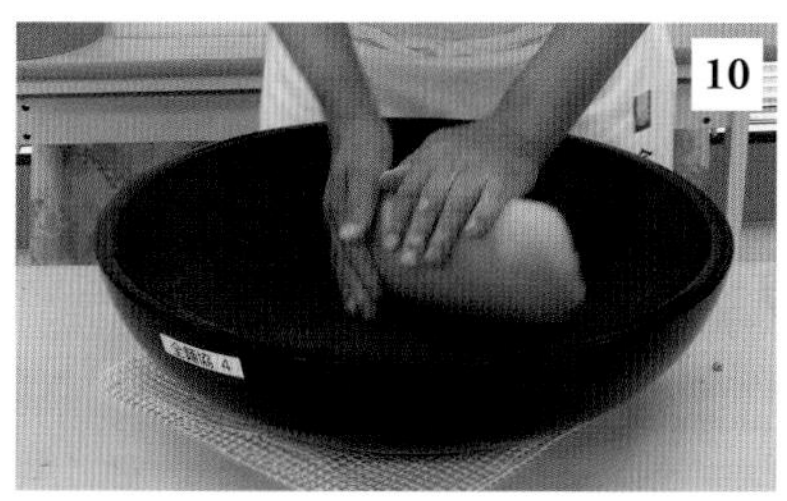

棒練り後の仕上げの練り。左右の手の動きを連動させたリズミカルな作業でしっかりと練り込む。

菊練り

生地の周囲を中心に押し込んで菊状のヒダを作る。

くくり

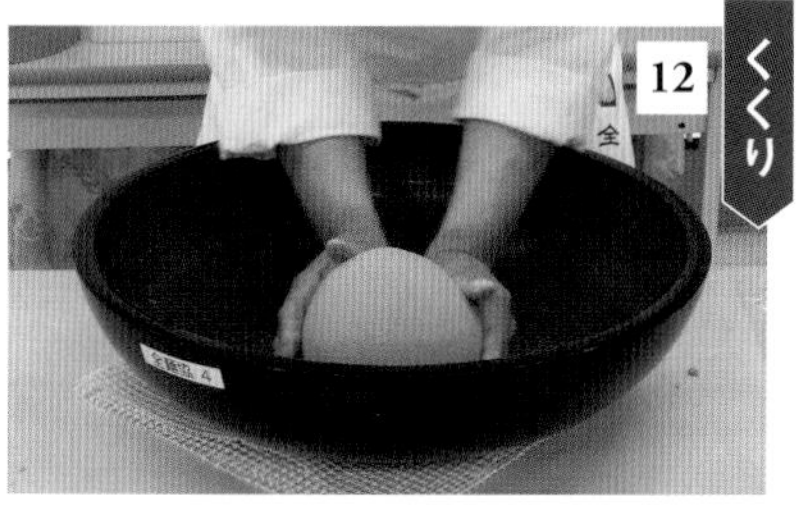

手を逆「ハ」の字に構えて、円柱状から円錐状に絞り込む。

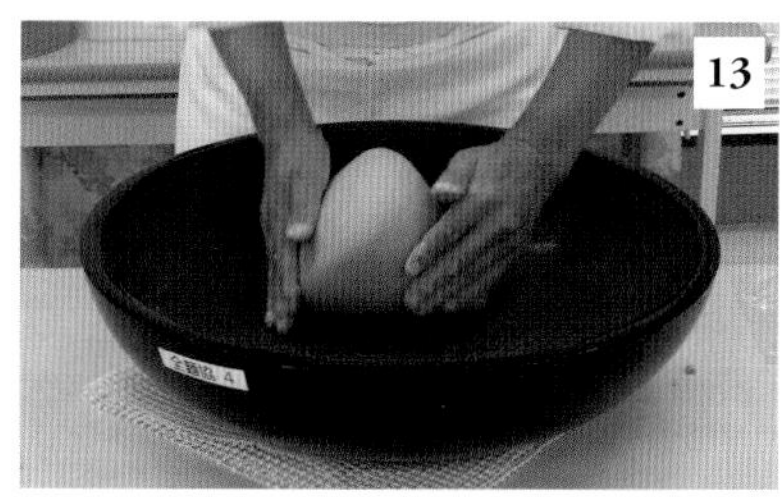

鉢の曲面を利用して表面に艶が出るようにくくる。

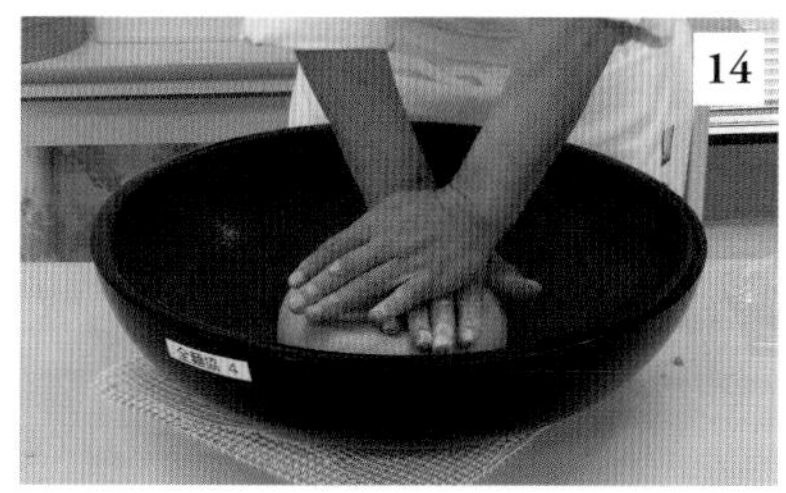

手のひらで押さえて鏡餅状に仕上げる。大きくしすぎると持ち上げる時に変形する危険があるので注意する。

延し

麺生地の上下に打ち粉を振り、作業開始。

地延し

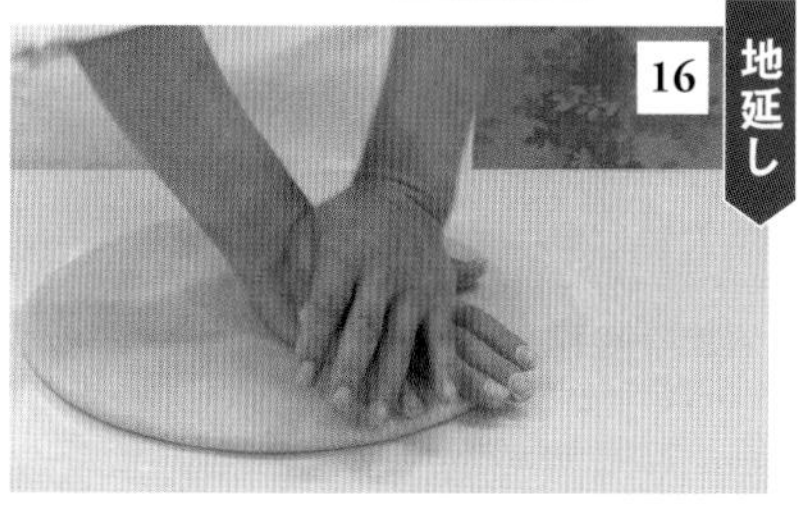

縁の厚さと形を整えながら、均一の力加減で延す。手を重ねることで力加減が安定する。

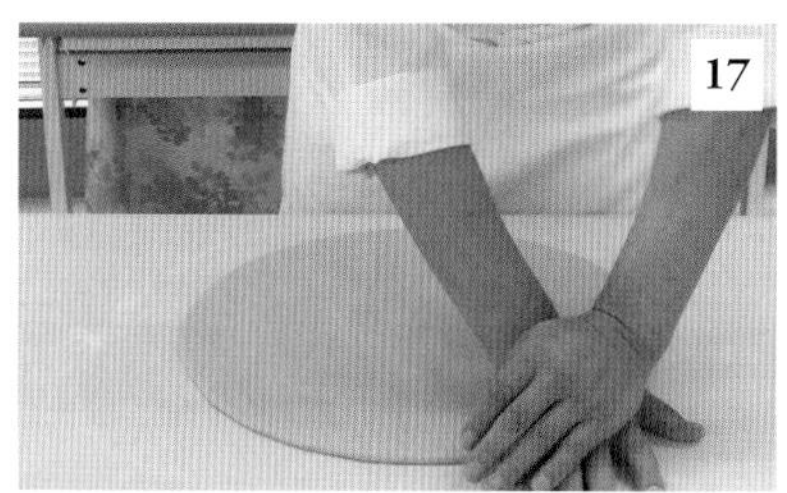

縁の厚さが同じで凸凹が少なく、中央部分が少し高いぐらいの40㎝前後の円形を目標とする。

丸出し

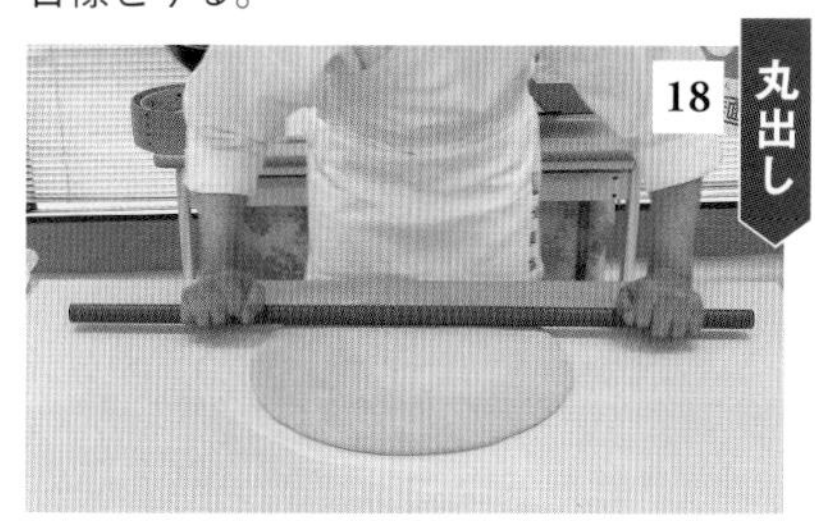

延しの作業は延し台の中央、麺棒の真ん中を使って行うとバランスがとりやすい。

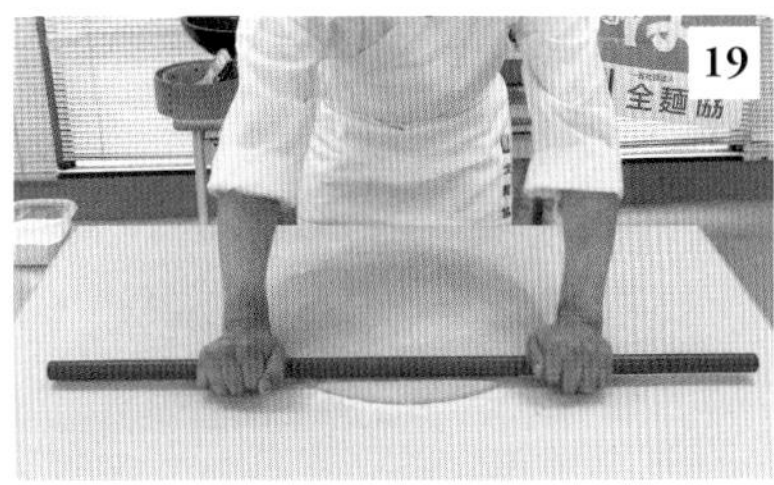

麺棒を上下に動かす範囲を大きくすると麺生地の全体に力が加わり、均一な厚さにしやすい。

麺生地を少しずつ回転させることで変形を防止し、60㎝前後の円形を目標とする。

厚さと形を確認する。厚い部分、変形があれば修正する。

四つ出し

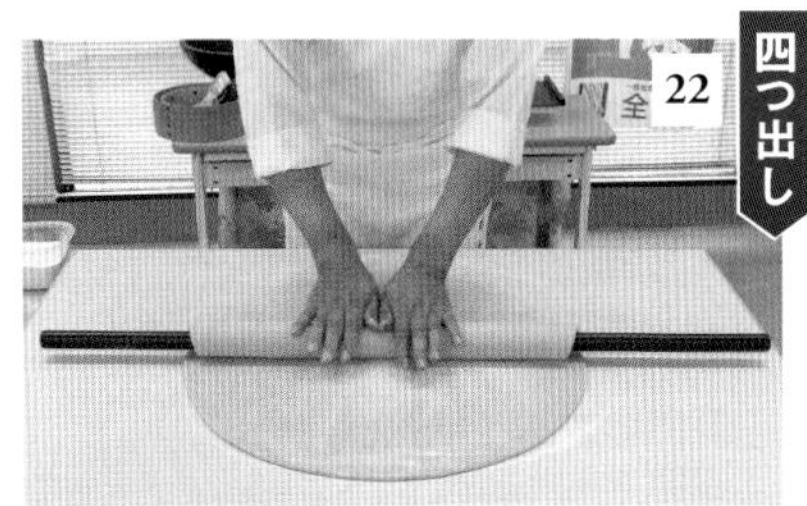

全体をまんべんなく押さえながら巻き棒を転がして延す。

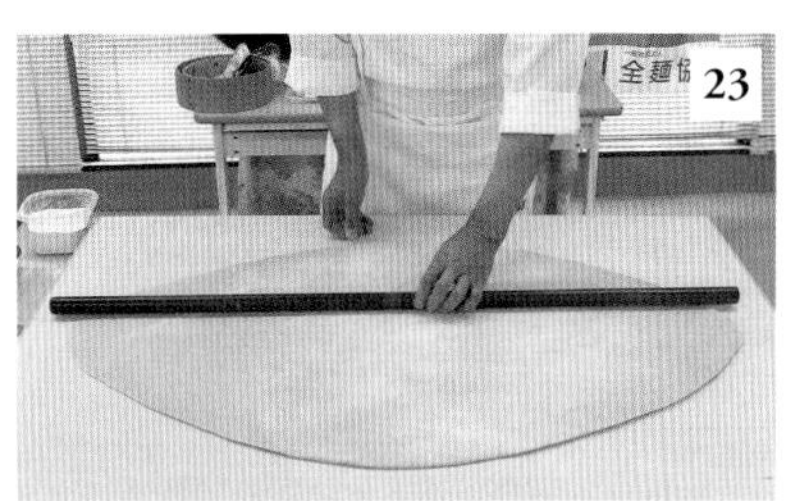

打ち粉は、麺生地を均等に、また変形しないように伸ばすため、中央部分を中心としながら全体に振る。

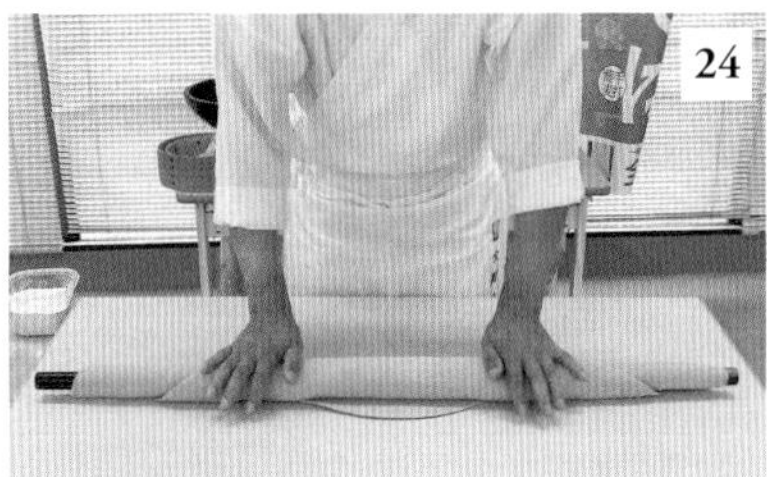

手の位置と力加減が四つ出しに与える影響を理解し、修正を加えながら作業する。

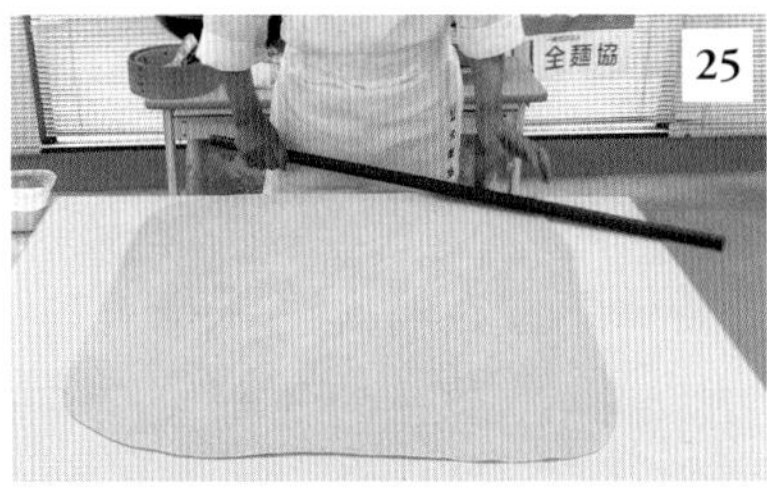

75㎝四方前後の大きな四つ出しにすることで各辺の厚さの差を小さくする。端と中心部が薄くならないように注意する。

肉分け

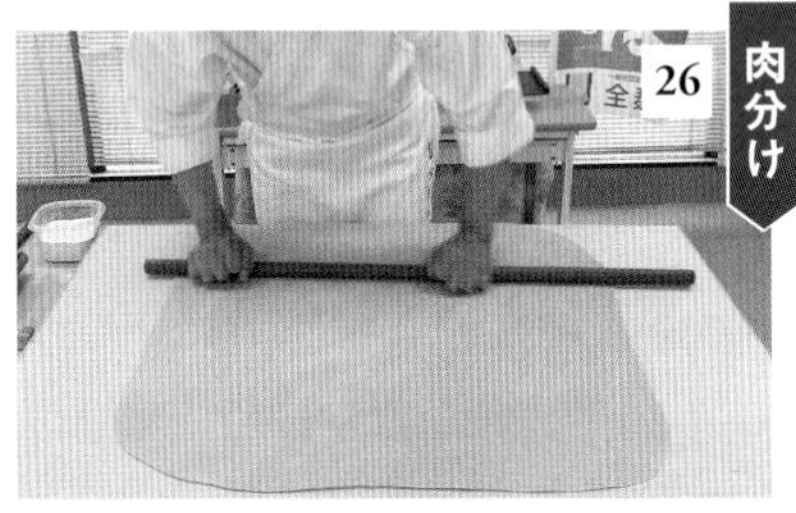

左右の辺の厚さを調整する。延し作業をする範囲を真上から見て、その範囲は20㎝四方とするのが基本。

幅出し

上下の辺の厚さを調整する。85㎝前後を目標に、幅出しの作業も同時に行う。

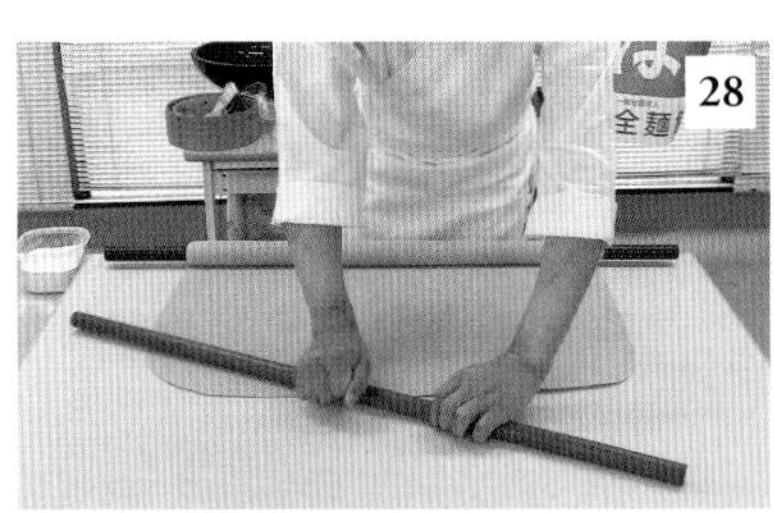

麺生地を180度回転させ、残りの1辺を仕上げる。

麺生地を90度回転させ、全体の肉分け・幅出しが完了。

粗延し

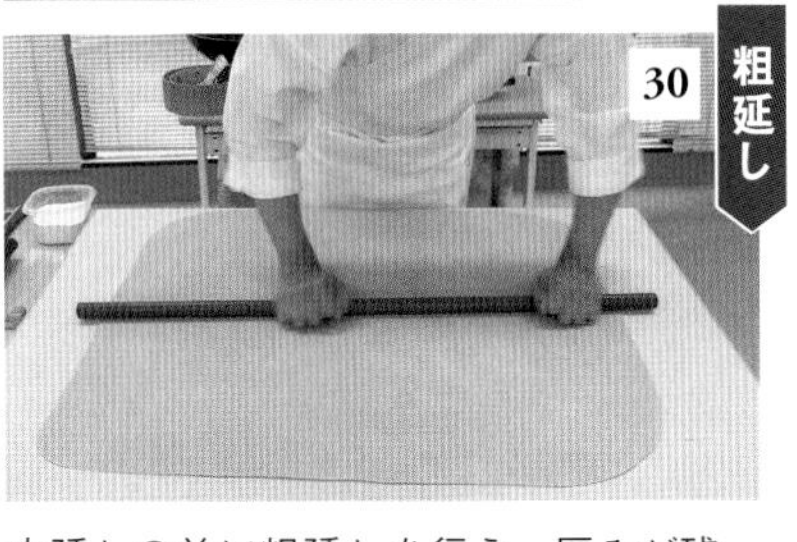

本延しの前に粗延しを行う。厚みが残っているうちの修正が延しの精度を高める。

本延し

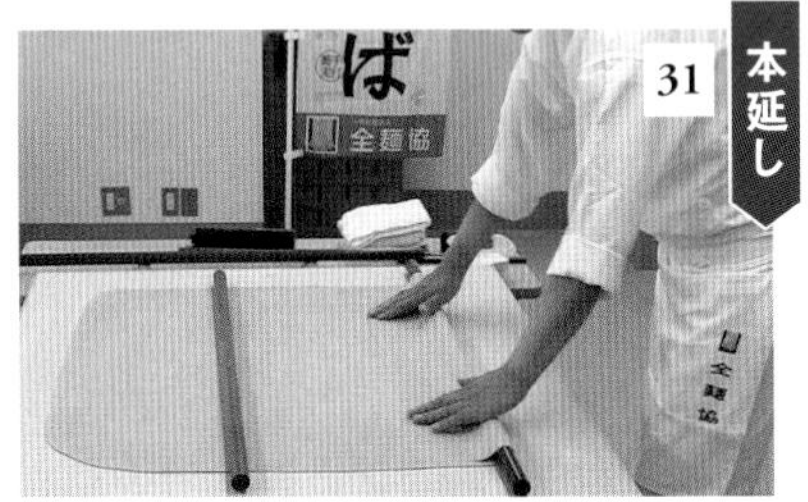

上端部の本延し作業。厚さ1.5〜2㎜に仕上げる。

麺生地を180度回転させて本延しをくり返す。目の下の位置で麺棒を転がし、圧を加えて延し上げる。

巻き棒で乾燥防止などの養生をしながら本延しを進める。

延しの厚さを確認する。手で触れて確認する。

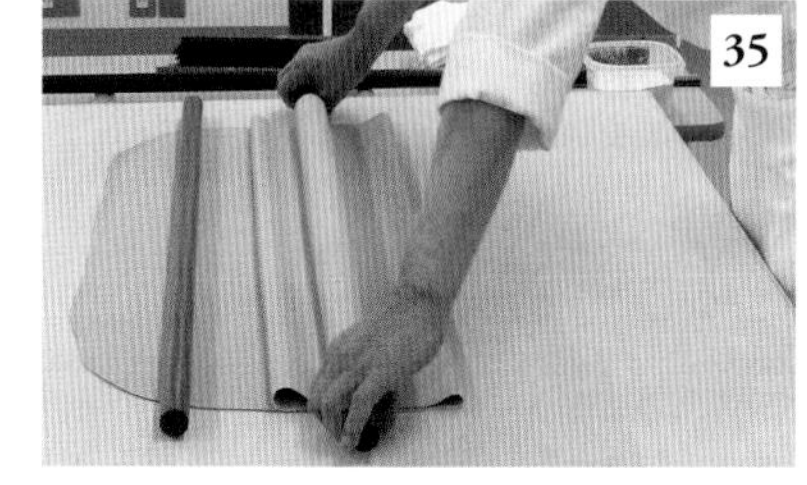

麺生地を巻き棒に巻き、ループの形状で確認する。

たたみ

麺生地にまんべんなく均一に打ち粉を振り、手前から前方に重ねる。

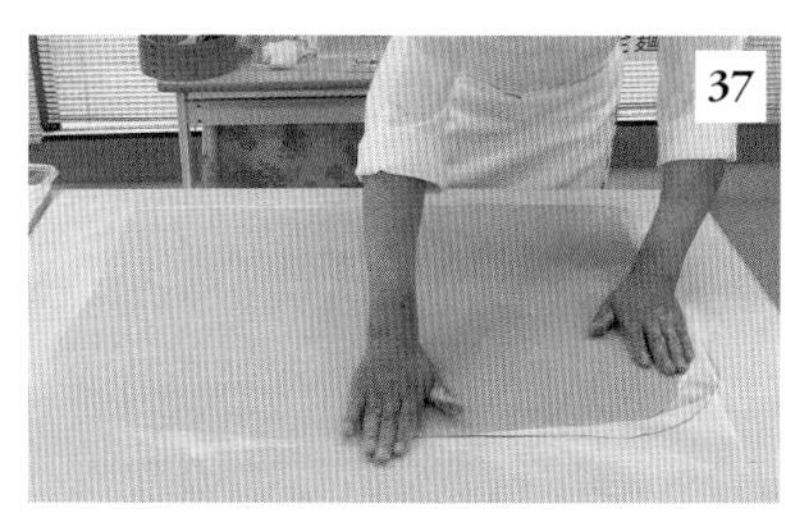

麺生地を右から左へ重ねる（右利きの場合）。

麺生地を90度回転させる。

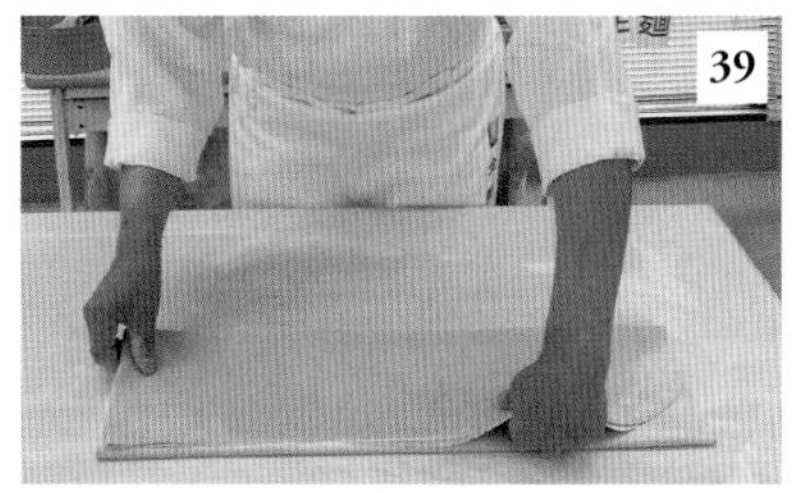

手前から前方に重ねる。ループが手前で、重なりの前面部を麺生地の内側に収める。

切り

こま板の枕に添って前に押し出すように包丁を落として切り進める。

こま開きを行い、切り口に打ち粉が当たるようにする。

打ち粉払い。余分な打ち粉を振るい落とす。

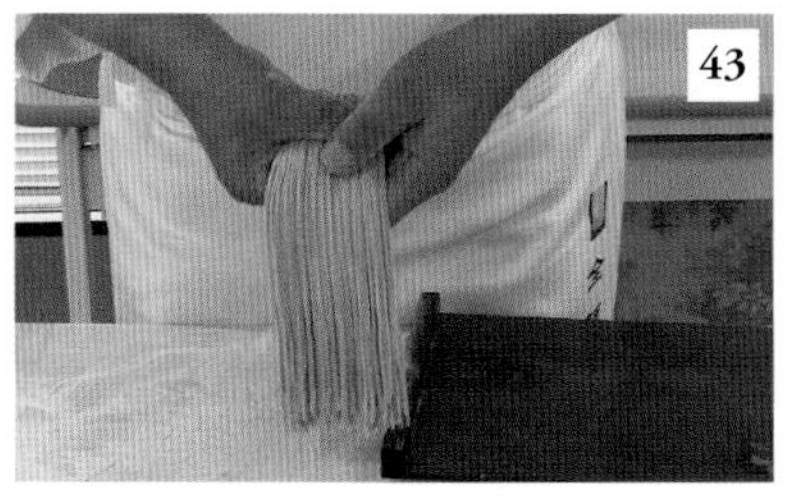

打ち粉を落としたら両手に持ち直し、麺を軽く揺らしてクセを直す。

生舟に整然と並べる。

こま板が切り板からはみ出したら、麺生地を切り始めの位置に移動させる。

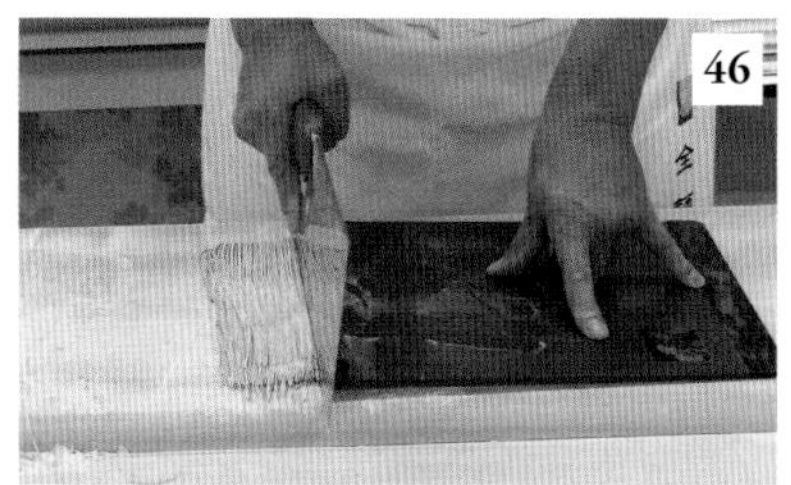

切り終盤でこま板が傾いたら、枕の高さの変化によるこま送りを調整して切り揃えを保つ。

仕上がり。

1500g 粗挽き生粉打ち

試技者 **萩原敏彦**

木鉢

水回し

1回目の加水量は600ccとした。

加水後、乾いた粉が残らないように、粉を木鉢の中央に寄せて水を合わせる。

木鉢の中央の塊を散らして、全体に水が回るように撹拌する。

必要に応じて天地返しを行う。

粗挽きの生粉打ちの注意点は次の通りである。

①水回しが適切に行われていないと、鏡出しの際に周囲にひび割れができ、延すにつれて割れが大きくなること。また麺生地が硬くなり、延す作業が困難になること。②加水量が多いため、麺棒が湿って扱いにくいこと。また丸出しや四つ出しの形や厚さが崩れやすいこと。③切った場合にいかだになりやすいこと。④切りくずが多くなること。

このため、加水量の見極めや練り方、麺棒や包丁の使い方などに二八そばを打つ場合と異なった技術を必要とする。

加えて、五段位を目指すのであれば、打つ技術だけではなく、動きに無駄がなく品格がある所作・振る舞いを身に付けたうえで、個性を表現することも必要だと思う。

粗挽きの水回しは、並粉に比べて粉の中まで水が浸透するには時間がかかる。そのうえ加水総量は多くなるので、1回目の加水でできるだけ全体に水を回して、2回目以降の加水は50～100cc程度を数回に分けて手早く行う必要がある。

手の動きは、加水が進むにつれてあおりや天地返しを多用し、造粒するのではなく、最後まで水が入りやすい状態（スポンジ状）を保つことが大切となる。練りは、水を粉に浸透させるイメージで、体重を使ってしっかりゆっくりと行う。

鏡出しは、周囲の割れが本延しまで残り、広がる恐れがあるため、縁を指で押さえて割れを防ぐ。そして、直径45cmほどとやや大きくする。

丸出しも同様に直径70cmほど、四つ出しは角と辺の厚さに差が出ないようにする。

本延しは、麺生地の真上から加圧するように麺棒を転がし、前方と手前側の加圧が同等となるようにする。

切りは、いかだが出たり麺が切れたりしないように、麺生地の厚さを包丁が通過する程度のスライドがよいのではないかと思う。また、1束の本数は手で無理なく持てる程度とし、打ち粉を落とすためや生舟に入れるための持ち替えは、麺が切れないように少なくする。

5
あおりの動きも入れて水が全体に回るようにする。

6
2回目の加水量は約100ccとした。

7
3回目の加水量も約100ccとした。

8
手の動きは天地返しやあおりが多くなる。

9
4回目の加水量は50cc弱。

10
手の動きはあおりが中心で、造粒ではなく海綿状に仕上げていく。

11
手水を2回ほど加え、決め水とする。

12
水を含んだ粉を上下に動かし、中のほうのそば粉まで水が浸透するようにする。

13
まとめていく。

練り

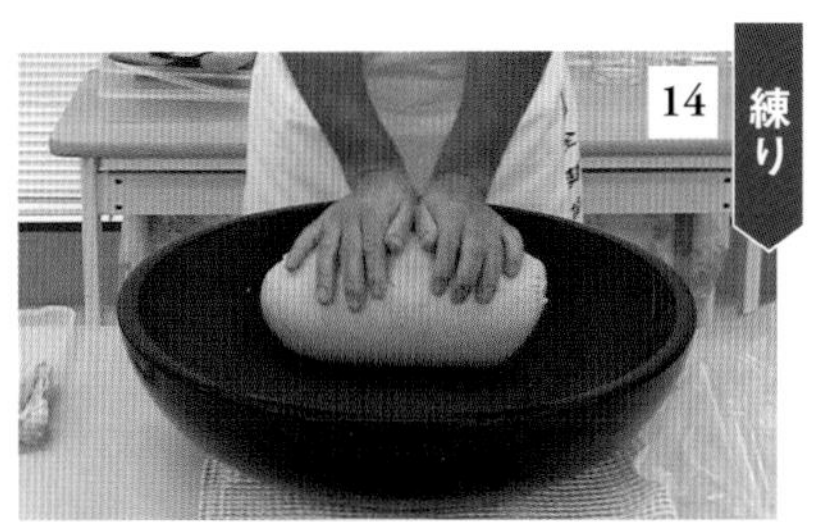
14
手を洗い、鉢をきれいにして練りに入る。

15
練りは二八の場合と同様に、肘を伸ばして体重をかけて行う。

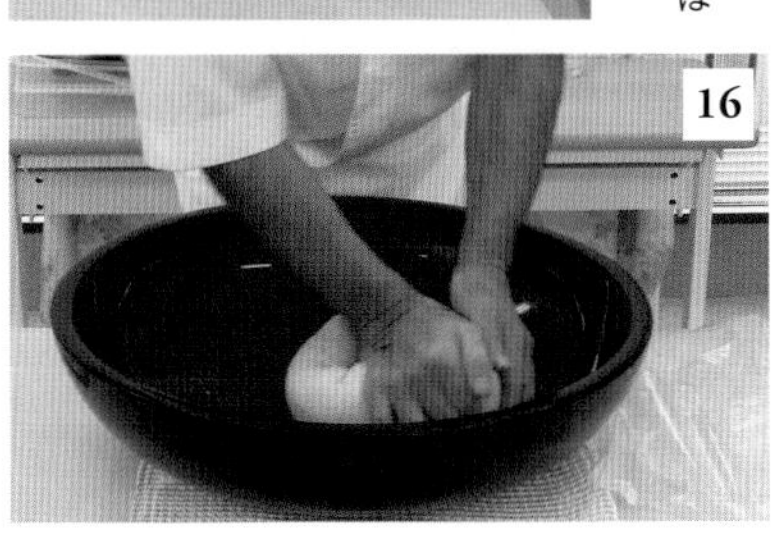
16
菊練りは両手で包み込むようにやさしく行う。

17
菊練りの終了。練り込んだ部分の表面が荒れないようにする。

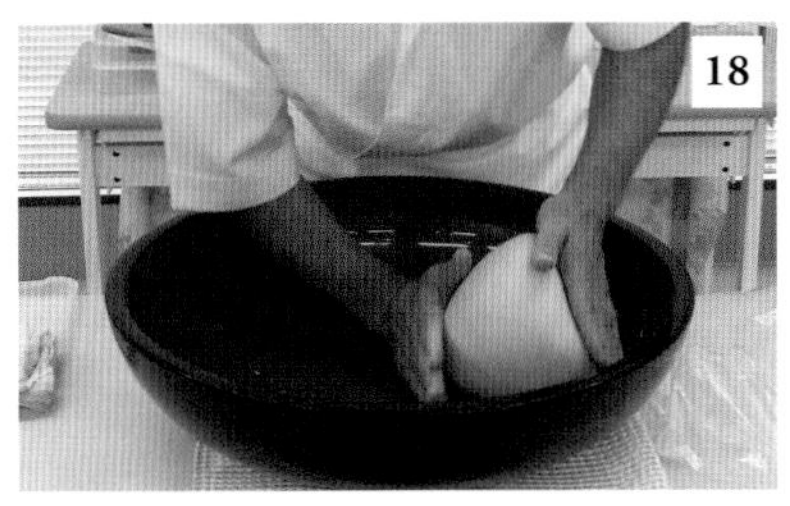
18
へそ出し。

19
へそ出しをしたものを丸い形に押しつぶして、木鉢の作業は終了。

延し

鏡出し

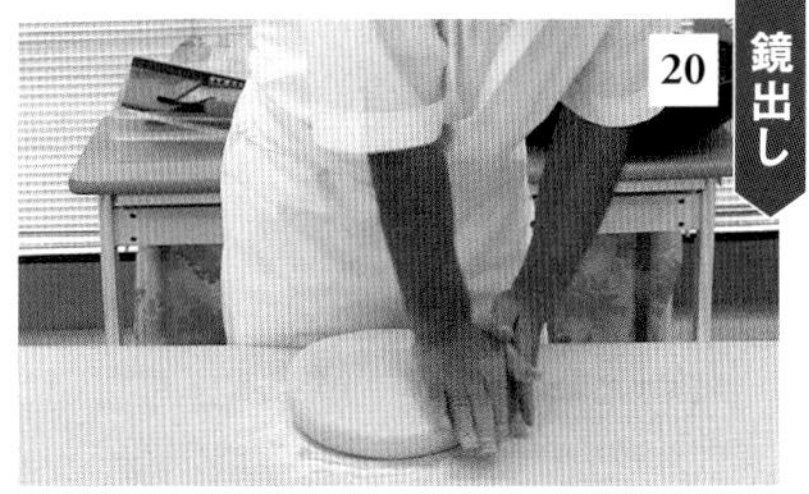
20

肘を伸ばして体重を乗せて小刻みに手を移動させながら、麺生地の外側を延す。縁が割れないように押さえる。

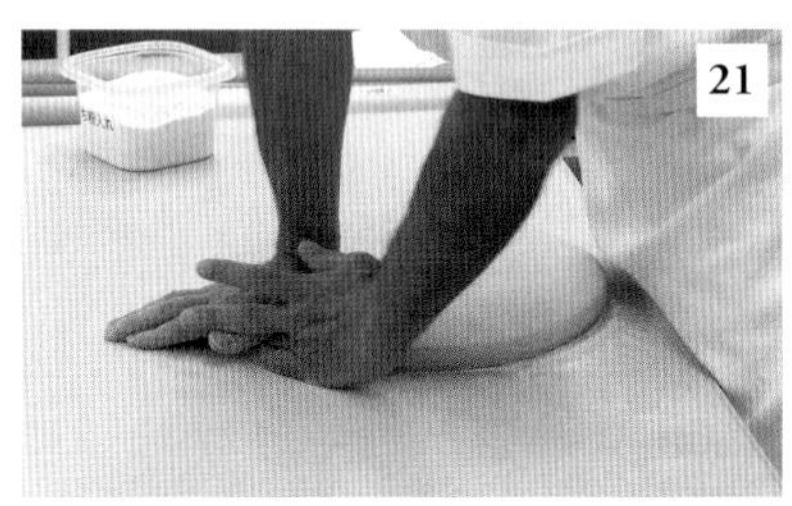
21

厚さに合わせて縁を押さえる指の本数を変え、縁をしっかり押さえて割れを防ぐ。

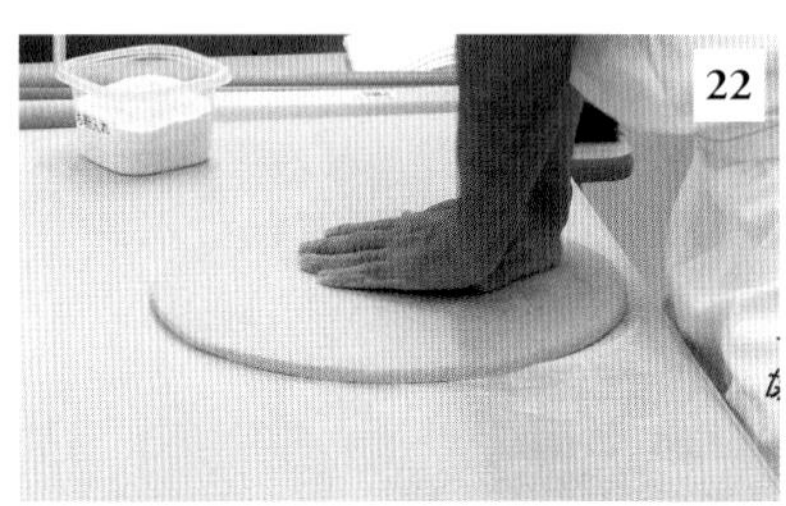
22

片手で数多く押すのではなく、両手でしっかりと押す。

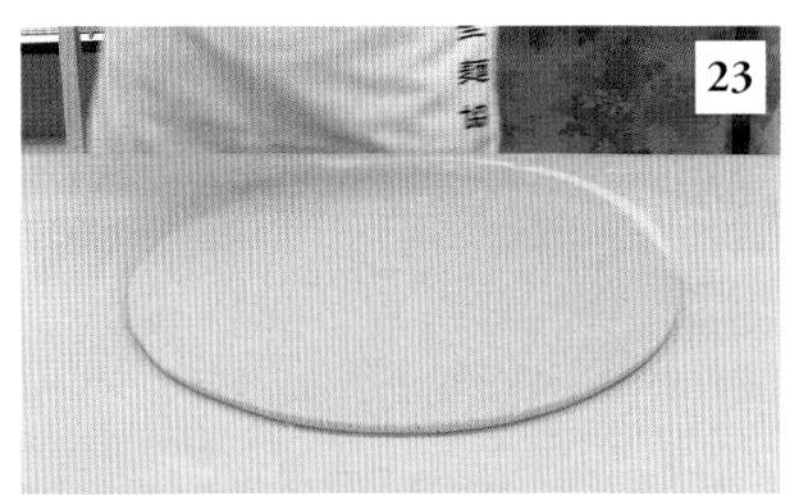
23

均等な厚さにし、直径40cmほどのきれいな円形とする。

丸出し

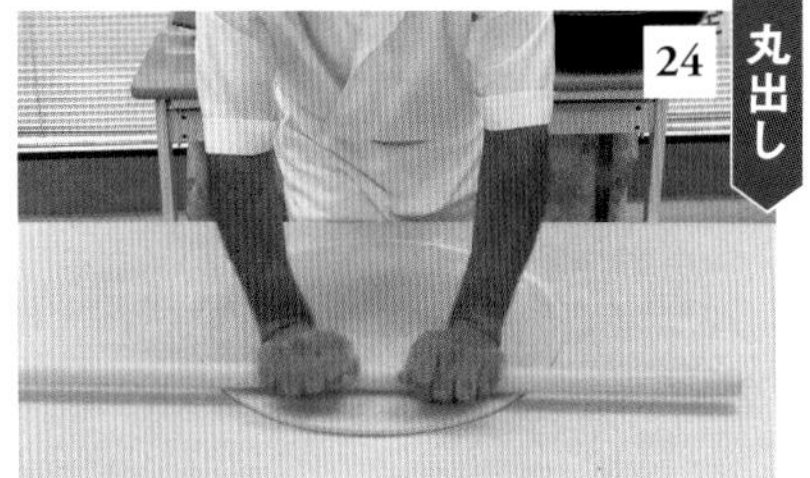
24

丸出しは力を入れずに麺棒を回転させ、引きずらないように心がける。

25

形や厚さが崩れやすいので、打ち粉を適切に振って徐々に大きくする。

26

直径約70cmの円形にする。

四つ出し

27

水を多く含んだ重く弱い麺生地のため、巻き棒に巻く前に麺生地の全面に打ち粉を振る。

28

巻き付けた麺生地の重さで延す感覚で転がす。

29

麺生地を引き戻す時は、巻き棒の外側を持って引きずらないように浮かせる。

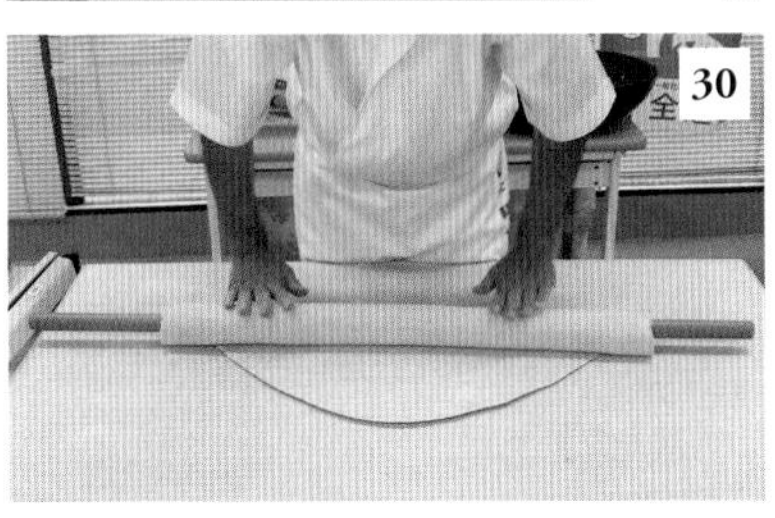
30

角の部分が極端に薄くならないように、手を置く位置を調整しながら転がす。

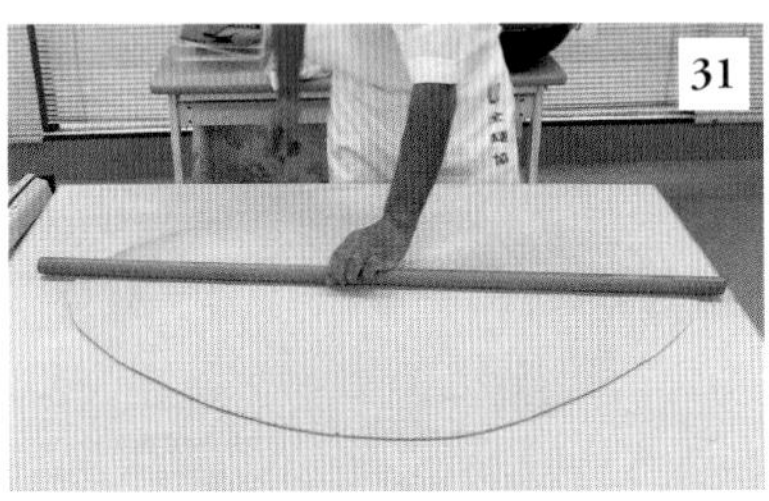
31

1回目と2回目の角出しは105cmを目安とし、大きくなりすぎないように注意する。

肉分け

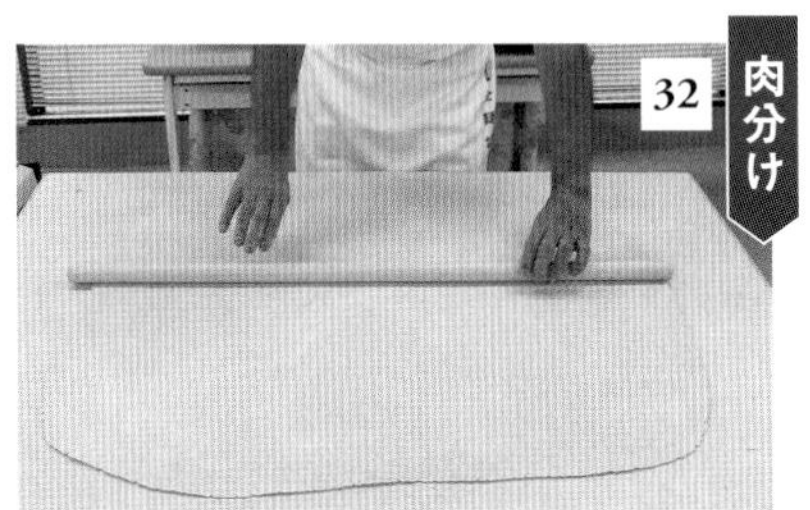
32

肉分けの前に切り幅の寸法を確認し、肉を分ける方向を決める。

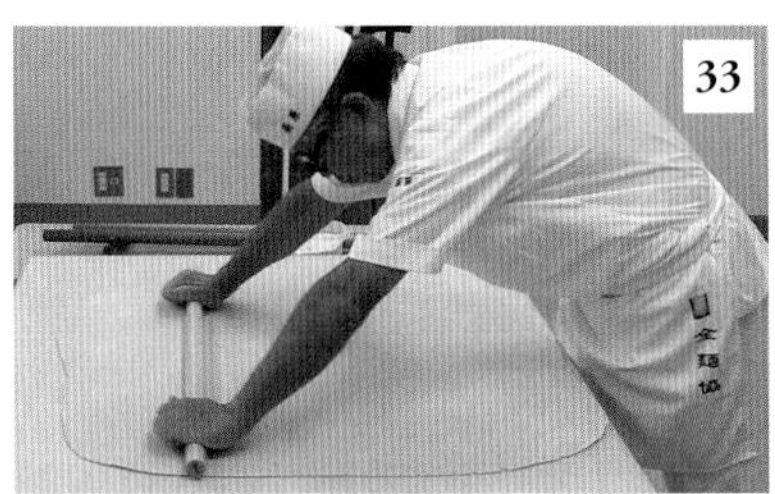
33

両方の辺の厚さが同じになるように調整する。

手前側の辺の厚さを調整する。

必要に応じて、巻き延しで形（左右の高さ）を修正する。

麺生地の上辺の厚さを調整する。

本延し

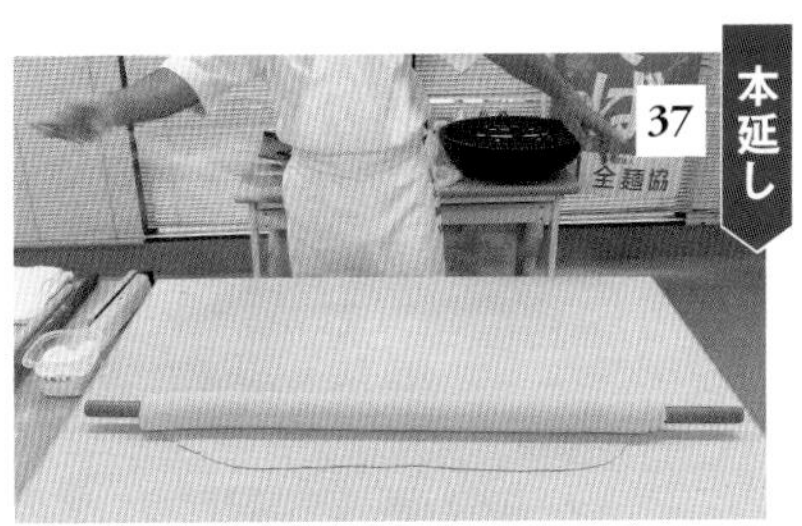

本延しの前に、必要に応じて打ち粉を振る。

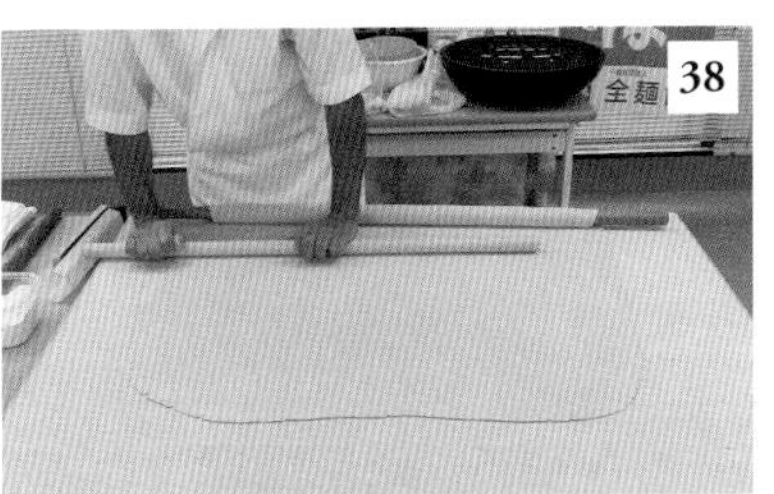

麺生地の左右の縁（辺）の厚さに注意して延していく。

39

麺生地の左右の縁（辺）が所定の厚さになるように延していく。

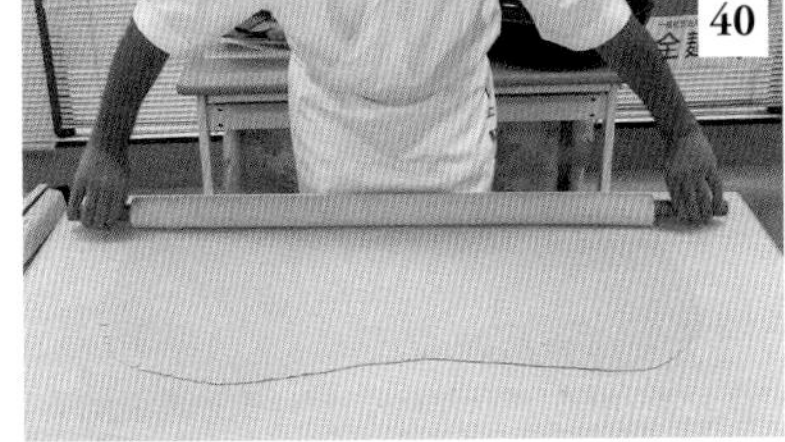

麺生地に延しムラがないか確認しながら延す。

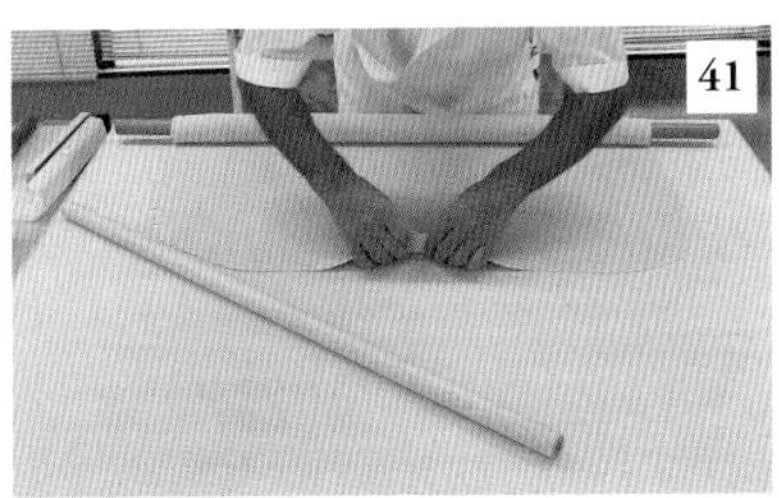

麺生地の縁の中央などは厚くなりがちなのでしっかり確認する。

巻き替える時はもう1本の巻き棒を使って麺生地が破れないようにする。

たたみ

たたんだ時に下になる面に打ち粉を十分に振る。

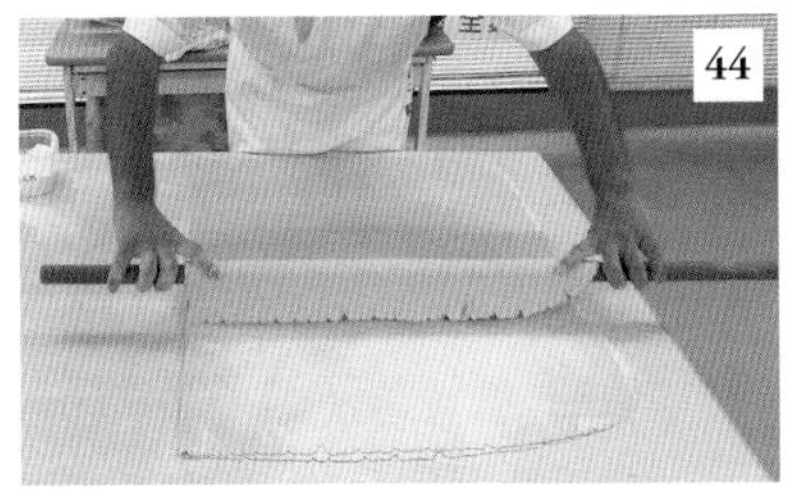

麺生地が破れないように十分注意してたたむ。

切り

束の大きさ（一度に切る量）は手で容易に持てる程度の量とする。

麺生地の厚さとバランスのとれた切り幅とする。

切った麺はできるだけまっすぐに生舟に並べる。

一般社団法人 全麺協 そば道段位認定制度規程（令和3年4月施行）

〈目次〉

一般社団法人　全麺協そば道段位認定制度規程

はじめに

一般社団法人全麺協（以下、「全麺協」という）ではそば打ち段位認定制度の開始当初より、「段位」は「そば道」を歩む道しるべであると位置付け、アマチュアそば打ち愛好者を対象に「素人そば打ち段位認定制度」の名のもとに基幹事業として実施してきた。この度、名称を「そば道段位認定制度」に変更するとともに分散していた関係諸規程を統合する。

第1章　総則

第1条 目的

この規程は全麺協が実施する、そば道段位認定制度（以下、「段位認定制度」という）に関し、円滑かつ公正・公平に運営するための必要事項について定めることを目的とする。

第2条 段位認定制度の趣旨及び目標

全麺協定款に定める目的を遂行するため、段位認定制度を制定し、「そば打ち技能の習熟度」「そばの普及活動による地域振興の貢献度」「そばに対する取り組み姿勢や態度」「そばに関する知識の習得度」等を審査するそば道段位認定会（以下、「段位認定会」という）を開催して認定者に段位を付与する。

第3条 段位認定制度に関わる部局と任務

段位認定制度に関わる部局として全麺協定款第38条に基づき「段位認定部」「指導普及部」を置き、部長は全麺協理事長（以下、「理事長」という）の指名により理事をもってあてる。各部の任務は以下に定める通りとする。なお、各部を補完する組織として、第23条に規定するものの他、各支部に担当者を置くものとする。

1　段位認定部

(1) 段位認定会における合格者に対する段位の付与業務
(2) 「そば道理念」の設定と普及推進
(3) 段位認定登録者の管理
(4) 段位認定会の技能審査、書類審査等のあり方及び審査方法の検討
(5) 段位認定会開催の審査等
　ア　段位認定会開催会員の指定
　イ　段位認定会開催の指導及び支援
　ウ　段位認定会開催時の段位認定審査員（以下、「審査員」という）及び審査員長の選任
　エ　段位認定会開催結果の確認
(6) 審査員の選考及び認定手続き
　ア　特任審査員の推挙
　イ　全国審査員の推挙
　ウ　地方審査員任用講習会の実施
　エ　地方審査員認定申請者に対する書類審査及び審査能力の判定と審査員選考委員会への推挙
　オ　各審査員台帳の管理
　カ　各審査員の更新手続きの実施
(7) 審査員の審査能力向上対策の実施
　ア　特任審査員、全国審査員会議の開催
　イ　各支部と共同した地方審査員技術研修会の実施及び指導
　ウ　段位認定会における審査結果の分析及び指導
(8) 段位認定会の実施及び開催指導
　ア　初段位、二段位、三段位認定会の開催指導
　イ　四段位、五段位認定講習会の実施
　ウ　四段位認定会事前審査（小論文、取得単位）の実施
　エ　四段位認定会技能審査会の開催支援及び指導
　オ　五段位認定会一次審査及び筆記試験の実施
　カ　五段位認定会本審査の実施
　キ　六段位（蕎士）、七段位（准範士）、八段位（範士）選考会の実施
(9) 段位認定制度規程等の検討及び改廃手続き
(10) その他段位認定制度の運営全般に関する事項

2　指導普及部

(1) そば打ち技術の普及
　ア　全麺協認証そば打ち道場（以下、「認証道場」という）の開設承認
　イ　認証道場への指導員の派遣
　ウ　段位認定受験希望者に対するそば打ち技術指導
　エ　各支部指導員と連携して段位認定者のそば打ち技術の向上指導
　オ　段位認定空白地域における新規段位認定者の開拓
　カ　全麺協研修センターを活用した全麺協本部主催そば打ち技術講習会の開催
(2) 各種指導員の運用
　ア　指導員の指導要領及び指導力向上研修会並びに会議の開催
　イ　認証道場の効果的運用の指導支援
　ウ　指導員による新規段位認定受験希望者への普及活動の実施
　エ　そば博覧会等におけるそば打ち体験教室の実施
(3) 郷土そば打ち技術の保存及び継承
　ア　郷土そば打ち技術の映像保存
　イ　郷土そば打ち技術の研究と継承

第4条 アマチュアリズムとしてのそば道

1　段位認定制度における段位認定者は「そばを職業としていない者」とするが、次の各号に定める事項はアマチュアと判断するものとする。

(1) 前条に定める認証道場でそばに関する知識・技術の指導を行い相応の手当等の支給を受ける。
(2) 全麺協本部が開催するそば博覧会のそば打ち体験教室等でそばに関する知識、技術を指導し相応の手当等の支給を受ける。
(3) 正会員団体及び地方公共団体又はこれに準ずる団体の施設（道の駅、公民館等）においてそば打ち体験教室等を開催し、そばに関する知識・技術の普及に努め、相応の手当等の支給を受ける。

2　前項に関わらず、段位認定制度のアマチュアリズムの判断で疑義が生じたときは、段位認定部において検討し判断するものとする。ただし、重要な事案については理事会に報告するものとする。

第2章　段位認定

第5条 段位認定会

1　段位認定会

段位認定制度による段位は、原則として全麺協正会員が全麺協本部の承認を受けて開催した次に定める段位認定会における審査により認定するものとする。

(1) 段位認定会の開催は原則として2日間とし、1日の受験者は1組12名で4組、最大48名までとする。ただし、1日間の場合は1組12名で5組、最大60名とすることができる。なお、多数の応募者があり、2日間以上の段位認定会開催が必要と認められるときは、段位認定部と協議するものとする。

(2) 全麺協正会員が段位認定会を開催するときは、開催日の3カ月前までに所属支部を通じて全麺協本部に様式第1号「段位認定会開催申請書兼後援申請書」並びに様式第2号「段位認定会審査員候補者名簿」を提出し、段位認定部の書類審査を経て理事長の承認を受けるものとする。同時に「段位認定会受験者事前報告書」を直接全麺協本部へ提出するものとする。

(3) 初段位、二段位、三段位認定会は、受験者が15名以上になるよう努めるものとする。ただし、高等学校等において段位認定会を開催する場合、又は特別の事由のあるときはこの限りではないものとする。

(4) 段位認定会を開催した全麺協正会員は、段位認定会終了後20日以内に様式第3号「段位認定会開催結果報告書」、様式第4号「技能審査認定者報告書」、様式第5号「段位認定料明細報告書」により直接、全麺協本部に報告しなければならない。

(5) 段位認定会を開催する支部及び全麺協正会員、地方公共団体正会員は、段位認定部と協議して原則として全国的に統一した基準により、段位認定会が実施されるように努めなければならない。

2 段位認定会の種類

(1) 初段位、二段位認定会

初段位及び二段位は、全麺協正会員が開催する認定会において認定する。この段位認定会は、全麺協正会員が原則として毎年度1回開催することができる。なお、審査結果は受験者に通知するものとする。

(2) 三段位認定会

三段位は、支部ごとに全麺協正会員が開催する認定会において認定する。この段位認定会は、各支部内で原則として毎年度2回開催できるものとする。ただし、特別な事由があるときは段位認定部と協議の上、この基準を超えて開催することができるものとする。なお、審査結果は受験者に通知するものとする。

(3) 四段位認定会

ア 主催者等

四段位を認定する段位認定会は全麺協本部が主催し、開催主管は全麺協各支部とし、概ね年1回開催する。

イ 四段位認定会実行委員会（以下、「実行委員会」という）の編成

開催主管は実行委員会を編成し、概ね1年前に開催日時、場所を選定して、全麺協本部に申請するものとする。全麺協本部は当該段位認定会が適正・公平に実行されるように、開催主管と企画、予算、実行体制等について緊密な連携をとるものとする。

ウ 受験者の割り振り

全麺協本部は本規程第5条第1項(2)の申請に基づき、四段位認定会を受験する希望者を掌握し、事前審査を経て受験者を原則として居住地内の支部に割り振り、その人数に応じて開催期日を決定するものとする。

エ 事前審査

(ア) 事前審査の小論文等の出題及び採点は、本部事務局が行う。

(イ) 活動状況については、別に定める「ZEN麺ライセンス規約」による単位取得得点を採点するものとする。

オ 技能審査

(ア) 四段位認定会の技能審査は、前項に定める事前審査に合格しなければ受験することができない。

(イ) 四段位認定会の最終合否は、技能審査の審査員で構成する審査員会議において事前審査の結果と併せて決定するものとする。

(ウ) 審査結果は、受験者に通知するものとする。

(4) 五段位認定会

ア 主催者等

五段位は、全麺協本部が主催する認定会において認定する。開催は概ね年1回とする。

イ 一次審査

(ア) 一次審査で提出された活動状況及び小論文の課題等の出題と採点は、本部事務局が行う。

(イ) 活動状況については、「ZEN麺ライセンス規約」による単位取得得点を採点するものとする。

ウ 筆記試験

(ア) 筆記試験は全麺協本部が実施し、その出題と採点業務は本部事務局が行うものとする。その場合できる限りそばに関する専門家の助言を得て参考とするものとする。

(イ) 筆記試験は、次に定める4科目について実施するものとする。

① 全麺協・段位認定制度の概要
② ソバの品種・栽培
③ ソバの栄養・健康
④ そばの歴史・文化

(ウ) 筆記試験は意見発表審査並びに技能審査（以下、「本審査」という）の前に受験し、筆記試験に合格しなければ本審査を受験することはできないものとする。

エ 本審査会実行委員会の編成

(ア) 五段位認定会本審査会を開催するのは、全麺協本部が指定する支部とする。

(イ) 本審査会の開催指定を受けた支部は、当該本審査実行委員会を編成するものとする。

オ 本審査会（意見発表審査）

(ア) 意見発表審査は本規程第18条に規定する審査員が課題を提示し、その課題に対する意見発表について審査採点する。

(イ) 採点項目と配点は、課題の理解度30、リーダーシップ20、発表内容10、積極性10、そばによる地域貢献度20、総合評価10の合計100点とし、真に五段位認定者としてふさわしい人物かどうかを重点に審査採点する。

(ウ) 意見発表審査の審査結果は、受験者に通知しないものとする。

カ 本審査会（技能審査）

(ア) 技能審査は技能審査チェック項目、技能審査チェック項目の補足説明等に基づき、五段位認定者にふさわしい技量を持っているか否かについて厳格に審査するものとする。

(イ) 技能審査結果は、受験者に通知するものとする。

キ 最終合否判定

審査結果の最終合否判定は、一次審査、筆記試験、意見発表審査、技能審査の各審査員代表者（各審査員長）並びに理事長が指名する全麺協役員及び専務理事並びに段位認定部長で編成する「五段位認定会合否判定会議」により総合的に判定し、理事長が決定するものとする。

(5) 六段位（壽士）、七段位（範士）、八段位（大範士）（以下、「上位段」という）認定選考会

ア 上位段選考委員会
全麺協本部に理事長が指名する全麺協役員及び、理事長が委嘱する外部有識者等で構成する上位段選考委員会を置く。

イ 上位段は、上位段選考委員会における選考結果の答申を受けて理事長が決定し、認定する。

(ア) 六段位（壽士）の審査及び認定
六段位（壽士）に認定を希望する者又は推薦を受けて受験する者に対しては、上位段選考委員会が本規程第7条(5)の受験資格、これまでの活動状況、そばに関わる実績書類の提出を受けて詳細に精査した上、本審査（面接審査及び技能の型、所作の品格等の審査）を実施し、適任と認める者を理事長に答申して理事長が認定する。

(イ) 七段位（範士）の認定
七段位（範士）の認定を希望する者又は推薦を受けて受験する者に対しては、上位段選考委員会が本規程第7条(5)の受験資格について、これまでの活動状況、そばに関する実績書類の提出を受けて選考委員会が詳細に精査した上、面接審査を行い適任であると認められる者の中から、真に人格高潔で全麺協のリーダーとしての識見を有する者を理事長に答申し、理事長が認定する。理事長は、本規程により七段位に認定した者がいるときは、次年度の全麺協総会に報告するものとする。

(ウ) 八段位（大範士）の認定
八段位（大範士）の認定を希望する者又は推薦を受けて受験する者に対しては、上位段選考委員会が本規程第7条(5)の受験資格、これまでの活動状況、そばに関わる実績書類の提出を受けて選考委員会が詳細に精査した上、面接審査で適任と認められる者で、人望も厚く社会的にも最高度に信頼が得られる人物を理事会に答申し、理事会の推挙に基づき理事長が認定するものとする。理事長は本規定により八段位に認定した者がいるときは、次年度の全麺協総会において報告するものとする。

第6条　段位認定会開催主催者の責務

1 開催主催者は段位認定部及び各支部並びに選任した審査員と連携して、公平・公正かつ公明な段位認定会の開催及び審査が行われるよう努めなければならない。

2 開催主催者は個別の審査結果を受験者に交付し、審査結果を明らかにしなければならない。ただし、五段位意見発表審査並びに六段位面接審査、技能審査及び七、八段位面接審査の結果は除く。

3 開催主催者は、受験者の個人情報や審査結果の得点などを他に漏らしたり、他に利用してはならない。

4 開催主催者は、段位認定部が各支部と連携して開催する地方審査員審査技術研修会等にも積極的に参加するとともに、段位認定部が作成した「全麺協そば道段位認定会支援システム」等を参照し、公平・公正かつ公明で円滑な段位認定会が開催できるように努めなければならない。

第3章　受験資格

第7条　段位認定会の受験資格

1 段位別受験資格

(1) 初段位
初段位認定会は何人でも受験することができる。ただし、段位認定者は地域におけるそばの活動等を行う指導者としての役割が求められていることから、最小対象年齢を原則として「13歳」とする。

(2) 二段位及び三段位
二段位及び三段位の段位認定会を受験する者は、前段位認定後1年度以上経過している者で、全麺協定款に基づき会費納入規程に定める個人会員として年間の納入基準額２０００円を、正会員団体に所属していない者は会費納入規程第2条第3項に定める特別個人会員としての納入基準額５０００円を納付していなければならない。ただし、二段位受験で高校生以下の学生は、全麺協正会員団体に所属しておらず納入基準額２０００円を納入していない者又は特別個人会員としての納入基準額５０００円を納入していない者であっても受験することができるものとする。

(3) 四段位

ア 四段位の段位認定会を受験する者は、三段位に認定後2年度以上経過し、個人会員として年間の納入基準額２０００円を納付していなければならない。

イ 四段位受験者は四段位認定講習会の受講を修了し、所属する全麺協正会員代表者の承認印を受けなければ事前審査を受験することができない。

ウ 四段位認定会の事前審査受験資格があり、受験の申込希望を提出し、事前審査関係の書類を受領した時は事前審査を受験したものと見なし、正当な理由なくその回答をしなかった場合は事前審査を不合格とする。

(4) 五段位

ア 五段位の段位認定会を受験する者は、四段位に認定後2年度以上経過し、個人会員として年間の納入基準額２０００円を納付していなければならない。

イ 五段位認定会の受験を希望する者は、一次審査を受験しなければならない。一次審査の受験者は全麺協正会員代表者の推薦を受け、これまでのそばに関する活動状況を証明する単位取得状況及び全麺協本部から出題された小論文を提出しなければならない。

ウ 一次審査の受験を希望する者は、一次審査を受験した時点で一次審査関係の書類を受領したものとみなし、正当な理由なく小論文等の書類を提出しなかった場合は一次審査を不合格とする。

エ　筆記試験は意見発表審査、技能審査（以下、「本審査」という）の前に受験し、筆記試験全科目に合格しなければ、本審査を受験することができないものとする。

(5)　六段位以上の上位段

上位段の認定を希望して自らが受験を申請する者（以下、「自己申請」という）、又は上位段認定を推薦されて受験を申請する者（以下、「推薦申請」という）の受験資格等は次表の通りとする。

段位	受験者区分	受験資格要件	受験資格年数	推薦者及び人数
六段位	自己申請	1. そばに関する豊富な知識を有し、そばの普及、継承活動を積極的に推進していること	五段位に認定後満5年以上経過	
	推薦申請			全麺協役員2名以上
七段位	自己申請	2. 高度なそば打ち技術を有し、その指導力が優れていること	六段位に認定後満1年以上経過	
	推薦申請			全麺協役員3名以上
八段位	自己申請	3. 全麺協事業に積極的に参画し、組織運営に多大な貢献をしていること	七段位に認定後満1年以上経過	
	推薦申請			全麺協理事会の推薦

2　受験資格期日の算定基準

受験資格の経過年数は、段位認定会の実施年度を基準とする。この年度は4月1日から翌年3月31日までを1年度として算定するものとする。

3　認定講習会の受講

(1)　四段位及び五段位の段位認定会を受験する者は、そばに関する高度な知識を習得するとともに、全国各地のそば仲間との普及活動や貢献活動等についての情報交換を行い、地域の指導者としての見識を高めるため、全麺協本部が実施する四段位又は五段位認定講習会を受講修了しなければならない。

(2)　前項の認定講習会を受講修了した者は、四、五段位認定会の受験機会が3回与えられる。この回数を超えて事前審査、一次審査、筆記試験及び技能審査に合格しなかった場合は、再度認定講習会を受講修了しなければならない。

4　再受験までの期間

四段位以下の段位認定会において不合格になった場合は、「審査結果」を参考にして研鑽・練習を積むことが必要であり、そのために再受験までの期間を次の通り設定する。この期間に満たない場合は段位認定会を受験することはできない。

該当段位	再受験期間
初段位	2ヵ月間以上
二段位	6ヵ月間以上
三段位	1年間以上
四段位以上	1年度以上

第4章　段位認定会実施要領

第8条　そば道段位認定審査実施要領

1　段位認定審査は初段位から三段位までは技能審査を、四段位は事前審査及び技能審査を、五段位は一次審査、筆記試験、本審査（意見発表・技能審査）を行う。

(1)　技能審査

技能審査は、水回し・こね、延し、切りの3工程と事前準備、衛生、片付け、総評（態度・活動歴など）について、本規程第9条に定める段位認定技能審査基準及び別表に定める「技能審査チェック項目」「同補足説明」等により審査する。

ア　技能審査で使用する材料

(ア)　認定会で使用するそば粉等については、開催主催者が用意する「そば粉」「つなぎ粉（小麦粉）」及び「水」の3点とし、これ以外の材料は認めない。粉の重量は、本規程第9条の審査基準で段位ごとに定める。

(イ)　四段位、五段位認定会で使用するそば粉及び小麦粉（つなぎ粉）は、段位認定部が指定した者が試し打ちを実施した上で選定し、各技能審査会場でほぼ同一のそば粉（つなぎ粉）を使用するものとする。

イ　技能審査で使用する道具

(ア)　技能審査は手打ちによって製麺するものとするが、使用できる道具類は地域性を考慮して判定する。ただし、「半自動送りの包丁」など手打ちを補助する道具類の使用は認めない。

(イ)　段位認定会審査時に使用する用具類は、開催主催者が準備するものとするが、包丁、切り板、こま板、麺棒等の小間物は、受験者が持参して使用することができる。

①木鉢は、初段位、二段位認定会では外径約48㎝、又は54㎝とするが、主催者が外径約48㎝の木鉢を準備できない場合は、受験者の持ち込みも認めるものとする。三段位認定会及び四段位、五段位認定会では全麺協が指定した外径約54㎝とする。

②ふるいは全麺協が指定した網目40目又は32メッシュで外径約24㎝とする。

ウ　技能審査の所要時間

技能審査の所要時間は、開始の合図があってから終了の合図があるまで40分間（六段位は50分間）とする。なお、開始前の手洗い、衛生、服装検査、終了後の後始末検査に要した時間はこの時間内に含まれない。

エ　延し厚、切り幅

延し厚、切り幅は、概ね1.5～2.0㎜を基準とし、地域の特色を考慮するものとする。「切り揃え率」及び「つながりの長さ」は、本規程第9条の審査基準により段位ごとに判定する。

オ　姿勢

技能審査におけるそば打ちの姿勢は、地域の特色を考慮して立つ、座る等の打ち方は問わないが、その姿勢、態度の品性について判定する。

カ　その他

食品衛生の観点から、爪、頭髪の手入れ、服装の品位、清潔感等について審査するほか、作業中のそば粉等のこぼれ、道具、衣服、身体の汚れ方、道具の後始末の状態についても審査判定する。

(2) 四段位事前審査・技能審査

ア 四段位認定会における事前審査は、これまでのそばに関する活動を証明する単位取得状況、全麺協本部から出題された小論文について精査し判定する。

イ 四段位認定会事前審査の結果は、技能審査の結果と併せて最終的に判定するものとする。

(3) 五段位一次審査・筆記試験・本審査

ア 五段位認定会における一次審査は、これまでのそばに関する活動を証明する単位取得状況、全麺協本部から出題された小論文について精査し判定するものとする。

イ 五段位認定会における筆記試験・本審査は、ソバの栽培、品種、栄養、健康、そばの歴史、文化、全麺協並びに段位認定制度の理解度等そばについての幅広い知識を審査するほか、そば普及の貢献度や活動状況について精査し、さらに意見発表審査等によって人物評価を行うなど総合的に判定するものとする。

ウ 一次審査・筆記試験の結果は、本審査の結果と併せて最終的に判定するものとする。

(4) 六段位以上の審査

六段位以上の上位段の選考は本規程第9条の規定によるものの他は、上位段選考委員会の判断によるものとする。

第9条 そば道段位認定技能審査基準

1 初段位

(1) そば粉の量は700g(そば粉500g、つなぎ粉200g)とする。

(2) そばの切り揃え率が60%以上である。

(3) そばを持ち上げても20cm位につながっている。

(4) そばを打つ姿勢が堂々として落ち着いている。

(5) 周囲へのそば粉のこぼれが少なく、道具や衣服、身体の汚れ方も少ない。又、道具の始末が正確にできている。

2 二段位

(1) そば粉の量は1000g(そば粉800g、つなぎ粉200g)とする。

(2) そばの切り揃え率が70%以上である。

(3) そばを持ち上げても23cm位につながっている。

(4) そばを打つ姿勢が堂々として落ち着いている。

(5) 周囲へのそば粉のこぼれがなく、道具や衣服、身体の汚れ方も少ない。又、道具の始末が正確にできている。

3 三段位

(1) そば粉の量は1500g(そば粉1200g、つなぎ粉300g)とする。ただし、年齢が70歳以上で本人が希望する場合は1200g(そば粉1000g、つなぎ粉200g)とすることができる。

(2) そばの切り揃え率が90%以上である。

(3) そばを持ち上げても25cm位につながっている。

(4) そばを打つ姿勢が非常に堂々として落ち着いている。

(5) 周囲へのそば粉のこぼれがなく、道具や衣服、身体の汚れが全くない。又、道具の始末が完璧にできている。

4 四段位

(1) そば粉の量は1500g(そば粉1400g、つなぎ粉100g)とする。ただし、年齢が70歳以上で本人が希望する場合は1200g(そば粉1100g、つなぎ粉100g)とすることができる。

(2) そばの切り揃え率が95%以上である。

(3) そばを持ち上げても25cm以上につながっている。

(4) そばを打つ姿勢が非常に堂々として落ち着きがあり、品格がある。

(5) 周囲へのそば粉のこぼれがなく、道具や衣服、身体の汚れが全くない。又、道具の始末が完璧にできている。

5 五段位

(1) そば粉の量は1500g(そば粉1500g、つなぎ粉なし)とする。ただし、年齢が70歳以上で本人が希望する場合は1200g(そば粉1200g、つなぎ粉なし)とすることができる。

(2) そばの切り揃え率が95%以上である。

(3) そばを持ち上げても25cm以上につながっている。

(4) そばを打つ姿勢が非常に堂々として落ち着きがあり、風格がある。

(5) 周囲へのそば粉のこぼれがなく、道具や衣服、身体の汚れが全くない。又、道具の始末が完璧にできている。

6 六段位(蕎士)

(1) そば粉の量は1200g(そば粉1000g、つなぎ粉200g)とする。

(2) そば打ちの型に無駄がなく理にかなっている。

(3) そばを打つ姿勢に威厳がある。

第10条 受験料と認定料

1 受験料

段位認定会の受験者は技能審査受験申込時に、次の受験料を開催主催者に納入しなければならない。ただし、四段位認定会・事前審査受験者は当該審査受験申込時に2000円、五段位認定会・一次審査受験者は当該審査申込時に3000円の受験料を全麺協本部に納入しなければならない。

段位	受験料	全麺協正会員団体に所属していない者及び正会員団体に所属していても納入基準額を納付していない者	備考
初段位	6000円	7000円	
	4000円	4000円	学生(13歳以上)
二段位	8000円		
	4000円	4000円	学生(13歳以上)
三段位	10000円		
四段位	20000円		
五段位	30000円		
六段位	50000円		
七段位	50000円		
八段位	50000円		

※ 学生とは、高校生以下とする。

※ 初段位受験料は特例として、令和7年3月31日までは3000円とする。

2　段位認定会において段位を認定された者は、次の認定料を全麺協本部に納入しなければならない。

段位	認定料	全麺協正会員団体に所属していない者及び正会員団体に所属していても納入基準額を納付していない者	備考
初段位	5000円	8000円	
	4000円	4000円	学生（13歳以上）
二段位	6000円		
	4000円	4000円	学生（13歳以上）
三段位	12000円		
四段位	20000円		
五段位	30000円		
六段位	100000円		
七段位	100000円		
八段位	200000円		

3　返金
受験料及び認定料は返金しないものとする。ただし、受験料は主催者側の都合で中止した場合は返金するものとする。

第11条　段位認定登録者等の管理

1　全麺協本部は第5条の規定により、開催主催者から段位認定者の報告を受理した時は、「段位認定登録者名簿」に登載して管理するものとする。

2　開催主催者は段位認定会に応募した者、受験応募した者が受験できなかった者、棄権した者、不合格になった者、失格した者を全麺協事務局に報告するものとする。全麺協本部事務局は報告を受理した時は、それぞれの名簿に登載して管理するものとする。

3　全麺協正会員は、所属する段位認定登録者の登録事項に変更を生じた時は、速やかに様式第3号「段位認定登録者の登録事項変更届」によって、全麺協本部事務局に報告しなければならない。段位認定登録者名簿の登録事項のうち、認定番号、氏名、住所（市区町村まで）、所属している団体名、認定年月日、認定会場については公開する。

第5章　段位認定審査員の任用

第12条　段位認定審査員選考委員会

1　段位認定会では公平、公正かつ信頼性の高い審査を行う必要があり、審査員には高度な審査技術が求められている。そのため、特任審査員並びに全国審査員及び地方審査員は真に適任者を選考し、委嘱又は任用する機関として段位認定審査員選考委員会（以下、「審査員選考委員会」という）を設置する。

2　審査員選考委員会の構成は次の通りとする。

委員長　専務理事
副委員長　段位認定部長
委員　指導普及部長　広報渉外部長
総務部長　支部長代表（1名）
全麺協事務局長　委員長が指名した者（2名）

第13条　段位認定審査員の選考手順並びに選考基準

1　審査員の選考手順、並びに選考基準は次の通りとする。

(1)　特任審査員
段位認定部は以下の者の中から適任と認められる者を選定して、審査員選考委員会に推挙して理事会に諮り理事長が任用する。ただし、段位認定部が推挙するにあたっては、各支部の意見を聴取するものとする。

ア　全麺協顧問、相談役、参与として理事長から委嘱された者。

イ　段位認定制度の発展に多大な功績があり、かつ全麺協の運営に大きな貢献があって、理事長より名誉師範、師範、師範代のいずれかの称号を授与され、段位認定制度の普及活動に全国レベルで大きく貢献できる者。

ウ　六段位認定者又は全国審査員として概ね5年以上経過している者の中から、手打ちそばに関する幅広い知識を有し、豊富な経験と高度な技術を保有する者。

エ　段位認定制度による段位認定会の審査員として、積極的に協力が得られる者。

オ　特任審査員として公平、公正かつ厳正な技能審査を行い、受験者等から信頼が得られる者。

カ　全麺協会費納入規程に定める個人として納入基準額を納付している者。ただし、名誉師範、師範代、顧問、相談役、参与はこの限りではない。

キ　特任審査員として任用されてから3年が経過している者で、更新手続きを終了していること。

(2)　全国審査員
段位認定部は以下の者の中から適任であると認められる者を選定して、審査員選考委員会に推挙して理事会に諮り理事長が任用する。

ア　五段位認定者で認定後2年以上経過している者、かつ指導員一級又は二級で手打ちそばに関して幅広い知識と高度な技術を保有している者。

イ　段位認定制度についてその趣旨をよく理解し、かつその普及活動に支部内において積極的に貢献している者。

ウ　段位認定制度による段位認定会の審査員として、無償でも積極的に参加できる者。

エ　全国審査員として公平、公正かつ厳正な技能審査を行い、誰からも信頼が得られ、敬意を払われる人格を有している者。

オ　全麺協会費納入規程に定める個人として納入基準額を納付している者。

カ　全国審査員として任用されてから5年が経過している者は更新手続きを終了していること。

(3)　地方審査員
以下の者の中から全麺協正会員代表者から推薦を受け、段位認定部において書類審査を実施し、適任であると認められる者を審査員選考委員会に推挙し、同委員会の承認を得て理事長が「地方審査員証」（電子的なものを含む）を交付して任用する。

ア　全麺協五段位に認定され、地方審査員任用講習会の受講を修了している者（四段位及び三段位に認定され、既に地方審査員として任用されている者を含む）。

イ　段位認定制度について、その趣旨をよく理解している者。

ウ　段位認定制度による段位認定会の審査員として、無償でも積極的に参加できる者。

エ　地域におけるリーダーとして全麺協の各種事業等に積極的に貢献し、かつそばの普及活動等に真剣に取り組んでいる者。

オ　審査員として公平、公正かつ厳正な技能審査を行うことができる高潔な人格を有し、誰からも信頼されていること。

カ　全麺協会費納入規程に定める個人として納入基準額を納付していること。

キ　地方審査員として任用されてから5年が経過している者は更新手続きを終了していること。

第14条　段位認定会における審査員の選任

1　初段位、二段位、三段位認定会の審査員は、主催者団体から提示された「審査員候補者名簿」に基づき、段位認定部が選任するものとする。

2　四段位、五段位の技能審査の審査員は、全麺協本部が特任審査員、全国審査員の中から選任するものとする。

3　四段位事前審査員及び五段位筆記試験審査員並びに五段位意見発表審査員は、学識経験者、地域振興専門家、全麺協役員等の中から適任者を選任するものとする。

4　段位認定部は各支部と共同して地方審査員名簿を作成し、段位認定会における審査員として従事した状況を把握し、できる限り多くの地方審査員が審査を体験できるように配慮するものとする。

5　各支部は支部所属の審査員の審査実績を記録し、毎年度、段位認定部と共有するものとする。また、初段位、二段位、三段位認定会においては開催主催者と連携し、審査員の審査機会に偏りがないよう働きかけるものとする。

6　四、五段位認定会においては、受験申込時、所属団体の代表者の承認又は推薦を受けることになっているが、承認・推薦された者が受験する認定会には、当該承認者・推薦者は審査員になることはできないものとする。

第6章　段位認定審査員の責務と任務

第15条　段位認定審査員の責務

1　段位認定審査員は、全麺協の基幹事業である段位認定制度における段位認定会の審査員を務めているとの自覚を持ち、審査の時だけでなく日々の言動にも十分配慮しなければならない。

2　段位認定審査員は審査技能を向上させるため自己研鑽を怠らず、又、段位認定制度の普及と信頼性を高めるための活動を積極的に行わなくてはならない。

3　段位認定審査員は全麺協本部及び各支部の行う各種行事、研修会等に積極的に参加して自己の審査能力の向上に努めなければならない。

4　審査員は、審査員を務めた時に知りえた受験者の個人情報や審査結果及び得点などを他に漏らしたり、利用してはならない。

5　段位認定審査員は審査上発生した課題、問題点及び段位認定制度の発展と普及についての提案を、全麺協本部事務局を通じて段位認定部に報告しなければならない。

6　初段位、二段位認定会及び三段位認定会における審査員長は、特任審査員、全国審査員又は段位認定部が適任であると認めた者から選任する。

第16条　各認定審査員の任務並びに任期

1　特任審査員

(1) 特任審査員は、すべての段位認定会の審査員及び三段位、四段位、五段位認定会の審査員長を務めることができる。

(2) 特任審査員の任期は3年とし再任を妨げない。ただし、原則として3期を限度とする。

(3) 前2項による任用又は更新手続きをする時は、任用又は更新手数料３００００円を全麺協本部に納入しなければならない。なお、名誉師範、相談役はこの手数料を免除する。

2　全国審査員

(1) 全国審査員は五段位及び四段位認定会の審査員及び初段位、二段位、三段位認定会の審査員並びに審査員長を務めることができる。

(2) 全国審査員の任期は5年とし、活動状況、適格性等について選考委員会において審査し更新するものとする。

(3) 前2項による任用又は更新手続きをする時は、任用又は更新手数料３０００円を全麺協本部に納入しなければならない。

(4) 全国審査員は全麺協本部が開催する全国審査員研修会に出席し、審査技術の向上に努めなければならない。

3　地方審査員

(1) 地方審査員（五段位認定者）は初段位、二段位及び三段位認定会の審査員を務めることができる。すでに地方審査員に任用されている三段位認定者は初段位認定会の審査員、四段位認定者は初段位及び二段位認定会の審査員を務めることができる。なお、審査は原則として所属支部内で開催される認定会に限るものとする。

(2) 地方審査員の任期は5年間とし、再任用を希望する場合はその時点で更新の手続きをしなければならない。

(3) 前2項による任用又は更新手続きをする時は、任用又は更新手数料１００００円を全麺協本部に納入しなければならない。

(4) 前号の更新手続きをする場合は、本規程第20条で定める地方審査員審査技術研修会の研修を5年間で3回以上受講して修了し、再度、段位認定部における活動状況についての書類審査を受けるものとする。

第17条　段位認定会における審査員数

1　段位認定会の公平・公正を期すため、次の各号に定める複数の審査員による審査を行うものとする。

2　初段位、二段位、三段位認定会における審査員は原則として5名で、特任審査員、全国審査員及び地方審査員で構成するものとする。ただし、受験者の数、受験会場等の状況によって実施が困難な場合は、段位認定部と協議した人数の審査員とすることができるものとする。

3　四段位、五段位認定会における審査員は原則として5名で、特任審査員及び全国審査員で構成するものとする。

第18条　五段位本審査意見発表審査員及び上位段認定選考会審査員の委嘱

五段位本審査意見発表審査員及び上位段認定選考会審

査員は、必要に応じて全麺協本部において学識経験者、地域振興専門家及び全麺協役員の中から適任者を選定し、理事長が委嘱する。

第19条　特任審査員・全国審査員会議

1　段位認定部は本規程第1条に規定する目的を達成するため、必要に応じて特任審査員・全国審査員合同会議又は個別の会議を開催するものとする。この会議は、地方審査員及び開催主催者並びに段位認定会受験者等から出された技能審査に関する疑問や質問に対して統一した見解を示すとともに、審査員相互の見解の相違やばらつきについて協議し、技能審査が公平・公正に行われるようにするために開催するものとする。

2　特任審査員・全国審査員合同会議又は個別の会議結果については、全麺協ホームページ等で速やかに公開し、地方審査員、開催主催者及び段位認定会受験者等に知らせ、審査の公平・公正を期すものとする。

第20条　地方審査員審査技術研修会

段位認定部は各支部と共同して年度内に1回、地方審査員任用講習会とは別に審査技術研修会を開催するものとする。この技術研修会は地方審査員として必要な知識と審査技術について研修を行うとともに、技能審査の模擬体験等を実施し地方審査員としての審査技術の向上を図るものとする。

第21条　認定審査員資格の取消

1　認定審査員が次の各号の一つに該当する時は、認定審査員としての資格を取り消すものとする。この場合、認定審査員台帳の登載を抹消するとともに、交付された審査員認定証を速やかに全麺協本部に返還しなければならない。

2　認定審査員の審査が公平・公正でないと疑念が持たれる場合があり、及び受験者の個人情報や審査結果を漏らす行為があり、段位認定部からの要請に基づき理事会に諮って認定審査員として不適任であると認められたとき。

3　認定審査員本人から辞任の申出があったとき。

4　地方審査員が更新手続きを行わなかったとき。ただし、海外赴任、病気入院等で更新手続きが行えない特別な事由がある場合は除く。

第7章　四段位、五段位認定会の経費負担

第22条　四段位、五段位認定会の経費負担

1　本規程第10条（1）に規定する四段位、五段位受験料は、全麺協本部の収入とする。

2　審査員等に対する日当交通費、宿泊費等は、全麺協本部が支給するものとする。

3　四段位、五段位認定会開催に際して現地に派遣され、認定会業務の任務に当たる本部スタッフの日当交通費、宿泊費等については、全麺協本部が国内旅費規程の定めるところにより支給するものとする。

4　主管支部は、四段位、五段位認定会開催前に必要経費概算見積書を、終了後には精算書を全麺協本部に提出するものとする。

5　全麺協本部は、四段位、五段位認定会の開催主管に対して必要経費を支給するものとする。開催主管が支出できる支出項目は概ね次の通りとする。

(1)　会場費（会場借り上げ費、会場設営費）
(2)　印刷費（認定会パンフレット、開催報告書）
(3)　会議費（印刷費、飲み物・茶菓子）
(4)　実行委員会費（要員の弁当代、お茶代）
(5)　その他の経費については、全麺協本部と主管支部が事前に協議して決定するものとする。

第8章　補足

第23条　全麺協そば道段位認定制度を補完する役職

全麺協そば道段位認定制度を補完する役職として次のものを置く。

(1)　指導員一級（旧主席指導員）
(2)　指導員二級（旧指定指導員）
(3)　指導員三級（旧支部公認指導員）

第24条　指導員の任用

1　指導員一級は、指導員二級を3年度以上経験し、各支部から推薦され、そばに関する高い知識、高度のそば打ち技術に習熟しており、かつ人格的に他から尊敬され、指導力に優れている者の中から指導普及部が推挙し、理事長が任用する。指導員一級は全麺協各支部に若干名配置するものとする。

2　指導員二級は五段位に認定されている者の中で指導員三級を3年度以上経験し、そばに関する高い知識及び技能を有し、かつ人格的に他から尊敬され、そば打ち指導者として貢献できると認められる者の中から指導普及部が推挙し、理事長が任用する。

3　指導員三級は、四段位に認定され全麺協各支部が実施する「指導員任用講習会」の受講を修了し、各支部における活動実績等の審査を経て適任であると全麺協本部に上申された者を理事長が任用する。

4　各指導員は個人会員として納入基準金額を納付している者とする。

5　各指導員に任用された者は任用料５０００円を本部に納付しなければならない。

6　本規程改正前にすでに任用されている支部公認指導員、指定指導員、主席指導員はそのまま移行するものとする。

第25条　指導員任用講習会・指導員指導技術講習会の開催

1　支部は全麺協本部指導普及部と協議し、指導員任用講習会・指導員指導技術講習会を主催開催するものとする。

2　任用講習会・指導員指導技術講習会では、指導員の心構え及びそば打ち指導に必要な知識と技術について講習を行うが、講習の内容について支部は指導普及部と緊密に連携するものとする。

第26条　各指導員の任務

1　指導員一級

(1)　支部内におけるそば打ち技能の向上と伝統食としてのそばの普及に努めるものとする。
(2)　指導普及部及び支部長並びに当該支部内の全国審査員及び指導員二、三級と連携して、次の任務を遂行するものとする。

ア　全麺協の標準的なそばの打ち方の調査研究を行い、「全麺協モデル」の確立。
イ　所属支部内の全麺協正会員団体に対するそば打ち技術出張指導の実施計画の作成。
ウ　全麺協本部と共同して支部が実施する地方審査員審査技術研修会における指導責任者。
エ　その他、全麺協本部が実施する諸事業へ参加。
オ　全麺協研修センターにおいて指導方法、指導要領、道具の取り扱い方等についての研修を

受け、共通した指導要領により支部内の指導員二、三級への伝達。

カ　段位受験者の技術向上を図るため、指導員二級と協調して支部内で「そば打ち技術向上研修会」（三段位）を毎年度1回以上開催。

キ　支部内会員の中で指導者が不在の団体に対して、指導員を派遣して出張授業を実施。

2　指導員二級

指導普及部及び支部長と連携して、共通の認識のもと次の任務を遂行するものとする。

(1) 全麺協の標準的なそば打ちの技能を研修するための研修会における指導。

(2) 全麺協認証そば道場における巡回そば打ち指導。

(3) 全麺協正会員団体からのそば打ち指導要請に基づく出張指導。

(4) 各支部が開催する地方審査員審査技術研修会における指導。

(5) 全麺協研修センターで開催する各種研修会、講習会における指導。

(6) その他全麺協本部が開催する研修会、講習会等における指導。

(7) 指導普及部及び支部長と連携して、毎年度1回以上の「全麺協そば打ち研修会」の開催。

3　指導員三級

指導普及部及び支部長と連携して、共通の認識のもと次の任務を遂行するものとする。

(1) 支部主催の三段位受験者を対象とした所属支部内で開催される「そば打ち技術向上研修会（三段位）」における講師。

(2) 全麺協正会員団体からのそば打ち指導要請に基づき支部が派遣する出張授業の講師。

(3) 全麺協そば道段位認定制度を支えるリーダーとして地域におけるそば道の普及。

(4) 指導員は指導力を向上させるため自己研鑽に努め、指導力向上を目的とした支部主催の指導員指導技術研修会への参加。

第27条　指導員の任期

1　指導員の任期は3年度とし、再任用を希望する場合はその時点で更新の手続きをしなければならない。

2　前項による更新手続きをする場合は、再度研鑽状況や活動状況等についての書類審査を受けるものとする。

3　前項による更新手続きをする場合は、更新手数料5000円を本部に納入しなければならない。

4　更新に関わる業務は本部と連絡を密にして支部が担当するものとする。

第28条　指導員の任務遂行に伴う必要経費

1　指導員の任務遂行に伴う必要経費は、原則として当該支部の負担とする。

2　第25条の任用講習会並びに前項に定める研修会等における経費は、基本的には参加者からの受講料等で賄い、不足分については原則として当該支部の負担とする。

第29条　全麺協認証そば打ち道場等の開設

1　全麺協本部は全麺協正会員から申請があった時は、そば打ち技術・知識の普及を図るために認証道場の開設を承認し、これを運営させることができるものとする。

2　全麺協本部は、段位認定事業を推進するために全麺協研修センターを設置する。

3　1項の認証道場の開設手続き、運用に関する事項は別に定める。

第30条　疑義の解決

本規程に疑義が生じた時は、段位認定部で検討して解決するものとする。ただし、重要な事項については理事会に報告するものとする。

附則

1　この規程は、令和2年4月1日から施行する。

2　この規程は、令和3年4月1日から改正施行する。

3　次に掲げる要綱、規程、細則及び要項は廃止する。

(1) 一般社団法人全麺協素人そば打ち段位認定制度基本要綱

(2) 一般社団法人全麺協素人そば打ち段位認定制度審査基準規程

(3) 一般社団法人全麺協素人そば打ち段位認定制度認定審査員規程

(4) 一般社団法人全麺協素人そば打ち段位認定制度全国認定会実施細則

(5) 一般社団法人全麺協素人そば打ち段位認定制度段位認定審査員選考委員会設置規程

(6) 一般社団法人全麺協素人そば打ち段位認定制度「六段位」「七段位」「八段位」認定制度運用要項

表1-1　全麺協そば道段位認定 技能審査チェック項目

○:確認項目、◎:重要確認項目、●:高いレベルで確認項目　※三～五段位の●では上段位ほど精度の高さが問われる

区分	No.	項目	初段	二段	三段	四・五段	配点	合格基準点 初段	二段	三段	四段	五段
準備衛生	1	**《事前準備》**　道具の準備・取り扱いが適切であること					10	10	10	10	10	10
		①道具類は適切な位置に配置されているか（必要に応じて養生されているか）	●	●	●	●						
		②道具類の手入れはよいか	●	●	●	●						
		③ゴミ箱や代用となり得るものを持ち込んでいないか	●	●	●	●						
	2	**《衛生面》**　身支度が衛生的であり、見苦しくないこと。事前に衛生検査を実施し判定する										
		①爪の手入れ（短かく、汚れがないこと）、マニキュアの有無、手指の傷の有無	●	●	●	●						
		②調理にふさわしい服装で、清潔感があり、着こなしは見苦しくないか	●	●	●	●						
		③その他衛生面の配慮に欠ける事柄はないか	●	●	●	●						
水回し・こね（練り）	3	**《水回しの工程》**　粉の性質を熟知しているか。加水、水の浸透が十分にされているか					30	23	25	26	28	30
		①ふるい通し・粉の混合はよいか	●	●	●	●						
		②水のこぼれ、粉の散逸はないか（手荒さ・こぼれ具合）	●	●	●	●						
		③各回ごとの加水は均一に粉に浸透できているか	◎	●	●	●						
		④各回ごとの加水量は適切か	○	◎	●	●						
		⑤手の汚れは適切に落とし、木鉢も汚れていないか	○	◎	●	●						
		⑥手の動きや姿勢はよいか（身体のバランスはよいか・手先に頼っていないか）	○	◎	●	●						
		⑦加水量は適切か（見極め・硬過ぎ、軟らか過ぎはないか）	◎	●	●	●						
		⑧無駄のない作業ができているか	◎	◎	●	●						
	4	**《こね（練り）の工程》**　手際よく加重され、ムラなく練られていること										
		①こね（練り）に移行するタイミングの見極めはよいか	◎	●	●	●						
		②こね（練り）はできているか（適度な練り込み・全体の調合）	◎	●	●	●						
		③身体の使い方は適切か（腕の力だけに任せていないか）	○	◎	●	●						
		④菊練りはよいか（練りの仕上げ具合・円滑さ・形・艶の出具合）	○	◎	●	●						
		⑤へそ出しはできているか（出っ尻・手際よさ・形・空気を混入させない）	○	●	●	●						
		⑥手洗い・粉落としを行っているか	●	●	●	●						
		⑦そば玉の養生はされたか	●	●	●	●						
		⑧汗の落下はないか	●	●	●	●						
延し	5	**《延しの工程》**　適切な大きさ・形・均等な厚さに延されているか					20	13	14	16	19	20
		①鏡出し・地延しはよいか（手の当て方・手際よさ・丸の形状・厚さ・大きさ）	○	◎	●	●						
		②丸出しはよいか（手際よさ・丸の形状・厚さ・大きさ・延し跡）	○	◎	●	●						
		③四つ出しはよいか（手順・手際よさ・巻き付け・形状・大きさ・均質さ）	○	◎	●	●						
		④肉分けはよいか（見極め・手順・手際よさ・形状）	○	◎	●	●						
		⑤麺の適切な長さを確保しているか（見極め・手順・手際よさ・形状）	○	●	●	●						
		⑥本延しはよいか（手際よさ・延しムラ・形・幅・大きさ）	◎	●	●	●						
		⑦たたみ方はよいか（手順・手際よさ・重ね方）	◎	●	●	●						
		⑧麺棒の使い方（握り方・圧のかけ方・リズム感・延し棒と巻き棒の使い分）	◎	◎	●	●						
		⑨麺体に穴・破れはないか、表面は乾燥していないか	●	●	●	●						
		⑩打ち粉の使い方は適正か（適所・適量・散逸具合）	○	○	●	●						
		⑪汗の落下はないか	●	●	●	●						
		⑫各工程の時間配分と作業の効率はよいか	◎	◎	●	●						
切り	6	**《切り（包丁）の工程》**　切り幅が均等で、リズムよく切られ、切りくずが少ないこと					20	12	13	14	18	20
		①打ち粉の使い方は適正か（適所・適量・散逸具合）	○	◎	●	●						
		②麺生地の置き方はよいか（扱い方・持ち上げ方・置き方）	○	◎	●	●						
		③包丁さばきはよいか（リズム感・スピード・バランスのよさ・当て方の角度・空打ち）	◎	●	●	●						
		④姿勢はよいか、力み過ぎはないか（構え・こま板の押さえ方・安定具合・足の構え）	●	●	●	●						
		⑤包丁で延し台を傷つけないように配慮されているか	●	●	●	●						
		⑥切り幅は適当か、切り揃えはよいか、残り1/3～1/4の対処方法はできているか	◎	◎	●	●						
		⑦コマ幅はよいか（一定間隔の取り方）	○	◎	●	●						
		⑧さばきはよいか（手際よさ・打ち粉の落とし具合）	○	◎	●	●						
		⑨出来上がりはよいか（揃え・生舟への入れ方）	○	◎	●	●						
		⑩いかだはないか	○	◎	●	●						
		⑪切り残しはないか、切りくずは少ないか	◎	◎	●	●						
		⑫汗の落下はないか	●	●	●	●						

片付け	7	**《片付け》** 作業に使用した道具はよく清掃され、片付けされているか					10	10	10	10	10	10
		①道具類は所定の位置へ配置されているか	●	●	●	●						
		②延し台・脇台・床の始末はよいか（粉の散逸・残りの有無）	◎	◎	●	●						
		③木鉢の始末はよいか（拭き取り・清潔）	◎	◎	●	●						
		④麺棒の始末はよいか	◎	◎	●	●						
		⑤包丁（ヘタの付着の有無）・こま板（粉跡の有無）の始末はよいか	◎	◎	●	●						
		⑥包丁の清掃で危険はなかったか（空包丁など）	●	●	●	●						
		⑦ふるいの始末はよいか	◎	◎	●	●						
		⑧タオル、計量カップ、スクレーパーなどの小道具の片付けはよいか	○	◎	●	●						
		⑨衣服や身体へのそば粉の付着はないか	○	◎	●	●						
		⑩汗の落下はないか	●	●	●	●						
総評	8	**《そば打ち態度》** 全体的な姿勢・意気込み・気構えを判定する					10	7	8	9	10	10
		①意気込み（態度）は終始一貫して前向きな姿勢であったか	●	●	●	●						
		②周囲に影響されていなかったか	○	◎	●	●						
		③観客から助言・指導を受けなかったか	●	●	●	●						
		④終了後、道具類に触れなかったか	●	●	●	●						
		⑤余裕を持って終了宣言を行い、宣言後は品格・風格を感じる態度であったか	○	○	◎	●						
		⑥そば道に反する不正な行為はなかったか	●	●	●	●						
		⑦全体の作業がていねいで雑さはないか	◎	◎	●	●						
	9	**《活動歴とそばの品格・魅力》** 活動歴と出来上ったそばに品格・魅力・食味感を感じるか										
		①そば打ちのプロフィール（受験申込書を参照）は評価されるか	●	●	●	●						
		②打ち上がったそばは品格・魅力を醸し出し、おいしそうな食味を予感させるか	○	◎	●	●						
			合計				100	75	80	85	95	100

表1-2 段位別評価の加減と力量の目安

初段位	**基本的な作業手順の遂行のでき具合を評価する。標準的な目（判定基準）で評価する**
	1人で所定の時間内に、適切な手順でそばが打てる力量を持つ
二段位	**少し厳しい目（判定基準）で評価する**
	初段に加え、人前に出せるそばを打つことができ、家庭や仲間で「そば会」が開くことができる力量を持つ
三段位	**厳しい目（判定基準）で評価する**
	二段に加え、そば打ちを他人に教えることができ、市町村を代表してそばの紹介（歴史、文化）ができる力量を持つ
四段位	**もっとも厳しい目（判定基準）で評価する。完成度の高さを評価**
	三段に加え、人前でそば打ちが披露でき、人格に優れ、手打ちそばの普及に貢献実績を持つ。都道府県を代表してそばの紹介（歴史、文化）ができる
五段位	**さらにもっとも厳しい目（判定基準）で評価する。完成度の高さを評価**
	四段に加え、栽培、歴史、文化、健康効果などそば全般に精通し、日本の伝統食としてそばの紹介と普及ができる

表2 技能審査チェック項目の補足説明

審査項目		補足説明
全般事項	技能審査全般	・平成17年度、平成24年度 全国審査員会議における統一見解は廃止する。 ・技能7割、熱意・姿勢3割の点数配分は変えないが、高段位の審査になるほど姿勢や風格の評価を厳しくする。 ・流儀・流派・地域性によって加点、減点はせず、そば打ち作業の基本の理解度、効率性、合理性について評価する。 ・審査員からの受験者への声かけは不公平感を持たれるので慎む。 ・審査員が審査のために麺生地に触れることはよいが、受験者の作業の妨げにならないようにすること。
衛生準備	配点	段位によるあらかじめの減点はしない。
	服装関係	服装はそば打ちにふさわしいものとし、審査員の判断による。
	手洗い	審査時間外なので審査項目としない。
	汗	汗一滴の落下は1点減点とし、各工程ごとに審査する。確認した審査員のみが減点し、審査員相互の情報を共有する対象とはしない。
	けがの処置	・審査開始前に審査員の指示に従う。 ・作業中の包丁によるけがは減点もしくは手技を中止させる。
	事前の道具清掃	審査会の開始前に行うこと。
水回し	木鉢	三段位以上の審査は全麺協指定のものを使用(直径54cm)。
	ふるい	全麺協指定のものを使用(32メッシュまたは40目、直径24cm)。
	加水	・加水量の配分、方法は審査員の判断で評価する。 ・加水し過ぎで「打ち粉」を混ぜた場合は減点する。 ・手のひらに水をとることは妥当とする。
	水回し	もみ手、すり手、あおり手など手法については問わない。
こね練り	菊練り	三段位以上の審査では、菊練りが終わったら最低1人の審査員がその状態を審査し、確認する。
	手洗い	練り作業中の手洗いはとくに規定しない。
延し	延しの方法	波延し、巻き延し、手の形などは審査員の判断による。
	ひび割れ	延しでひび割れや裂け目が出た場合、作業の前に戻って判定するかどうかは審査員の判断による。
	麺棒の角度	審査員の判断による。
	麺棒の種類、本数	審査員の判断による(エンボス麺棒、4本以上)。
切り	切り板の確認	切り板の凸凹の確認作業の有無については審査に問わない。
	包丁の始末	包丁を無造作に延し台に置くことは減点する。
	切り揃え	切り揃え率は審査員の見た目で判断する。
	麺の断面	麺の断面は正方形(厚みと幅が同じ)であることが望ましい。
	包丁使い	落とし切り、押し出し、えぐり包丁は審査員の判断による。
	切りくず	・切りくずの量は厳正に審査する。 ・切りくずを隠すなど不正行為は厳しく減点する。
打ち粉	使用量	・使用量は二段位以下は300g以下、三段位以上は400g以下を目安とする。 ・使用方法、量は審査する。
	追加	打ち粉の追加は減点対象とする。(ずる玉に練り込む、打ち粉入れのぶちまけ)
片付け	配点	段位によるあらかじめの減点はしない。
	終了	・作業途中での「終了宣言」は認めるが、状況は厳しく審査する。 ・終了後の態度は審査する(姿勢、声かけ、道具に触れるなど)。
	諦め	途中で諦めた受験者には厳しい評価をする。
その他	プロフィール	申込書に記載されたプロフィールは「総合評価」の対象とする。
	受験者の人数	1組12名以内、1日60名を限度とするが、極端な少人数の審査会は認めない。

第5章 茹でと洗い、盛りつけの技術

そば道段位認定会で審査の対象となるのは、そば切りに仕上げるまでのそば打ちの工程である。第3章、第4章で述べてきたように、そば打ちの準備段階から片付けに至るまでのすべての工程が審査のチェックポイントになるのだが、茹でて洗い、盛りつけるという仕上げの工程については、現段階では段位制度の審査の対象には入っていない。

しかし、そばをおいしく食べるためには、この仕上げの技術が大切なことはいうまでもない。そばは茹で加減一つで味が変わると、そば店では言われてきた。

将来的には、高段位の審査基準の中にこの仕上げの技術も含められる可能性があるが、今後そうした審査の対象になるか否かは別として、重要な技術であるので一章を設けて解説することにする。

以下には、そば店のプロの技術を中心に紹介するが、茹で釜をはじめ、使用する機器や道具類については家庭の場合と大きく異なる。そこで、アマチュアの場合は実際には家庭の台所などで茹でることになるので、後半では家庭で茹でる場合の手法を紹介する。

しかし、プロのそば専用の機器や道具類で茹でて洗い、盛りつける場合も、家庭で行う場合も、それぞれの工程の作業の目的は同じである。そのポイントを、茹で方、揚げ方、洗い方、盛りつけ方に分けてそれぞれ紹介するので、参考にしていただきたい。

プロの茹での技術

おいしいそばの条件として、俗に「三立て」という言葉がある。その一つに茹で立てが挙げられるように、そばをおいしく食べるためには仕上げの茹で方を無視することはできない。

良質のそば粉で納得できる打ち方ができたところで、最後の茹で加減が満足できるものでなければ、すべて台無しになってしまうといっても過言ではない。プロの世界では、茹で方を担当する者の職制を「釜前」といい、重要な役割を担ってきた。

そのため、そば店の伝統的な厨房には、茹でから盛りつけまでの一連の作業がリズムよくスムーズに流れるように、茹で釜のほかに元桶と洗い桶、それに流し（シンク）が配列されているのが基本の形になっており、そば店の厨房における「三種の神器」ともいわれている。

(1) 茹でる前の確認

そばを茹でる前に、茹で加減や茹で時間の見当をつけるために次のことを確認しておくことが必要である。

・つなぎの小麦粉の割合
・加水の具合（加水量）
・手打ちか機械打ちか
・麺の太さ
・打ち上がってからの経過時間

これらの条件の違いによって、茹で方（とくに時間）に差が生じることになる。

(2) 茹で方

茹での作業に入る前に、まず茹で釜の中に異物や前に茹でたそばの残りかすが入っていないかを確認し、必要に応じて取り除く。

茹でるそばの量は、茹で釜の大きさにもよるが、できるだけ少量をさっと茹でることが好ましい。2人前ないし3人前ぐらいが理想的であるが、一般的にそば店では営業上大量に茹でることが要求されるため、そのための技術や専用の機器類や道具が必要になってくる。

茹で時間は、麺の太さによって異なるが、時計（タイマー）で計れば大きな狂いは生じない。

茹で加減は、古くから「そばの三かえり」と言われるように、そばの茹で時間は短い。加減を見極めるには経験を要する。

次に、茹で方の作業のプロセスを解説する。

①生舟から適量のそばを、こまの頭（折り返し）のほうから取り上げ、生舟の上でときほぐすように打ち粉とくずを振り落とす。

②そばを両手で持ち、扇を広げるようにして沸騰している釜の中央に静かに置くように入れる（写真1）。

③入れたそばはいったん沈んでいくがすぐに浮き上がってくるので、そこで茹で箸を入れ、そばが釜の底に沈んだままくっつかないように、釜の底を「8」の字を書くようにゆったりと2～3回動かす（写真2）。

④茹で箸を抜き、釜の蓋をして早く湯を沸き返らせる。釜蓋をしておく時間はそばの条件によって異なる。近年は釜蓋をしないことが多いが、多めの人数分を茹でる場合は釜蓋をしたほうが早く沸き上がり、茹で時間が短縮できるので、茹で上がりのそばの状態もよい（写真3）。

⑤茹で上がりの見極めは、釜の中のそばの色が変わる様子で判断する。しかし、念のため茹で箸で数本のそばをすくい上げ、指でつぶしてみるとよい（写真4）。

（3）揚げ方

茹で上がったそばを茹で釜から揚げるには、そばが掬いざる（東京のそば店では揚げざるという）に入りやすいように、釜の湯を少し回すようにして対流を利用するとよい。揚げ残しのそばが釜の中に1本でも残らないようにする。また、そばを一度ですくい上げようとして何度も掬いざるを回したりしないようにする。

写真では竹で編んだ掬いざるを用いたそば店の伝統的な手法を紹介した。しかし、最近は使いやすく衛生的ということで、そば店では柄付きのステンレス製の掬いざるに代わりつつある。

①掬いざるを裏返しにし、釜にかぶせるようにして入れる。掬いざるは縦目にして持つ。横目にして使うと竹製のざるは破損しやすく、編み目にそばがひっかかりやすい。ステンレス製の掬いざるの場合は、目に特段の注意は必要ない（写真5）。

②釜の湯の対流を利用して、掬いざるに無理なく自然にそばが入るようにする。掬いざるをゆったりと回すようにしながらそばをすくう（写真6）。

③掬いざるの先のほうにそばをまとめながらすくい揚げる（写真7）。

④釜の縁で掬いざるを引き上げるのを止め、湯をきる（写真8）。

洗い、盛りつけの技術

洗いはそばの仕上げにあたる。茹で上がったそばを掬いざるで揚げた後、手早く冷水で洗ってそばの熱を取り、ぬめりを取ってそばを締め、歯切れのよい仕上がりにすることが作業の目的である。

また、盛りつけはもり（蒸籠）にするのか、かけにするのかによって作業の手順は分かれる。いずれにしろ食べやすく、見た目も美しく盛りつけることが大切である。

（1）洗い方

洗いは、すくい上げたそばを手早く水で冷やし、ぬめりなどを取る。そばを引き締めるため、できるだけ冷水を使うとよい。

茹で釜の横には流しがあり、その横に元桶と洗い桶が配置されている。ちなみに、元桶には常にきれいで冷たい水が満たされ、洗い桶にはそばを洗うための水が満たされている。

①湯をきってから掬いざるを流しに移し、素早く熱を取るためにそばに面水（びっくり水ともいう）をかける。片手桶で元桶からきれいな水をくみ、そばが切れるのを防ぐためと、そばに

茹で方

1

2

3

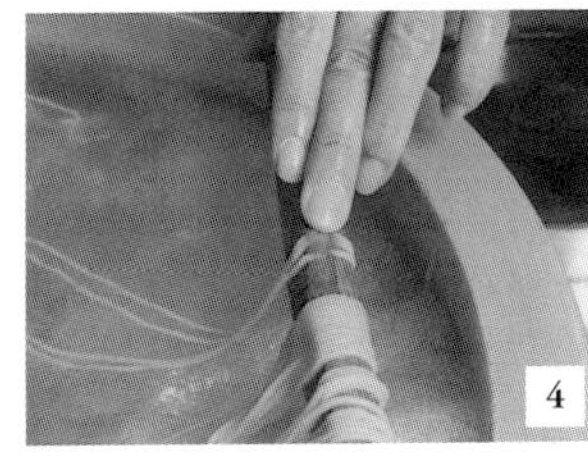
4

揚げ方

5

6

7

8

洗い方

9

10

11

12

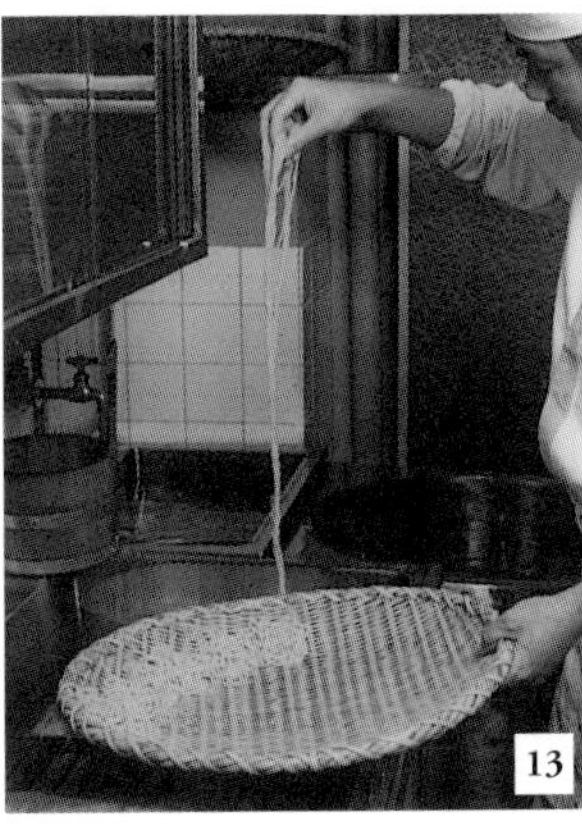
13

盛りつけ方

14

15

協力／東京都麺類協同組合

まんべんなく水をかけるため、そばに直接あたらないように片手で水を受けるようにして水をかける（写真9）。

②次に洗い桶（大き目のボウルでもよい）に掬いざるを移して、そばをていねいに素早く洗う。洗い方は、手首を使って指先を内回しでそばを回すようにしながら洗う（写真10）。

③洗い終えたら、掬いざるの先のほうにそばをまとめるようにする。竹製の掬いざるの場合は必ず縦目に使う。

④そばの上に元桶から冷たい化粧水を2～3回かけてそばを引き締める（写真11）。

⑤洗い終えたそばは、江戸そばの伝統的な手法ではきれいな水を入れた横びつという小さな木桶に移し入れ、そばのもつれをほぐして取りやすくする（写真12）。

⑥横びつからそばを少しずつ取り上げ、目の高さくらいからパラパラと溜めざるの外縁に落としていく。溜めざるの外縁を使うのは、そばの水きりを短時間で行うためである（写真13）。

　最近ではそば店でも横びつを使うことはほとんどなくなり、また少人数分ずつ茹でる店が増えたこともあって、溜めざるを使うことも少なくなっている。

　ステンレス製の水きりざるで水をきったらそのままそばを器に盛りつける例が増えているが、いずれにしろ水きりをきちっとしたほうがそばの風味は生きてくる。

(2) 盛りつけ方

　もりであれかけであれ、そばの見た目の美しさを上品にいかに表すかは盛りつけでもっとも気を使うところである。

　とくにもりの場合、そばを美しく盛ろうとして何度もそばに手を触れることは避けるようにしたい。そのため、水きりざるからそばを盛る器に一手（ひとて）盛りにする手法もある。

①溜めざるから少量のそばを指先で取り、丸であれ四角であれ、盛る器を目見当で4等分して、上からパラパラと落とすようにして対角の順に盛っていく（写真14）。

②最後にそばを見た目よく均等にならし、絡んでいるところがあれば食べやすいように指先で軽くほぐしてやる。ただし、何度もそばに触れないように注意する（写真15）。

　なお、かけそばなどの温かいそばの場合には、溜めざるからそばを取って振りざるに入れて、もう一度釜の湯の中に浸けてさっと湯通しする。振りざるを引き上げてよく振って湯をきり、丼に入れて温かいかけ汁をかける。

家庭での手法

　家庭でそばを茹でる場合は、家庭の台所にある調理機器や道具類を使うことになる。用意するものとしては、①鍋（できるだけ大きくて深いもの）、②ボウル（大きめのものを2個）、③ざる（大きめのもの）、④菜箸、⑤柄付きの掬いざる（なければ金ざるでもよい）があればよいだろう。ざるの材質はステンレス製でも竹製でもよい。

　他に、茹で時間を計る時計（タイマー）、氷（とくに夏場は必要）などがあればさらによい。水質については、水道水を使う場合は浄水器を使いたい。

　家庭でそばを茹でる場合の最大の問題は火力である。そばを入れた時に湯温が下がってしまうが、家庭のガスコンロでは火力が弱いためにどうしても再び沸き上がるまでに時間がかかってしまう。その対策として、できるだけ大きな鍋にたっぷりの湯を沸かしておくことと、一度に茹でるそばの量はできるだけ少量にすることが大切である。

(1) 茹でる前の準備

　大きな鍋にたっぷりの水（約3ℓ以上）を入れて、火にかけて沸騰させておく。

　流し（シンク）のほうには、大きなボウルに冷たい水を入れておく。また、氷を入れて水を張ったボウルも用意しておくとよい。

　実際に茹でる前に一度茹でてみて茹で時間を計り、茹で加減などを確認してみることも大切である。

(2) 茹で方

　1回に茹でる量は、鍋の大きさにもよるが2人前くらいにとどめるべきである。手間はかかるが無理をして多くを入れてはならない。

まず、生舟から適量のそばをこまの頭のほうから取り上げ、打ち粉とくずをよく振り落としておく（写真1）。ここで打ち粉をよく落としておかないと、鍋の中の湯が打ち粉で早く濁ってしまって茹で上がりが悪くなってしまう。

沸騰した湯の中に、そばがくっつかないようにパラパラと素早く入れる（写真2）。

少し多めに茹でる場合は、そばに火が早く通るように菜箸を入れてそばを少し持ち上げるようにしてときほぐす。少量であれば菜箸を使う必要はない。

噴きこぼれそうになったら火を若干弱め、そばが湯の中で回転するような火加減にする（写真3）。差し水をする必要はない。茹で加減は、菜箸でそばを1本取り上げてみて麺線の透明感で判断してもよいが、指でつぶしてみてもよい。

(3) 揚げ方と洗い方

茹で上がったと判断したら、掬いざるでそばをすくい上げ（写真4）、湯をきってから冷たい水を入れたボウルに素早く入れ（写真5）、そばを引き締める。

すぐにそばをざるにあけて水をきり（写真6）、再びそばをボウルに移し、水道水を勢いよく流しながらそばを洗ってぬめりを取る。この作業を3回ほどくり返す（写真7）。そばを洗った水が澄んでくればよい。

最後にそばをざるにあけて水をきり、氷水の入ったボウルにざるごと浸けてそばを引き締める（写真8）。10秒ほどしたら氷水からざるを揚げて、そばの水をきっておく。

(4) 盛りつけ方

よく水をきったそばを、そばを盛る器に上から少しずつパラパラと落とすように盛りつける。

最近は、みずみずしさを出すためにそば店でもあまり水をきらずに盛って出す傾向が多く見られる。しかし、水がきれたところで盛りつけてすぐに食べてもらうのが理想的である。

家庭での手法

1

2

3

4

5

6

7

8

撮影協力／さいたま蕎麦打ち倶楽部

知識篇

知識篇

第6章 そば切りの歴史とそば文化

蕎麦研究家
岩﨑信也

そば切りの起源

現在のところ、そば切りの初見は長野県木曽郡の定勝寺で発見された記録（『定勝寺文書』）だ。戦国時代の天正2年（1574）、同寺で行われた工事の際に、寄進されたそば切りが振る舞われたと書かれている。従来、そば切りに関するもっとも古い記録は江戸時代初期、近江の社僧慈性の日記（『慈性日記』）の慶長19年（1614）の記述とされていたから、40年遡ったわけである。

わが国でのソバ栽培は5世紀には始まっていたといわれる。養老6年（722）には、有名な元正天皇の詔（大旱魃に際して麦とソバの栽培を奨励した）が出されている（『続日本紀』）。ところがその後、そばは長く歴史の表舞台から姿を消してしまう。

わが国最初の麺は奈良時代初期から文献に登場する麦縄（索餅）であり、小麦粉で作る手延べ麺である。南北朝時代から室町時代にかけて、小麦の手延べ麺は現在のそうめんに近い索麺（素麺）へと進化する。延ばした生地を切って作ったと考えられる切麺（ひやむぎ）や饂飩（うどん）も現れているが、どういうわけか、そば粉で麺を作ったという記録は見当たらない。たとえば、室町時代の史料にも「そば」という言葉は出てくる。しかし、当時の「そば」が、そば粉、そば粒、そばがき、そば麺のどれを指していたのかという裏づけがないのである。

文献上、そば粉を麺に加工したと認められるのは「そば切り」という表記があった場合であり、その初見が『定勝寺文書』ということだ。結局、そば切りの起源は、いまだ確定されていないというしかないわけである。

なお、元正天皇の詔では「蕎麦」の字が当てられているが、当時はソバではなくソバムギと読んだ。延喜18年（918）成立の『本草和名』では、ソバの和名として「曽波牟岐」の字を当ててソバムギと訓読している。そのほかソバには、クロムギ、ソマムギの異名もあった。ソバ

●定勝寺
長野県木曽郡大桑村須原にある古刹。この寺に伝わる文書の中に、そば切りが振る舞われたとの記録がある。『信濃史料』第14巻に収録。

ムギが略してソバと呼ばれるようになるのは、室町時代後期頃のことと考えられている。

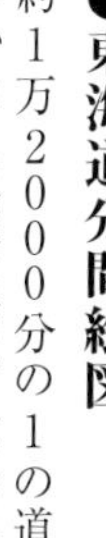

江戸時代初期のそば切り

そば切りの製法を記した最初の記録は、寛永20年（1643）版『料理物語』である。ただし、この書の成立は慶長年間（1596〜1615）にまで遡る可能性もあるそうだ。

記述は大変具体的で、飯の取り湯やぬるま湯などでこねて蒸して仕上げるとあるが、つなぎの小麦粉には触れていない（第8章参照）。また、そばに用いる汁と薬味についても書かれている（第9章、第10章参照）。

寛永19年の御触書などによれば、当時すでに各地の農村などで、うどんや切麦（切麺）とともにそば切りが売買されていたが、たんなる売買で麺類店があったわけではないらしい。

麺類を食べさせる飲食店としては、万治年間（1658〜61）の『東海道名所記』が街道筋の茶屋を紹介している。ただ、いずれも「うどん・そばきり」とまだうどんが先に書かれているが、元禄3年（1690）刊『東海道分間絵図』になると、うどんとそば切りの立場が逆転する。東海道の宿場、立場の茶屋28カ所のうち、そば切りを看板にする店が20カ所、うどん・そば切りが6カ所、うどん、そうめんが各1カ所と、そば切りのみを売る店が圧倒的になっている。

江戸の町中では、早い時期からうどん屋が営業していたと考えられるが、店売りのそばの最初は、寛文4年（1664）頃に吉原に現れた「けんどんそば切り」とされる。

寛永年間に浅草で正直蕎麦というそば屋が創業したという説もあるが、この説には、江戸時代から異論がある。

けんどんそば切りは、吉原にあった麺類屋が売り出したそば切りの名で、安価であることを、当時の安女郎・喧嘩女郎になぞらえて名づけられたと伝えられる。その後、麺類や飯、酒などを一杯盛り切りで売る店を「けんどん屋」と呼ぶようになった。延宝年間（1673〜81）頃には、京・四条河原にもあったという。けんどんにはさまざまな字が当てられてきたが、現在は「慳貪」が定着している。

けんどんそば切りは、吉原という特殊な立地だったため当初は約30文と高価だったが、たちまち人気となって世間に広まったせいか、わずか4年ほど後の寛文8年には8文が相場になっていた。

延宝から貞享年間（1684〜88）頃になると、けんどんそば切りに代わって「蒸しそば切り」が流行るようになるが、これは上方でも流行ったようで、井原西鶴の『好色一代女』（貞享3年刊）にも美食好みの女の好物として大坂の蒸しそばが出てくる。

ところで『料理物語』では、そばはいったん茹でてから蒸して仕上げるとしている。おそらく、けんどんそば切りもこの製法だったが、蒸しそば切りとあえて名乗ったのは、湯通しせずに蒸籠で蒸したためといわれる。そば屋ができる前の江戸時代の初期には、菓子屋がそばを作っていたが、菓子屋は饅頭などの蒸し物を扱う。

●東海道分間絵図
約1万2000分の1の道路地図。東海道五十三次がかなり正確に描かれ、宿場、立場の茶屋で扱う麺類など食べ物の記載がある。左の図は神奈川あたり。

●砂場いづみや
寛政10年（1798）刊の『摂津名所図会』に描かれた「砂場いづみや」の店内の様子。

そのため、蒸すという製法が編み出されたのではという説もある。

ちなみに、そば屋の起源については、大坂発祥説がある。

宝暦7年（1757）板の『大坂新町細見之図　澪標』の記述によると、大坂・新町遊郭近くの通称砂場というところに、「和泉屋」と「津国屋」という2軒の麺類屋があった。ともに「砂場」という俗称で呼ばれていたが、このうち「津国屋」の創業年について、嘉永2年（1849）刊の『二千年袖鑒』という本が天正12年（1584）と書いているのである。

もしもこれが事実とすれば、「津国屋」はわが国最古のそば屋ということになるわけで、そば屋の東西本家論争の火種にもなった。しかし、根拠となっているのが幕末近くの文献だけで、ほかに裏づける史料がないことが、この説の弱点である。

●風鈴そば
屋台の軒先に風鈴が吊り下がっている。弘化4年（1847）『女郎花五色石台』初集下帙より。

夜そば売りから夜鷹そばへ

江戸のそば屋の発展は、屋台（担い台）のそば屋（夜そば売り）の存在なくして語れないが、その発祥については明らかではない。江戸では度重なる大火に懲りて、寛文元年（1661）に夜の煮売りが禁止されているが、御触書は売り物には触れていない。しかし、25年後の貞享3年（1686）の御触書には、わざわざ、

　饂飩蕎麦切其外何ニ不寄

とあり、うどん、そば切りが夜売りの代表的な商品になっていたことがわかる。しかし、饂飩蕎麦切の順序から察するに、この時代はまだ、うどんの人気が高かったようである。なお、そば切り、うどんを商う夜売りの登場は、文献上は、延宝4年（1676）の記録がある京都のほうが早い。

夜そば売りがいつ頃から「夜鷹そば」と呼ばれるようになったのかは定かではないが、遅くも元文年間（1736〜41）の頃には夜な夜な売り歩いていたらしい。

江戸での麺類の夜売りが日常化した時期も不明なのだが、夜鷹そばと呼ばれた頃には、重陽（陰暦9月9日）から雛の節句（同3月3日）までと期間は限られていた。つまり、寒い季節の間だけかろうじて認められたということで、売り物はぶっかけ専門であった。しかし、寛政11年（1799）に最後の取り締まりの御触書が出されて以降は、期限も曖昧になっていったらしい。

夜鷹とは、夜間に道端で客の袖を引いた私娼

のことで、京では辻君、大坂では惣嫁と呼んだ。

江戸の夜そば売りが夜鷹そばと呼ばれた理由については、客に夜鷹が多かったからとか、夜鷹の値段の10文がそばの値段と同じだったからなど諸説がある。

宝暦年間（1751～64）頃になると、夜鷹そばに対抗して「風鈴そば」が現れる。風鈴を屋台に下げた風鈴そばはたちまち人気になったが、その理由は、何といっても清潔で、しかもぶっかけだけでなく種物（しっぽく）も売っていたことにあったといわれる。とにかく夜鷹そばの不潔さは目に余るものだったようで、腹の減った夜鷹そば屋が、売り物のそばは汚くて食えないからと家に帰るという笑い話まで残されているほどだ。

しかし、やがて夜鷹そばが風鈴を付け、風鈴そばは呼び声を上げて触れ回るようになったことで、両者の区別がつかなくなる。

ぶっかけ、もり、ざる

蒸しそば切りが流行した時代、そばは平椀や皿に盛って供されていたが、実は、食べ方（つゆをどのようにつけていたのか）は正確にはわかっていない。

しかし、元禄5年（1692）に出された女性のための教訓書『女重宝記』の「そうめんの食べ方」に、興味深い記述がある。そうめんは汁（の器）に椀からすくい入れて食べるとしているのだ。うどんの食べ方も同じ。問題はそば切りの食べ方で、男のように汁をかけて食べてはいけないと戒めている。

つまり、そば切りは現在の冷たいそばと同様に、つゆにつけて食べていたわけだ。そして、この戒めは、いちいちつゆにつけないで、椀または皿のそばに直接つゆをかけて食べる男がかなりいたことを示している。

この「ぶっかけ」の元祖は、現在の日本橋あたりにあった「信濃屋」で、近所で働く人夫たちが立ったまま食べられるように、冷やがけにして出したのが始まりといわれる（年代は不明）。元禄初期には下賤な食べ方と見られていたようだが、明和6年（1769）版の女性用教訓書では、一応は戒めながらも、皿を取り上げず、下に置いたまま食べればいいという逃げ道を用意している。古川柳に次の句がある。

ぶつかけを花嫁片手ついて喰ひ
尻を高くしてぶつかけ娘くひ

ぶっかけが流行し始めたことで、それまでのつゆにつけて食べるそば切りは「もり」と呼んで区別するようになったらしい。安永2年（1773）の次の句が、「もり」の初出とされる。

おニかいハぶつかけニツもり一ツ

そもそも「ぶっかけ」は「ぶっかけそば切り」の略だが、ぶっかけをさらに略した「かけ」の呼称が現れるのは寛政年間（1789～1801）頃のことである。

なお、いま冷たいそばといえば「もり」か「ざる」だが、登場時期はざるのほうが早い。ざるそばの元祖とされるのは、江戸中期に深川洲崎にあった「伊勢屋」で、竹で編んだざるに盛って「ざる」と名乗り評判になったという。享保20年（1735）刊『続江戸砂子』に、江戸の名物そばのひとつとして紹介されている。

二八そばの登場

江戸のそばといえば「二八そば」が一種の代名詞になっているほどで、現在のそば店でもよく使われる言葉である。

二八そばという名称については、江戸時代からいろいろな考証があるが、その始まりについては、文政13年（1830）自序の随筆『嬉遊笑覧』をはじめとするいくつもの本が、享保年間（1716～36）の半ば頃に、神田あたりで「二八即座けんどん」という看板を出した店があったという説を採用している。享保半ば頃の巷談を集めた本とされる『享保世説』（編者不祥）の享保13年に、

仕出したは即座麦めし二八そば
みその賃づき茶のほうじ売

という落首が紹介されているそうだ。享保年間といえば、夜鷹そばの記録が現れる直前の時期である。

そばは開府以来、長くうどんの後塵を拝してきていた。けんどんそば切りや蒸しそば切りが人気を集めた時期があったものの、流行は一時的なものであり、麺類屋がうどんもそばも売るという営業形態はほとんど変わらなかったと推定される。当然のことながら、麺類の夜売りもうどんが主流であった。

しかし、屋台店とはいえ、ともかくもそばを専門とする夜鷹そばが現れたということは、享保の頃にはそばが人気を集め始めていた証といえよう。そして、ほぼ同じ時期に、二八そばも登場する。江戸がそばの町に変貌していく時期の特定はおそらく不可能だろうが、この時代がその前夜に当たっていることは間違いないだろう。二八そばは、そういう意味でも象徴的なそばである。

江戸のそば屋の隆盛

さて、江戸時代随一のそばの名著といわれる『蕎麦全書』の脱稿（現存するのは稿本であり、出版されたかどうかは不明）は、二八そばの記録から約20年後の寛延4年（1751）である。

著者の日新舎友蕎子（にっしんしゃゆうきょうし）は江戸の住人というだけで、人物像はまったくの謎とされる。しかし、この本はたんなる見聞記や随筆ではない。自らそばを打つ著者が、ソバの産地からそば粉の吟味、つゆの製法や薬味に至るまで詳細に述べている専門書というところに、他書とは違う価値がある。

『蕎麦全書』は江戸市中のそば屋72軒を挙げているが、興味深いのはそれぞれのそば屋が掲げていた名目である。名目とは、そば屋が売り込みのために使ったキャッチフレーズのようなものだが、さまざまな名目があったということは、寛延頃にはすでに、そば屋がかなりの活況を呈していたことを雄弁に物語っているからだ。以下、それらの名目の一部を挙げておこう。

・ソバの産地名を取ったもの

戸隠そば、さらしな、信濃そば、ねざめそば、武蔵野そば、深大寺そばなど。

友蕎子はソバの産地の筆頭として信州を挙げているが、信州はかなり以前から名産地として知られていたらしい。江戸近辺の産地では、武蔵野の深大寺が有名だった。

・品書きを看板にしたもの

しらいと、白菊そば、ぶっかけ、しっぽくそば、蒸そば、吉野そば、三色そば・五色そば、御膳そばなど。

しらいと、白菊は、色が白いことを強調したもの。吉野そばは吉野葛を混ぜて打ったそば。三色・五色そばの内容は不明。御膳そばには上等なそばといった意味もあったが、色の白いそばを指していた可能性もある。

・そばを供す道具を名目にしたもの

籠そば、ざるそば、釣瓶（つるべ）そば、重箱けんどん、すきやけんどん、にしきそば、朝日そばなど。

釣瓶は井戸水を汲み上げる釣瓶桶に似た容器。これに入れて持ち帰りができるようにしたのだろうか。すきやは数寄屋。器に数寄を凝らしましたという意味だろう。にしき（錦）そばは、錦手の器を使ったそば。朝日そばとは、錫（すず）の茶碗にそばを盛り、秋田杉の曲げ物の蓋をして、さらに春慶塗の桐箱に入れたとある。

・縁起をかついだもの

豊年、千とせ（千歳）そば、長生そば、おきな

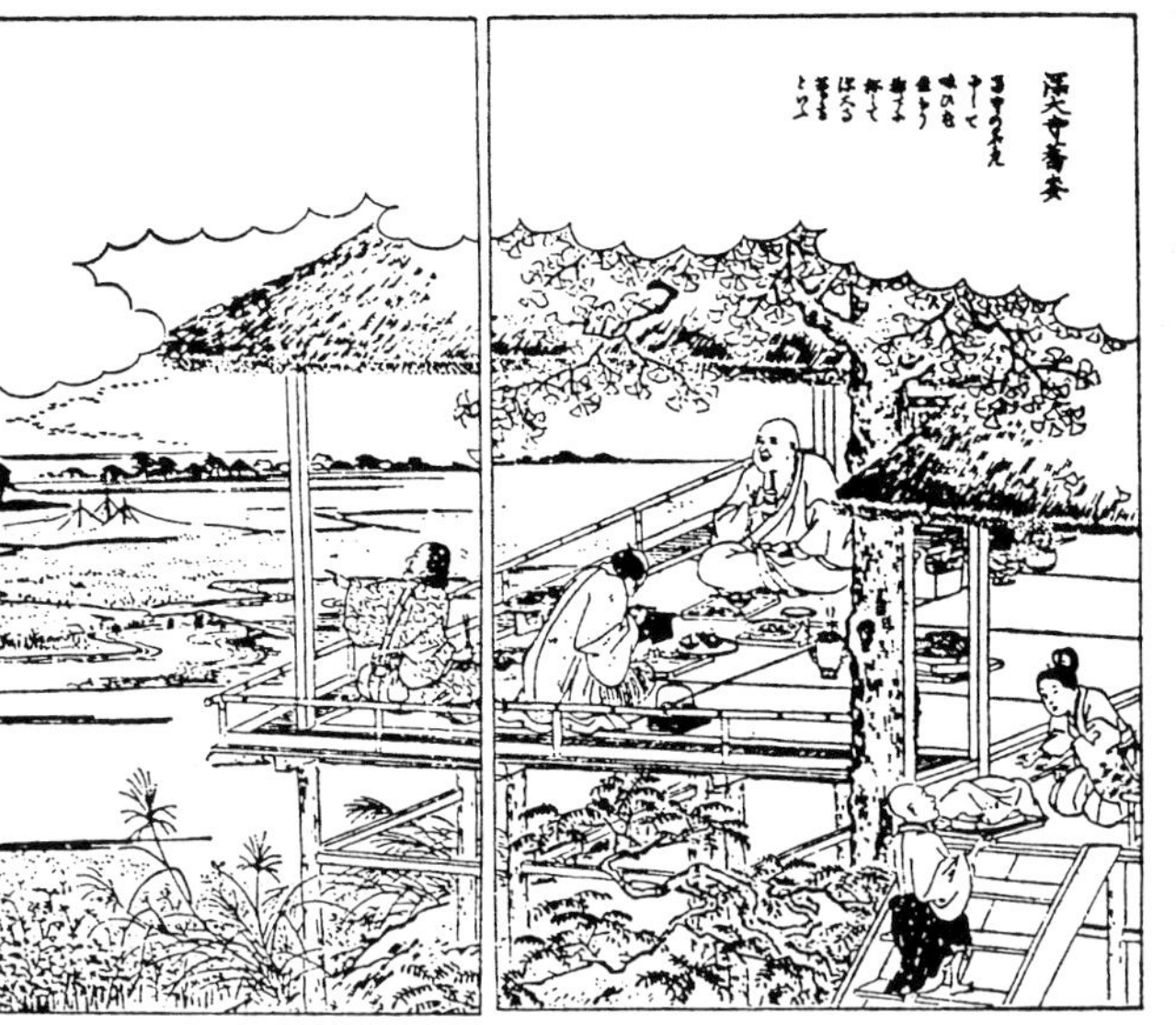

●深大寺そば
文政12年（1829）版の『江戸名所図会』に描かれた深大寺そばの図。

（翁）そばなどがある。

そのほか、売り値を掲げた名目として、二八そば、二六そばが挙げられているが、友蕎子は次のように書いている。

一等次なる物には二八・二六そば処々にあり

友蕎子はそば粉１００％で打つ生粉打ちを最上のそばと断言し、自らも生粉で打っていたようだから、「一等次なる」というのは、生粉打ちに次ぐということだろう。では、「二八」と「二六」とは何を意味するのか。

江戸時代から現在に至るまで、いろいろな説が出されているが、通常、16文の代価説と、そば粉と小麦粉の配合率説とに分かれる。

代価説の根拠は「二八、一六」の語呂であるが、そうすると、二八の場合は1杯16文でなければいけないことになる。しかし、「二八即座けんどん」の売り出される前の享保頃のそばの値段は6〜8文。寛保年間（１７４１〜44）から幕末近くまでは16文だが、慶応年間（１８６５〜68）には20文、24文と値上がりしている。

しかも、二八、二六だけでなく三四というのもあり、さらに、二八うどん、二六うどんもあった。

これでは収拾がつかないわけだが、そばの値段が16文を超えた慶応年間を境にして、それ以前は九九による代価説、以後は配合率説をとるのが合理的という考え方がある。

江戸時代末期の品書き

江戸時代末期の風俗考証書『守貞謾稿』は、当時のそば屋の事情についての貴重な記録だが、天保から嘉永にかけての時代（１８３０〜54）の江戸のそば屋の品書きを、次のように記している。

御膳大蒸籠（代四十八文）
そば（代十六文）
あんかけうどん（代十六文）
あられ（代二十四文）
天ぷら（代三十二文）
花まき（代二十四文）
しつぽく（代二十四文）
玉子とじ（代三十二文）
上酒（代四十文）

これは、そば屋の行燈や壁の張り紙に書かれた品書きとの但し書きがあり、この品揃えが一般的だったのだろう。同書によればそのほか、鴨南蛮、親子南蛮などもあった。注目すべきは、いずれの品も現在もそば屋で出しているものばかりということで、そば屋の品書きはこの時代にほぼ完成されていたということだ。

種物は元禄時代頃から始まったぶっかけを基本に、いろいろな具をのせることで発展したと考えられる。もっとも早く登場したのはしっぽくそばで、『蕎麦全書』によれば、同書の書かれた寛延の頃のことらしい。

しっぽくとは元禄頃から長崎で盛んになった和風中国料理・卓袱料理のことだ。その料理の中に五目汁そばのような麺料理があり、それをヒントに創作したようだ。具は玉子焼き、かまぼこ、シイタケ、クワイなどが一般的だった。ただし、風鈴そばのしっぽくはそんな豪華版ではなく、せいぜいチクワをひと切れ入れた程度だったようである。

花まき（花巻）も意外と古い品書きで、安永4年（１７７５）の『そば手引草』に出てくる。あぶった浅草海苔をもんでかけそばに散らしたもので、「花巻」の名は浅草海苔を磯の花にたとえた言葉という。

天ぷらそばが売り出された時期は定かではないが、文政10年（１８２７）の川柳に詠まれているから、その少し前あたりのことかもしれない。当時の天ぷらは、江戸前の芝エビをかき揚げ、または串揚げ風に揚げてそばにのせたらしい。クルマエビが主流になるのは、東京湾の芝エビが激減した昭和以降のことである。

あられそばは、バカ貝（アオヤギ）の貝柱を生のまま、熱いかけそばにのせる冬の種物。寛政年間（１７８９〜１８０１）から天保の間に売り出されたらしい。

鴨南蛮の元祖は、文化年間（１８０４〜18）に馬喰町にあった「笹屋」というのが定説。『守貞謾稿』は「鴨肉と葱を加ふ。冬を専とす」としか書いていないが、『嬉遊笑覧』は「又葱を入る、を南蛮と云ひ、鴨を加へてかもなんばんと呼ぶ、昔より異風なるものを南蛮と云ふによれり」としている。

ただし、鴨とはいってもマガモではなく、アヒルや雁の肉を使う店が多かったようだ。親子南蛮については『守貞謾稿』も「鴨肉を加へし鶏卵とじ也。けだし鴨肉といへども、多くは雁などを用ふるもの也」と書いている。

以上のほか、幕末頃には「おかめそば」も登場する。おかめそばは現在も基本の種物のひとつになっているが、本来はマツタケの薄切りをおかめの鼻に見立ててのせるもので、マツタケの旬である秋の季節そばだったという。元祖は下谷にあった「太田庵」で、この人気のために、しっぽくそばが姿を消してしまったとされる。

蒸籠と丼鉢

『守貞謾稿』は、そばの食器については次のように記している。

江戸は、二八の蕎麦にも皿を用ひず、下図の如き、外面朱ぬり、内黒なり、底横木二本ありて竹簀をしき、其上にそばを盛る。是を盛りと云。盛そばの下略也。だし汁かけたるを上略して、掛と云。かけは丼鉢に盛る。天ぷら、花巻、しつぽく、あられ、なんばん等、皆丼鉢に盛る。

図（下図参照）には、4段重ねにした角出し蒸籠とつゆ徳利、猪口が描かれている。幕末頃からそばは、ほぼ現在と同じ供し方をしていたことがわかる。

そば屋での蒸籠の使用については、安永6年（1777）刊の評判記『富貴地座位』に「せいらう」を名目とするそば屋が2軒載っているのだが、これが天保期のような蒸籠を使っていたことを表しているのかどうか、詳細は不明である。

そもそも、そばを蒸籠に盛って供するようになった時期が特定されていない。慶応年間に書かれた随筆『五月雨草子』によると、著者がまだ子どもだった文化年間（1804〜18）末頃のそば屋では、

必ず磁皿に盛りて出す物なり。蒸籠に盛るは極略したることにて、遥後に出来たりといふ。

たしかに、文化以前の史料ではっきりと蒸籠に盛ると書いたものはないようで、浮世絵などを見ても、器は皿や椀、丼のようなものが圧倒的で、箱型のものの場合も中が見えないので蒸籠とはいいきれない。

丼鉢状の器は江戸時代中期の頃からそばの器として使われていたが、そうすると、丼鉢は温かいそば用、冷たいそばは蒸籠に盛るという供し方が江戸のそば屋に定着したのは、それほど古い話ではないのかもしれない。なお、蒸籠をそばの器にした理由は、かつてそばを蒸していた時代の名残という説が有力のようである。

ダイコンの搾り汁

カツオ節のだしに濃口醤油、砂糖、ミリンという江戸のそばつゆは、遅くも文化文政時代（1804〜30）には完成され、市中のそば屋に定着していたと考えられる（第9章参照）。

『守貞謾稿』によれば、京・大坂では、だしにはカツオ節を使うが、ミリン、砂糖は使わず酒

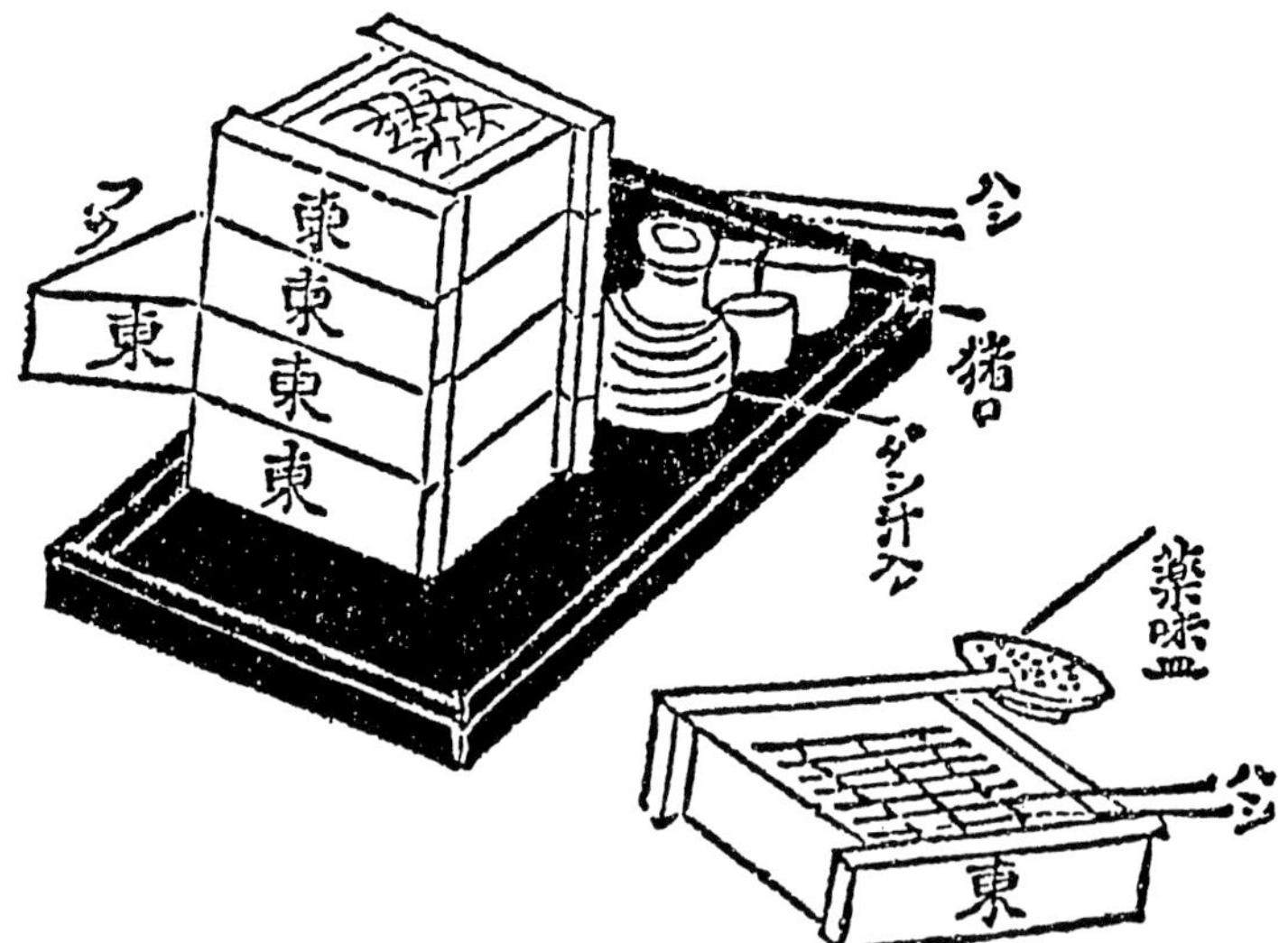

●**盛りそば**
『守貞謾稿』に描かれた蓋付きの蒸籠と猪口、つゆ徳利の図。

を用い、醤油は淡口醤油である。いずれにしろ、江戸時代後期には、三都ともに、そばつゆは醤油味になっていたわけだ。

しかし、醤油が高級品で手軽に使えなかった地方や農山村では、そばはダイコンの搾り汁で食べるものであった。『蕎麦全書』は、ダイコンの搾り汁はそばの薬味の中でもっともよく合い、辛いほどよいとしているが、もともとそばとダイコンは相性がよいとされていた。

越前のおろしそばは江戸時代から続いている、ダイコンの搾り汁を利用した代表的な食べ方だが、いつ頃から始まったのかはわからない。

享和2年（1802）版『料理早指南（りょうりはやしなん）』の「山家集」は山村での料理を記したものだが、その中に、そばのつけ汁とする搾り汁の作り方が出ている。そば用に限ると断ったうえで、熱い灰の中に入れておいた木曽大根をおろして布ごしし、焼き味噌を少しすって混ぜ、さらに布ごしして使うというものだ。

この汁の作り方は現在も木曽地方で受け継がれており、あまりの辛さから「からつゆ」とも「鬼汁」とも呼ばれる。上伊那では、同様の食べ方を「たかとお」と呼ぶ。

信州では「おしぼり」という食べ方も伝えられているが、これは辛味大根の搾り汁に焼き味噌、削り節、刻みネギなどを加えて味をととのえるものだ。

また、信州の冬の「おにかけそば」は、山菜やキノコ、凍り豆腐などを具にした味噌味（または醤油味）の汁を煮立てた中で、「とうじかご」と呼ぶ竹製の柄の長い編み籠にそばを入れて温め、たっぷりの具と一緒に食べる。

この「にかけ」については、江戸中・後期の国学者・菅江真澄の随筆集『かたゐ袋』に、天明3年（1783）に信濃で食べたという記述がある。

江戸時代、醤油は高級品でも、味噌は自家製が当たり前で、各地に普及していた。そのため、大都市以外のそばつゆは、基本的に味噌仕立てになったものと考えられる。

江戸から明治へ

『守貞謾稿』によると、幕末の万延元年（1860）に、玄ソバの騰貴対策のために談合したそば屋の軒数は3763軒。しかも、この軒数には夜そば売りは含まれないというから、江戸のそば屋の繁盛ぶりがわかろうというものだ。

明治に変わってまもなく、夜そば売り（夜鷹そば）は姿を消す。鍋焼きうどんが流行したせいともいわれるが、文明開化によって生活様式全般が変わったことも起因しているに違いない。明治10年頃には、開化風俗の象徴であった牛鍋にヒントを得たらしい「開化南蛮」や「牛開化そば」が売り出されたが、品書きに定着することはなかった。

ところで、『守貞謾稿』は幕末のそば屋を評して次のように書いている。

> 従来二八、後に二十四文の物を商ふを駄蕎麦と云。駄は惣て粗を云の俗語也。駄にも行燈等には手打と記せども、実は手打と云は別に精製を商ふ店あり。真の手打蕎麦屋には二八の駄そばはうらず。

いうまでもなく、江戸時代に製麺機はない。最初に開発されたのは明治16年だが、普及するのは大正に入ってからのことだ。

製麺機がなく、手打ちしか方法がなかった時代に「手打」が強調されているのは、まさに「精製」を商っているかどうかという問題だからである。『守貞謾稿』のいう「精製」は、文脈から読むと、小麦粉でつないだ二八そばではないそば、つまり生粉打ちのそばということになる。ただ、『蕎麦全書』によると、当時すでに、製粉の仕方によるそば粉自体の優劣も問題視されていた。すると、「精製」は生粉打ちというだけでなく、上等のそば粉を使用したそば、という意味合いも込められていた可能性もある。

それはそれとして、江戸時代中期頃から「手打」あるいは「御膳」「生蕎麦」といった言葉が、丹精を込めた上等のそばという意味でキャッチフレーズ的に使われていたが、幕末頃にはかなりいい加減に使われていたらしい。

現在も暖簾や看板に「御膳」とか「生蕎麦」と書く店が多いのは、この時代の名残である。

江戸時代そば年表

1574年（天正２）そば切りの初見。「定勝寺文書」（長野県木曽郡）

1582年（天正10）本能寺の変
1583年（天正11）豊臣秀吉が大坂城の建設に着手
1584年（天正12）大阪・新町に「砂場」の前身、「津国屋」が創業？

1600

【家康】
1600年（慶長５）関が原の戦い
1603年（慶長８）江戸幕府を開く

【秀忠】
1614年（慶長19）「慈性日記」（近江多賀神社の社僧の日記に、江戸の寺でソバキリを馳走になったとある）
1615年（元和１）大坂夏の陣で豊臣氏滅ぶ

【家光】
1622年（元和８）茶会の席の献立にソバキリの記述（『松屋久好茶会記』）

1637年（寛永14）島原の乱

1643年（寛永20）『料理物語』にそば切りの製法とそばつゆ（味噌味）の記述

1650

【家綱】
1657年（明暦３）江戸明暦の大火。吉原も浅草の山谷に移転（新吉原）
1658～61年（万治年間）『東海道名所記』の街道筋の茶屋紹介に「うどん・そばきり」の記述
1661年（寛文１）江戸の大火により夜の煮売り禁止令が出る
1664年（寛文４）店売りのそばの初見。吉原にけんどんそば切り登場

1673～81年（延宝年間）京都に「けんどん屋」が登場

1676年（延宝４）そば切り、うどんを商う夜売りの初見、京都で（『日次紀事』）

【綱吉】
延宝から貞享にかけて「蒸しそば切り」が流行。上方でも流行

1686年（貞享３）夜の煮売り禁止の御触書に「饂飩蕎麦切」の記述あり
1690年（元禄３）『東海道分間絵図』の街道筋の立場紹介に「そば切り」看板の記述

1697年（元禄10）『本朝食鑑』に寒ざらしそばの製法の記述

1700

1702年（元禄15）赤穂浪士の仇討ち

17世紀の終わりから18世紀の初めにかけて関西からの下り醤油が、江戸で普及し始める

【家宣】
1706年（宝永３）森川許六著『風俗文選』刊。信州本山宿説
1704～11年（宝永年間）天野信景著『塩尻』。甲州天目山説

【家継】
1716～36年（享保年間）二八そばの名称が使われるようになる（『衣食住記』他）
1717年（享保２）大岡越前守江戸町奉行に就任

【吉宗】
1735年（享保20）「ざる」の初見。江戸・深川洲崎の「伊勢屋」の名物そばとして登場
1736～41年（元文年間）夜鷹そばがこの頃、登場する

1748～51年（寛延年間）この頃、製粉技術が進歩して精製された御膳粉も挽かれるようになる

1750

【家重】
1750年（寛延３）変わりそばの初出。『料理山海郷』に「玉子蕎麦切」が紹介
1751年（寛延４）『蕎麦全書』（日新舎友蕎子著）脱稿
・小麦粉のつなぎ使用の明確な記述
・醤油を使うそばつゆの製法の記述
・しっぽくそばの初見

【家治】
1751～64年（宝暦年間）風鈴そばが登場

18世紀後半から、関東の安くて品質のよい地回り醤油が大量に出回る

1773年（安永２）「もり」そばの初見（古川柳）
1775年（安永４）花巻そばの初見（『そば手引き草』）
1781年（天明１）安房でも改良土佐節の製法が伝わり、さらに伊豆（1801）にも伝わる
1783～88年（天明３～８）天明の大飢饉

1786年（天明６）浅草の道光庵がそばの営業を禁止（蕎麦禁断の石碑）

【家斉】
1789～1801年（寛政年間）「ぶっかけ」を略した「かけ」の呼称が現れる

1799年（寛政11）夜の煮売りの禁止の最後の御触書

1800

1803年（享和３）「小堀屋秘伝書」（千葉・佐原）成立。変わり麺57種
1804年（文化１）遅くも、文化文政時代には、カツオだしに濃口醤油、砂糖、ミリンでつくる江戸そばのつゆが完成

1809年（文化６）大田南畝の随筆『玉川砂利』刊
1811年（文化８）鴨南蛮の初見（式亭三馬著『四十八癖』）

1827年（文政10）天ぷらそばの初見（古川柳）

1830年（天保１）天保の大飢饉

【家慶】

1850

1859年（安政６）安政の大獄

【家定】
1860年（万延１）玄ソバの騰貴対策に江戸の3763軒のそば屋が談合（『守貞謾稿』）

【家茂】
1865年（慶応１）
この頃、本郷根津の太田庵が「おかめそば」を創作

【慶喜】
1868年（明治１）明治維新

知識篇

第7章　さらしなそばと変わりそばの技術

蕎麦研究家　岩崎信也

さらしなそばの歴史

　さらしなそばは真っ白な色が美しいだけでなく、ほのかな風味と独特の爽やかな舌ざわりのよさが身上だ。田舎そばはもとより、並そばの「そばらしさ」とは対極にあるそばといえる。近年は、このさらしなそばの魅力が広く知られるようになり、品書きに載せるそば店も増えている。

　では、さらしなそばはいつ頃からつくられるようになったのか。その起源や発展の経緯については、そばそのものの歴史と同様、不明な点が多い。

　まず、「さらしな」という言葉の意味だが、信州の更級郡が古くから良質な玄ソバの集散地だったことに由来するとか、本来は水でさらしたように白いそば粉を意味したなど諸説があるが、これといった定説はない。

　水でさらすということでは、葛粉や片栗粉などのでんぷん粉の製法や麻や綿のさらし布を連想させられるが、実際、江戸時代の信州では、寒中に清流の寒の水でさらしてから天日乾燥させた玄ソバを「寒ざらしそば」と呼び、珍重されていた。この寒ざらしそばは信濃国高遠藩が将軍家への暑中献上品としていたが、元禄10年（1697）刊の『本朝食鑑』に早くも製法が書かれている。

　ただし、当時の寒ざらしそばが、白いそば粉を取るための方法だったのかどうかは疑問である。高遠藩が献上品としたのも、夏の暑中にも新そばの風味を楽しめたからだとされているだけで、そば粉の白さについての記録はない。

　語源の詮索はさておき、「さらしな」という言葉がそば史に登場するのは、江戸時代中期になってからである。江戸時代随一のそばの名著『蕎麦全書』（寛延4年・1751脱稿）には、寛延当時の江戸市中の主なそば屋の名目（売り込みのためのキャッチフレーズ）が多数挙げられているが、その中に「さらしなそば」と「更級そば」が出てくる。そのほか「戸隠」や「信濃」「木曽」などと銘打った店も多く、江戸では信州そばの名声が高かったことを示している。

　また、同書には「しらいと」「白菊そば」「雪巻そば」といった名目も紹介されている。こちらはいずれもそばの白さを強調したものと考えられているが、そうだとすれば、この時代にはすでに色の白い粉で打ったそばが売られていたことになる。

　事実、寛延3年には、

　　白々と粉が花に似る御膳蕎麦

という句が詠まれているが、先の「さらしな」という名目との関連は不明である。

　さらに、時代はやや下るが、大田南畝（蜀山人）の随筆『玉川砂利』（文化6年・1809）に、次の一節がある。

　ことし日野本郷に来りて、はじめて蕎麦の妙をしれり。しなのなるよき粉の引抜を、玉川の手つくり手打よく、素麺の滝のいと長々と、李白が髪の三千丈も、これには過じとぞ思ふ。

そばを素麺の滝に見立て、李白の詩「秋浦

歌」の白髪三千丈にたとえる誇張によってそばの色の白さを強調しているわけだが、ここでもまだ「さらしなそば」という言葉は用いられていない。

ところで、現在のさらしな粉は玄ソバの芯に近い部分だけを挽いたそば粉である（第16章参照）。厳密には色が真っ白でホシ（ヘタの部分の粉砕物）が一つもないことが必須条件になっている。

このような純度の高いそば粉を取り分けるためには高度な製粉技術が必要になるが、江戸時代中期には、製粉技術もかなり向上していたようである。『蕎麦全書』の記述を見ても、一番粉と二番粉をすでに取り分けているし、上等のそば粉を得るには玄ソバのままではなく、色のよい抜きのみをていねいに選んで挽き、目の細かい絹篩でふるうとよいとしている。

しかし、江戸時代の製粉技術では現在のような純白のさらしな粉を取るのは無理だったようだ。蜀山人が比喩を尽くして絶賛しているものの、「白い」といってもまだそれほどではなかったと考えられる。現在のものに近いさらしな粉が得られるようになったのは明治30年代。東京・麻布永坂にあった「更科」が製粉方法を改良してからのこととされている。明治34年刊の『東京名物志』は、同店について紹介する文中で、

其製法全く他と風を異にし

と記しているが、この他店と異なる特殊な製法という記述は、純度の高いさらしな粉の使用を意味していると解釈されている。

変わりそばの歴史

変わりそばの文献上の初出は、寛延3年刊『料理山海郷』に紹介されている「玉子蕎麦切」、つまり卵切りが最初のようである。そば粉1升に小卵を10個入れ、打ち方は常のごとしと説明されているが、そば粉の種類についてはとくに触れていない。

天明5年（1785）板『万宝料理秘密箱』では「たまご蕎麦」のつくり方として、上々のそば粉1升に地卵15個を使うが、卵のうち7個は全卵、8個は白身だけを用いるとしている。ただし、そばの用途として挙げているのは刺身、汁、吸い物などで、主として料理材料に用いられていたようである。

なお、寛延頃には「卵麺」という麺もあったが、こちらはそば粉ではなく小麦粉でつくる麺で、加える卵の分量は玉子蕎麦切と同じだった。また、同時期に書かれた『蕎麦全書』には「三色そば」「五色そば」を名目に掲げる店が出てくるが、どんなそばかはわからない。

天明7年板の江戸うまいもの店案内『七十五日』には「紅切そば」が出てくる。紅の色をつけた混ぜ物の材料は不明だが、はっきりとそばとうたっているから、変わりそばだったことは確かのようだ。

『万宝料理秘密箱』の続編（寛政12年・1800）には伊勢エビを使った「海老蕎麦」の製法が出ている。ただし、これも玉子蕎麦切と同様にそば切り料理として取り上げられており、当時から変わりそばとして賞味されたのかどうかは不明である。

伝統的な変わりそばには、卵切りや海老切り、紅切りのほか、茶そば、草切り、胡麻切り、けし切り、柚子切り、菊切り、海苔切り、鯛切り、烏賊切りなど50種近くに及ぶ種類があるが、こうして見ると、変わりそばが隆盛になるのは早くても種物なども出揃ってくる文化文政時代（1804〜30）以降のこととなるようだ。

ところで、このような変わりそばが生み出された背景には、寛延頃からの製粉技術の飛躍的

●小堀屋秘伝書

千葉県佐原市のそば店「小堀屋本店」に伝わる、変わりめん57種の製法が記された巻物。享和3年(1803)にまとめたものといわれ、現在の巻物は弘化5年(1848)年に転写。

な向上があると考えられる。

変わりそばの中でも、とくに色が鮮やかに出て見た目にも楽しめるものを「色物（いろもの）」と呼んで区別するが、色物の場合は混ぜ物の色が鮮明なだけでは十分ではない。その色を生かすためにはそば粉の色が白くなければならないわけだが、先に見たように寛延頃にはすでに「白い」そば粉があった。

また、寛延頃は料理に風流や見立てを求める傾向が非常に強くなっていた時代であり、化政時代の料理文化の爛熟への下地が出来上がっていた時代だった。そういう風潮の中で、技を競い合うそば職人の見栄と、ふつうのそばでは飽き足らなくなった人たちの遊び心とが合わさって、徐々に変わりそばの世界を広げていったのではないだろうか。

その意味では、製粉技術ばかりでなく製麺技術の高度な発達も、変わりそば誕生の大きな条件になる。

さらしな粉に代表される白いそば粉は、つながる力が極めて弱い。卵黄やヨモギの葉など、つなぐ力と鮮やかな色を兼ね備えている混ぜ物以外でつくる場合、水で打つふつうの打ち方では麺線としてつながらないのである。

そこで、さらしなそばや変わりそばのための特殊技術として、「湯ごね」という技法が開発されたのだろう。湯ごねは「湯ねり」「湯もみ」ともいう。

「湯ごね」にする理由

通常、そば粉を水だけで打ってもつながるのは、そば粉に含まれるたんぱく質を利用するからである。

そば粉には小麦粉のようなグルテンはないが、主として水溶性のたんぱく質がわずかに含まれている。この水溶性たんぱく質は水に溶けると粘りを生じるため、この力だけでそば粉をつなげることも可能なわけだ。

ただし、この粘りの力はグルテンのような強力な麺帯形成力にはならないから、粉の鮮度や含まれる水分量によっては長い麺線としてつながらなかったりする。そのため、そば粉だけでなく小麦粉を適宜混ぜて打つ手法が江戸時代に完成されたのである。

また、小麦粉のたんぱく質は水を加えるとグルテンを形成し、網目構造になって強い粘性を発揮するが、熱湯の中では凝固してしまい粘性を引き出せない。つまり、小麦粉をつなぎに加える場合でも、通常のそば粉の場合は水ごねが適していることになる。出来上がったそばの風味の点でも水ごねは理にかなっている。

では、さらしな粉の場合はどうなのか。さらしな粉は高純度のでんぷん粉であり、たんぱく質はほとんど含まれていない。

したがって、通常のそば粉のようにそば粉自体のたんぱく質の力でつなぐことはできないわけである。

もちろん、つなぎとして小麦粉を加えればさらしな粉でも水ごねでつなげることができるが、そのためにはかなりの量の小麦粉を加える必要があり、加水率も50％以上になる。それでは、さらしなそば特有の爽やかな口当たりや風味は生かされない。2割程度のつなぎを加えるとしても、さらしな粉の場合はやはり基本的には湯ごねにするしかない。

湯ごねとは、つなげる力としてたんぱく質の代わりにでんぷんを利用する方法だ。熱湯を加えることによってそば粉の中のでんぷんを糊化（α化（アルファ））して粘性を引き出し、その粘りの力でつないでいくのである。

さらしな粉の湯ごね

ひと口にさらしな粉の湯ごねといってもいろいろな方法があるが、大別すると次の二つに分けられる。

①粉に定量の湯を直接加えてそのままもみ込んでいく方法

②「友つなぎ」による方法

いずれにしろ、さらしなそばの湯ごねの工程の最大のポイントは、必ず熱湯を使用することと、湯と粉の温度が下がらないうちに手早く作業を行うことの二つである。

湯ごねで使用する湯が熱湯でなければならないのは、さらしな粉の中のでんぷんをできるだけ糊化させる必要があるからだ。そば粉でんぷんの糊化温度の下限はおおむね80℃程度なので、それ以上の温度の中で素早く糊化させせなければならない。

ヤカンでぐらぐら沸かしておいた熱湯でも火から下ろした途端に温度は下がり始めるし、粉に注いでいる間も下がり続ける。そして、冷たい粉と混ざればさらに温度は下がる。したがって、熱湯を使用しているからと安心せずにできるだけ手早く作業を行う必要があるわけだ。

●湯ごねの手法（1）

さて、さらしな粉100%を①の方法で湯ごねにする場合から簡単に説明しておこう。

さらしな粉を木鉢に入れ、手の甲で中央に窪みをつくる。その窪みの中にヤカンから熱湯を注ぐわけだが、湯の温度が下がらないように、できるだけ注ぎ口を粉に近づけてどっと注ぐようにする。少しずつ注いでいたのでは湯が冷めてしまう。

ヤカンを沸騰させておくための熱源（ガス台など）を木鉢の近くに設置しておくことはもちろんとして、ヤカンの注ぎ口を大きくしておくことも大切である。

熱湯を注いだら、ただちに周辺の粉を湯にかぶせ麺棒で混ぜ合わせていく。麺棒を使うのは火傷を防ぐためだ。麺棒は両手で持ち、手前に手前にかきながら素早く混ぜ合わせる。湯が足りないようなら注ぎ足して調整するが、そのためにも熱源はすぐ近くに設置して常に湯を沸騰させておくと失敗が少ない。

ある程度粉と湯が混ざり合ったら、麺棒に付着したそばがき状の粉をきれいにぬぐい取り、水回しに入る。水回しもできるだけ手早く行う。

つなぎとして小麦粉を加える場合は、最初からさらしな粉と混ぜるのではなく、ある程度粉の温度が下がっている水回しの時に加えるとよい。小麦粉のグルテンは温度が低いほうがつなぐ力が強くなるからだ。

水が十分に回ったらまとめに移るが、でんぷんが糊化して半ば糊状になっているため、通常のそば打ちに比べてまとまりやすい。

ただし、まとめの段階ではじっくりと時間をかけてこね上げることが大事。体重をかけ力を込めながらもみ込み、十分に粘りを引き出すのである。この作業を俗に「足を出す」という。くくりから先は通常のそばの場合と同様に玉にまとめ、へそを出す。

ここまでが一般的な①の手法だが、水回しの段階から扇風機などで冷風を当てて、粉の温度を常温まで急激に冷ます方法もある。冷ましながらもみ込むことで水分の蒸発を抑え、粉の過度の乾燥を防ぐためという。

打ち粉は「友粉（ともこ）」のさらしな粉を使用するが、振りすぎると生地の水分を奪ってしまうので打ち粉の量は最小限にとどめる。

延しでの注意点は、生地をやさしく扱うことである。通常のそば生地のような粘りはないから、丸出しの段階から、徐々に徐々に延ばしていくようにする。

また、麺棒の扱いも注意が必要だ。前へ前へ延して

湯ごねの手法（1）

そば粉の窪みのところにヤカンの注ぎ口を近づけて熱湯を注ぐ。

熱湯を注いだら、すぐに周辺のそば粉で熱湯をおおうようにする。

麺棒を両手で持ち、手前に手前にかいて、粉と熱湯を混ぜ合わせる。

混ざり合ったら、水回しの作業を手早く両手で行う。

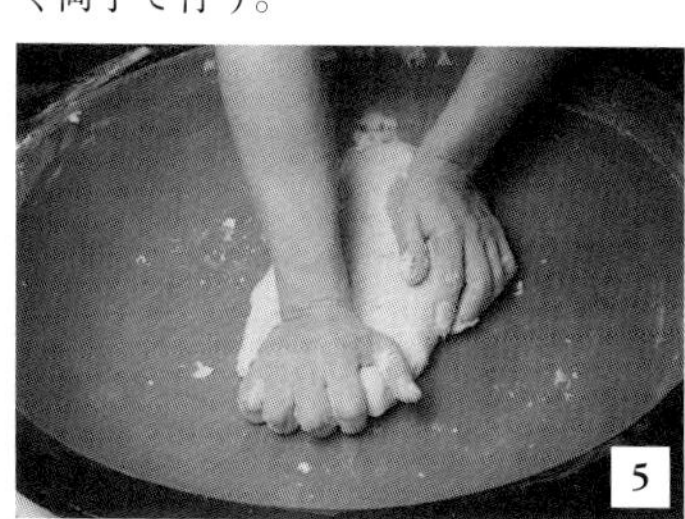
両手で体重をかけてこね上げ、十分粘りを引き出すようにする。

いくとヒビが入りやすいから、前に少し延したらすぐに後ろへも延すように心がける。

さらしなそばは喉ごしで味わうそばなので細打ちにするが、そのため、かなり薄く延さなければならない。薄く延せば当然破れやすくなるし、時間もかかる。それだけに、慎重に扱いながらも手早い作業が要求されるわけである。とくにさらしな粉100%の場合は、慎重のうえにも慎重を期さなければならない。

なお、加水量が問題になるが、湯ごねの場合は熱湯を使用するため、正確な数値化は不可能といっていいだろう。湯を加える瞬間から蒸発が始まっており、その蒸発分を数字で割り出すことはできないからである。一般に55～60%前後（ただし、熱湯としての量）が目安とされているが、適正な分量は経験でつかむしかない。

●湯ごねの手法（2）――友つなぎ

②の「友つなぎ」の方法にも、いくつかのやり方がある。

友つなぎとは、つなぎとして「友粉」つまり同じそば粉を用いることだ。粉の一部を湯で溶いてそば粉の糊をつくり、これを水代わりに練り込む方法である。あらかじめそば粉のでんぷんの粘力を引き出しておき、これを糊としてつなぐわけだ。もともとは通常のそばの打ち方の一つで、そば粉のつながりが弱い時にこの方法がとられた。『蕎麦全書』にも出ている手法である。

さて、さらしなそばの「友つなぎ」でもっとも簡単かつ一般的なのは、粉の全量の1～2割程度のさらしな粉をごくゆるい糊状にして、これを残りの粉に加えてもみ込む方法だ。

鍋にさらしな粉と水を入れて加熱しながら箸でかき混ぜ、透明感が出てきたら糊の出来上がり。小麦粉のつなぎを加える湯合は、さらしな粉と小麦粉を混ぜた中にさらしな粉のみでつくった糊を加える。

一方、この方法の糊よりもやや硬め、つまりごく軟らかめのそばがきをつくり、熱湯でもんだ粉と合わせて練り上げる方法もある。さらしな粉100%で打つさらしなそばを完成させるために「一茶庵」で開発されたという手法で、そばがき、湯もみした粉ともに、いったん常温に冷ましてから合わせて練るところに特徴がある。

また、さらしなそばと縁の深い「更科」系統の店で受け継がれてきた方法も特徴的である。ざっと紹介しよう。

まず、粉（さらしな粉と2割程度の小麦粉）を木鉢に入れて4等分し、4分の3は木鉢の奥に押しやって山にする。残りの4分の1は手前に集め、ここに熱湯を注ぐ。そして、麺棒で素早くかきながら「ふつうのそばがき」の硬さに練り上げる。このそばがきをできるだけ大きく（湯に対して粉の分量が多い）硬く仕上げるのが、おいしいさらしなそばにする重要なポイントという。

加水率は正確には量れないが、そばがきの仕上がり具合から推定すると、熱湯の状態で50%程度になる。そばがきに十分な粘りと艶、透明感が出てきたら、4分の3の粉をたっぷりとかけた後、麺棒を抜く。

次に、木鉢の奥に残っている粉に卵を入れる。量は粉1kg当たり全卵1個で、よく溶いてから粉に加え十分に混ぜ合わせる。さらしなそばには卵白だけ使うという説もあるが、全卵のほうが水が切れてからの白さが増すし、口当たりもよくなるという。

卵が粉と十分に混ざり合ったら、手前にあるそばがきと少しずつ混ぜ合わせていく。乾いた粉とそばがきの小片とをさらに細かくしながら混ぜ合わせ、全体に水を回していくのである。両足を踏ん張り、両手を使ってのかなりの重労働だが、この「水回し」が終われば、通常のそば打ちの作業と変わりはない。

湯ごねの手法（2）

鍋にさらしな粉と水を入れ、加熱しながらかき混ぜ、糊状にする。

木鉢に中のさらしな粉に、さらしな粉の糊を加えて水回しをする。

変わりそばの基本

すでに述べたように、変わりそばにはさまざまな種類がある。伝統的なものだけでも約50種類。最近はトマト切りやパセリ切り、あるいは漢方薬の材料を打ち込んだものなど、新種の品書きも登場しているようだ。

混ぜ物の材料は際限がないといっていいほどだが、たんに奇をてらうのではなく、やはり食べておいしいということが基本になるだろう。同時に、色物というくらいだから見た目に美しく、また香りのよい材料が向いているといえる。

いずれにしろ、変わりそばのベースになるのは色の白いさらしなそばが最適のわけで、技術の基本はあくまでさらしなそばの製法にある。あとは、混ぜ物の材料の性質や形態（粉末、液状、粒状など）によって製法をアレンジしていけばよいのである。

たとえば、卵は熱によって凝固してしまうため、一般的な湯ごねの手法は使えない。茶そばに使う抹茶のような粉末状の材料は水分を吸収してしまうから、他の変わりそばよりも加水量を多めにする。胡麻切りやけし切りのような粒状の混ぜ物をする場合は、厚めに延したうえで「切りべら」にする、などである。

さて、色物の変わりそばの代表的なものとしては、三色そば、五色そばが挙げられよう。五色そばは、一つの蒸籠に白、赤、青、黒、黄の五色の変わりそばを盛るもので、白はさらしなそば、赤は海老切り、青（緑）は茶そば、黒は胡麻切り、黄は卵切りを用いるのが一般的だ。

三色そばは五色そばから二色を抜いたもので、一般には白、赤、青が用いられる。江戸では3月4日の雛納めの日にそばを供える風習があり、その折に三色そばが用いられたというが、現在でも雛祭りに三色そばや五色そばを供すると喜ばれる。

以下、さらしなそばを除く四色の変わりそばの製法上のポイントを挙げておこう。

●海老切り

生のエビをたたいたものに煮切り（酒とミリンを同割で合わせアルコールを飛ばしたもの）を加えてよくすりつぶす。これを裏ごししてから、水回しを終えたさらしな粉に混ぜ込む。食紅を少量加えると色が鮮やかに出る。

より簡単につくるには、桜エビ（干しエビ）を利用する方法もある。桜エビを電子レンジでカラカラに乾燥させてから、目玉など黒い部分を取り除き、ミキサーで粉末状にしてふるいにかける。これをさらしな粉に混ぜる。

●茶そば

水回しを終えたさらしな粉に抹茶を混ぜるだけだが（加水量はやや多め）、抹茶の量が多いと色がどぎつくなるので注意する。

茶そばの代わりにヨモギを混ぜるよもぎ切りもよく利用されるが、ヨモギそのものにつなぐ力（繊維質）があるので、さらしな粉を使っていても水ごねでよい。

●胡麻切り

黒ゴマの粉末を練り込むだけだが、つくり方は意外と難しい。洗いゴマを浅く煎って香りを出す。これをすり鉢で当たってからふるいにかけるが、強く当たりすぎると油分が出てふるいがうまくいかないし、打つ時に生地がすべりやすくなり扱いにくい。

●卵切り

本来の製法では卵だけでもみ込み、湯はもちろん水も使わない。分量は粉１００gに対して卵黄2個半から3個が標準。つまり、卵黄を水の代わりにしてもむわけだ。比較的つなぎやすいが、卵黄の量は多すぎるくらいのほうが失敗が少ない。

湯ごねの友つなぎでつくる場合は、水回しが終了し粉が冷めたところで卵黄を混ぜ込む。分量は粉５００gに対して卵黄3個。ただし、卵黄が入る分だけ加水量を少なくする。

卵切りの手法

本来の卵切りの手法は、さらしな粉に卵黄だけを加えて水回しをする。

第8章 そばのつなぎの種類と使い方

つなぎ使用の始まりと定着

最近はそば粉100％で打つ生粉打ちが珍しくなくなっているが、少し以前までは、そばは小麦粉などのつなぎを加えて打つのが当たり前だった。ところが、いつ頃からつなぎを使うようになったのかは、いまだにはっきりしていない。

麺としてのそば（そば切り）の製法の初見は寛永20年（1643）版『料理物語』だが、飯の取り湯、ぬるま湯、または豆腐をすり、水でこねるとしか書いていない。約半世紀後の元禄2年（1689）刊『合類日用料理抄（ごうるいにちようりょうりしょう）』でも、そば粉をよく吟味せよとしているだけで、つなぎについての記述はない。

つまり江戸時代初期のそばは生粉打ちだったわけで、つなぎに小麦粉を加えて打つようになるのは元禄末から享保年間（1716～36）頃のことと考えられている。

小麦粉の「つなぎ」使用が明確に書かれているのは、寛延4年（1751）脱稿の『蕎麦全書』で、そば屋ではそば粉だけでは作りにくいので「つなぎ」と称して小麦粉を入れるとしている。同書はまた、そば粉が乾いたりして打ちにくい時は、卵やナガイモで粘りをつけるとよいとしているが、そば湯の濃いものやゆるいそばがきでつなぐ友つなぎのほうがおいしいともしている。

いずれにしろ、元禄時代以降、比較的短期間の間に何らかの形でつなぎを加えてそばを打つことが一般化していたことをうかがわせる。

小麦粉が使われる理由

江戸時代中期以来、そばのつなぎには主として小麦粉が使われている。

その第一の理由は、何といってもそば粉をつなぎやすいということだろう。しかしそれに加えて、入手しやすい、価格が経済的、作業しやすい、そば粉の風味を生かしやすい、といったこともある。

古くからそば店では、つなぎとして用いる小麦粉を「割り粉」と呼んでいる。そして、生粉打ちではなく割り粉を用いて打つのが一般的だったため、そば店では、そば粉と小麦粉とをあらかじめ一定の割合で混ぜて保管する習慣が生まれた。この混合粉を保管しておく桶を「木鉢下（きばちした）」という。木鉢下とは、もともとは木鉢を据える台として利用した丸桶のことだが、やがて、木鉢下といえば桶ではなく中の混合粉を意味するようになった。

さて、そば粉に含まれる水溶性たんぱく質は、弱いながらもつなぐ力を持っている。水での生粉打ちが可能なのはそのためだ。

ただ、そば粉のたんぱく質は水に溶けて流れやすい性質なので、麺にしたてた時は粘性があるものの、時間が経つと切れやすくなる。そのため、そば粉に小麦粉のつなぎを加える打ち方が一般化したわけだ。小麦粉のたんぱく質の最大の特徴は水でこねるとグルテンを形成することで、このような性質を持つのは穀類の中で小麦粉のたんぱく質だけである。

グルテンは、たんぱく質のグルテニンとグリアジンが主体となって形成する網目構造であり、うどん、中華麺といったしっかりした麺や、大きく膨らむパンの生地ができるのも、このグルテンの働きによる。

小麦粉に水を加えてこねると、粘りと弾力性のあるガム状の塊にまとまる。この生地を多量の水にさらし、でんぷんその他の水溶性の成分を洗い流すと、非常に粘弾性の強い塊が残る。これがグルテンで、食用に加工したものが生麩である。グルテンはまた、そばをつなげやすくする役割だけでなく、麺にしてから切れるのを防いだり、茹でた後のそばの「のび」を防ぐ働きもしている。

ちなみに、小麦粉のたんぱく質は水によってグルテンを形成するが、熱湯の中では凝固してしまい粘性を引き出せない。つまり、グルテンの網目構造をつなぎとして利用する場合は「水ごね」でなければならないということだ。（第7章参照）

つなぎとしての小麦粉の適性

小麦粉は含まれるたんぱく質の量の違いによって、強力粉、準強力粉、中力粉、薄力粉に大別される。その量はおおむね、強力粉が12・5～14％、準強力粉が10～12・5％、中力粉が8～10％、薄力粉が6～8％である。

ちなみに、小麦粉のたんぱく質含量は、袋などでは「湿麩量」で表示されていることが多い。その量は、たんぱく量をほぼ3倍したものと考えてよい。湿麩というのは、グルテンの水分をきったもので、湿ったたんぱく質（麩）という意味で、小麦粉に対する重量の比率（％）で表される。水きりの程度などで多少の誤差はあるが、通常、強力粉で40％前後、中力粉で25～30％前後、薄力粉で20％前後である。

また、小麦粉には等級による分類もあり、上級粉から順に、一等粉、二等粉、三等粉、末粉に分けられている。

等級別分類は、カリウムやリン、カルシウムなどの灰分（ミネラル）の含有量によって決まる。これらミネラル成分は、小麦粒の皮に近い部分に多く含まれ、胚乳部の中心にいくほど少ない。含まれるミネラルが多いということとは胚乳の周辺部まで挽き込んだことになるから、でんぷんの純度の高い中心部を粉にした製品に比べてグレードが劣る、という意味である。

ただし、小麦粉の性質は原料小麦の品種や産地、作柄などによって左右されるため、単純にたんぱく質と灰分の量だけで用途適性を決めることはできない。

つなぎとしての働きだけを求めるなら、たんぱく質含量がもっとも多く粘性にすぐれている強力粉を選べばいいことになる。しかし、うどんのようなしっかりとした歯ごたえとは反対の、コシはあるがソフトな歯ざわりというそば独特の食味を考えると、つなぐ力だけで決めるわけにはいかなくなる。

また、小麦粉は等級によって色合いが変わる。上級粉になるほど灰分の含有量が少ないため冴えたきれいな色になるが、下級粉は灰分含量が多くなるため、色にもくすみが目立つようになる。

かつては、割り粉として末粉を利用するそば店が少なくなかった。末粉はたんぱく質の含量が多いが他の食品用には向かないために値段が安い、色の濃いそば粉に混ぜるのだから小麦粉自体の色合いは問題にならない、というのがその理由であった。しかし、そば粉の配合率が低いうえにたんぱく質含量の多い割り粉を用いるのだから、やはり食べておいしいそばにはならない。

昔から「割り粉もそばのうち」という言い方があるが、小麦粉の選定ではまず、どんなそばを作りたいのかということを熟慮する必要がある。

現在の小麦製粉の技術はそば粉製粉とは比較にならないほど進歩している。したがって、製品によってさまざまな特徴があるため一概にはいえない。一般に割り粉に向いているとされるのは、グルテンの性質がソフトな感じで、でんぷんの粘りは強いタイプの中力粉の一等粉である。原料小麦はやはり国内産が適しているといわれている。

割り粉に使う小麦粉の割合

小麦粉をつなぎにしてそばを打つ時、問題になるのは割り粉の比率をどの程度にするかということだ。JAS（日本農林規格）によれば、そば粉の割合が3割以上であればそばと呼んでいいことになっているが、これは主として乾麺などを想定した規格である。

そば特有の食感や風味を生かすという観点からいえば、小麦粉の混合比率はあまり多すぎないほうがいいということになる。ただ、細かくいえば、まず使用するそば粉の種類や状態（鮮度や水分量など）という前提を考えなければならないし、小麦粉の種類、グレードも大きく関係してくる。もちろん、手打ちと機械打ちの違いもあるし、手打ちの場合はその技術レベルも問題になる。

さらに、そば粉の状態ということでは、季節によるそば粉のつながり具合の微妙な違いも考慮する必要が出てくる。最近は玄ソバの保管技術が飛躍的に向上しているが、それでも新ソバから年を越して初夏を迎える頃になると、そば粉はどうしてもつながりにくくなっていく。

もっとも、こうした微妙な割合の加減が必要なのは、割り粉の比率が極めて低い場合である。正しい打ち方をして、そば粉の状態さえ極端に悪くなければ、2割程度の割り粉を使ってつながらないということは通常あり得ない。

ところで、よく「つなぎが2割」とか「1割」といった表現が使われるが、この言い方は実は正確な比率を表していない。

江戸時代の「二八そば」が価格（二八、一六の語呂で1杯16文の意味）を意味するのか、それともそば粉と割り粉の混合比率を表しているのかという議論はいまもって解決していないが、いま一般には、そば粉8割に小麦粉2割で打つそばという意味で使われることが多いようだ（割合は4対1）。

しかし、それ以外に「外二（外2割）」、あるいは「外一（外1割）」というように表す混合比率もある。たとえば、外二とは、まずそば粉の量を1kgなどの定量として設定し、その2割（1kgの場合なら200g）の小麦粉を割り粉とするもので、比率としては10対2となる。つまり「2割のつなぎ」という表現はするものの、そば粉と小麦粉の比率は8対2ではなく10対2になるわけだ。

いわゆる、そば粉8割に対して、つなぎ（小麦粉）2割で打つ「二八」というのは、全体の粉の量に対して2割のつなぎが入っていることを意味する。これに対して、「外二」というのは、そば粉の量に対して2割のつなぎが入っていることを意味しているわけで、全体の粉の量に対するつなぎの量は約16・7％になる。

つまり、外二のほうが、現在のいわゆる「二八そば」に比べてそば粉に対する割り粉の量が少なくなるわけだ。

郷土そばのつなぎの材料

古くから農山村などで伝えられている郷土そば（第2章参照）には、つなぎをいっさい使わず生粉打ちで打つ（多くは湯ごね、または湯と水の併用）場合も少なくないが、小麦粉ではなく、その土地ならではの材料をつなぎにして打つものも多い。

一般的な材料としては、ヤマイモ（ツクネイモ、銀杏イモ、自然薯、ナガイモなど）やサトイモがよく知られる。

ヤマイモ、サトイモともに、すりおろしてつなぎとする。郷土そばの場合、水をいっさい使わずヤマイモだけでこねる作り方も見られるが、イモの味が勝ってそばの風味を壊してしまうという意見もある。自然薯の場合は粘りが強すぎてイモだけで打つのは難しいため、水と併用することが多い。いずれにしろ、イモは少量でもよくつながる。

ヤマイモつなぎの手法は江戸時代中期の『蕎麦全書』でも取り上げられているが、農山村などではとくに栽培しなくても簡単に入手できたことから、比較的早い時期から広まっていたとも考えられる。

変わったところでは、長野県北部のヤマゴボウの葉がある。ヤマゴボウとはいってもキク科（ヤマゴボウはヤマゴボウ科）の植物で、オヤマボクチが正しい名称。若葉を干して乾燥させてからよくもんで、細く柔らかな繊維を取り出す。この繊維を茹でてアクを取り、木鉢でのこねの際に打ち込む。

ヨモギの葉は変わりそば（よもぎ切り）の材料としても利用されているが、長野県や新潟県の郷土そばではつなぎの材料である。オヤマボクチと同様、乾燥させた若葉をよくもんで繊維だけを取り出し、そば粉に加えてこねる。

「へぎそば」「越後へぎそば」の名で知られる新潟県の小千谷（おぢや）そばや十日町そばは、つなぎに海藻であるフノリ（布海苔）を使用する。乾燥させたフノリを薄い緑色のゼラチン状になるまで水で煮て、これをつなぎにそば粉をこねる。

ちなみに、長野県と新潟県の県境に近い山村では、オヤマボクチの繊維と煮溶かしたフノリを混ぜて使う。

その他、かつての津軽そば（青森県）は、大豆粉、または呉汁をつなぎにそばを打ったという。しかし、いま一般に呉汁つなぎという場合は、水に浸けておいた大豆をすりつぶし、それを布でこした液を湯煎で加熱したもの（豆乳）を使用することが多い。

このように、独特のつなぎを使う郷土そばの伝わる土地はほとんどが昔からのそばどころである。

古くからソバは、アワやヒエとともにコメの代用食とされてきたが、ほかの穀物のようなモチ種がなく、麺にしにくいソバをなんとかつなげる工夫としてさまざまなつなぎが考案されたのだろう。いわば必要は発明の母だったわけだが、そば粉に別の材料を混ぜ込むということから考えると、このようなつなぎを使ったそばは自然発生的な変わりそばと見ることもできる。

●オヤマボクチ

下が生のオヤマボクチの葉、上は乾燥させただけのもの。6～9月くらいの間に収穫する。自生の他に栽培もされている。

●フノリ

青森県下北半島などの海岸で春頃に採取するフノリ。採取当時は黒い色をしているが、1年近くねかせると紫色になる。（写真提供／小嶋屋総本店）

第9章 そばつゆの変遷とその技術

江戸時代のそばつゆ

　現在のところ、そばつゆについて書かれた文献のうちもっとも古いものは寛永20年（1643）版『料理物語』とされている。それによると、そばつゆはうどんの汁と同じとなっている。そのうどんの汁とは、煮貫（にぬき）または垂れ味噌で作るつゆである。

　垂れ味噌とは、味噌と水を煮つめてから布袋に入れ、ぽたぽたと垂らした液体を桶に集めたもの。煮貫というのは、削ったカツオ節を生垂れに入れて煮つめ、こしたもの。生垂れは味噌を水で溶き、袋でこしたもの。垂れ味噌のように火を入れないことから生垂れと呼ばれた。

　同書では、そばつゆ用のだしについてはとくに触れていないが、煮貫を使う場合はすでにカツオ節を加えているから、カツオだしのきいたつゆになったと考えられる。

　元禄10年（1697）に刊行された『本朝食鑑（ほんちょうしょっかん）』にもそばつゆの製法が出てくるが、垂れ味噌に酒とカツオ節の細片を加えてとろ火で煮、塩と溜（たまり）醤油で味をととのえるとあり、まだ味噌味のつゆである。

　醤油を用いるそばつゆの製法の初出は、寛延4年（1751）脱稿の『蕎麦全書』である。醤油に酒と水を加えてゆっくりと煮つめたものだが、だしの味を好む場合は、よく枯れたカツオ節でとっただしを加えるとしている。

　ただし、この製法は著者・日新舎友蕎子（にっしんしゃゆうきょうし）の自家製つゆの場合である。一般のそば屋のつゆは、半世紀前の『本朝食鑑』の製法と大差がないが、カツオ節のだしをたくさん入れる傾向があると書かれている。

　江戸で醤油が普及し始めたのは、17世紀の終わりから18世紀の初め頃といわれる。当初は関西から廻船で送られてくる「下り（くだ）醤油」（淡口醤油）がもてはやされたが、いかんせん値段が高い。元禄頃の下り醤油の価格は、関東で造られる「地回り醤油」（濃口醤油）の倍だったというから、庶民相手のそば屋ではとても使い切れなかっただろう。

　しかし、関東の醤油醸造技術の向上もあり、18世紀の後半あたりから安くて品質のよい地回り醤油が大量に出回るようになる。それがきっかけで醤油味のそばつゆが一般化していったと考えられる。

　ただ、ここまでの史料では、醤油とカツオ節の使用がはっきりしただけで、江戸の味に不可欠な砂糖とミリンについての記述がない。

　そばつゆにミリンを使用することが明記されている文献でもっとも古いのは、享和3年（1803）成立とされる「小堀屋秘伝書」（134頁参照）で、御膳汁のつくり方として土佐節、ミリン、醤油の分量が載っている。江戸市中では砂糖がかなり出回っていたのに使われていないのは、御膳汁が高級なそばつゆだったせいだろうか。

　天保・嘉永期（1830〜54）の江戸風俗の記録『守貞謾稿（もりさだまんこう）』は、そば屋の品書きなどは詳細に述べていながら、つゆについては触れていない。

しかし、江戸の料理の味つけとして、カツオ節のだしにミリンまたは砂糖を加え、醤油で塩味をつけると書き、江戸ではミリン、砂糖なしの味は好まれないとしている。

こうしたことから、文化文政時代（1804～30）頃の江戸では、現在の東京風のそばつゆにほぼ近いつゆが完成され、一般化していたと考えられている。また『守貞謾稿』には、天ぷら、玉子とじ、鴨南蛮といった種物も紹介されており、遅くもこの時代にはすでにもりそば用のつゆとは別の種物用のつゆがあったとも推定される。

そばつゆの種類と製法の違い

そばつゆは「辛汁」と「甘汁」とに大別される。辛汁とは、そばのつけ汁に用いる濃いつゆのことで、甘汁とは、かけ汁に用いる薄いつゆである。

さらに細かく分ければ、辛汁に「御膳がえし」を加えたつゆをざる汁として辛汁と区別する場合があるし、甘汁にも、かけそば用の「かけ汁」と種物用の「種汁」とを別に用意する場合がある。

御膳がえしとは、通常の「かえし」に、さらにミリンを同量混ぜたもので、「上がえし」ともいう。これを辛汁に少量加えて「ざる汁」とする。最近はあまり見かけなくなったが、かつて東京のそば店では、辛汁とざる汁とを明確に区別する風があったものという。

資料❶　そば店の汁の製法の1例

種汁は通常、温かい種物用のつゆだが、天ぷらなどの具を入れて火を通すため（かつては、揚げ置きの天ぷらをつゆに入れて温めてからそばにのせるのが一般的だった）、つゆがやや煮つまることを考慮して、かけ汁よりもやや薄めに調製することとなっていた。また、鴨南蛮など脂の強いものはやや濃いめに、おかめなどのようにさっぱりしたものはやや薄めにと、種物によってつゆ加減を変える場合もある。

そばつゆは、基本的にはだしと醤油と砂糖、あるいはミリンなどの材料の単純な組み合わせによって作られるものだが、細かく見ていくと、このようにさまざまな種類がある。

ただし、ここで挙げたつゆの名称は、江戸そばの伝統を受け継ぐ東京を中心とする場合であり、地方や店によって別の呼び方や作り方があることはいうまでもない。伝統食であるそばつゆには、地域に根づいた食文化が大きく影響しているためである。

たとえば、関東と関西との嗜好の違いはよく知られるところだが、その中間の中京地区にも独特の味のつゆ文化がある。また、静岡県で盛んな冷たいぶっかけ用のつゆは、辛汁と甘汁の中間くらいのつゆといえる。

一方、製法の違いから見ると、だしとかえしを合わせて作る方法と、かえしをとらず、だしに直接調味料を加えて作る方法とに大別される。

かえしをとる製法では、辛汁用、甘汁用と別々のだしをとる（だしの材料を使い分ける）場合と、1種類のだししかとらない場合とがある。一般に、後者のそば店の場合（関東が中心）は、資料❶のように辛汁を基本にして、それを二番だし（「ばかだし」ともいう）でのばして甘汁を作ることが多い。

また、だしとかえしで辛汁と甘汁の中間の濃さのつゆを作って基本のつゆとして、これにかえしを加えて辛汁を作り、だしで割って甘汁を作るというやり方もある。一般に、この製法の場合、基本のつゆは「元汁（もとじる）」と呼ばれることが多いようだ。

かえしの種類と「ねかし」

「かえし」とは、醤油と砂糖を混ぜ合わせた混合調味料のこと。醤油を煮返すことから来た言葉とされるが、詳細は不明である。かえしにはその作り方によって、「本（ほん）がえし」「生（なま）がえし」「半生がえし」と三つの種類があるが、それぞれの違いは、醤油を加熱するかどうかにある。

本がえしとは、醤油を加熱し、そこに砂糖を加えて煮溶かしたもの。砂糖を水で溶かし、醤油を加えてから加熱する方法もある。

生がえしは、砂糖に水を加えて煮溶かしたものを、生の醤油に加えたもの。

半生がえしとは、本がえしと生がえしの中間的な作り方のかえしで、砂糖を煮溶かす分だけの醤油を加熱して砂糖を煮溶かし、そこに残りの生の醤油を加えて作る。

どのかえしを選ぶかは、つくるそばの性質や、そばに対する考え方などで決めることになる。

一般には、更科系の白っぽいそばはそばとしての風味が弱い。そこで、つゆがそばに勝らないようにマイルドな感じのつゆに仕立てる必要があるため本がえしを使う。また、藪系の風味のしっかりとしたそばには、すっきりとした冷

●かえし甕
そば店では、陶製の容器にかえしを入れて冷暗所でねかせておく。甕は半分ほど土中に埋めておくのが常法であった。

たい口当たりが合うため生がえしを使う、とされてきた。

ちなみに、御膳がえしというのは、これらのかえしにミリンを加えることで、つゆのコクを深くするためのかえしである。最近のそば店で御膳がえしがあまり使われなくなったのには、醤油自体の旨みが増したことが影響しているともいわれている。

さて、かえしは種類に限らず、必ず一定期間、暗くひんやりした場所で静かにねかせてから使用することになっている（昔はかえしをねかせる場所を「かえし蔵」といって、土を掘ってかえし甕を7分目ほど埋めた）。一般には、どのかえしでも最低でも1週間程度はねかせるとされており、醤油に火を入れていない生がえしの場合は、本がえしよりも長め（10日間〜2週間程度）にねかせる傾向が強い。

このように、かえしをねかせてから使用するのは第一に、醤油の角を取り、おだやかな口当たりにするためである。比べてみればすぐにわかることだが、十分にねかせていないかえしを使ったつゆは塩味が強く口当たりがきつい感じになる。

また、かえしに加えた砂糖は、加熱して煮溶かしてあるはずだが、醤油と完全に混ざり合うまでに数日間かかるといわれる。つまり、ねかしの間に醤油の角が取れ、さらに砂糖の甘みが醤油と十分に馴染むため、マイルドな口当たりになると考えられている。

ねかしには、醤油の劣化を遅らせる効果もある。醤油は殺菌してあっても、味や香りの変化、色の褐変といった劣化現象は進む。原因は空気中の酸素による酸化や日光の弊害、温度などで、冷暗所に保管するとよいとされているが、かえしをねかせる際の条件はまさに冷暗所である。ただし、かえしをねかせる際は甕などの容器を密閉してはいけない。空気にさらしておくことで醤油特有の鼻を刺すようなにおいが抜けるからだ。

かえしの考え方は江戸時代からあったと考えられているが、もともとは醤油の保存方法だった。しかも甘みが加わっているためいっそう保存性が高まるわけである。

だしの材料

そばつゆをつくるためのだしの材料は、カツオ節を代表とする節類が主体である。他に、昆布、それにまれに干しシイタケを節類と併用して用いる場合もある。

●節類

カツオ節の起源は不明だが、遅くも江戸時代初期頃には焙乾（ばいかん）した土佐節（荒節（あらぶし））が作られ始めていたと考えられている。カビ付けをほどこした「枯節（かれぶし）」が現れるのは中期以降のこととされるが、いずれも時期は確定できない。

カツオ節はマガツオを原料とする節で、製造面からは荒節と枯節とに、形状面からは「本節」と「亀節」とに分けられる。本節はさらに背身の「雄節（おぶし）」と腹身の「雌節（めぶし）」とに分かれる（資料❷）。

荒節とは、煮た（「煮熟（しゃじゅく）」という）マガツオ（なまり節）を焙乾（燻し乾燥）したもので、表面にはタールが付着している。このタールや表面の脂分を削り落とし（裸節）、カビ付けしたものが枯節である。現在は、二番カビ以上付けたものを枯節といい、一般には三番カビ以上を「本枯節」と呼んでいる。

カビ付けの効果はまず、カビの働きによって節が十分に乾燥することだ。水分が少ないほど変質しにくく、旨み成分のイノシン酸が分解されにくい。また、カビは節内の脂肪分を分解するため、脂焼けを防ぎ、だしも清澄になる。

資料❷　本節の雄節と雌節

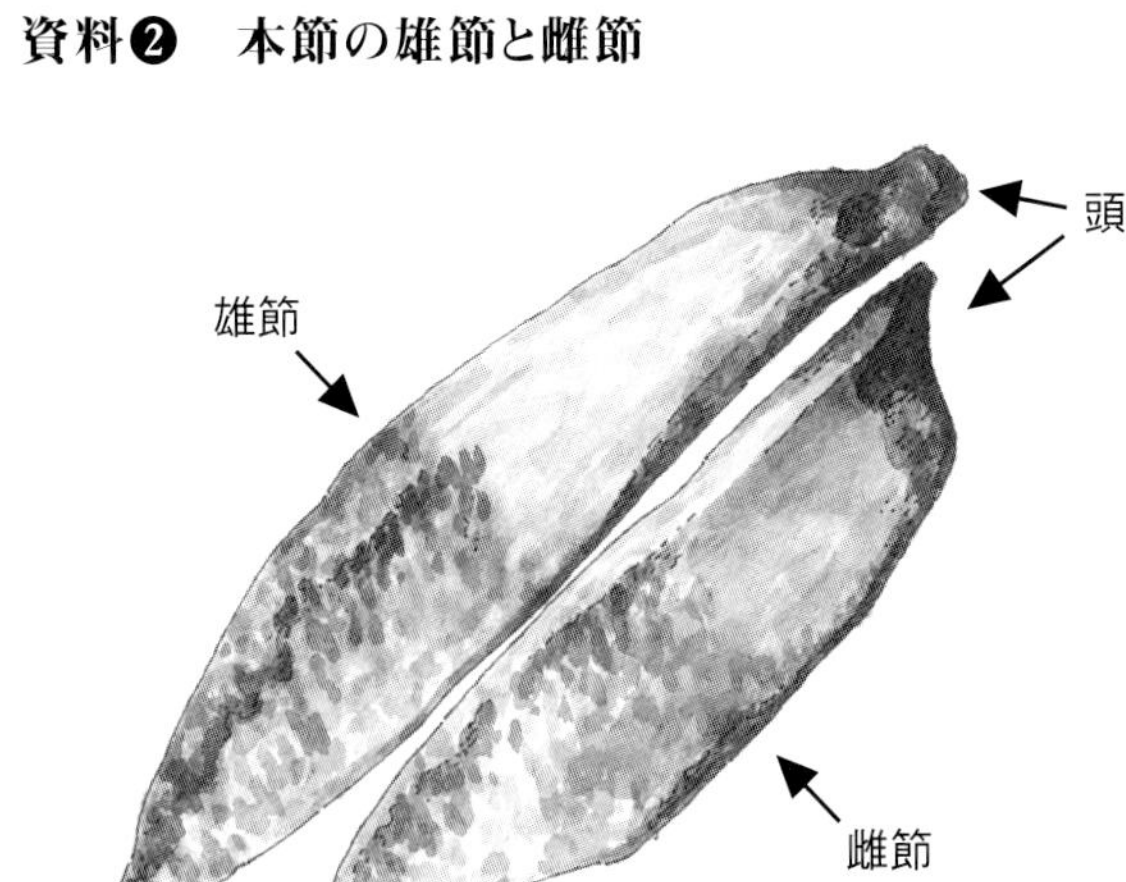

カツオ節がだしの材料として普及し始めた江戸時代中期以来、江戸・関東では枯節が好まれ、関西では燻香が身上の荒節が好まれている。

本節というのは大型のマガツオを三枚におろし、さらに背身と腹身とに分けて節にしたもので、小型のマガツオから作る亀節は、三枚におろしたまま節にする。

そばつゆに用いられる節類にはカツオ節のほか、サバ節、宗田節、むろ節、うるめ節などがある。サバ節の原料魚はゴマサバまたはマサバ、宗田節（関西では目近節）はソウダガツオ、むろ節はムロアジ、うるめ節はウルメシワシ。サバ節、宗田節、むろ節には枯節もある。

●昆布

北海道で採れた昆布が北前船で大坂まで運ばれるようになったのは江戸時代になってからのことで、以来、大坂は昆布の一大集散地となり、昆布は近畿地方一帯で欠かせないだしの材料になった。

昆布は、産地、品種、生育条件、採取時期、製品形態などによって細かく区別されている。以下、主な昆布の種類を挙げておく。

羅臼昆布／知床半島の羅臼地方で採れる昆布で、「黒口」と呼ばれる茶褐色のものと、「赤口」と呼ばれる赤みがかったものとがある。だしは多少黄色味を帯びるものの、旨みの強い濃いだしがとれ、香りもよい。

真昆布／函館以東の恵山岬を挟んだ地域で採れる昆布。上品な味と清澄なだしがとれることから、関西の料理店で評価が高い。採取される場所によって「白口浜」「黒口浜」「本場折浜」に分けられるが、高級品として扱われるのは白口浜と黒口浜である。

利尻昆布／礼文島、利尻島で採れたものは「利尻もの」、稚内を中心に抜海から紋別までで採れるものは「稚内もの」、抜海から天塩までで採れるものは「天塩もの」と呼ばれる。関西のうどん店などで古くから使われているのは利尻もので、だしはくせがなく澄んでいる。

日高昆布／襟裳岬を挟んで太平洋に広がる日高海岸で採れる昆布。三石昆布とも呼ばれる。だし用としてはやや劣り、関東ではおでん用や煮物用として人気がある。

●その他のだしの材料

節類と昆布以外では、干しシイタケ、それに地方によっては、煮干し（例・長野県開田高原）や鶏ガラ（例・石川県白山市）、鶏肉（例・山梨県早川町）が使われているが、そばつゆのだしの材料に関しては地方色はほとんどなくなってきているといってよい。

シイタケの旨みの本体はグアニル酸ナトリウムで、イノシン酸ナトリウムに近い味わいだが、旨みの強さが2倍以上あるといわれる。

東京風そばつゆの技術

東京のそば店では、辛汁のことを「からむ汁」、甘汁のことを「吸う汁」ともいう。辛汁はそばにうまくからむようなつゆでなければならず、甘汁は吸い物として飲んでもおいしいつゆがよい、という意味である。

伝統的な東京の辛汁のだしは、本枯節または枯亀節でとるのが常法とされてきた。甘汁用のだしを別にとる場合は、枯サバ節か宗田節でとることが多い。本枯節、枯亀節はイノシン酸の含有量が多いためコクのあるだしがとれ、なおかつ、香りはあまり強くないのでそばの邪魔をしない。反対に、枯サバ節や枯宗田節は枯本節、枯亀節ほどのだしは出ないが、風味や甘みがあり、甘汁に適している。

これらのだしに使用する節の分量に決まりはないが、一般的な目安としては、辛汁用のだしの場合は水18ℓに対して0・8〜1kg、甘汁用の場合はその半量程度とされる。

ところで、東京風そばつゆのだしのとり方の特徴は、厚削りの節だけでしかも長時間煮つめて濃いだしをとることだ。煮出し時間は通常、30分〜1時間30分程度になる。

このように長時間煮出すのは、節の旨みを最大限に引き出し、同時に魚臭や雑味成分を飛ばしてしまうためで、煮出している間は丹念にアクを引く。火加減は、釜の中で削り節が絶えずぐるぐると回転しているような強火がよいとされる。

厚削りの節を使う理由は、旨み成分を徐々に抽出して濃いだしをとるためだが、薄削りの節だと湯の中で団子状に固まってうまく回転しないからだといわれる。

　また、煮出し時間が長いのには、水分を蒸発させて濃厚なだしをとるという目的もある。これも標準値はないが、少なくとも2割程度は煮つめるのがふつうだろう。

　甘汁の場合は、辛汁に比べて節の量が少ないが、煮出す時間も比較的短く30分以内が一般的だ。サバ節、宗田節はカツオ節よりも早くだしが出ることと、吸う汁である甘汁の場合は香りを大切にするということもある。なお、サバ節はとくにアクが出やすいので、より丹念にアクを引く必要がある。

　さて、だしとかえしを合わせる量の割合は、辛汁の場合がかえし1に対してだし3、甘汁の場合はかえし1に対してだし10が昔からの標準である。

　辛汁の場合、かなりのかえしが入ることになるが、長時間煮つめて濃いだしをとるのには、つゆにする時、できるだけ多くのかえしを加えられるようにする意味もある。だしには醤油の塩辛さを和らげる働きがあるからだ。つまり、辛くてコクのあるつゆに仕立てるには、どうしても濃厚なだしをとる必要があるということである。

　辛汁をつくる時は、釜にだしとかえしを入れてから火にかけ、よくかき混ぜる（ミリンを入れる場合は、かえしの後で入れる）。注意点は絶対に煮立たせないことで、アクは丹念に取り除く。

　とった辛汁は自然に冷まし、翌日、土たんぽ（ど）に入れて1時間ほど湯煎してから、さらに半日以上自然に冷ます。こうすることでだしや各調味料が十分に馴染み、まろやかでコクのある辛汁になる。

　一方、甘汁の場合は、だしとかえしを合わせて、煮立つ前に火からおろして出来上がる。あっさりしたつゆにするため、ミリンはあえて加えないのがふつうである。また、甘汁はできたての風味が大切なので、辛汁のようにねかせたり湯煎にかけることはない。

東京と関西のそばつゆの違い

　東京では江戸時代以来もりそばが主流だったのに対して、関西では温かいかけうどんが好まれた歴史がある。そのため関西ではそば用のかけつゆでも「うどんだし」と呼ぶが、このことがつゆの東西の違いに大きく影響していると思われる。

　東京のそばつゆがカツオ節のだしと濃口醤油を使うのに対して、関西のうどんだしは、昆布と何種類かの節類でだしをとり淡口醤油を合わせるという違いがある。

　ところで、カツオ節など節類の旨み成分はイノシン酸、昆布の旨み成分はグルタミン酸で、この二つを併用すると、相乗効果によって旨みが増す。東京ではカツオ節のみでだしをとるが、濃口醤油はグルタミン酸を豊富に含んでいるから、昆布を併用する必要はない。

　一方、関西のうどんだしは昆布を併用するだしだから、だしの段階で旨みの相乗効果を構成している。したがって、塩分は濃口醤油よりも多いが旨み成分は少ない淡口醤油が合っていることになる。しかも関西のうどんだしは、かえしを作らず、だしに醤油を直接合わせる。醤油の角が取れていないうえに塩分の多い淡口醤油を使うため、塩気が立つ。そのため、薄味でも十分にうどんを引き立たせるつゆになる。

　また、関西ではカツオ節だけでなく、サバ節や目近節、うるめ節など何種類かの節類を混用するのが一般的だが、節類をブレンドすることで、さらに深みのあるだしにしている。

●土たんぽ
そば店で辛汁を湯煎する時に用いる陶製素焼きの容器。深さ30cm、内径18cmが標準。約6ℓ入る。

知識篇

第10章　薬味の役割とその種類

元なべ家主人・蕎話会主宰
福田 浩

日本料理における薬味の役割

刺身やすしには山葵、うなぎの蒲焼には粉山椒、天ぷらにはおろし大根、そして、そばには葱と山葵が当たり前のようについてくる。もしも、こうした薬味がついてこなかったらなどと考えることもないはずだが、その料理に使われている香りや辛みを抜きにして食べてみると、なにか味気なく、物足りなく、落ち着きのない食後感に陥るに違いない。

いうまでもなく、味のよさは舌が感じるものだが、料理の出来は味ひとつで決まるのではない。目を楽しませる色合い、いかにもうまそうな香りが必要なのである。味には濃淡があり、それぞれに色合いを考え、香りや、辛みの強弱で拍子を取る。

料理の按排第一なりといへども口ばかりにて喰ふものにあらず切かた仕ざまもりかた椀の内器物等に心を付べし　亭主の疎略ならぬは感じて心の喰ふ也　奇麗に仕ざまのよきは目の喰ふ也　香のよきは鼻喰ひ　味は口舌喰ふ何れ欠ても悪かるべし

と、『料理網目調味抄』（享保15年・1730）に記されているように、料理は色、香、味の三位一体であることが大切なのである。

料理に春夏秋冬の季節を盛り込む感覚は日本人独特なものである。そのために新鮮な材料を選び、持ち味を生かすために、あまり手を加えずに料理をすることになる。日本料理の追い求めるところ、究極の姿は、「料理をしない料理」ということになる。さしずめ、吸物と刺身にその形をみることができよう。

カツオ節で引く一番だしに、わずかの塩と醤油で調味する吸物は、柚子や木の芽などの季節の香りの吸口が添えられて、おだやかながら、きりっとひきしまった味わいが生まれる。

刺身は日本料理を代表する料理である。室町時代に始まったとされるが、さして大きな変化はなく、現代まで続いているのは、時代とともに酢、溜り、醤油と調味液は移り変わっても料理そのものには調味をしなかったからだといえよう。

世界の料理の中にあって、「日本料理は、素材の味を楽しむ料理群」と位置づけられているが、刺身は魚を生食するという、まさに素材の味そのものの料理で、良質の調味料とともに、山葵や芥子などの辛み、茗荷や紫蘇などの季節の香味が不可欠となる。こうしてみてくると、日本料理における薬味の重要性をあらためて感じる。

江戸時代の料理書にみる薬味

「薬味」という言葉は医食同源や薬食一如を掲げる漢方からの借用であることは確かだが、料理にはどのように使われていたのだろう。そばの薬味は昔もいまも変わらないのだろうか、江戸時代の料理書から探ってみることにする。

川上行藏博士編『料理文献解題』（柴田書店刊）によれば、江戸時代に出版された料理本には、手書きのもの、写本などを含めると数百冊はあるだろうと言われているが、江戸初期の寛永時代、中期の元禄時代、後期の天明時代から文化文政時代と、それぞれの文化の大きな流れに乗って盛んに刊行されている。

『料理物語』（寛永20年・1643）は江戸時代最初の料理本で、前時代までの公家や武家の儀式張った料理ではなく、普段の料理を目指した点で画期的であった。一方、この時代はまだ獣肉食が行われていて、鹿や狸の汁、猪の菓子、兎の煎り焼、川うその貝焼、熊の田楽、犬の吸物などがあり、にんにくの使用が目立つ。ふぐの汁にもにんにくとある。どぜう汁には山椒の粉、松茸に柚子の輪切りとはいまも同じだが、鯛の刺身は芥子、鱸や鮟鱇、さわらなどの刺身は生姜酢とある。

「後段之部」というのがある。後段とはひと通りの宴席の後に供される飲食のことで、多くはうどん、そば、そうめんなどの麺類が供される。

そばのつゆと薬味については、次のように記している。

汁はうどん同前、其上大こんの汁くはへ吉、はながつほ・おろし・あさつきの類・又からし・わさびもくはへよし

そばは、飯のとり湯か、ぬるま湯か、豆腐をつなぎとし、汁はうどんと同じとあるが、この頃、うどんの汁は味噌仕立てで、梅干、胡椒がついていた。その汁とは垂れ味噌（味噌1升に水3升5合を合わせ、煎じ、3升になったら袋に入れ、こしたもの）か煮貫（味噌1升に水3升、カツオ節を入れて、煎じ、こしたもの）である。

そばの薬味として花鰹、大根おろし、あさつき、芥子、山葵とあるが、葱の記載はない。

『江戸料理集』（延宝2年・1674）は6巻6冊の大部で、『料理物語』とともに以降に出版された料理本の原典ともいうべき書である。

あさつきの白根はそば切に用いること、ねぶか（葱）もそば切、とある。江戸時代の料理に「そば切料理」というのがあり、そばを使った料理と解釈したくなるがそうではない。

「そば切汁とは、すなわち、そば切の汁のごとくに、いろいろまぜひやして、しぼり汁を付けて出すことなり」と、そば切汁の説明があり、そば汁を使う料理を指して「そば切料理と言ふ」とある。

人見必大著『本朝食鑑』（元禄8年・1695）は、中国の『本草綱目』の影響を受けながらも、我が国の広範囲にわたる食物知識の集大成を図ったもの。本草とは薬用にする動・植物、また、その研究をする薬物学をいう。

同書には、

そばの汁は、垂味噌1升と酒5合と鰹節の細片40銭ほどをとろ火で1時間位煮る。塩、溜り醤油で調味し、温めること

としている。また、

蘿蔔（大根の漢名）汁、花鰹、山葵、橘皮、蕃椒、紫苔、焼味噌、梅干などを用意し、蘿蔔汁は辛いのがよい、そば湯を飲めば病気にかからぬ

とも書かれている。ちなみに、紫苔は海苔のことである。

寺島良安著『和漢三才図絵』（正徳3年・1713）では、

蕎麦切・按ずるに、蕎麦の麪を用ゐて餅を作り、棒を以て之を擀し、或いは巻き、或いは拡げ、革の如くならしめ、之れを巻き畳みて細く切り、沸湯に投じて略之れを煮て洗浄して醤油の汁を用ゐて之を食ふ。山葵、菜服等の葷く辛き者を和ぜて可なり

とあり、従来のそば切汁は味噌仕立てであったのが、この頃には醤油に変わっていったようだ。

「葷」はニラ、ニンニクのように臭気のある野菜を指すだけでなく山葵、生姜のように辛みのあるものも指す。

冷月庵谷水著『料理伊呂波庖丁』（宝暦元年・1751）には、飯、汁、膾などの献立を記してあり、とくに飯の作り方はていねいな説明がある。

また、後段の部には、うどん、そうめん、そばなどの薬味が列記してある。

うどん　粉ごせう　汁
熱そうめん　粉こせう　汁
蕎麦切　役味　汁
切麦　からし　汁
みそにうめん　青菜　粉こせう
　かうもの
紐皮うどん　粉こせう　汁
大麦切　役味　汁
葛そうめん　さとうくるみ
　からし汁
索麪　からし　汁
干温飩　粉こせう　汁
猪口めん　花かつほ　くるみ
からし　汁
うどん　みそ煮　椎茸
　せん玉子
　こせう　かうもの
そばがき　砂とうせうゆあつく
　してかけ
　大こんおろし
そばがき　こせうみそかけ
　すこしさとう入
ひや蕎麦　とろゝ但せうゆ汁にて
　延べ　大根しほり汁
奥州うんめん　粉ごせう　汁

その頃、うどん、そうめんは粉胡椒が定まりのようで、そば切の役味の中味には触れていない。山葵も使用されていない。

浅野高造著『素人庖丁』（享和3年・1803）は、その序文に、

百姓家、町家の素人に通じ、日用手料理のたよりになる献立の品々を分かち、俄客の折から台所の友ともなるべきと心を用いた

と、ある。

三巻三冊で初編二編は料理即席、三編は精進と分け、二編の魚鳥飯三部、魚類粥雑炊部に「加益」の文字がある。麺ではうどん、にゅうめんの類が5種のみで、そばはない。

加益の内容は大同小異だが、先の『伊呂波庖丁』と違って、薬味の数々がはっきり書かれ、どの汁かけ飯にも葱の薬味がついている。「ねぎ」「ねぶか」と書き分けているが、「ねぎ」は関西の青葱、「ねぶか」は関東の長葱であろう。

もう1冊、醍醐山人著『料理早指南』（享保元年序・1801）を覗いてみると、黄檗料理の後段に蕎麦式の図（下図参照）入りがあり、そばは古製のとうふつなぎ、加役にはとうがらし、けし、みそ、大こんおろし、のり、しそのみ、ゆず、ちんひ、黒ごまの9種がつく。ソバの実を炊き込んだ蕎麦飯の加役は、ねぎせん、とうがらし、けし、ちんぴ、ゆずこま〴〵、のりもみて、やきみそ、わさび、とある。

薬味、役味、加役、加益などの文字はあるが、薬味についての説明は見当らないし、役味、加役、加益など文字の使い分けの意味もよくわからない。

●後段蕎麦式の図

現代の辞書にも書かれているように、薬味とは味覚を刺激して、食欲を増し、料理をよりおいしくする香辛料、素材はすべて植物性のものである。生鮮な食材を主とする日本の料理には強烈な香辛はあまり必要としない。刺身につける山葵、芥子、生姜などの辛みは、洋風のスパイスにはない味わいがある。吸物や煮物などの吸口は季節によっての使用が多彩で、おだやかな香りが特徴である。

江戸の料理書で、『素人庖丁』にある吸口の種類をみると、

ふきのたう
たい〳〵の花　同はな落
花柚　柚の皮　同葉
むすびねぎ
小口ねぎ
芽うど
きのめ　花さんせう　青さんせう
　千さんせう　漬さんせう
芽たで　たでの葉　穂たで
芽しそ　しそのみ　刻しそ

割こせう　こせうの粉
みやうが　みやうがたけ
針せうが　すりせうが
せうが汁
わさび
菊の花　きくの葉
梅のはな　梅の葉　梅の花落
松の葉
青とうがらし　とうがらしのこ
からし
輪とうがらし

改めて書き出してみると、吸口だけでも実に多種多様である。

そばの薬味の主役

さて、そばの薬味として、大根おろし、葱、七味唐辛子などがあるのは承知しているが、それはいつ頃から定まっていったのだろう。

前述の『料理物語』刊行の時期に公卿の冷泉為久の作とされる「蕎麦の狂歌」があり、「そば切に寄せる歌」として、「しぼり汁に寄せる恋」「ひともじ（葱）に寄せる恋」「やきみそに寄せる恋」「花かつおに寄せる恋」「とうがらしに寄せる恋」などがあり、江戸初期には薬味の中味はほぼ型がきまっていたことが推察される。

ただし、薬味という字は、役味、加薬、加役など、料理書によってまちまちであり、たとえば、元禄5年（1692）刊の『女重宝記』は女子のたしなみを書いたものだが、そば切りの食べ方について男のように「からみ（辛味。しょうが、わさび、からし）、くさみ（臭味。ねぎ）など、かならず汁へ入べからず」とあり、辛み、臭みなどの表現も出てくる。

先に『料理伊呂波庖丁』を紹介したが、以前の料理書に増して、薬味の記述が目立つ。役味、やくみの表記もある。

同じ頃に出版された日新舎友蕎子著『蕎麦全書』（寛延4年・1751〔改元して宝暦元年〕）では三巻のうち、上巻と中巻に役味についての解説があり、この一書で、そばの薬味についても意味がよく理解でき、近世のそばの名著として名高い。

上巻の「役味概略」には、まず大根にふれて「大根のしぼり汁が辛くないのはよくない。しぼり汁を嫌う人もいる。汁には入れず、そばを食ふ合い間に少し呑む人もいるが、十人中、八九人はしぼり汁を入れるのを好む」といった内容が書かれており、山葵については「本来、辛味大根がなく、しぼり汁が取れないときの替りのものである。しかし、人によっては大根より山葵のほうがよいという人もいる」と書かれている。

この大根のしぼり汁である蘿蔔汁の他に、薬味としては華鰹、山葵、陳皮、番椒、紫苔、焼味噌、梅干が紹介されており、さらに中巻の「役味総解」では、とうがらし、ねぎ、胡桃なども紹介されている。それぞれの薬味については、その材料の産地や使い方、効用などについて、かなり具体的な記述があり、現代においても十分に参考とするのに値する。

このように、江戸時代中後期には、現在使われているほとんどすべての薬味の材料が登場している。その中で、葱、山葵、大根がそば店の定番となったわけだが、それ以外の薬味も、地方ではいまでも使われているものが多い。

大根に関しては、江戸時代、しぼり汁として紹介されているが、現在はおろし大根が用いられている。一方、しぼり汁のほうは越前おろしそばや高遠そばなど、郷土そばの薬味として現在も用いられている。

これに七色唐辛子（七味唐辛子）が加わるのが一般的である。ちなみに、七味唐辛子は文化文政の頃になってからの考案らしい。

他には、シソの葉を乾燥したものや、ミョウガ、青トウガラシ、ラッキョウなども使われる。

近年では、辛味大根が薬味として再び見直されるようになってきた。多くのそば店でも「おろしそば」の品書きが目立つようになった。

一口に辛味大根といっても、京都の鷹ヶ峰大根、長野のねずみ大根や戸隠大根、親田大根、秋田のしぼり大根など、全国各地にいろいろな種類があるが、復活の兆しをみせているものも多い。

薬味の作り方-1　ネギの切り方

ネギを手に持ったまま、小口から薄い輪切りにする切り方は、そば店特有の技といえよう。厨房が狭く、立て込んでいる時にまな板を置いて切る手間を惜しんだことから工夫されたという説もある。この切り方のよいのは、余分な力がかからないのでネギの細胞がつぶれず、シャキシャキとした歯ざわりを生かせるところにある。それに包丁の切れ味が落ちにくいことである。

①まずよく切れる包丁を用意する。
②親指を立てるようにしてネギの根元を持つ。
③包丁の腹がネギを持った親指の関節のところに常に接するようにして、小口から斜め下に向けて引き切りにする（写真）。その時に、両脇を締めるようにすると刃先とネギの位置が安定して切りやすい。また、ネギの小口のところを時折水でぬらすと、包丁のすべりがよい。
④切ったネギを「さらしねぎ」にする場合は、水の中でもみほぐすようにして洗い、ざるに取り出して水をきる。ペーパータオルで水気をしっかりと取り、ほぐして使う。

薬味の作り方-2　ワサビのおろし方

ワサビ特有の辛みと風味は、薬味としてそばにとてもよく合う。ただし、そのおろし方により、風味や味わいが大きく変わったものになる。ワサビは香りのよい葉元のほうからおろすのが基本だが、葉元と辛みの強い根先の両方から交互におろすようにすると、辛さも色合いも均一な状態におろせる。ただ、おろし金に取り残しが出てしまうのも難である。そこで、アルミ箔を使い、取り残しを出さないワサビのおろし方を紹介する。

①おろし金とアルミ箔を用意する。
②おろし金にアルミ箔をかぶせ（写真1）、指先を使ってぴったりと密着させておおう（写真2）。
③ワサビの葉元と根元の両方を鉛筆を削るように削ってきれいに掃除する。皮の黒い部分も削り取る（写真3、4）。
④②のおろし金を用いて、両端を交互におろす（写真5）。目詰まりすることなく使える。

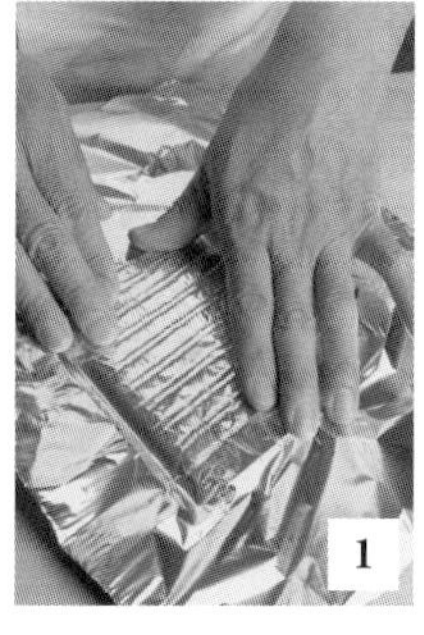
1

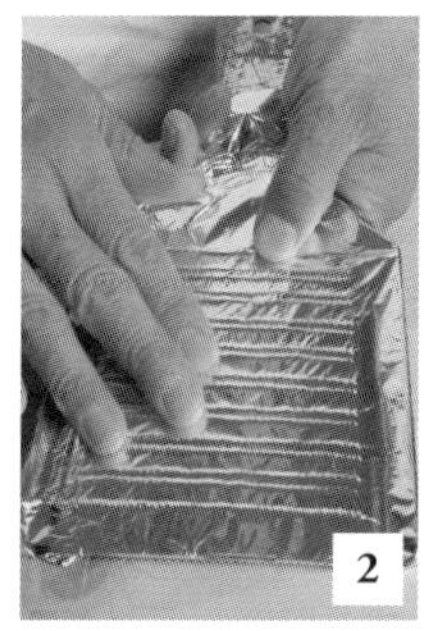
2

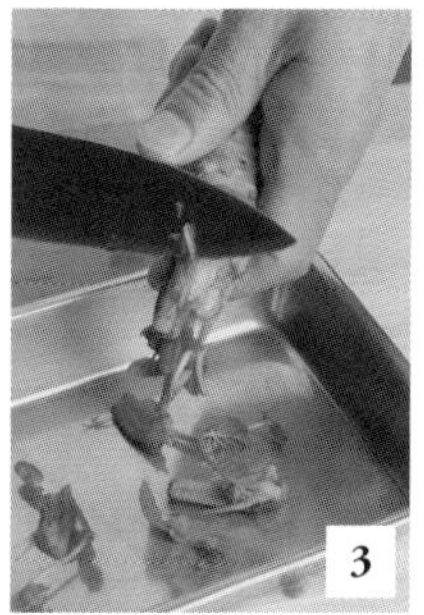
3

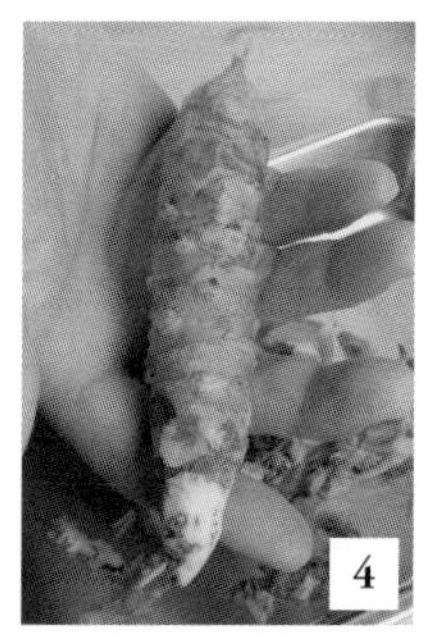
4

5

撮影協力／永山寛康（永山塾主宰）

知識篇

第11章 そば打ちの道具とその知識

そば打ちの道具は、そば打ち技術が確立された江戸時代から連綿と使われ続けてきた伝統的な道具である。完成された道具といっても過言ではないだろう。

それらがいつ頃、どのような過程を経て現在のような形に出来上がったのかについてははっきりとわかっていない。しかし確かなのは、長い時間をかけて、よりすぐれたそば打ちの実現と仕事のしやすさが追求される中で、極めて高い機能性と合理性とを併せ持った道具が完成されたであろうということだ。

したがって、そば打ち用の道具類は本来、実用本位に作られているものである。多くは工芸品として見ても美しいものだが、それは装飾的な美しさとは対極にある、「用の美」というべきものだろう。

●木鉢

そば粉をこねるための道具。現在では「木鉢」というのが一般的な名称になっているが、昔は地方によって呼び名が違ったようだ。

江戸時代中期に成立した方言辞書『物類称呼（ぶつるいしょうこ）』によれば、江戸では木鉢だったが、京都では「ひきばち」、越後では「ふくばち」、土佐では「きぢばち」と、呼称にかなりの違いがあった。その他、「こねばち」「しとねばち」という呼び方もある。

木鉢はもともと農山村の家庭で必需品とされた道具で、そば、うどんを打つためだけではなく、団子や饅頭などを作る時にもなくてはならないものであった。

そば打ち用の木鉢の材としては、栃（とち）や栓木（せんのき）（針桐（はりぎり））が多く使われてきた。大木を切り出し、くり貫いて作るが、手彫りと、ロクロを使う「くりもの」とに分けられる。家庭では木地のまま使用することが多いが、業務用の木鉢は木地に漆をかけてあるのが一般的。江戸そばでは内側を朱色に、外側は黒に仕上げるが、これをとくに塗り鉢とも呼ぶ。

プロ用の木鉢の材質は、こうした本来の木製のものと木乾（もっかん）のものとに大別される。練習用のものには合成樹脂の廉価品もある。

木乾というのは、木粉と樹脂の混合材を木鉢の形に圧縮熱成型したもので、値段は木製のものに比べてかなり安い。営業用として普及しているのはこのタイプといってよいだろう。見た目は木製の木鉢と同様の塗り物だが、漆塗りとウレタン塗りとがある。当然、漆塗りのほうが値段は高い。

大きさは2尺2寸（66cm）がプロ用の標準とされるが、家庭で打つのなら1尺8寸（54cm）の大きさでよい。

木鉢で問題なのはむしろその深さといわれる。木鉢の作業は内側のカーブを利用することが多いから、深いほうがいいという考え方もある。一方、さらしなそばや変わりそばを作る場合は、非常に強い力で練り込む必要があるため、深いと肘（ひじ）がつかえて作業がしにくいという考え方もあるわけだ。

木鉢を選ぶポイントは、内側の塗りが厚くてゆがみがないことや、大きさのわりに軽い（木地が充分に乾燥されている）ことなど。扱いの注意点は、内側の表面に傷をつけないことだ。使用後は汚れを落とし、きれいにから拭きしておく。

なお、江戸流のそば打ちでは木鉢が伝統だが、地方によっては陶器製のこね鉢を用いるところもある。中部から西日本にかけてが多いようで、「兜鉢」と呼ぶ地方もある。武具の兜の帽子のように頭をおおう部分を鉢といい、それに形が似ているためという。陶器製のこね鉢の場合、深さは深いものが多い。

※認定審査会で使用する木鉢は、審査を公平に行うため、直径54cmのものが用意される。

上の木鉢は、のみの彫り跡のある手彫りに生漆を施したもの。下は内側を朱、外側を黒に仕上げた江戸そばの典型的な塗り鉢。本漆塗りのほかにカシュー塗りがある。協力（木鉢）／猪股菊治（全麺協会員・会津田島）

●麺棒

麺を打つ棒なので「打ち棒」とも呼ばれている。

「延し」の作業なのに「打ち棒」というのは、本来、そば打ちの技術は1本の棒に麺生地を巻き付けて打ち延ばす技術だったからだとされる。現在も各地に伝承される伝統的な打ち方では、1本の棒で打つ打ち方が多く見受けられる。

手打ちでも初期の頃は1本の打ち棒で延していた。江戸ではその後、3本の麺棒を使って打つ「江戸流」の技術が完成された。

麺棒を3本使うのは、生地をできるだけ長く大きく、帯状に均等な幅、均一な厚さに延すためである。これによって麺線に切った時に無駄な部分が出ず、均一な長さ、太さのきれいなそばができる。また、延し台が最小限の大きさでも打つことができる。

巻き棒に麺生地の一部を巻き取っておきながら徐々に延していくのは、作業をやりやすくするということに加え、麺生地をできるだけ空気にさらさないようにする（乾燥を防ぐ）という目的もある。

江戸流のそば打ちで使用する麺棒は、2本の巻き棒（長さ約120cm）と1本の延し棒（約90cm）の3本1組で、太さはそれぞれ3cmまでが決まりとされていた。しかし現在は、約90cmと短い巻き棒を使う例が増えている。

材は古くから檜の柾目がもっとも適しているといわれるが、その他、松、朴、ヒバ、イチイ（アララギ）、樫などが用いられている。

よい麺棒の条件としては、太さ、長さが適していること。そして、狂いがないこと、軽くてしなやかな材質であること、木肌がなめらかなことなどが挙げられる。

なかでも麺棒は狂いが大敵だ。いったん反りが生じてしまうと元には戻らないし、反った麺棒では正確に延すことはできない。材の種類はもちろん、原木のどの部分から木取りされているのか、柾目は通っているか、節目はないかを慎重に見極めることが大切だ。

また、麺棒（とくに延し棒）は細めのほうが生地の密度が高くなり、生地の表面が荒れにくい。なめらかな肌でしっかりとした粘着力のある麺生地に仕上げることができる。麺棒の標準である約3cmというのは、その適度な細さとされる。

そのためには、細いばかりでなく同時に、ある程度の硬さと柔軟さ、そして的確な動作を可能にする軽さを備えている材質であることが要求される。

ただし、以上はあくまで江戸流の考え方であり、地方に行くと、桐などのあまり堅くない材質の麺棒や、かなり太めのものも使われている。

麺棒の手入れは、とくに使用する前の手入れが重要で、乾いた布でから拭きするのが一般的。使用後も半年くらいは丹念に磨きをかけると、反りが出にくく、使いやすい麺棒になるという。

●延し台

「打ち板」「延し板」、または「麺台」ともいう。麺生地を延すための台である。延し台は小さいよりは大きいほうが作業しやすいが、打ち場の広さなど、いろいろな制約条件もある。

一般には、横幅は麺棒を縦横に自由に振り回すことができる150～180cm程度、奥行きは90～100cm程度が適度な大きさとされる。つまり、畳1畳分ほどの広さである。

延し台は、この上で水分を含んだ麺生地を延すわけだから、どうしても狂いやすい条件下にある。また、この台の表面が完全に平らな状態でなければ、麺生地を正確に延すことはできない。したがって、反りやゆがみを生じないような材質の板を選ぶことが何よりも重要になる。さらに、たんに堅いだけでなく、微妙な返り（板の復元力）があることも大事な条件だ。麺棒を軽く打ち下ろした時の軽いはずみが一種のリズム感となって作業をスムーズにするからだといわれる。

一般に、延し台の材としては檜や桂、桜などが適しているとされる。反りを防ぐため、なるべく厚めのものがよい。最近はイチョウ材の評価も高い。反りが出にくく、木肌がなめらかで、麺棒のあたりもよく打ちやすい。

手頃な価格のものを探すなら、シナ合板ということになる。しかし、木口から水分が入りやすいので扱いには注意が必要である。

また、価格でいえば当然、一枚板のものは高くなるわけだが、強度から見ると、何枚かの板を接いで作ったものがすぐれているという（一枚板だと相当な厚みが必要になる）。
※段位認定会では、会場によって一律ではないが、おおむね横幅120cm、奥行100cm、高さが75cmのものが用意されることが多い。

●そば切り包丁

「そば包丁」ともいう。そば切り専用の包丁は古くからあり、元禄時代にはすでに他の用途の包丁から独立した包丁として扱われていた。おおむね刃幅が広いのが特徴である。

そば切り包丁の形として典型的なのは江戸流の包丁で、もっとも洗練された形といわれる。刃が柄の部分の真下まで伸びている形で、刃の先端は上下ともほぼ直角だ。また、刃が片刃なのも特徴の一つだ。細打ちの技術が重んじられたためで、刃自体も薄刃である。

柄の部分には木製の柄を付けたり麻紐などを巻いたりするが、高級品になると、刀剣の柄などに使われる白鮫の皮を巻き付けたものもある。白鮫の皮は手がすべることがなく、大変使いやすい。

一般に、そば包丁に使われる鋼材には、鍛造（焼きを入れた鋼材をハンマーで打ちつけながら成型する）の安来鋼と、鋳造（型抜きで成型する）のステンレスやモリブデンステンレス（刃の部分がモリブデン鋼）などがある。

安来鋼には青鋼、白鋼、黒鋼があるが、これは鋼の鍛え方や仕上げの仕方の違い。青鋼はさらに青一鋼と青二鋼に分けられ、青一鋼のものがもっともグレードが高いが、通常の高級品には青二鋼が使われているようだ。

白鋼は青鋼に次ぐグレードの鋼材（白一鋼と白二鋼がある）だが、そば包丁の材質としてたんに「安来鋼」と呼ぶ時は、この白鋼を指すとされる。プロ用そば包丁の基本の材質でもある黒鋼というのは、刃の部分以外は磨きをかけていないものである。

材質の違いは刃持ちの差といってよい。廉価品であっても最初のうちはよく切れるが、使い方や頻度にもよるが、切れ味が悪くなるのが早い。つまり、鋼材のグレードが高いほど刃持ちがよく、研ぎの頻度が少なくてすむ。

標準的な大きさは、刃幅11cm、長さ33cm（尺1寸と呼ばれるもので、そばの生地をたたんだ時の幅の標準が21cmになるため、昔から変わらない）で、重さは約1kg。最近は700〜900gあたりの軽めの包丁が好まれる傾向が見られる。

そば切り包丁で大事なことは、重さのバランス、つまり重心の位置がどこにあるかということだ。重心は長さの中心か、やや手元側にあるものが使いやすい。

以前は、刃と柄とが平行で真っすぐの柄がついている直柄が一般的だったが、最近は曲がり柄といって、柄がやや下の方向に曲線を描いているものが多くなっている。

ところで、農山村では昔からそば打ちは家庭の主婦の仕事だったので、小型で軽い包丁が使われてきた。たとえば、福島県南会津地方（裁ちそば）では通常の菜切り包丁を利用している（44頁参照）。また、会津地方では特有の中抜きのそば包丁を使う（46頁参照）。

なお、そば包丁の研ぎは専門店に任せるのが無難だが、普段の手入れとしては、そば粉をきれいに落としてから軽くから拭きする程度で十分である。汚れが落ちにくいようなら、固く絞った布で拭いてからから拭きするとよい。

●切り板

いわゆる「まな板」で、手前側にすべり止め用の板が付いている。延し台の手前側の縁に切り板の端をかけて用いる。

材は、イチョウや朴が一般的である。しかし、

●麺棒
檜の柾目が最良とされ、他に樫、朴、黒檀などがある。

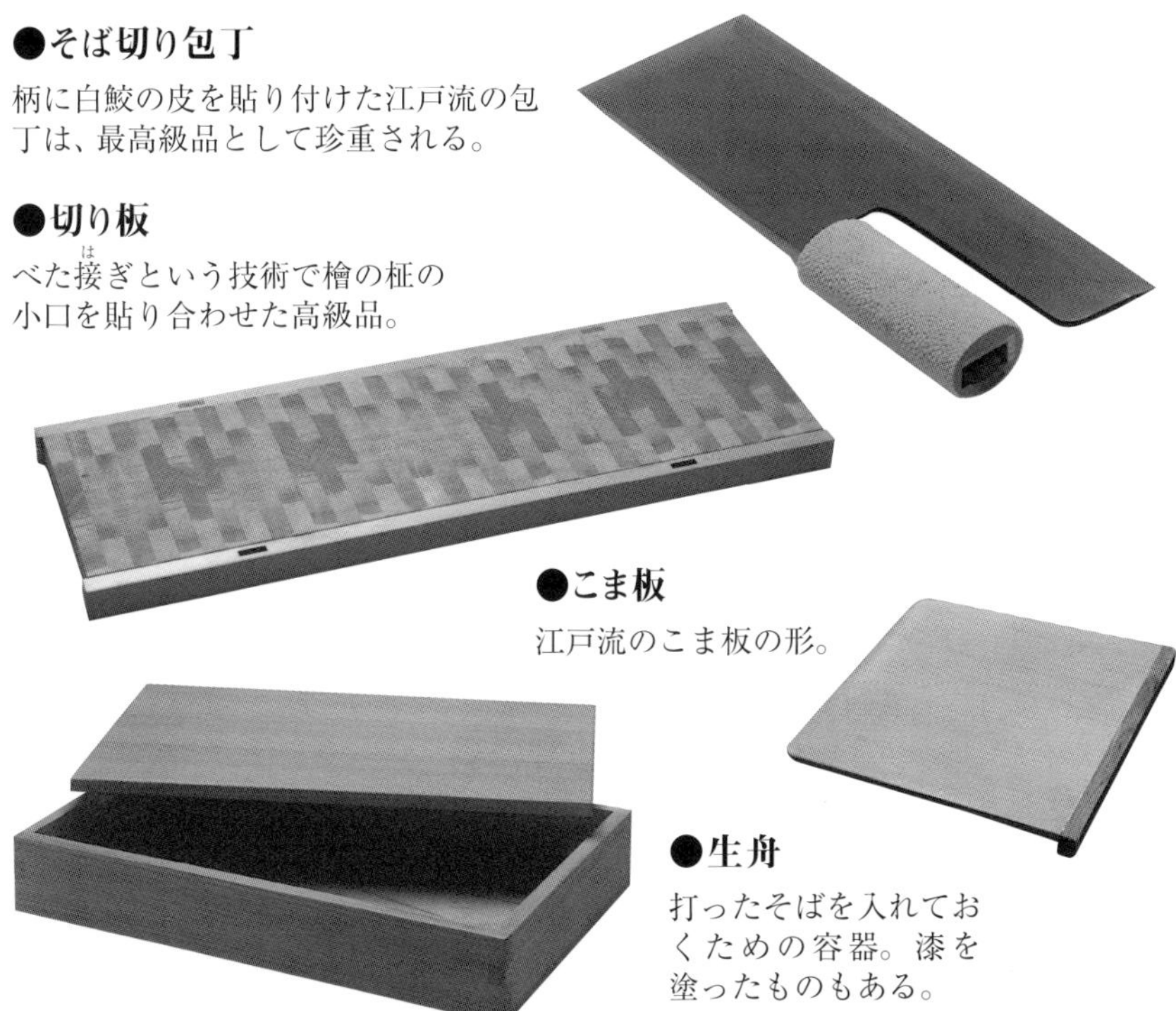

●そば切り包丁
柄に白鮫の皮を貼り付けた江戸流の包丁は、最高級品として珍重される。

●切り板
べた接ぎという技術で檜の柾の小口を貼り合わせた高級品。

●こま板
江戸流のこま板の形。

●生舟
打ったそばを入れておくための容器。漆を塗ったものもある。

桐材を使ったものや、檜の柾目板を貼り合わせた寄せ木細工の高級品もある。とりわけ寄せ木細工にしたものは耐久性にすぐれ、狂いがほとんど生じないなど、もっとも理想的なものとされる。

切り板は、表面に狂いがないことと同時に、包丁の当たり方が非常に重要なポイントになる。木製のものがよいとされるのは、包丁を切り板に当てた時の力を適度に吸収してくれるからで、切っていて手首が疲れない。また、リズミカルに切っていくためにもしなやかな当たり具合は大切である。

切り板の幅は、包丁の刃の長さよりもやや長いものが適しており、35cm幅というのが標準である。長さは一度に打つ麺生地の量で変わってくるが、既製品の場合、75～110cmが一般的のようだ。

なお、削り直すことができるようにある程度厚めのものを選んだほうがよい。

●こま板

「小間板」「駒板」とも書く。そばを切る時に、そばの切り幅を決めるための定規の役目をする。とりわけ、江戸流の細打ちや変わりそばをきれいに仕上げるためには、このこま板が不可欠である。通常は薄板の一方の端に堅木の定規(「枕」「立ち上がり」ともいう)が貼り付けられているが、把手(とって)の付いた大型のものもある。

幅は24cm前後が標準で、包丁の刃幅よりも狭くなっている。長さは、24cm前後から36cm程度まで。薄板の定規の付いていないほうの端は、そばを最後までスムーズに切れるようにさらに薄く削られている。

●ふるい

そば粉や小麦粉をふるって粉に水をよく浸透させやすくするためと、異物を取り除くために使う。胴の部分は檜や杉材の曲げ物で、ステンレスや真鍮の網が張られている。直径は24～28cmが使いやすい大きさである。ふるいの目は、24～32メッシュのものを使う。網目の密度を表すメッシュは、1インチの中に何本のワイヤーがあるかを示しており、数字の大きいほうが細かい。

※段位認定会では、直径24cm程度、40目または32メッシュ以上の目の細かいふるいが用意される。

●生舟(なまぶね)

生そばを保存するための蓋付きの料理箱。昔は大きな容器を「ふね」と呼んだことに由来する。長さ55cm、幅29cm程度が一般的な大きさ。

材は、サワラや杉が一般的だが、檜や桐も使われる。割り粉の少ないそばの場合は切れやすいので、湿度を自然に調整してくれる桐製が最適とされる。高級なものは江戸漆器の漆で塗られたものもある。

※段位認定会では、用意される生舟の大きさ、素材は会場によりまちまちなので、事前に主催者に確認しておくとよい。

●石臼

石臼はそば打ちの道具ではないが、そば粉の品質に対する関心の高まりとともに粉挽きの道具として脚光を浴びている。石臼挽きについては、第16章でソバの製粉方法の一つとして紹介しているので参照していただきたい。

近年、再び石臼が注目されているのは、性能のよい小型の電動石臼が開発され、各社で販売されるようになったことも大きな要因である。最近では、業務用ではなく個人でも使える小型で低価格の製品も販売されている。さらに、手挽き用の石臼も販売されていて入手しやすくなっている。

日本の石臼の構造を簡単に説明すると、上臼と下臼には目が刻まれており、上臼と下臼を重ね合わせると目の刻み方向が逆になる。上臼を反時計回りに回転させれば、それぞれの目の交点は外周方向へ移動するため、ソバの実を入れていくと粉砕されて外周方向へ送り出されるという仕組みになっている。

原理は単純ではあるが、そば打ち同様、単純なだけに難しいといえる。石臼の材質、上臼の重量、臼の回転速度、臼の目立ての調整の仕方、上下の臼の隙間、ソバの実を落とし込む量などの違いによって、そば粉の質は微妙に違ってくるのである。

第12章 そばの食器と道具類

そばの食器の変遷

正確な年代は不明だが、そばを盛る専用の器、つまり蒸籠（せいろ）が江戸のそば屋の道具として普及するのは江戸時代の後期になってからのことである。それまではとくにそば専用という食器はなく、生活雑器としての椀や皿などが利用されていたと考えられている。

営業用のそばの器のもっとも古い記録は、寛永年間（１６２４～44）の浅草で戸板の上に椀に盛ったそばを売る店（辻売り）があったとされる（この年代には異説もある）。

寛文年間（１６６１～73）には江戸の店売りのそばの始まりとされるけんどんそば切りが売り出されたが、器については不明。ただ、貞享年間（１６８４～88）頃、けんどんそば切りに代わって流行した蒸しそば切りでは椀が用いられており、この椀とは大平椀（おおひらわん）のことと推定されている。

ちなみに、そばを蒸すのに菓子店などで使う蒸籠（蒸し器）を利用したことが、後にそばを盛る器としての蒸籠の出現の伏線になったといわれている。

元禄年間（１６８８～１７０４）にはつゆをそばに直接かける食べ方（ぶっかけ）を戒める話が文献に出てくるので、椀または深めの皿で供したであろうことが想像される。つまり、当時は椀などに盛ったそばを、別の器に入れたつゆにつけて食べるのが常識だったということになる。

現在、冷たいそばの器といえば蒸籠かざるが一般的だが、登場時期はざるのほうが早い。享保20年（１７３５）刊『続江戸砂子』に、竹で編んだざるに盛って「ざる」と名乗ったそば屋が出てくる。このざるは丸型ではなく、四角で平らな小ざるだったという。

屋台で売る夜鷹（よたか）そばが現れるのは元文年間（１７３６～41）頃とされるが、当時の絵を見ると、深鉢ないしは丼のようなもので供していることがわかる。

江戸市中にそば屋が増え始めた寛延年間（１７４８～51）頃には、いろいろと凝った器を使う店も出てくる。寛延４年脱稿の『蕎麦全書』によると、ざるのほか、錦手の器や錫（すず）製の茶碗（秋田杉の曲げ物の蓋付き）を使う店もあった。

また、同書には、直接そばを盛る器かどうかは不明だが、釣瓶桶に似た桶に入れてそばを持ち帰れるようにしたそば屋も出てくる。

ただ、これらはとくに器に凝った特殊なそば屋であり、この時代の一般のそば屋は、平皿や浅鉢、大平皿（椀）などを用いて供していたと想像される。

さて、19世紀に入り幕末近くになると、ようやく現在のような器が文献に登場する。この時代の風俗の記録『守貞謾稿（もりさだまんこう）』には、江戸では二八のそば（一般のそば屋）にも皿ではなく蒸籠に盛り、かけや種物の温かいそばは丼を使うと書いてある。

ちなみに同書によれば、京都・大坂のうどん屋では、ありきたりの平皿に盛っていたという。

なお、地方の郷土そば（第２章参照）には独特の器を用いる例がある。

●角出し蒸籠

江戸末期から明治初期にかけての蒸籠は、耳の出た五合桝に竹の簀の子がはめ込まれていた。

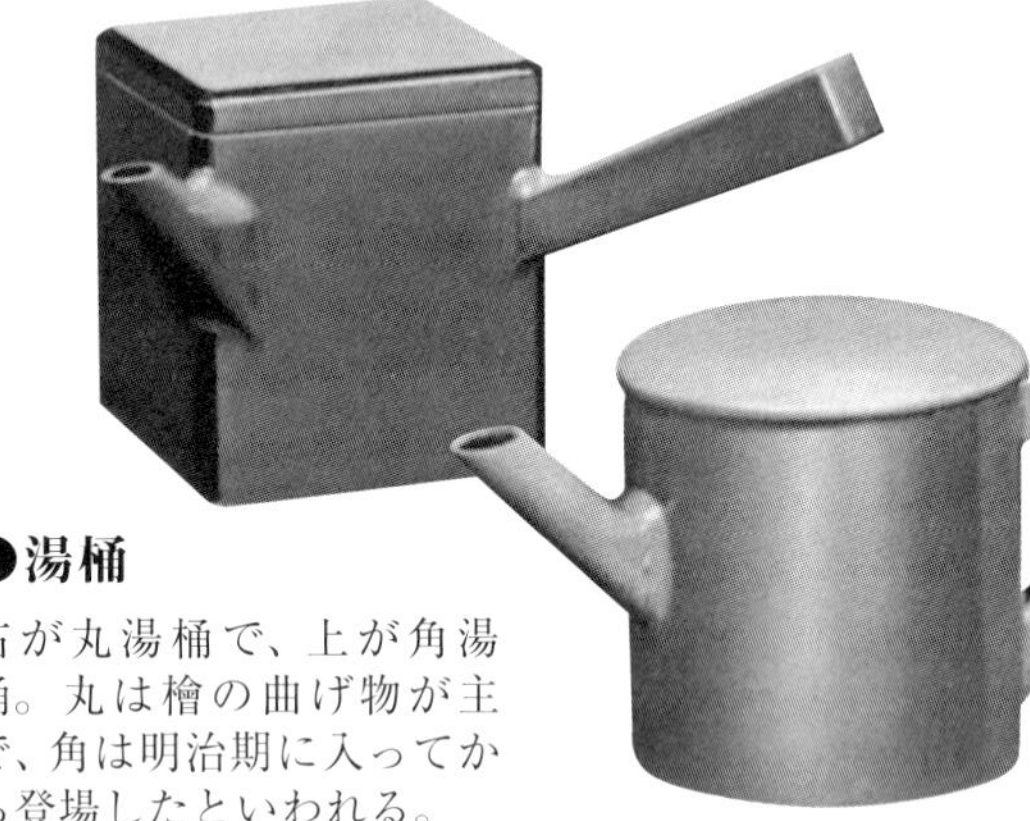

●丸蒸籠

一般的になったのは戦後のこと。曲げ物であるため、木地は木曽が主産地。

●湯桶

右が丸湯桶で、上が角湯桶。丸は檜の曲げ物が主で、角は明治期に入ってから登場したといわれる。

江戸漆器とそば道具

一般に漆器といえば、輪島や会津、木曽といった名産地が連想されるかもしれない。しかし、江戸・東京のそば店が伝統的に使用してきた漆器類は江戸漆器（東京漆器）であった。

江戸漆器の技術が大きく発展したのは元禄時代。政治の中心地であり未曾有の大都市であった江戸には全国各地から優秀な職人が集まったが、漆工芸技術もそうした職人たちの仕事によって発展していったようだ。

現在では国産漆はほとんどないに等しく、おおむね中国などからの輸入品に頼っている状態だ。ところが、江戸から明治の時代にはまだ国産ものも豊富で、生活雑貨などにも惜し気なく使われてきたのである。

江戸漆器の業者は主として日本橋伝馬町に集中していた。そば道具としての漆器製造業が始まるのは江戸時代末期である。この伝統は明治にも受け継がれ、東京漆器としてさらに大きく発展したといわれる。こうした背景から東京を中心とするそば店では、東京漆器のそば道具が当たり前に使用されていたのである。

漆器がそば道具として重宝されたのは、耐水性や防腐性にすぐれ、塩分や酸、アルコールなどにも耐えるばかりか、非常に丈夫という漆の特性によるところが大きい。もちろん、塗り物は見た目にも美しく、手などに触れた時の感触という点でも優れているが、そば店ではやはり高い使用頻度に耐える堅牢さが重視されたのだろう。

伝統的な漆器のそば道具には、蒸籠のほか、湯桶、蓋、そばがきなどに使用する釜揚桶、そば台（膳）、椀、箸箱、薬味箱、天丼重などがある。

●蒸籠

一般には「せいろ」と呼んでいるが、正しくは「せいろう」と読む。そば用の蒸籠の簀の子が上げ簀になっているのは、天保年間（1830〜44）に、そばの値上げの代わりに上げ底が許されたことに始まるといわれている。

江戸末期から明治初期にかけての蒸籠は、耳の出た五合枡に竹の簀の子をはめ込んだような形（正方形）をしていた。これを角出し蒸籠ともいう。それが明治末頃から長方形に変わり、面積の大小によって7種類にも及んだ。

明治中期からは曲げ物の木地を使った丸蒸籠も普及するようになる。さらに、戦後の昭和26年頃からは、衛生面の見地もあって竹のはめ込み蒸籠に代わって置き簀という竹製などの簾が一般化するようになった。

●湯桶

湯桶はもともと化粧用の湯次として用いたものだが、戦国時代から江戸時代にかけての時期に酒器や茶懐石に転用されたという。そば湯を飲む習慣が江戸で広がり始めたのは江戸時代中期だが、そば湯用の道具に転用された時期は明らかではない。

湯桶には、筒形の丸湯桶と角形の角湯桶とがあり、大きさも大小がある。江戸時代までの湯桶は曲げ物、つまり筒形で、角湯桶が登場したのは明治に入ってからのこととされている。外側は朱色か黒だが、内側は朱塗りが一般的だ。なお、湯桶には塗り物のほか、陶製のものもある。

●蓋

丼にかぶせる蓋で、かけ蓋と種蓋（たねぶた）とがある。2種に分けられているのは、かけそばと種物とでは使用する丼の大きさが違うからで、種蓋のほうが直径で1㎝ほど大きい。

陶磁器のそば道具

陶磁器のそば道具といえば、冷たいそばのつゆを入れるそば猪口と汁（つゆ）徳利、それに温かいそば用の丼に代表される。

陶器は「土もの」、磁器は「石もの」といわれるが、陶器と磁器はまず使用する粘土が違い、焼成温度は磁器のほうが高い。陶器の素地は吸水性があるが、磁器の素地はガラス化し、半透明の白色で硬く吸水性はない。磁器は表面を軽く打つと澄んだ感じの音がするのに対して、陶器の音は鈍い。

一般に、そば用の器としては主として磁器が用いられてきた。硬くて丈夫なうえに清潔感があるからといわれる。陶器の場合、素地に吸水性があるために釉薬をかけてあっても肌が汚れやすい。

ただ、最近はそうした業務用としての判断ではなく、器そのものの美しさや温かみのある風合いなどから、陶器を使用するケースも増えている。

●そば猪口

猪口は正しくは「ちょく」と読むが「ちょこ」とも呼ばれる。語源は朝鮮語の鐘（湯飲み風の焼き物）の音（チョンク）とする説もあるが、定説はない。いずれにしろ、猪口の漢字は当て字といわれる。一般には磁器である。

猪口が最初に焼かれたのは九州の有田窯である。朝鮮人陶工によって有田の窯で初めて磁器が焼かれた（江戸時代は「伊万里焼」と呼んだ）のは江戸時代初期の元和年間（1615～24）だが、猪口が作られるようになるのはそれから数十年ほど遅れると推定されている。

●そば猪口
江戸時代の磁器のそば猪口。

一般に猪口は、口作りが朝顔形にやや開いているのが特徴である。この形は美濃焼の盃などを参考にしたものと考えられている。

当初は和え物などの料理を盛る器や酒杯として用いられたものだが、生活雑器として大量に出回るうちにいつしかそばのつゆ入れに流用されたのだろう。時期は江戸時代中期頃のこととされるが、そば猪口という言葉ができたのは明治以降のことという。

●丼

語源は、「だんぶくろ」（江戸時代に重宝された何でも入れられる布製の便利袋）、または朝鮮語の湯器の音（タンパル）とも。

丼の形の基本形は朝顔形に口が開いた形で、江戸時代のそば屋の絵にはこの形のものが描かれていることが多い。また、そば用としては椀形の丼もよく用いられる。いずれにしても、比較的浅めで、高台もあまり高くないものが一般的だ。出前用には、蓋付きのものが使われる。種物用の丼の場合は、縁が外に反っている端反（はぞ）りや段付きもよく使われる。これは蓋が落ち込まないようにしたためだが、豪華な感じを与えるようだ。

江戸時代から昭和初期頃までは、丼は片手で持てる小ぶりのものが主流だったが、最近は大きく豪華になる傾向が強い。

知識篇

第13章

日本と世界のそば料理

(1) 日本のそば料理と調理方法

全国各地にはそば料理が数多くある。その多くは古くから伝えられてきたものだが、その歴史は比較的浅くても、すでに郷土のそば料理として定着し知られているものもある。いずれもその土地の四季折々の山や海の幸を材料として生かしたり、その土地独自の器に盛られたりと、郷土そば同様、地方色の濃い素材と調理法であることがその特徴といえよう。

日本のそば料理はそば切りを使ったものが多く知られており、地方のそば店で提供しその土地の名物になっている。しかし、そば切りが考え出される以前からソバは粒食として、あるいはそばがきのように粉食として食べられてきた。そうしたそば切り以前のそば料理は、ハレの日にごちそうとして食べるそば切りに対して、日常食としてのもの。その多様なソバの食べ方は、ソバの産地の農家で今日まで受け継がれてきているものも少なくない。

しかし、食生活が豊かになった今日、そうした食べ方は忘れ去られようとしている。次に、各地に伝わるそば切りを使った代表的なそば料理と、ソバの実とそば粉を使ったそば切り以前のそば料理を紹介する。

なお、ソバの加工方法としてはこうしたそば料理の他に、そば菓子、そば焼酎、そば酒、そば茶、そば味噌などがあり、そば焼酎とそば茶は一定の地位を確立している。

郷土料理にみるそば料理

椀子(わんこ)そば●岩手県・盛岡、花巻

岩手県旧南部藩領の盛岡に伝わるそばの振る舞い方で、「どんどこ、じゃんじゃん」という掛け声をかけながら、もっと食べろとお替わりを強くすすめる。食べ手もどのくらいで断ったらよいか、その駆け引きをその場の楽しみにするのももてなしのそば振る舞いのうちである。

土地の方言で平椀のことを「椀コ」と呼ぶが、その椀子に一口か二口くらいの分量のそばを盛るところからつけられた呼び名。そして、お客が椀の中のそばをすすると、すぐに次のそばを投げ入れて振る舞う。これは「おてばち」といって、同地方のお客のいちばんのもてなし方。家庭では祝儀・不祝儀を問わずに振る舞われる。

精進の場合には、海苔、ネギもしくはセリ、刻みクルミの3種の薬味を添える。それ以外の場合には、マグロの刺身、スジコ、イクラ、花カツオ、鶏そぼろ、漬け物、それにダイコンとトウガラシを挟んでおろした権八辛味などを添える。

はらこそば●岩手県・三陸地方

サケが産卵のために河川を遡上する秋から冬にかけての三陸地方のそば料理。南部鼻曲がりサケから取り出した腹子をほぐしてイクラにし、これをそばの上にのせて熱いかけ汁を張り、イクラが半熟の状態になったところを食べる。

高遠(たかとお)そば●福島県・会津、長野県・高遠

長野県高遠地方に産する辛味大根の搾り汁に醤油もしくは焼き味噌で味をつけた汁で食べるそば。高遠には「山ダイコン」という地元で穫れる辛味大根がある。高遠の領主であった保科氏が山形を経て寛永20年（1643）に会津若松へ移封させられたことから、福島県会津若松市や新潟県東蒲原(かんばら)・中蒲原地方にも同じ食べ方が伝わっている。

木曾地方では、辛味大根を囲炉裏の熱灰の中にしばらく入れてからおろして布こしし、焼き味噌を混ぜ、もう一度布こしししてつけ汁に用いる。「カラツユ」「鬼汁」ともいう。

長野県千曲市にも、辛味大根のおろし汁に味噌やネギを好みで混ぜ合わせてそばのつけ汁にして出すところがある。ちなみに、千曲川沿いの松代(まつしろ)や坂城(さかき)では「おしぼりうどん」といって、そばではなくうどんで食べる。

すんきそば●長野県・木曾

長野県の木曾周辺で食べられる厳寒の冬のそばの食べ方。「すんき」とはカブ菜の一種である木曾の赤カブ品種の漬け物で、その漬け方は、さっと茹でたカブ菜と「種」を交互に並べ重ねて軽く重しをかけて漬け込む。種に付着している菌の働きによって乳酸発酵させる。

かつては、前年に漬けたすんきを寒中に日陰干しにして乾燥させて保存しておき、秋口になったらこの乾燥させたすんきを茎が柔らかくなるまで煮た。この煮たものを「すんきの素(もと)」といい、茹でたカブ菜と一緒に3〜4日間漬け込むと乳酸発酵してくる。これを「種」と呼び、この作業をくり返し行って種を増やす。そのうえで本格的に漬け込んで作る。一般的には、前年のできのよいすんき漬けを保存して「種」に使うことが多い。

すんきそばは、この甘酸っぱくなったすんき漬けを細かく刻み、温かいかけそばの上にのせた食べ方。カツオの削り節もかけるところもある。

大根そば●全国各地

そばをダイコンと一緒に食べる食べ方で、全国各地に見られる。せん切りもしくは細かく刻んで茹でたダイコンを、茹で上げたそばと一緒に食べる。

麺類をダイコンと一緒に食べる習慣は中国から伝わったもので、山梨県北杜(ほくと)市高根町東井出ではうどんをダイコンと一緒に食べる。その他にも、青森県上北郡七戸(しちのへ)町には、細かく刻んで茹でたダイコンをそばに打ち込む変わりそば「大根そば切り」がある。新潟県の佐渡では「大根そば」「そばのセンゾボウ（繊蘿蔔(せんろふ)の方言）」、鹿児島県では「大根そば汁」、岩手県では「ひきなそば」などと呼ぶ。

また、ダイコンの味噌汁の中にそば粉を加えてかき混ぜて作る「むじなそば」（長野県小諸市八満）、さらに味噌仕立てにしないものを南佐久郡では「いとこそば」という。

けんちんそば●茨城県・県北部

福島県の県境に近い茨城県常陸太田市里美村や水府(すいふ)村などに伝わるそばの食べ方。名産のコンニャクやゴボウをはじめ、野菜をたくさん入れて煮込んだ温かいけんちん汁を温かいそばにかけて味わう、もともとは冬の季節のそば。「けんちん」の語源は、鎌倉の建長寺に由来しているとも言われている。

かつての寺は文化の発信元であったところから、料理などに関しても寺の僧侶から世間に広まった。各地に広まるにつれてそれぞれの地方で収穫される野菜類が取り入れられ、地方色の色濃いものになった。中でも茨城県が有名である。

ゴボウ、コンニャク、ニンジン、シイタケ、油揚げなどをゴマ油で炒め、水気をきった豆腐を加える。カツオだしを注いで煮る。醤油もしくは味噌で味をととのえ、最後にネギを加える。このけんちん汁を、そばのつけ汁、もしくはかけ汁にして食べる。

お煮かけ・とうじそば●長野県他

「お煮かけ」「煮かけ」「お煮かけ汁」ともいい、

郷土料理にみるそば料理

越前おろしそば
協力／越前そば道場（福井・福井）

お煮かけ・とうじそば
協力／そばの里 奈川（長野・奈川）

椀子そば
協力／やぶ屋（岩手・花巻）

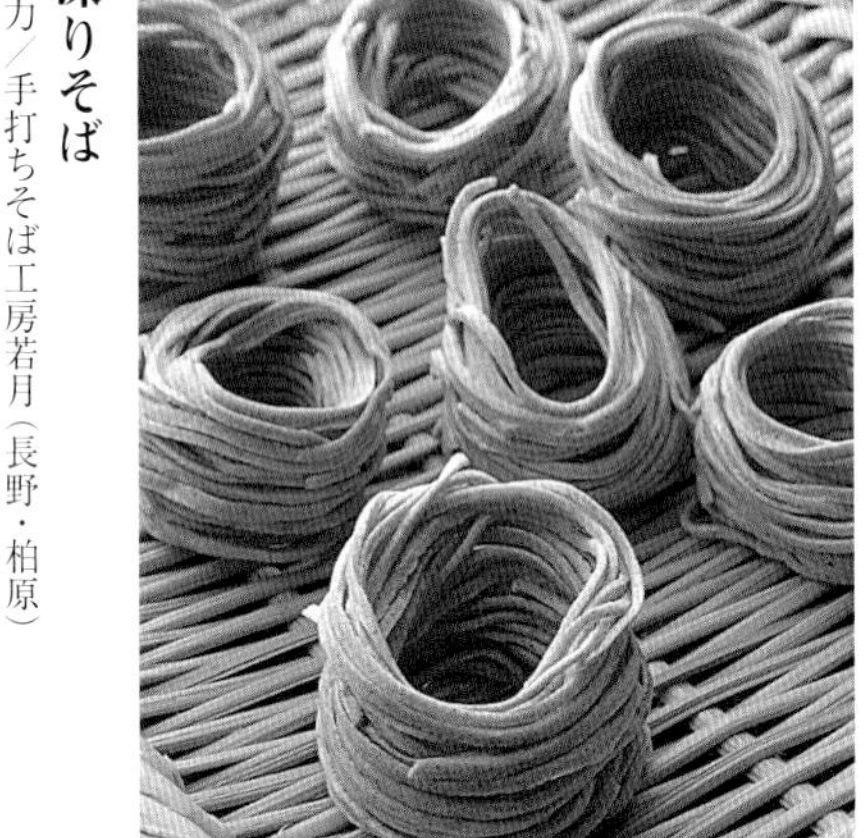

凍りそば
協力／手打ちそば工房若月（長野・柏原）

はらこそば
協力／藤七屋（岩手・宮古）※閉店

すんきそば
協力／越前屋（長野・木曽）

けんちんそば
協力／村屋東亭（茨城・鉾田）

釜揚げそば
協力／松本そば店（島根・松江）※閉店

長野県、山梨県、岡山県などでみられる麺の食べ方。それぞれの土地により、作り方がいろいろある。

①茹でた麺を1人前ずつ小さな竹籠（とうじ籠）に入れ、干した野菜の葉や山菜などの野菜類をたくさん入れた味噌汁の中にくぐらせて器に盛り、その汁と具をかけて食べる。

②だしにナス、タケノコなどの野菜、豆腐、油揚げなどを入れて煮込み、醤油もしくは味噌仕立てにして、これをそばもしくはうどんにかけて食べる。

①はかつて囲炉裏が活用されていた頃の食べ方で、囲炉裏にかけた鍋で熱々にしたところを食べたもの。信州ではうどんよりもそばで仕立てることが多く、とうじ籠を用いるところから「とうじそば」ともいう。

凍りそば●長野県・柏原

長野県大町市ならびに上水内郡信濃町柏原に古くから伝わる保存食。近年、柏原で復活した。雪の降らない夜に茹で上げたそばを冷水にさらし、指に巻き付けて小さな輪にまとめ、大きな籠の上に並べる。これを厳寒の夜間の外気にさらして凍らせる。翌朝、陽がさす前に納屋などの風通しのよいところに取り込む。直射日光を嫌うため、納屋の中で約1カ月間かけて凍結と解凍をくり返すことで、「しみかわき」という現象により乾燥していく。さらに、雪どけ時季に野外に出して日に当てて完全に乾燥させて出来上がる。

食べ方は、この凍りそばに熱湯をかけ、そのまま数分間おいてもどして食べる。かつては日本料理の高級素材に挙げられ、椀種として多く用いられていた。

越前おろしそば●福井県

越前おろしそばの歴史は長く、慶長6年（1601）に藩主・本多富正が武生にソバを栽培して非常食として奨励し、大根おろしを添えて食べたのが今日に伝わるといわれる。用いられるダイコンは、ネズミ、北山、それに青首などである。

深皿に盛ったやや黒っぽい、コシの強いそばに、福井に産するダイコンのおろし汁と生醤油もしくはかけ汁を合わせた汁をかけて、つゆをそばによくからめて食べるのが本来の食べ方だといわれている。ダイコンの辛みは皮のすぐ下にあることから、皮ごとおろして使用する。

割子そば●島根県・出雲

出雲そばを代表する食べ方で、割子というそばを盛る器から出た名称。割子に盛ったそばの上からつゆをかけて食べる。薬味には、青ネギ、南蛮おろし、カツオ削り節、海苔の4品が一般的。普通、割子3枚で1人前としている。

そばを盛るのに使用する割子という器は、昔、武士の弁当箱として使われた割盒を庶民が真似てそば入れに応用した、というのが定説である。割子は、昔は春慶塗の角型だったが、時代が変わるにつれて長方形、小判型に変わり、現在は丸型が多い。

釜揚げそば●島根県・出雲

出雲地方のそばの食べ方の一つに釜揚げそばがある。茹で上げた熱いそばをそば湯ごと器に盛り、添えられた冷たい濃いめのつゆを直接かけて味をととのえる。

そば切り以前のそば料理

そばかっけ●青森県、岩手県

かつての南部領、現在の青森県南部及び岩手県北部にかけて伝承されるそば料理。

「かっけ（欠片）」とは切れ端もしくはかけらの意味の青森、岩手の方言である。そばを切った後に残った生地の切れ端や残りの部分を指すこともあれば、そば粉をそばを作るように延し、それを三角形もしくは長方形に切ったものも指す。コメの乏しかった時代には、そばかっけが祝い事に供された。

そばかっけは、延したそばの生地を三角形に切ってかっけを作り、ダイコンと豆腐を煮た鍋の中に入れ、浮き上がった熱々のところを、ネギ、ニンニクを味噌に加え、酒とミリンでのばしたネギ味噌（もしくはニンニク味噌）をつけて食べる。

「かっけはっと」ともいうが、この「はっと」とは「法度」のことで、禁止の意味。つまり、江戸時代に農民がそばを食べすぎることから、それを禁止してご法度、ご法度、と取り締まりが厳しかったため、農民たちは「これはご法度のそばではなく、石のかけらです」と言ったのがはじまりであると伝えられている。

福島県の檜枝岐では「はっとう」といい、延したそばを三角形に切り、茹でてすりエゴマと砂糖をまぶして食べる。「おつけはっと」「つつけ」「かっけ餅」など、地方によっていろいろな呼び名がある。

柳ばっと●岩手県

岩手県遠野周辺のそば料理で、来客時に軽いもてなしとすることが多かった。

「柳葉」もしくは「てこすりだんご」ともいい、そば粉を水でこねてねかせ、小さくちぎって紡錘形にした後、親指の付け根で平たく延して柳の葉の形にする。これをダイコン、マイタケ、鶏肉などと一緒に味噌仕立ての汁の具にしたり、茹でてネギ味噌もしくは酢味噌をぬって食べる。だしは煮干しと昆布。昔は野ウサギや熊で汁に仕立てたこともあった。

梁越しまんじゅう●長野県・川上

長野県南佐久郡川上村周辺に伝わる、そば焼き餅の一種。

ネギのみじん切り、おろしショウガを味噌に加え混ぜてネギ味噌を作る。これを水で溶いたそば粉とよく練る。ネギ味噌にはユズ、トウガラシを加える作り方もある。そば粉を振り入れた椀の中に、このネギ味噌を練り混ぜたそばを入れ、上からもそば粉を振りかける。そして、椀を持ち、お手玉のように上に放り投げながら椀で受けて丸めていく。その際に、そばがきが天井の梁を越すほどに高く投げられたことから、「梁越し」の名が付いたといわれている。

こうして丸めたら、柏の葉で包み、囲炉裏の熱い灰の中に埋めて蒸し焼きにする。もしくは、小麦粉を振ったホウロク鍋に入れて、両面に焦げ目が付くくらいに焼いた後、囲炉裏の灰の中に埋めて火を通す。灰を落として熱々を食べる。

うちわ餅●秋田県、岩手県

秋田県北部や岩手県で、お客をもてなすお茶菓子として作られたそば料理。

そば粉を熱湯でこねて握りこぶし大に小分けにする。それを平串に刺して棒状に延ばし、さらに親指の付け根で押さえて団扇のように円形に成形する。これを茹でてから、すりつぶしたエゴマ（ジュウネ）に味噌と砂糖を加え混ぜたじゅうね味噌、もしくはクルミ味噌をぬってつけ焼きにする。

平串は椀や盆の材料に用いる板屋カエデを削ったもの。材質が堅く、においがないので串の材料として適している。岩手県では「うちわ焼き」「うちわそば」とも呼ぶ。

ほど焼き●岩手県

そば焼き餅の一種。岩手県では、「火床焼き」と呼ぶ地方もある。そば粉を水で溶いて作った団子の中に小豆餡や黒砂糖とクルミを入れて包み、柏の葉で包んで囲炉裏の熱い灰の中に埋め、蒸し焼きにしたものをいう。

そば餅・そば焼き餅●全国各地

そば粉に湯を加えて練ったものをそばがきといい、このそばがきの状態のものをそば餅ということもあれば、このそばがきで漬け物や小豆餡を包んだものを指すこともある。

このそば餅を焼いたものを「そば焼き餅」といい、「いびきりもち」（青森、岩手）、「ほどやき」（岩手）、「梁越しまんじゅう」（長野県南佐久郡）、「おやき」（長野）、「そばぽっとり」（静岡、愛知）、「そばやき」（島根県隠岐）、「はいやけ」（高知）といった呼び名が全国各地にある。また、塩味の小豆餡をたっぷりと包んだものを飛騨地方では「あずきはらませ」と呼ぶ。

岩手県八幡平市安代町には、そば粉を熱湯でこねて円形にしたものを「ゆもち」といい、ニンニク醤油をつけて食べる。

高知県高岡郡津野町では、そば粉を熱湯で溶

そば切り以前の主なそば料理

でんがく・やきもち・はっとう・つめっこ
協力／丸屋旅館（福島・檜枝岐）

そばかっけ
協力／蔵（青森・八戸）

うちわ餅・ほど焼き
協力／岩手・八幡平市安代町

柳ばっと
協力／岩手・八幡平市安代町

梁越しまんじゅう
協力／長野・南佐久郡川上村

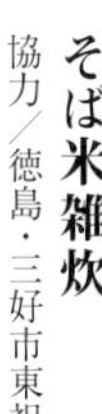

そば米雑炊
協力／徳島・三好市東祖谷

そばすべし
協力／徳島・三好市東祖谷

いて円形の平たい餅状にして、湯に入れて茹でたものを「ゆでもち」といい、家庭で普段に食べる。来客は、熱湯で練った生地で小豆餡を包み、円形に平らにした後に通称山帰来と呼ぶサルトリイバラという木の葉2枚で挟んで20〜30分間蒸した「しばもち」でもてなした。

鹿児島県鹿屋市郷之原町では「そばもち」というと、そば粉にふかしたサツマイモを加えてよくこね、砂糖と塩を加えて味をつけて丸め、きな粉をまぶしたものをいう。中に餡を詰めることもある。冷めたものをそのまま食べてもよいが、囲炉裏の熱灰に入れて蒸し焼きにしてもよい。この地方ではそばのことを訛って「そま」というため、そばもちも「そまもち」という。

そばおやき●長野県

そば焼き餅の一種。「おやき」は小麦粉を練って作った皮で漬け物や野菜の味噌和えなどを包み、蒸したり焼いたりしたものが一般的だが、そばがきをそのまま円形にしたものか、その中に漬け物や小豆餡を包んで焼いたもの。

長野の乗鞍あたりでは、囲炉裏の熱灰の中にくべて蒸し焼きにしたそば焼き餅を、ネギ味噌もしくは大根おろしと味噌をつけて食べる。

そばすべし●徳島県

徳島県三好市東祖谷山地区で作られる「そばすべし」は、イリコでとっただしの中に、ニンジン、豆腐、鶏肉、ダイコンの葉などを刻んで入れたところに、汁を箸でかき混ぜながらそば粉をふり入れて加熱する素朴な料理。火が入るにしたがって、加えたそば粉が固まってダマになり、汁にとろみがついたところで出来上がり。

この地方のそばすべしには、ダイコンの干し菜が必ず入る。

そばがゆ●全国各地

そば米を用いて粥にしたもの。鶏のたたきや干したアユなどでだしをとって作る地方もある。そば米を野菜と一緒に煮込み、味噌仕立てにしたものを「そば雑炊」という。

岩手県八幡平市安代町には、「そばかゆもち」という食べものがある。そばがきに似ているがかなりゆるく作るもので、鍋に湯を沸かしてそば粉をふり入れて練り上げる。ニンニク醤油やネギ醤油で食べる。

そば米雑炊●徳島県・祖谷、山形県・酒田

そば米は祖谷地方独特のそばの保存食品。祖谷のそば米の作り方は、玄ソバ1升に対して盃1杯の塩を入れた水で茹で、殻の口が開く頃に取り出し、莚干しをする。十分に乾燥させた後、ソバの稜を崩さないように脱穀して丸抜きにする。「そば米雑炊」はたんにそば雑炊ともいい、そば米を用いて雑炊に仕立てたものを指す。

そば米をといで水をきり、カツオだしの中に入れてしばらくおいた後、差し昆布をしてお粥を炊く要領で炊く。炊き上がったら、塩もしくは醤油で味をととのえる。東祖谷山地区あたりでは鶏ガラでだしをとり、鶏肉、シイタケ、ジャガイモと一緒に、あらかじめ茹でておいたそば米を加えて煮て作る。

また、東北地方には「むきそば」がある。そもそもは山形県の旧東・西田川郡境の麻耶山が修験の山として知られ、この山麓一帯にそば米と同じ「むきそば」の製法が伝えられている。しかし、現在はむしろ酒田のほうで名物となっている。

むきそばの作り方は、玄ソバを茹でてから殻を取り除き、水にさらす。これを器に盛り、鶏のスープで味つけした煮汁をかける。

前神戸学院大学栄養学部教授　池田小夜子
信州大学名誉教授　氏原暉男

(2) 世界のそば料理と加工方法

日本をはじめ、世界のそば料理はさまざまであるが、大別すると粒食と粉食に分けられる。歴史的に見ると、粉食の発達は製粉やふるい分けの技術の発達と深く関係を持つ。

日本のように麺にする国は少ないが、ブータンや韓国などで見られるいわゆる「押し出し

麺」もいちおう麺の仲間に入れてよいだろう。ここでは、ヨーロッパ、アメリカ、カナダ及びアジアの一部について述べる。

ヨーロッパのそば料理

ヨーロッパではソバは伝統食品として広く利用されており、多彩なそば料理がある。今日、ソバが利用されている国として、スロベニア、クロアチア、イタリア、ポーランド、デンマーク、フランス、オーストリア南部、ルクセンブルク、スロバキア、チェコなどが挙げられる。

スロベニアやポーランドなどでは粒食（写真❶）と粉食の両方の形で食べられており、イタリア、フランスなどでは粉食が中心をなしている。

スロベニア

【そば穀粒の料理】

外皮をとった「挽き割りそば」のことで、日本の「そば米」にあたる。スロベニアやヨーロッパの国々では、カーシャ（Kasha, Kaša）と呼ばれている。

●カーシャ（写真❷）

いくつかの方法がある。前もって加熱することなしに外皮を取って調製する方法や、あるいは100℃であらかじめ加熱して外皮を取って作る方法もある。ポーランドなどでは、120℃であらかじめ加熱して外皮を取る方法がよく行われている。

・日本のコメのように料理し、そのまま食べたり、魚や肉の付合せとする（写真❸）。

・カーシャをクルミ、卵、カッテージチーズ、サワークリーム、リンゴのスライス、砂糖など好みのものと混ぜて、オーブンで焼く。

・カーシャをある種の食物の中に詰める。カーシャを腸詰にしたカラバビツェ（Krvavice）と呼ばれるソーセージにしたりする（写真❹）。この食べ方は、ネパールを中心としたヒマラヤ諸国やドイツでも散見される。

【そば粉の料理】

●ヂガンチ（Žganci／独語ではSterz）（写真❷）

日本の「そばがき」に似たものである。沸騰した湯の中にそば粉をそのまま入れる。そば粉の塊の中央部に穴をあけるようにして、20分間とろ火で加熱する。その後、水をある程度除き、残った水と塊を混ぜる。スープ、ミルク、サワークリームなどとともに食卓に出す。この食べ方は、スロベニア、クロアチア、オーストリアで見られる。

●ズレバンカ（Zlevanka）（写真❺）

北スロベニア地方の郷土料理である。作り方は、溶いた卵と牛乳を混ぜ、その中にそば粉と少量の塩を入れてさらに混ぜて軟らかい生地にする。タマネギを入れる場合は、タマネギを多量の油でこげ目がつくまで炒めておく。天板にたっぷりのバターをぬり、その中にそば生地を流し入れ、その上に炒めたタマネギと、炒め油をちらしておく。250℃のオーブンで約20分間焼く。表面が全体にこげ茶色に焼き上がったら出来上がり。適当な大きさに切って食べる。

●シュトルクリー（Štruklji）

シュトルクリーはそば粉でクレープに似た薄い皮を作る。その皮の上にカッテージチーズをたっぷりのせ、ロール状に巻く。約2cmずつに切るか、またはロール状のまま盛りつけ、そのまま食べる。カッテージチーズの代わりに、甘めのクリームを入れることもある。

●その他、ケーキ、ピザ風ケーキ、パン

パンはスロベニアや中央ヨーロッパで見られ、パンケーキはヨーロッパ全域で見られる。そばの団子入りスープなどはさまざまな形で広く食べられている。

イタリア

イタリアでは粒食はほとんどなく、粉食が中心である。そば粉料理はイタリア北部でよく食べられている。

●ピツォケリ（Pizzoccheri）（写真❼）

ピツォケリはイタリアの代表的なそば料理である。また、後述するがスイス南部（イタリアとの国境付近）の伝統料理でもある。これはそばパスタにあたり、わが国のきしめんのような形のものがもっともポピュラーである。他にも細長い麺の形に加工したものや、マカロニのよ

ヨーロッパのそば料理

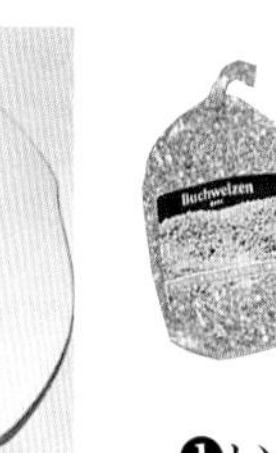

❶いろいろな国のそば米

❷カーシャ（右）、ヂガンチ（左）、そば酒（中央）

❸カーシャ（付合せ）

❹そば米ソーセージ

❺ズレバンカ

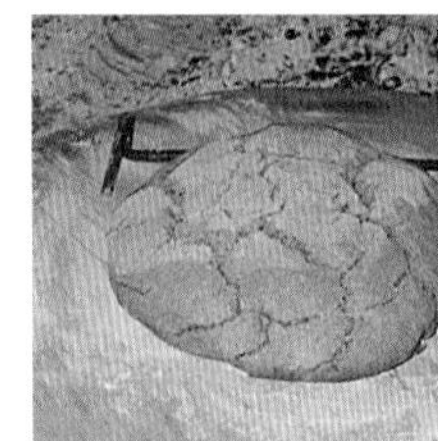

❻そばパン

❼ピツォケリ

❽ポレンタ

❾シアット

❿そばケーキ

⓫ストラッチ

⓬そば茶

⓭そばホットケーキ

⓭いろいろなそばのお菓子

写真提供／池田小夜子

うな形に加工したものなどがある。

調理方法としては、キャベツなどの野菜とそばを塩茹でし、茹で上がったらチーズとガーリックバターで味をつけて仕上げる。また、ミルクとバターがたっぷり入ったスープの具としても使われている。

●ポレンタ（Polenta）（写真❽）

ポレンタは本来はトウモロコシの粉の代表的な料理であるが、そば粉を利用してポレンタの形で食べられることも多い。作り方は、粗挽きのそば粉に少量の水を混ぜて火にかけ、次にバターを何回かに分けてたっぷり入れ、そば粉をなじませる。バターを入れるたびにかなり力を入れてよく混ぜ込んでいき、最後にチーズをたっぷり入れてかき混ぜる。

●シアット（Sciatt）（写真❾）

水でこねた軟らかいそばがきにグラッパを少量入れてスプーンですくい、その中にチーズを入れて素揚げにしたものである。外側のそばがきがカラッと揚がり、内部のチーズがとろっと溶け出てきて、とても美味なものである。

●その他

ケーキ（写真❿）にしたり、そば粉をバターで軽く炒めて上に砂糖をかけ（ヂガンチの一種）、ジャムをつけて食べたりする。また、直径6～7cmもあるそば団子をこってりしたホワイトソースで煮込み、上にチーズをかけて食べたり、この大きなそば団子1個をスープに入れてそば団子スープとしたりと、さまざまな形で広く利用されている。

ストラッチ（Stracci）（写真⑪）は「そばかっけ」に似ている。バター、ミルクで作ったホワイトソースにチーズで味をつけ、バジリコで色と香りをととのえたバジリコソースをかけて食べる。

フランス

とくにブルターニュ地方ではソバがよく利用されている。そば料理として、クレープ（Crepe）やガレット（Galette）などがある。いずれも、しょっぱいもしくは甘いといった具材の味に応じて、食事としてもデザートとしても食べる。ブルターニュのレンヌには伝統的なクレープ専門店があり、卵の目玉焼添えから最高級品キャビアまでとメニューは豊富だ。また、フランスにはそばのビールもある。

ポーランド

ポーランドではそば米が一般的である。伝統食として、そば米で作るソーセージ（Kaszanka）、マトンのそば米料理、そば米を詰めた子豚肉料理などがある。そば粉の料理としては、ピエロギ（Pierogi）と呼ばれる、イタリアのラビオリに似たそばのパスタがよく知られている。このそばパスタはスロベニアやオーストリアにもある。その他のそば粉料理としては、ブリーニ（後述）、そばプディング、麺などが知られている。麺はパスタ風に料理され、スープや、マッシュルームやタマネギとともに食べる。そばケーキやスポンジケーキなどもある。

チェコ

そば米（カーシャ）が一般的である。野菜（ミックス・ベジタブル、トマト、パプリカ、タマネギなど）やベーコンなどとともに食べる。そば米を詰めたソーセージもある。そばハーブ茶（葉や茎からつくる）もある（写真⑫）。

スイス

スイスではソバは主に南部で利用されている。伝統料理としては、シュペッツレ（Spätzle）というパスタ料理の一種としてピゾケル（Pizokel）／イタリアのピツォケリと同じもの）がある。また、トウモロコシとそばセモリナ粉から作るポレンタもある。

アメリカ・カナダのそば料理

ソバは日本のようにポピュラーではないが、そばパンケーキ、そばクレープ、そばホットケーキ（写真⑬）、スープの中に入れるそば団子などのそば粉料理が知られている。これらのそば料理は主に東欧やロシアの影響を受けている。

また、アメリカのニューヨーク州やカナダの東部といったロシアからの移民の多い地域では、カーシャが食べられている。カナダではお菓子などとしても利用されている（写真⑭）。

ロシアのそば料理

全粒あるいは挽き割りにしたソバの実を、カーシャ（Kasha）として食べる粒食が主流である。塩味だけの粥状のカーシャとしたり、バターやミルクを入れて煮たり、オーブンで焼いたりして硬めのカーシャに仕上げ、肉などの付合せにして食べたりする。

●ブリーニ（Blini）

乾燥酵母を砂糖と混ぜて発酵させ、そこへミルクとバターを入れて密閉して冷所に一晩おく。これを室温にもどして、そば粉、塩、卵黄、サワークリームを入れて泡立てる。これを鉄板またはフライパンで焼く。キャビアや魚卵とともに食べる。ブリーニは北欧（スウェーデンなど）でも見られる。

●カーシャ料理

野菜（タマネギとマッシュルーム）をバターで炒める。別に、そば米（カーシャ）と卵をバターと塩で味つけして水煮する。野菜とそば米を、バターと調味料で味つけしてオーブンで焼く。

アジアのそば料理

世界の中で圧倒的なソバの生産量を誇るのは中国だが、ヒマラヤ諸国や南・北朝鮮でも

アジアのそば料理

⑮チベット系ネパール人の食べ方。右2品はジーニャ（押し出し麺を乾燥させて油で揚げたもの）。左4品はチャパティ（薄焼き）とロティ（厚焼き）。ダッタンソバも使われる。

⑰チベット人の常食。ツアンパ（ハッタイ粉）風にしたそば粉をバター茶（ヌンチャイ）に入れて食べる。

⑯ネパールのタカリー族の常食。ディロー（そばがき）をカレーと一緒に食べる。

⑱中国雲南省の蕎涼粉（チャオリャンプン）。そば粉をプディング状に調理し、適当に切って味つけをする。

⑲写真中央がムー。正月や婚礼などの祝い事にはつきもの。横にあるたれをつけて食べる。韓国、北朝鮮でのソバの食べ方といえば冷麺もある。

写真提供／氏原暉男

ソバの独自の食文化がある。ダッタンソバも中国・雲南省やヒマラヤ諸国の高地で広く栽培されており、その食べ方は多彩である。

中国

中国の普通ソバは主に輸出用が多い。漢民族はあまりソバを食べる習慣はないが、内モンゴルや少数民族では日常的にソバが食べられてきたことから、押し出し式の製麺法による麺だけでなく、お焼きや水餃子風のものまで多くのそば料理が伝わっている。

その一つに「猫の耳」というそば料理がある。そば粉をよく練り、その生地をちぎって猫の耳のような形につくり、茹でてから具材とともにスープに入れて食べる。

そのほかの古くからの料理としては、皮をむいて作ったソバ米の粥などがある。

ヒマラヤ諸国

ネパールやブータン、北インドでは、ロティやチャパティという、そば粉を硬めに練って円形に延ばしてフライパンか直火で焼く、パンケーキやクレープ風のものが多い。ニンニクやトウガラシのきいたたれをつけて食べるのが一般的である。ジャガイモをすりおろしたものとダッタンソバの粉を混ぜて焼き上げる料理もある。

そばがきに野菜カレーを添えて食べる習慣もチベット族には多い。また、ブータンやネパールの一部では、押し出し式の製麺法で麺に加工して食べる。それらのいくつかの例が写真⑮〜⑱である。

南・北朝鮮

南・北朝鮮の伝統的なそば料理（写真⑲）として、ムー（ムック）と呼ばれる羊羹状のものがある。そば粉を水かぬるま湯で溶き、そこに寒天を加えて煮溶かして冷やし固める。羊羹状に切って、辛い薬味だれをつけて食べる。

また、そば冷麺（ネンミョン）もあり、そば粉にでんぷんを混ぜた乾麺でコシが強いのが特徴。古くから平壌（ピョンヤン）冷麺として定評があり、本場は北方とされている。冷たい肉のスープをかけ、キムチや野菜などの具をのせるのが一般的な食べ方である。

(3) 家庭でもてなすそば料理の技術

調理指導　永山寛康（永山塾主宰）

実際にそばを打つとなると、家庭で打つ場合でも1回に打つ量は最低でも５００g、打ちやすい量となると1kgぐらいの量のそばを打つことになる。

結果的に、もりそばで15人分くらいの量になってしまうわけで、仮に4人で食べるにしても多すぎてしまう。それにもりそばだけでは、いくらおいしく打ち上がっても飽きてしまうだろう。

そばは薄く延してからの切り方によっても、味わいはずいぶん違ったものになる。今回はそば粉十割で打ったが、二八そばでもよい。左から1.5㎜角の普通のそば、幅2.5㎝×1.5㎜厚の板（短冊）状のそば、2.5㎜×1.5㎜の平打ちそばの3種類。

ことに、お客をもてなすには、もりそば以外にもそば料理を2～3品は用意しておきたいところだ。

そば料理といえば、そば粉やソバの実から、多種多彩なものを作ることができる。代表的なものとしては、揚げそばがき、そば味噌、そば豆腐、そばずし、そば羊羹などであり、工夫次第でバラエティーに富んだそば料理を数多く作ることが可能である。

左に江戸そばの伝統を受け継ぐ老舗そば店のそばづくしの献立の例を紹介しよう。そば切り、そばがき、ソバの実のそれぞれの持ち味を生かし、けっして奇をてらったものでなく、食べておいしいことを主眼に考えたそば料理である。

・そばもち―そばがき、きなこ
・そば味噌―そばの実、鉄火味噌
・おろし和え―そばの実、大根おろし
・お椀―澄まし汁、そばの実寄せ
・そばずし―そば切りの伊達巻き
・山かけ―そば切り、とろろ芋
・季節そば―天ぷら、鴨、白魚、あられなど
　から一品
・そば切り―もりそば

地方であれば、その土地の産物や器など、さらには郷土料理を活用してそば料理に仕立てるのもよいだろう。

しかし、174頁以降では、あくまでもそば打ちとの関わりから、そば切りを使ったそば料理に限定して紹介することにした。

家庭の台所でできる範囲の調理で、どこでも手に入る食材を使って作れるものであることがポイントになる。しかも、そば打ちがメインであるから、簡単で手間があまりかからずに作れることも重要である。もちろん、そばの持ち味が生かされていることが大切であることはいうまでもない。

そうした前提に立って、茹でたもの、揚げたもの、すしに見立てたもの、甘味・デザートといった大きく4つのジャンルに分けて、そば切りを使ったそば料理の定番と応用例を紹介する。

もりそばをメインにして、前菜、あるいは酒肴、それに最後に甘味・デザートといった構成で、簡単なコースに仕立てるとよい。

大皿に盛りつけるなど、器や盛りつけの工夫で、楽しさを演出するのもよいだろう。また、季節の食材をうまく取り入れて季節感を演出するのも必要なことである。

しかし、必ずしもそばづくしのコースに仕立てる必要はない。むしろそば料理2品ほどをコースの中に組み込むほうが無理がなく、そばを生かせるだろう。

蕎麦刺し

茹でた板状の幅広のそばを刺身に見立てたもの。ワサビ醤油につけて食べる。そばそのもののもつ風味や軟らかい中にも独特の食感を味わいたいので、できれば十割そばを使い、茹で上がったら氷水もしくは冷水でしっかり冷やす。その際に、表面のぬめりは洗わないほうが食感よく味わえる。盛りつけを工夫したい。

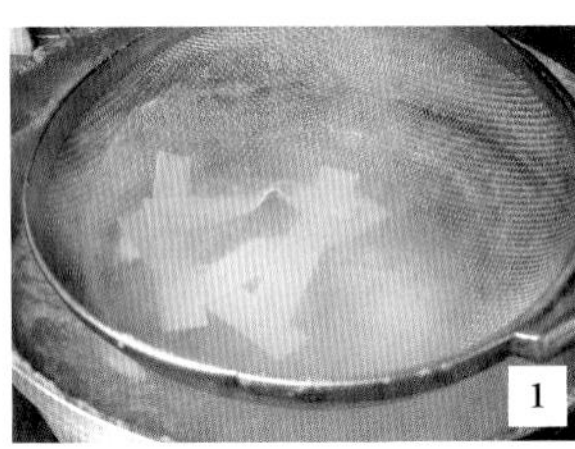
1

作り方

①たっぷりの湯を沸かした鍋に揃いざるを置き、そこに板状のそばをくっつかないように1枚ずつ広げて静かに入れる（写真1）。
②茹で上がったら、揃いざるごと引き上げて氷水もしくは冷水に浸けてしっかりと冷ます。
③水をよくきり、皿に盛りつける。
④ワサビやせん切りにして水にさらして水気を絞ったシソの葉などを薬味に、醤油もしくはもり汁をつけて食べる。

板蕎麦のしゃぶしゃぶ風

そばは薄く延してからの切り方によって、味わいがずいぶん違ったものになる。ここでは、幅広に切った板状のそばを沸騰した湯にくぐらせ、しゃぶしゃぶ風に茹でたものをもり汁で味わうように仕立てた。薬味は、大根おろし、ワサビ、刻みネギ、七味唐辛子、刻み海苔などを好みで。

作り方

①薄く延したそばを2.5cm幅ほどに切る（切り幅は好みだが、あまり広いと食べにくい）。
②卓上コンロの上に土鍋を置き、湯を沸かす。
③湯が沸いたら、板状の幅広のそばを鍋の中で泳がすようにして茹でて、好みの薬味を入れたもり汁につけて食べる。
十割そばのほうが、二八そばなど小麦粉でつないだそばよりも早く茹で上がる。多少浅めの茹で上がりでもおいしい。

揚げ蕎麦の海老あんかけ

茹で上げたそばを油でカリッと揚げると、香ばしさが加わり、独特の味わいのものになる。そこに、エビやホタテの貝柱などで作ったあんをかけると、料理にもなるし、酒の肴としても楽しむことができる。あんに用いる具材は、彩りと食感を考えていろいろに工夫したい。

1

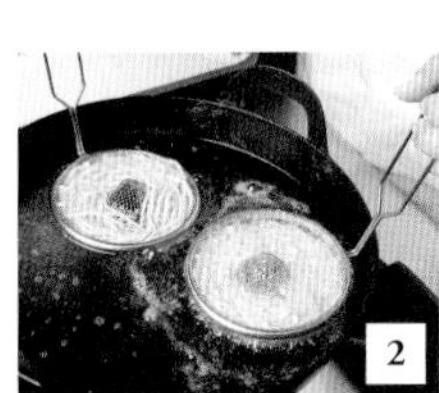

2

作り方

①あんの材料を用意する。エビは背ワタを取り、ぶつ切りにする。ホタテの貝柱とイカも同じくらいの大きさに切る。ネギの青い部分を太めのせん切りにする。
②小型のステンレス製の味噌こしの底を指で押し上げて突起をつける（写真1）。
③少量のそば（約20g）を①の中に円を描くように入れる。
④油を180℃の高温に熱し、②のそばを味噌こしに入れたまま揚げる（写真2）。打ち粉のついた生麺を揚げると油はすぐに汚れるので、新しい油でなくてよい。
⑤サクッと揚がったら、引き上げて油をよくきる。この状態に揚げて保存しておくと、いつでも手軽にこの料理を作ることができる。
⑥揚げたそばを器に三層に重ねて盛る。
⑦フライパンに少量の油を熱し、①の材料を入れて炒め、3倍の水で薄めたもり汁を加えて味つけし、水溶き片栗粉でとろみをつける。
⑧そばの上から⑦をかけ、上に糸唐辛子をあしらう。

揚げ蕎麦スティック

そばを長くまっすぐな状態に揚げるのは意外に難しいもの。しかし、ちょっとした工夫をこらせば上手にまっすぐの状態に揚げることができる。添えるソースは、ワサビ、マヨネーズ、トマトケチャップ。これらを混ぜ合わせずに器に入れて添え、食べる時に好みの味に混ぜ合わせる。

1

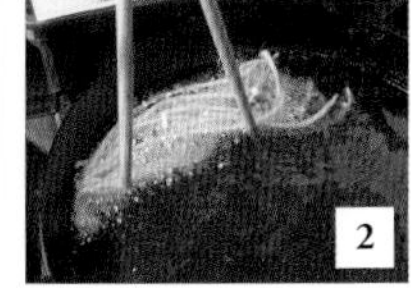

2

作り方

①細打ちそば10本ほどを揃えて持ち、そばの一方の端を指で軽く押しつぶす。
②てんぷら鍋（底の深いフライパンでもよい）に油を入れて170〜180℃の高温に熱する。
③つぶしたそばの端を持ち、油の中を泳がすように入れる（写真1）。泳がしたらいったん鍋から引き上げ、再度泳がして揚げることを2〜3回くり返す。
④あらためて鍋の中に入れ、鍋の縁を使って全体がまとまるように揚げて取り出す（写真2）。
⑤油をよくきり、熱いうちに塩を軽く振る。

蕎麦ずし

そばを海苔で巻いてすしに見立てた。「一茶庵」の創業者、故片倉康雄は、蕎麦ずしのことを「磯巻」と呼び、いろいろな工夫をこらした。今回は、細打ちの十割そばを用いたが、さらしなや茶そばなどの変わりそばを用いると、作りおきができるうえに、芯にする具材の色合いと相まって華やかな彩りになる。今回は市販の煮たかんぴょう、ダイコンや刻みすぐきの漬け物を具に使用したが、そばをさっと甘酢（酢と砂糖が3対2の割合）に通して酢味をつけてもよい。

1

2

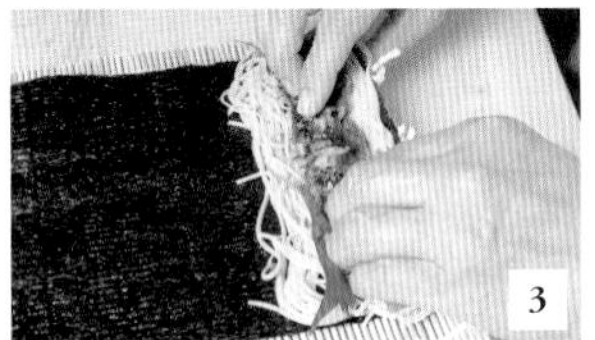
3

作り方

①茹でたそばはしばらくざるなどに広げて表面を乾かす。
②すだれは裏側を上に、目を縦向きにして置く。そこにそばをひとつまみして、軽くしごくようにして揃えて手前から並べ（写真1）、すだれから少しはみ出るようにして折り返す。なお、左右から交互に並べていくと、厚みを一定に保てる。
③そばを並べ終わったら海苔をかぶせ、上から軽く押さえてそばに密着させ、海苔とそばを片手で受けるようにしてすだれをはずす（写真2）。
④はずしたすだれを今度は表面を上に、目を横向きにして置き、その上に③の海苔とそばを両手で持ってすだれの上に置く。
⑤用意した具材をそばの中央にきれいに揃えて置き、人差し指、中指、薬指の3本の指で具材を押さえながら、すだれの縁にかけた親指を使って手前から巻き込む（写真3）。
⑥両手の指を揃えてすだれを軽く押さえ、巻きを締める。海苔の上の端に沿ってそばを潰し、巻いた端がはがれないようにする。
⑦すだれに巻いたまましばらく休ませてから切り分ける。

蕎麦ずしの軍艦巻き

蕎麦ずしは、海苔できれいに巻き込むのに慣れが必要だ。その点、小さくまとめたそばを細長く切った海苔で囲むようにし、その上に天ぷらなどの具材をのせるようにすれば、とても簡単に蕎麦ずしを味わい楽しむことができる。

天ぷらには、かえしとミリンの同割を煮つめ、ワサビを加え混ぜた山葵がえしをぬる。

手巻き蕎麦サラダ

冷水に浸けてパリッとさせた1枚の大きな葉のレタスに、茹でたそばをいろいろな種類の野菜と一緒に入れ、クルクルと手巻きにしてサラダ感覚で食べる趣向。ここでは、トマト、茹でたグリーンアスパラガス、アボカド、紫キャベツなどを用いたが、錦糸玉子、ハム、湯引いた薄切り豚肉など、自由に選んで組み合わせるとよい。ワサビを混ぜたマヨネーズをぬってから手巻きにする。

茹で蕎麦のきな粉和え

「紫紐(しひも)」はそばに煮小豆をからめて食べる伝統的なそばの甘味だが、ここでは煮小豆の代わりにきな粉で和えてみた。きな粉だけでなく、フライパンで煎ったそば粉を加えてより香ばしい味わいに仕立てている。

1

作り方

①フライパンにそば粉を入れ、焦がさないようにしゃもじでたえずかき混ぜながら香ばしく煎る(写真1)。
②きな粉に①の煎ったそば粉、砂糖を加えて混ぜる。
③平打ちのそばを茹で、冷水ですすぎ、水気をきる。
④③のそばに②のきな粉をまぶして器に盛る。

紫紐(しひも)

昭和5年刊行の『蕎麦通』(村瀬忠太郎著)に紹介されていたそばの甘味「紫紐」を参考に仕立てた。平打ちのそば切りを茹でて、小豆を少し濃く煮た煮小豆に入れたもので、箸ですくいあげたそばに紫色をした煮小豆がつくところから「紫紐」と名づけられた。今回は平打ちのそばに煮小豆をかけた。そば湯で点てた抹茶を添えるのも一興だろう。

作り方

①市販の煮小豆を鍋で煮る。
②平打ちのそばを茹で、冷水ですすぎ、水気をきる。
③そば猪口に抹茶を入れ、そば湯を注いで点てる。
④そばを湯通しして温めてから器に盛り、①の煮小豆をかける。

揚げ卵切り粉糖がけ

変わりそばの卵切りを使った甘味。卵切りを揚げて粉糖をかけただけのものだが、そばとして食べるよりも数倍もおいしい。並そばでも作れるが、卵切りのほうが軽い食感に仕上がるうえに卵のコクも生きる。甘味の一品としても、またウエハース代わりにアイスクリームに添えてもよい。

作り方

①卵切り(さらしな粉800gを熱湯160ccで湯ごねし、小麦粉200gを加え、さらに全卵8個を加えて練り上げる)を好みの板(短冊)状の太さに切り、フォークなどで全体に穴をあける(穴をあけるのは生地の空気を抜いて膨らまないようにするため)。
②打ち粉を刷毛で払ってから、185℃に熱した油で軽くキツネ色になるまで揚げる(揚げている時に折れ曲がりやすいので、金網で挟んで揚げるとよい)。熱いうちに粉糖を振りかける。

撮影協力／ラパン(東京・自由が丘)

知識篇

第14章 ソバの種類・品種と栽培

信州大学名誉教授
井上直人

(1) ソバの植物学的分類と特徴

ソバの植物学的分類

ソバの栽培種には、ソバ（学名／*Fagopyrum esculentum* M.）とダッタンソバ（*Fagopyrum tataricum* G.）がある。ダッタンソバは別名ニガソバと呼ばれている。両種とも一年生で、ソバの花の色は白やまれに赤だが、ダッタンソバは淡緑色から黄緑色でソバより小さい。両種ともに体細胞染色体数は16本（2n＝16）だが、人為的に染色体を倍加した32本（4n＝32）の四倍体品種もある。「みやざきおおつぶ」、「信州大そば」などだが、栽培はまれである。

ソバの起源地は中国四川省と雲南省の境、雲が多く冷涼で河川がある三江地域である。この中国南西部には20種類以上の野生種があるが、その一つに宿根ソバ（*F. cymosum* M.）がある。別名をシャクチリソバといい、明治の初めに薬草として中国・雲南から日本にも導入されたとされている。この種は中国やヒマラヤ山系や東南アジアの国々の畑、道の横などに自生している。野生種だが、葉が食用、薬用として利用されている。以上の3種の植物体は180頁の資料❸〜❺を参照。

ソバの植物学的特徴

●ソバは一年生の双子葉植物でタデ科属

（以下、［ ］内は植物学や作物学の用語）

稲や麦などの穀物のほとんどはイネ科に属するが、ソバだけがタデ科の植物である。種子［果実］は三角形で、その中には次世代の個体となる子葉がS字状に折りたたまれており、子葉の周りにはでんぷん質が詰まっている（資料❶）。種子の外側はソバ殻［果皮］で、その内側には甘皮［種皮］が分布している。イネ科の作物のように胚芽の部分だけを取り除くことは困難だが、それが幸いしてそば粉の独特の風味がつくられている。風

資料❶　ソバ粒の構造と化学成分

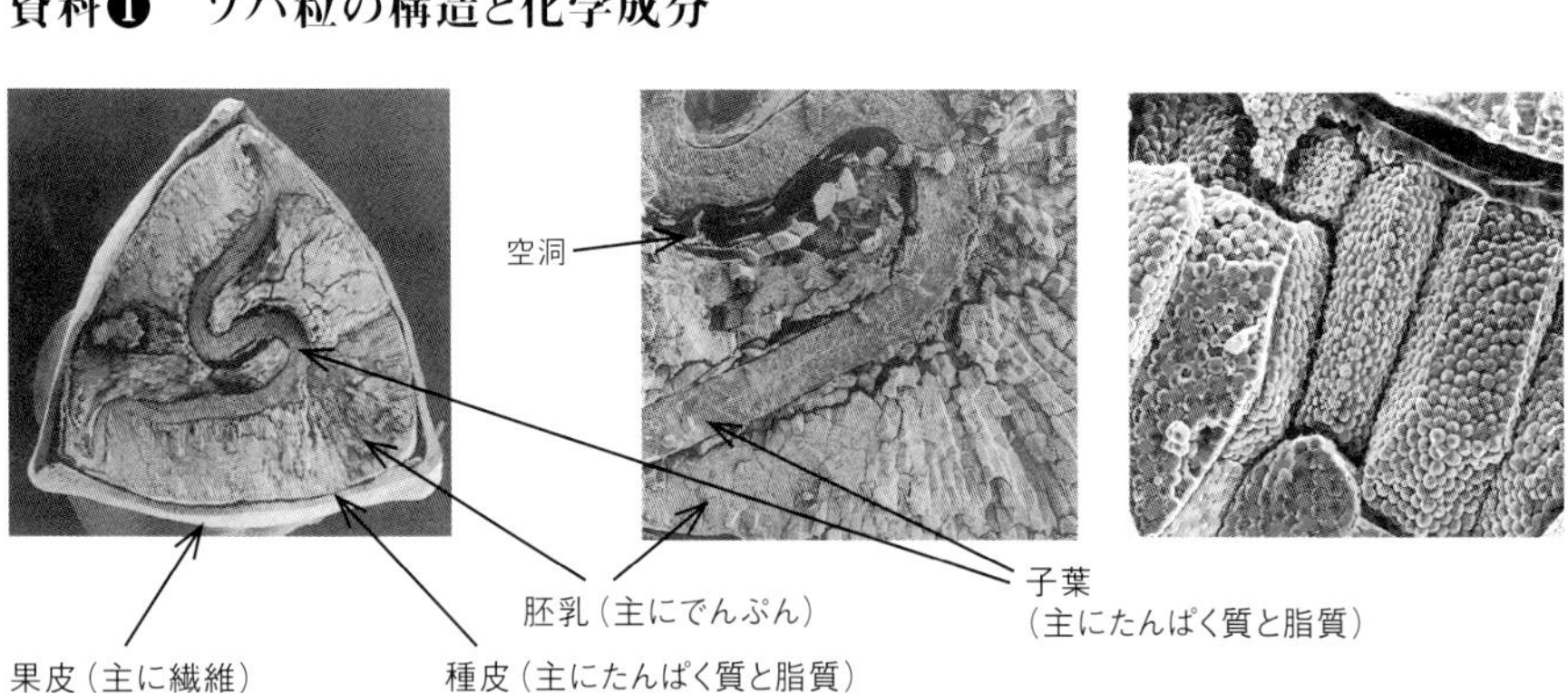

A. 果実（玄ソバ）の断面（×30）
風味の元となる子葉が折りたたまれている

B. 胚と胚乳（×75）
中央の空洞があるほうが風味がよい

C. 胚乳のでんぷん粒（×900）
小さい丸い粒がでんぷん粒

電子顕微鏡写真の提供／元松本歯科大学 赤羽章司（2004）

味を醸し出すもとは主に甘皮と双葉である。

通常、個体あたり2～3の分枝を有し、葉の基部に小さい白い花［小花］を咲かせ、小花が数個集まって小花房を形成し、それがさらに20～30個集まって花房を形成している。

●ソバは他家受精の植物

ソバの群落には、めしべが長い「長柱花」個体と、短い「短柱花」個体があり、出現比率は1対1である。異なる花柱の型の間でのみ受粉が可能で、典型的な他家受精作物である。花の構造的な特徴は、長柱花個体の花粉粒は小さく、短柱花個体では大きい（資料❷、❻、❼）。

資料❷　ソバの花の構造

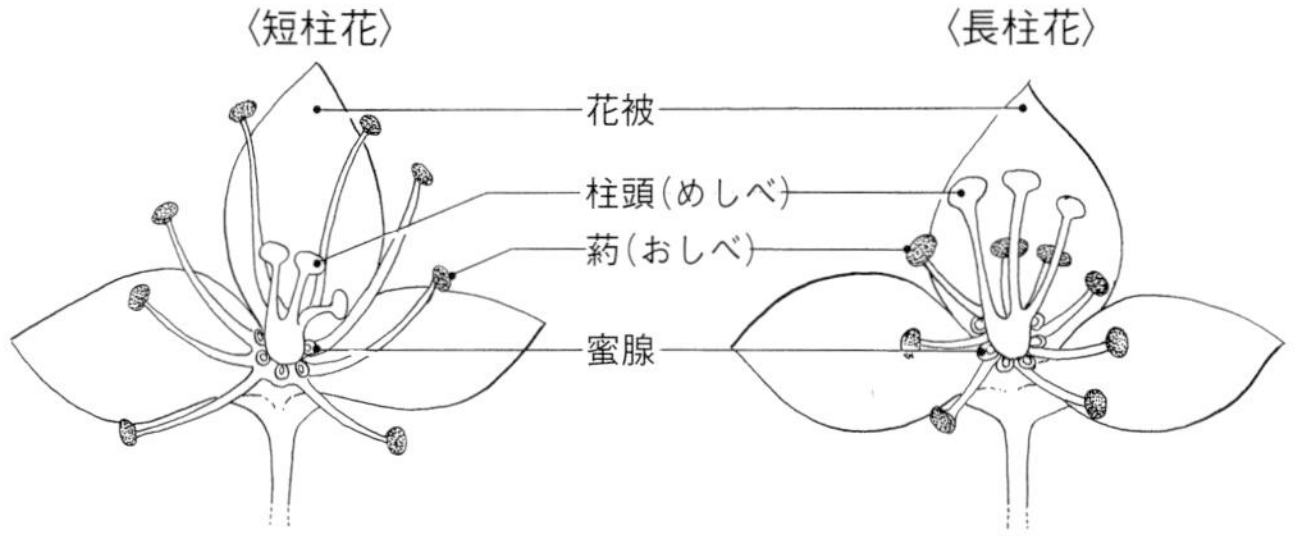

〈短柱花〉　〈長柱花〉
花被
柱頭(めしべ)
葯(おしべ)
蜜腺

この現象は遺伝によるもので、異型花柱性（ヘテロスタイリー）と呼ばれている。長柱花には短柱花の花粉が必要で、反対に短柱花には長柱花の花粉が必要である。同柱花同士の交配の場合は「不適合受粉」といい、受粉した花粉は花粉管を伸ばすが、途中で止まってしまい受精できない。だから、ソバは1本だけでは実がならない。

これとは対照的に、ダッタンソバは稲や麦と同じく自家受精が可能であるため、1個体だけでも種子がなる。受精の効率がソバに比べて高いため、収量はソバの約2倍に達することもある（193頁以降参照）。

ソバの小花には8本のおしべがあり、その基部には8個の蜜腺がある。その蜜を求めてミツバチ、チョウ、ハナアブ、アリなどが訪れ（資料❽）、その時に受粉が行われる。風による受粉（風媒）もあるが、遠方ではその効率は極めて悪い。

●ソバは短日性の植物

基本的には、ソバは短日性の植物である。つまりもっとも日が長い夏至の前に種を播くと花が咲くのが遅れて草丈が高くなり、倒れてしまう。ただし、夏の栽培で徒長して実がつかない傾向は秋栽培型品種で著しく、夏栽培型品種群（高緯度地方に適した品種で、北海道の「キタワセソバ」など）では影響は少ない。その理由は、高緯度地方は夏の日長（昼間の長さ）が長く、それに敏感に反応してゆっくり成長していると霜が降るまでに種子がつかずに枯死するからである。日長に対して鈍感な品種だけが栽培時期の日が長い高緯度環境に適応して生き残れたのだ。低緯度の起源地から高緯度地方に拡散して進化してきた過程で、日長に敏感なものは淘汰されてきた。

●ソバは無限伸育性の植物

稲や麦と違い、ソバは葉や茎の成長と同時に開花や結実が進行する特徴がある。この成長の特性は大豆と同じで、無限伸育性（無限伸長性ともいう）と呼ばれる。花が咲き実がついても次々と開花するので、最後まで実がつくのを待つと多くの実が落ちてしまい、収穫には厄介な性質である。手刈り収穫では約7割が熟した頃に収穫して圃場で乾燥させること、コンバインでは約9割が熟した頃に収穫することが推奨されている（資料❾）。

●ソバの実には後熟作用がある

ソバは収穫期に未熟の実が一部に残っていても、植物体のまま3～7日天日に晒すことによって茎や葉の養分が実に運ばれ（養分転流という）、完熟させることができる。この性質を利用したのが、昔から「島立て」や「はざ掛け」などと呼ばれる伝統的乾燥法である。熱風で強制的に乾燥させる場合とは異なり、香りが飛ばないため、風味のよい玄ソバができる。

●ソバの実の熟成と水分・呼吸の関係

ソバは収穫後にソバ殻［果皮］が乾燥したように見えても、未熟で内部に水分をかなり含んだものがある。無限伸育性であるがために収穫時に完熟した種子と未熟な種子が混在していて、水分に偏りがある。一部の種子の水分が15・5

資料❻　普通ソバの短柱花（拡大）

めしべが短く、おしべが長いのが特徴。おしべの先端の花粉粒は、長柱花のそれより大きい。

資料❼　普通ソバの長柱花（拡大）

めしべが長く、おしべが短いのが特徴。

資料❽　虫媒の主役ミツバチの訪花

普通ソバが受精するためには、ミツバチやチョウなどの昆虫や風の助けが必要になる。

資料❾　ソバの無限伸長性

ソバは開花と結実が一斉に進まない性質がある。生育に伴って順次進んでいく。

資料❸　普通ソバ（栽培種・信濃1号）

資料❹　ダッタンソバ（栽培種）

資料❺　宿根ソバ（野生種）

写真提供／氏原暉男

%以上だとカビが増殖する恐れがある。また、収穫された後も未熟な種子は生理活動を続けて呼吸をしており、蒸れやすい。呼吸が収まるまで換気・放熱して静置する必要があり、水分の均一化と呼吸の低下を待つ。その期間がいわゆる「熟成」である。

●ソバの茎は軟弱

ソバ属植物の茎は短期間で成長し、完成しても倒れたり折れたりしにくいように、中空でストロー状になっている。しかしながら、吸収窒素量が多すぎると地上部の重さが勝り、茎は折れやすくなる。

●ソバは発芽温度が低い

ソバの種子は水分があり、温度が1℃になると生理的な活動を開始する。6℃以上で発芽が始まり、稲のような作物よりも低い温度で発芽する。ただし、一斉に発芽させるには気温25℃以上のほうがよい。

●ソバは湿った土壌を嫌う

水田から転作した畑でよく見られるが、ソバは過湿な土壌条件では育たない。双葉が展開した後に成長する本葉が1～4枚までの成長初期はとくに過湿環境に弱く、滞水すると成長が停滞し枯死しやすい。また、開花から収穫期前に大雨や夕立に合うと茎に亀裂が入り倒伏しやすくなる。

●ソバには強い吸肥力がある

ソバは他の作物に比べ強い吸肥力があり、前作の残肥でも栽培できる。ソバが他の作物の成長が不良な酸性土壌でも成長できるのは、酸性土壌から放出されるアルミニウムの害を抑制する物質（シュウ酸など）を根から分泌するためである。また窒素とカリウムの吸収量は多いものの、リン酸は少量しか必要としないので、酸性の痩せた土壌でも成長できる。それが多雨のアジアで栽培できる理由である。ただし、高品質のソバを生産する場合には旨みのもとであるたんぱく質の合成に必要な窒素などの十分な施肥が必要である。

●ソバは葉からも水を吸収する

ソバは根ばかりでなく、葉面からも空気中の水分を吸収する。葉は薄くて軟弱で日中の陽光が照りつける時はしおれるものの、気温が下がり相対湿度が高まる夜間には根だけでなく葉からも水分を吸収し、朝には元に戻る。霧があるところでソバが元気に育つのは、そうした特殊な水分吸収能力によるものである。

●ソバの種子は凍結に強い

栽培圃場で収穫した後に脱粒した種子は、収穫後に作物や雑草の残渣を土壌中で分解するのを促進させるために秋に耕起すると（「秋起し」と呼ぶ）、土壌中に鋤き込まれた種子が枯死せずに翌春に発芽し、雑草化する場合がある。ソバは土壌中に水分があっても0℃以下の低温だと発芽せず、枯死しにくい。凍結に強い性質はコメとはまったく逆である。

●ソバの種子は長寿

ソバの種子は冷暗所の乾燥したところで貯蔵すると発芽率が低下しにくい。江戸時代からソバを灰や炭でくるんで俵に詰めて屋根裏に貯蔵する習慣があったのは、ソバは雑草の性質を保持している農村の知恵だった。種子の中には眠りが深い状態（休眠が深い）のものがあり、そのために栽培を終えた次年でも成長する個体も多い。ソバの後に小麦を播くと前年の種子から発芽したソバが成長してその種子が混入する場合があり、小麦粉にソバが混入してソバアレルギーを引き起こす危険性が高まる。そこで生産者はソバの後には小麦を作付けしないように注意している。

(2) ソバの主要品種と栽培生態的特性

夏栽培型と秋栽培型

●ソバの品種の生態的特徴は2タイプ

ソバの品種に関連するもっとも重要な遺伝的タイプは、生態型（正確には「栽培生態型」と呼ぶ）である。略して夏型（＝夏栽培型）、秋型（＝秋栽培型）という二つの栽培生態型が存在する。一般にいわれている「夏ソバ」「秋ソバ」は、種を播く時期のことで、個々の品種の生態型を意味しているわけではなく、播種期と栽培生態型は区別が必要である。

栽培生態型の理解はソバの生産者にとって基本となる。品種の持つ生態的特性によって播種期が決まり、適期播種の場合にのみ多収穫が期待できるからである。「(1)ソバの植物学的分類と特徴」(178頁)の項にあるように、基本的にはソバは短日条件で開花が促進される短日植物である。現在の日本の品種は夏、秋、中間のいずれかの型に類別されている。

●秋型品種は長日条件に敏感に反応

日本では適期での栽培では65~90日で収穫が可能になる。ところが、秋型品種を6月下旬以前に播くと開花は著しく遅れ、開花までに50~60日もかかり、草丈は2m以上になって過繁茂となり収穫はほぼ皆無になる。つまり、栄養成長から生殖成長への切り換えがうまくできない遺伝的な性質を持っている。典型的な夏型品種である「牡丹そば」と秋型品種である九州の在来種による播種期別の草丈と収量を信州で評価した結果が資料⑩である。

●夏型品種は日長にあまり左右されない

夏型品種は日長が違っても開花期がさほど遅延せずに栄養成長が大きくなりすぎないため、播種適期の幅が広く、草姿は小型のものが多いので倒れにくく、栽培が容易である。また大規模な機械収穫にも向いている。たとえば、北海道では春の遅霜は遅く、また初秋の降霜は早いので、6月の日が長い「長日条件」下で播種・栽培を行う必要があり、夏型品種以外に選択肢はない。北海道の夏型品種は日長に支配されにくいため、低緯度の暖地での春から秋までの栽培も可能である。夏型品種を低緯度地方で栽培することは可能だが、逆に秋型品種を高緯度地方で栽培することは困難なことが多い。

江戸期から戦後まで、関東地方には秋型、夏型の在来種が存在したが、その後に夏型は減少した。南九州や四国にあった「三度ソバ」(年に3回栽培ができるという意味)という在来品種は栽培生態型としては夏型である。

わが国のソバの主要品種

●現在、日本の品種は3グループ

第1群は戦前から使われてきた在来品種から選抜された普及品種群であり、古くは北から順に北海道の「牡丹そば」(昭和5年登録、北海道農試)、青森の「階上早生」(大正9年登録、青森県農試)、山形の「最上早生」(大正8年登録、山形県農試最上分場)、長野の「信濃1号」(昭和19年登録、長野県農試桔梗ヶ原試験地)などがある。

第2群は昭和54年度の種苗法の改正以降に農林水産省に登録されたもので、北海道の「キタワセソバ」「キタユキ」「ほろみのり」、山形の「でわかおり」、茨城の「常陸秋そば」、長野の「信州大そば」、宮崎の「みやざきおおつぶ」などである。これらの中には種苗法によって管理され、栽培に関して育成権者の許諾が必要なもの、また種子の増殖中のものがあり、栽培を希望する場合は所定の手続きが必要である。これらの中で「キタワセソバ」は北海道の大部分を占めてきた。また、「常陸秋そば」は関東一円から東北の一部にかけての主要品種となっている。

資料⑩　夏型と秋型ソバの播種期と収量・草丈の関係

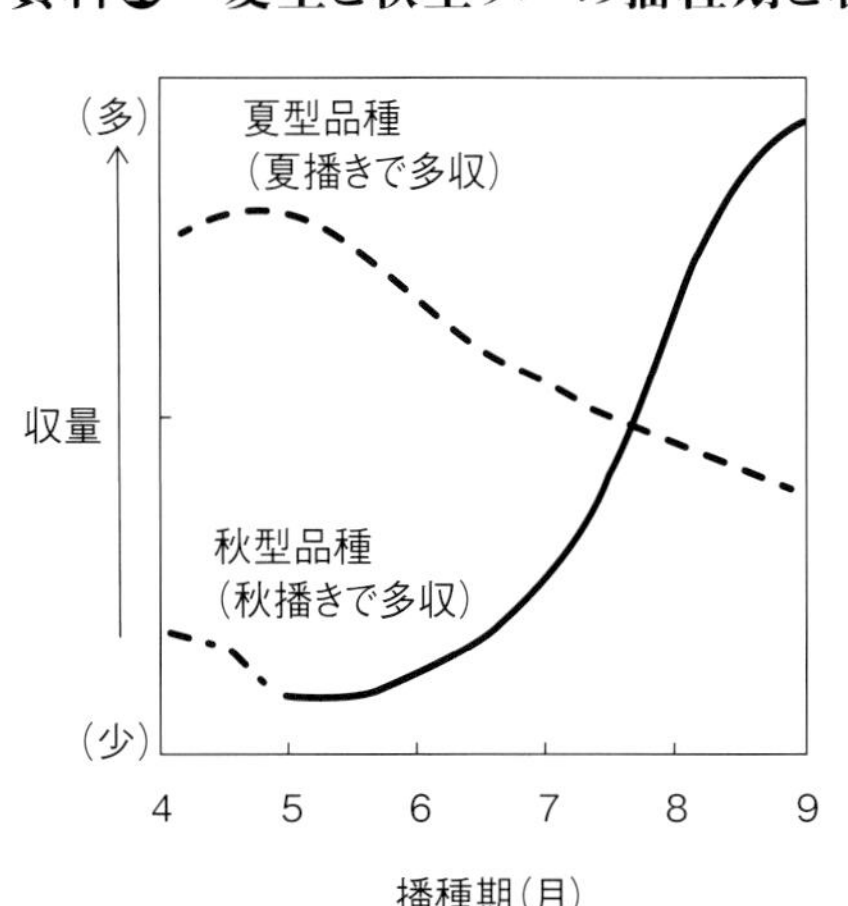

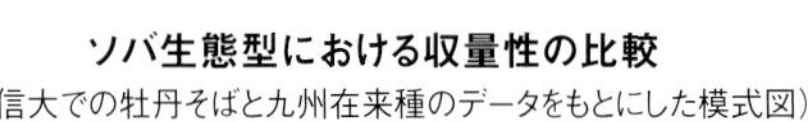
ソバ生態型における収量性の比較
(信大での牡丹そばと九州在来種のデータをもとにした模式図)

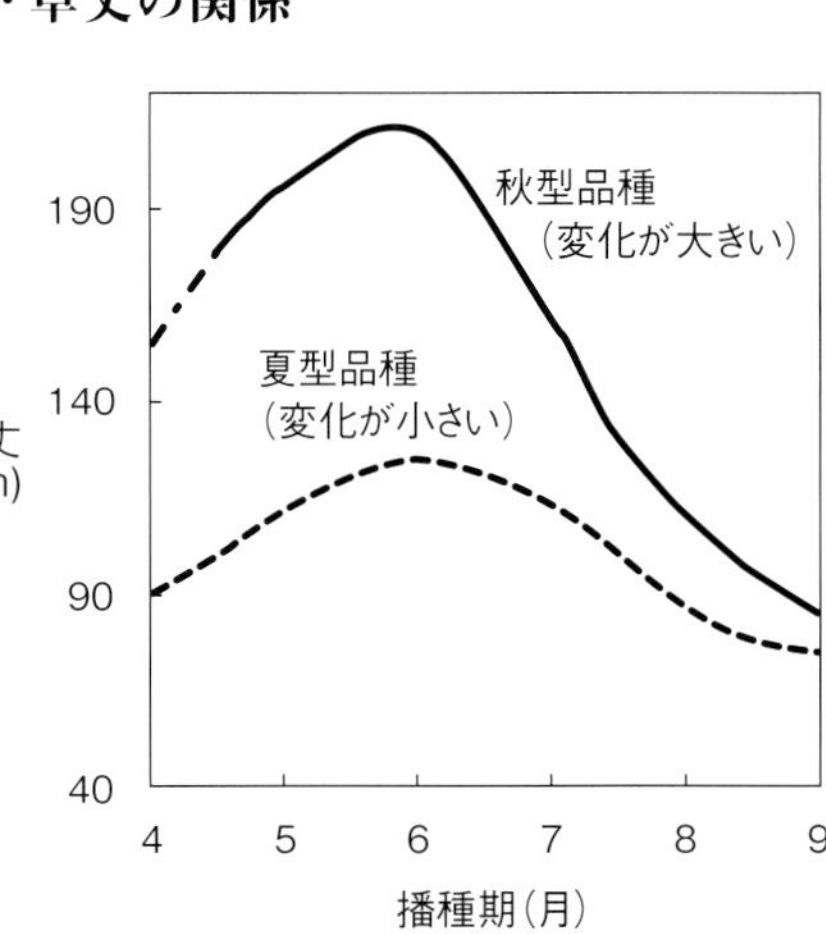

ソバ生態型における草丈の比較
(信大での牡丹そばと九州在来種のデータをもとにした図)

これら登録品種の来歴や生態を一覧表としてまとめたのが資料⓫である。

第３群は各地域で古くから栽培されている「在来種」であり、福島県、長野県、福井県、徳島県、鹿児島県など、全国各地で栽培されているものである。

資料⓫　日本における登録品種の来歴および特性

品種名	登録年	育成権者名	来歴	栽培生態型	主な栽培地域
みやざきおおつぶ	1982年	長友大	宮崎在来の4倍体	秋型	宮崎県、鹿児島県
信州大そば	1985年	氏原暉男	「信濃1号」の4倍体	中間型	長野県
常陸秋そば	1987年	茨城県農試	金砂郷在来より選抜	秋型	茨城県
キタワセソバ	1990年	農研機構（北海道）	「牡丹そば」より選抜	夏型	北海道
高嶺ルビー	1993年	タカノ㈱、氏原暉男	ネパールの在来種より選抜	秋型	長野県
キタユキ	1993年	農研機構（北海道）	津別在来種より選抜	夏型	北海道
でわかおり	1999年	山形県農試	「最上早生」より大粒系統選抜	中間型	山形県
島田スカーレット	1999年	㈱トモノアグリカ	在来品種の変異株より育成	中間型	静岡県
サンルチン	2002年	タカノ㈱、氏原暉男	「牡丹そば」より選抜	夏型	長野県
ほろみのり	2004年	幌加内町	キタワセソバ有限伸育成個体を選抜	夏型	北海道
北海3号	2005年	農研機構（北海道）	「牡丹そば」の4倍体	夏型	北海道
キタノマシュウ	2005年	農研機構（北海道）	「キタワセソバ」有限伸育成より選抜	夏型	北海道
とよむすめ	2007年	農研機構（新潟県）	葛生在来より選抜	中間型	新潟県
会津のかおり	2009年	福島県農業総合センター	下郷町在来より選抜	中間型	福島県
なつみ	2010年	農研機構（新潟県）	４種の品種の混合交配	夏型	熊本県、新潟県
春のいぶき	2010年	農研機構（熊本県）	「階上早生」より集団選抜	中間型	九州
さちいずみ	2010年	農研機構（熊本県）	朝日村在来と対馬在来を交配	中間型	九州
宮崎早生かおり	2010年	宮崎県	鹿屋在来の変異株より選抜	夏型	宮崎県
タチアカネ	2010年	長野県	長野県の在来種より選抜	中間型	長野県
レラノカオリ	2010年	農研機構（北海道）	遺伝資源「端野・緋牛内」より選抜	夏型	北海道
飛越1号	2012年	石田五十六	飛騨宮川在来種と越前在来種を交配	秋型	岐阜県
高嶺ルビー2011	2013年	タカノ㈱	「高嶺ルビー」より選抜	秋型	長野県
あきあかね	2014年	信州大学、タカノ㈱	「高嶺ルビー」と「信濃1号の循環選抜された半矮性系統」を交配して選抜	秋型	長野県

2020年12月現在、36品種あり申請中のものは3件ある。
最新のデータは、農林水産省品種登録ホームページ（http://www.hinshu2.maff.go.jp）の品種登録データ検索で「ソバ」と入力すると検索できる。

●在来種は風味がよいものが多い

在来種は近代の育成品種とは異なり集団内の均一性は乏しいが、特定の地域によく適応している。栽培生態型は中間～秋型であり、小粒のものが多く、それほど多収は望めない。しかし食味がよいものが多く、付加価値の高い品種として価値が再認識されている。

●「地理的表示」に認定された在来種三つ

「地理的表示（ＧＩ／Geographical Indication）」とは１９００年代初頭にヨーロッパで創設された制度で、農林水産物・食品などの名称から当該産品の産地を特定でき、産品の品質などの確立した特性が当該産地と結びついている特別な名称の表示をいう。日本では平成27年6月から開始された「特定農林水産物等の名称の保護に関する法律（地理的表示法）」に基づいて認証を開始した。ソバで認証された在来種と産地は令和3年現在、滋賀県米原市伊吹山麓の「伊吹そば」、長崎県対馬市の「対州そば」、島根県大田市三瓶町及び山口町の「三瓶そば」である。

ソバの品種改良

●ソバははっきりした品種の区分がない

わが国のソバの品種改良は、近年試験場や企業によって品種登録されたものを除くと「信濃1号」や「牡丹そば」など戦前に改良が行われた広域適応性品種が多い。また、地域に存在する在来種といわれるものも稲などとは異なり圧倒的に多い。広域適応性品種は、広い地域で栽培可能で誰でも簡単に栽培できて収量が多いことを目指した改良品種である。他方、在来種とは、その土地で古くから作り続けられてきた、育種が一般的になる前から存在する品種である。ところが、ソバの品種は他の作物ほどはっきりした品種の区分がない。それは、ソバが他家受精を営む作物であるために他の品種と交配しやすいからである。そのため、品種改良しても年を経るにしたがって独特の特性が失われやすく、品種の維持が難しい。

しかし、高品質のソバや国内産ソバに対する需要が近年高まってきたこともあり、昭和54年の種苗法の改正以来、農林水産省に登録される品種は増えてきている。ソバの場合、品種改良の方法の大部分は在来系統からの選抜によるもので、まず品種改良の目標を定めてそれに沿った種子を選抜し、隔離して栽培する。隔離が必須なのは他家受精の作物だからである。この作業をくり返して目標の性質を持つ品種として固定するまでには最低でも5年は要する（資料⑫、⑬）。

資料⑫　新品種開発のための採種

信州大そばの選抜系統の採種。虫媒を避けるために各個体をネットにより隔離する（信州大学農学部）。

資料⑬　新品種育成のための比較試験栽培

信州大そばの系統を比較試験栽培している畑（信州大学農学部野辺山農場）。

「みやざきおおつぶ」と「信州大そば」（資料⑭）は、そうした従来の方法とは異なり、ソバの発芽種子の生長点にコルヒチンという薬品を吸収させて、染色体を二倍体から四倍体に倍加して固定して品種登録されたものである。これは普通の二倍体品種と交雑しても後代の種子ができないため維持が簡単である。海外でもカナダや東欧やロシアなどでは、四倍体品種だけでなく自殖性の品種なども開発されてきたが、近縁の雑草種と交雑して育成するため、栽培に適さない脱粒性などの作物として不適切な性質が出やすく、またイメージも悪いため、普及していない。

資料⑭　信州大そばと信濃1号の実の比較

写真上は信濃1号を品種改良した四倍体品種の信州大そば。

写真提供／氏原暉男

資料⑮　赤い花のソバの新品種、高嶺ルビー

ヒマラヤ山麓で花を咲かせる「赤いソバ」から選抜育種した。

最近では、赤い花の「高嶺ルビー」（資料⑮）やルチンの含有量の多い「サンルチン」、甘皮［種皮］の緑色が濃い「ひすいそば」、ソバ殻がむけやすく矮性のダッタンソバ「信濃くろつぶ」といった多彩な新品種も開発されており、品種改良の方法の中心は交雑や系統選抜によるものである。

(3) ソバの栽培方法と問題点

ソバの生育過程と栽培技術

ソバの標準的な栽培技術の要点は次の通りである。

●耕起・整地

耕起の深さは15cm程度だが、土壌をできるだけていねいに砕いておくことが大切である。

●播種方法と播種量

ソバはすじ播き（条播）、ばら播き（散播）のいずれでもよいが、多収穫を狙って土寄せ（「培土」と呼ぶ）を行う場合はすじ播きにする。すじ播きの場合は畝間に人が入れるように50cm程度は間をあける。また播き幅は10cm程度に、個体間の距離は5～10cmにする。

ばら播きの時の播種量は作付けの時期によって若干異なる。早播きの場合は10aあたり5kg前後、遅播きの場合は6～7kgが基準だが、各作期とも早播きほど少量でよい。気温が25℃前後であれば播種後4～5日で発芽揃いとなる。

●施肥

施肥は前作によって異なるが、他の作物に比べて窒素は少量でよい。窒素を多用すると過繁茂になるので注意が必要だが、風味がよいソバを生産するには窒素栄養が多いほうがよい。一般には窒素質の少ない畑作用の化成肥料が用いられるが、可能な限り肥料の吸収が緩やかな堆肥などの有機肥料を施すことが望ましい。堆肥では10aあたり1～2tが目安で、倒伏しない範囲で多いほうが風味がよい玄ソバが穫れる。

ソバの養分吸収量で多い元素は窒素とカリウムで、リン酸は少ない。前作が麦やジャガイモの場合は肥料の残効が予想されるので、倒伏防止のために施肥量を抑制する必要がある。

●管理

ソバは生育が早いので雑草を抑える力が強いという利点がある。そのため、すじ播きでは開花までに中耕・土寄せを1回ずつ行う程度がよい。中耕は除草のために本葉が2～5枚展開し、草丈が20～30cm程度の時に行う。またソバは成長期間が短いので、根張りが浅くて茎も軟弱である。そのため、深めの土寄せにして根の上部を切断して障害ホルモンであるエチレンを発生させると、根張りがよくなり茎がこわばって草丈が抑制され、養分吸収効率が向上して倒伏が防止できる。その作業が終わった播種後25～35日で蕾が順次開花する。

●収穫・脱穀

近年は機械刈りが圧倒的に多いが、機械刈りで種子に傷がつくと、障害ホルモンによる種子の品質低下が起こりやすいことは他の作物と同様である。手刈りの収穫の場合は、開花期の終わりから30～45日で黒化率（種子が熟して黒くなったものの割合）が70%程度となることを目安とする。品質を重視する場合は早めに、収量を重視する場合は遅めに収穫する。

「刈り取りは朝、脱穀は午後」と言われるのは、つまり朝の露の残っているうちに鎌で刈れば脱粒は少なくてすみ、脱穀の場合は乾燥した午後にすると効率がよいという伝統的な作業の工夫である。

また、風味を高めるためには、唐箕による比重選の精度を下げて比重が軽い種子も収穫することである。コメの場合には比重が重くて充実した種子を良質とするが、ソバでは必ずしもそうではない。品質の指標とされる容積重は、種子の比重と同時に種子の大きさにも左右されるので、一律に風味の指標になるわけではない。

●乾燥・調整・保蔵

乾燥は、風味が落ちにくい天日乾燥が少なくなっている。乾燥機で行う場合は、30℃以上に加温すると香り物質が揮発するため、できるだけ低温での通風乾燥が大切である。

適期に収穫し乾燥条件がよくても、最終的に大切なのは玄ソバの市場評価を得ることである。よく問題となるのは玄ソバの水分含量だが、13%以下では風味が低下し、15・5%以上ではカビの危険性が増す。さらに玄ソバの鮮度基準として、甘皮「種皮」が鮮緑色をしていることが新ソバの条件である。水分含量、鮮緑色の維持のためには、保管場所や条件といった収穫後の貯蔵方法に十分な配慮が必要である。

玄ソバや丸抜き（むき実）は冷暗所、低酸素での保蔵が原則である。丸抜きは酸化や光による変色が起こりやすいのでとくに注意が必要である。アルミ袋やビニール袋に詰めて脱酸素剤を入れて冷蔵保存するとよい。

時間が経って脂質やたんぱく質の分解が進んだ種子は、新鮮なものよりもむしろ穀物らしい香りと味がするとして好まれる場合もある。これは脂質やたんぱく質の分解、酸化が一因と考えられる。なお、この現象は収穫後の後熟とは違うので「熟成」と呼ぶ場合がある。

播種期と品種の選定

播種期と品種（生態型）の選定は収量を支配するもっとも重要な技術である。生態型が同じでも、地域によって生育日数や耐倒伏などに差がある。前作や土壌条件、さらにその他の営農条件を考慮して播種期と品種を選定するのがソバ栽培のコツといえる。

北海道の大規模農家では、播種に日数がかかるため、霜害の危険性が低下する6月上旬から播き始める。この時期はちょうど長日条件であるため、北海道地域では夏型品種以外は栽培が難しい。また、夏型品種がどの地域でも作りやすいといえ、暖地（秋型品種栽培地帯）での夏型品種の晩播は十分に栄養生長が進まないうちに花が咲いてしまい、著しく小型化し収量は上がらない。

気象災害回避による多収栽培

ソバは、歴史的には他作物が不作の時に収穫を補完する「救荒作物」で、手間がかからずに低コストで栽培ができる。しかしながら、近年は地球温暖化のために台風、豪雨などの気象災害に起因するソバの不作が多くなってきた。昔からの伝統栽培では台風や霜の害を避ける工夫がされており、とくに品種の栽培生態をよく理解したうえで播種回数や時期を決めていた。そのため、現在のような単作中心で機械栽培に変わってきた多くの作物の中にソバ栽培を組み込むためには、前項で述べた品種の生態型を考慮して品種を選ぶ必要がある。暖地の春栽培は霜害と台風や大雨の合間に栽培するため、品種選定や播種期が要点になる。

気象災害の回避策としては、1品種の場合は播種期を2~3回に分けて播くことで、ソバの生育でもっとも重要な開花前の豪雨や、開花結実期における長雨や台風との遭遇を避けられる確率が高まる。

水田転換畑では排水対策が必須

水田は水漏れを防ぐために代かきをする。そのために土壌の表面から20cmのところに水を通しにくい耕盤（透水性を低下させる緻密層）が形成されている。これが水田転換畑においてソバの成長を阻害する一因になっている。排水をよくするために耕盤を破壊する一つの方法は、チゼルプラウの利用である。また周囲からの横浸透を防ぐためと圃場からの排水を促すために、圃場の周囲に明渠（水はけを促す溝のことで、一般に「額縁明渠」と

資料⑯

軟質粉
硬質粉
殻の厚さ（mm）
甘皮の厚さ（mm）
北海道 青森 長野 茨城 熊本 徳島 カナダ 中国 南アフリカ
● 空洞 3
■ 空洞 2
▲ 空洞 1.5
◆ 空洞 0.5

空洞指数：3：目視可能、2：中程度、1：実体顕微鏡で確認可能な程度
空洞が大きく、種皮が厚いほうが検査等級は低いが、軟質で風味のよい粉
空洞指数が大きい地域は北海道や東北・中部地方などの内陸部であり、小さいものは国外産が多い傾向
（田光和民、柴田書店刊『そばうどん』[1975]、p162-171 をもとに作図）

資料⑰

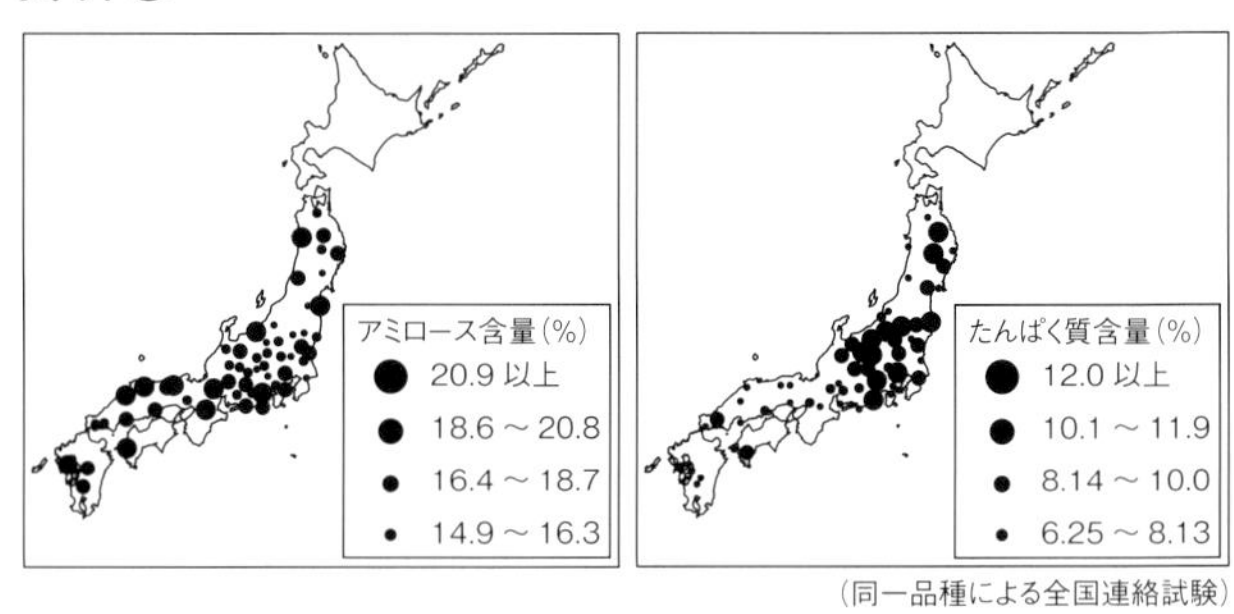

（同一品種による全国連絡試験）

栽培環境がそば粉のたんぱく質に及ぼす影響
（四倍体品種を用いた全国連絡試験の試験を科学分析、Inoue *et al.*, 2004）
※供試品種が晩生の「信州大そば」で、北海道と南西諸島のデータはない

資料⑱

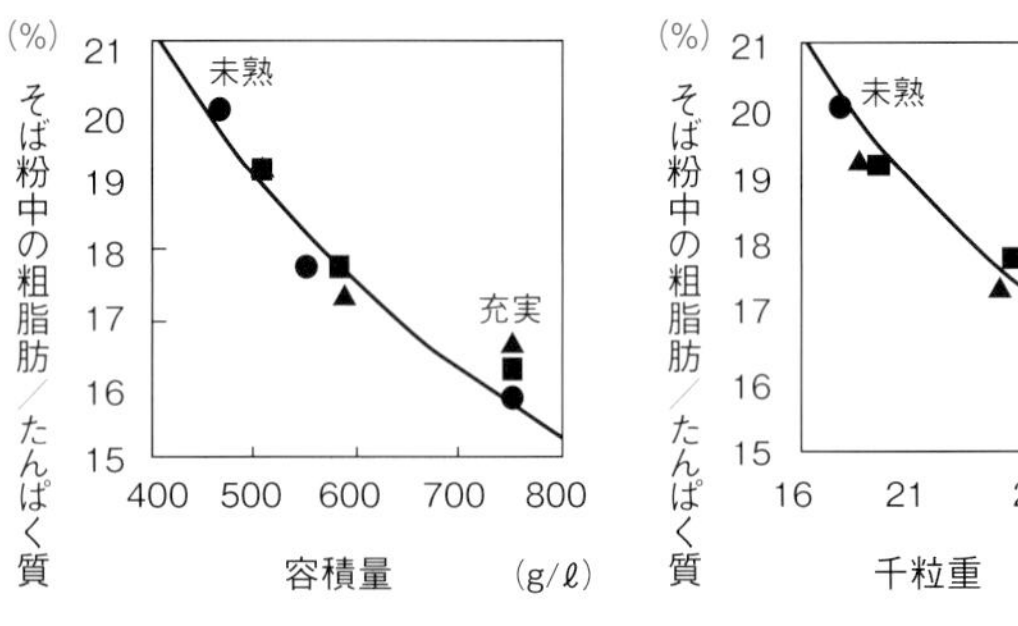

栗波哲・天谷美都希（2018）論文をもとに作図
福井県大野在来種、10/25●、11/1■、11/9▲に収穫し、比重選3段階で選別

資料⑲

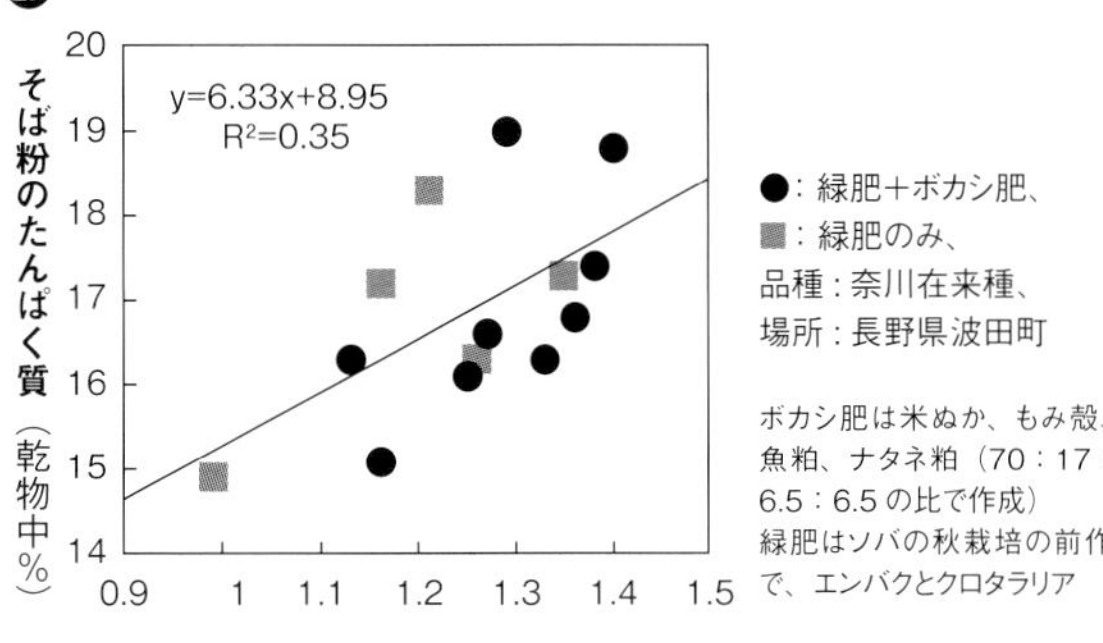

土壌中からの窒素供給の指標：稈の窒素（%）
（片瀬海司ほか[2000]、自然農法国際研究センター・農業試験場報告 2:230-241 のデータから作図）

資料16～19の詳細は『そば学』（柴田書店刊）参照。

呼ぶ）を掘ることが多い。粘土質の畑では圃場の中に数m間隔に明渠を掘るなどの排水を促す工夫が必要である。

品質の良否は環境の差異が大きい

栽培期間が冷涼な環境であることによって、登熟速度が緩やかになり、同一品種でも種子が大型化する傾向がある。また栽培地が冷涼な気象環境だと、種子の内部はでんぷんの充填が停滞して空洞が発生しやすい。そのような環境だとソバ殻［果皮］と甘皮［種皮］は厚くなる。甘皮と双葉が充実しているわりにでんぷんが少ないため、たんぱく質が多くて軟質の風味がよい玄ソバになる（資料⑯）。

同一品種を栽培した場合は、東日本の内陸部で栽培されたソバはたんぱく質が多く軟質の粉、沿岸部や西日本のものはアミロースが多い硬質の粉になる傾向がある（資料⑰）。

同一品種でそば粉の成分と栽培地の気象環境との関係を解析すると、最高気温、日照時間、湿度との関係が深い。日照時間が短い栽培地ではたんぱく質が多く、最高気温が高く日照時間が長くて湿度が低い栽培地ではアミロースが高い傾向がある。アミロースは「麺ばなれ」に関係し、たんぱく質は風味とそば打ちのしやすさに関係する。たんぱく質が多いと風味はよくなり、そば生地は軟らかくなり（軟質粉）、延ばしやすくなる。

未熟のソバのほうが香りがよい

ソバの風味を損なわないためには、昔ながらの手刈りによる収穫や唐箕による精度があまり高くない選別がよい。資料⑱は刈り取り時期と比重選の程度が風味に及ぼす影響を示したものである。玄ソバの比重は刈り取り時期よりも「脂質／たんぱく質」の比に影響し、未熟種子ほど香りが際立つ傾向がある。

なお、味はたんぱく質やアミノ酸の量でだいたい決まる。その量は窒素施肥量が多いほど高いことが普通で、緩効性の有機肥料の効果は大変大きい（資料⑲）。

家庭での栽培方法

土壌は排水のよい畑の土、または園芸店で購入できる腐葉土と鹿沼土を畑土に混合したものがよい。混合比率は2対2対1とする。鶏糞堆肥は牛糞堆肥よりも窒素分が多いので控えめに施用する。播種量は種子間隔が3～5㎝を目安とするが、若干厚播きをして成長の過程で間引くのもよい。

原則として生育に十分な温度が確保されれば年間を通じて栽培が可能である。30℃以上の高温だと受精に障害が発生する。また、冬期の霜害や低温障害の恐れのある時は室内で育てるが、晴天の日には戸外に出す必要がある。低温障害は5℃以下で発生し、葉が傷む。日長が長い夏季には秋型品種は適さない。

また、他殖性なので一個体だけだと種子は穫れない。

(4) 国内のソバ産地と栽培・生産状況

国内産のソバ生産の推移

ソバの生産は明治中期がピークで、コメ中心の政策や農業所得向上策などにより、自給作物であるソバの作付けは急激に減少した。

作付面積では明治31年（１８９８）の17万３５００haが最高で、その年の収穫量は13万４２００tだった。大正時代後半から漸減傾向が続いていたが、戦後の経済復興によってさらに激減し、高度経済成長期の昭和30年代には国内での玄ソバ需給のバランスがとれなくなった。昭和40年代後半から50年代前半の高度成長期には作付面積が1万５０００haまで落ち込んだ年もあった。

ただ、近年になって国産の高品質な玄ソバの需要が高まり、作付面積は増加している。平成（１９８９年）に入ってからは北海道をはじめとして増加傾向にあり、令和元年（２０１９）には6万５４００haまで回復している。約１４５年にわたる日本のソバの作付面積の推移を示したのが資料⑳である。こうした作付面積の増加の背景として、高品質の国産玄ソバに対する業界、消費者の強い要求があったことに加え、ソバの新品種が次々と開発され、それぞれの地域でコメのようなブランド化が進められていることが挙げられる。

ソバの栽培面積の増加は、水田減反政策として転作の特定作物の一つにソバが指定されて以来、水田に栽培する事例が増加したことも要因である。さらにここ数年は、農業者戸別所得補償制度の実施により飛躍的に作付面積が増えている。

ソバの面積あたりの収穫量は明治期に向上し、第二次世界大戦中に激減。戦後徐々に増加するものの、1975年以降次第に減少してきた（資料㉑）。戦中戦後の低収量は粗放栽培が原因である。高度経済成長期以降の低収の原因は、水田転作による栽培不適地への作付けの増加、気象的要因、機械植えによる粗放放任栽培が影響していると考えられる。ソバの収量は台風、大雨、長雨、霜などの気象異変に大きく左右され、水田は雨の影響が顕著に現れる。水田作の比率を見ると、全国平均で約65％以上を占めており、水田作の低収性は明らかである。ソバは排水不良の湿田に栽培された場合、成長は著しく阻害され、茎も細く、開花に至るものの登熟しないことが多い。

各県で栽培されている品種について見ると、

資料⑳　近代日本におけるソバの生産状況の推移

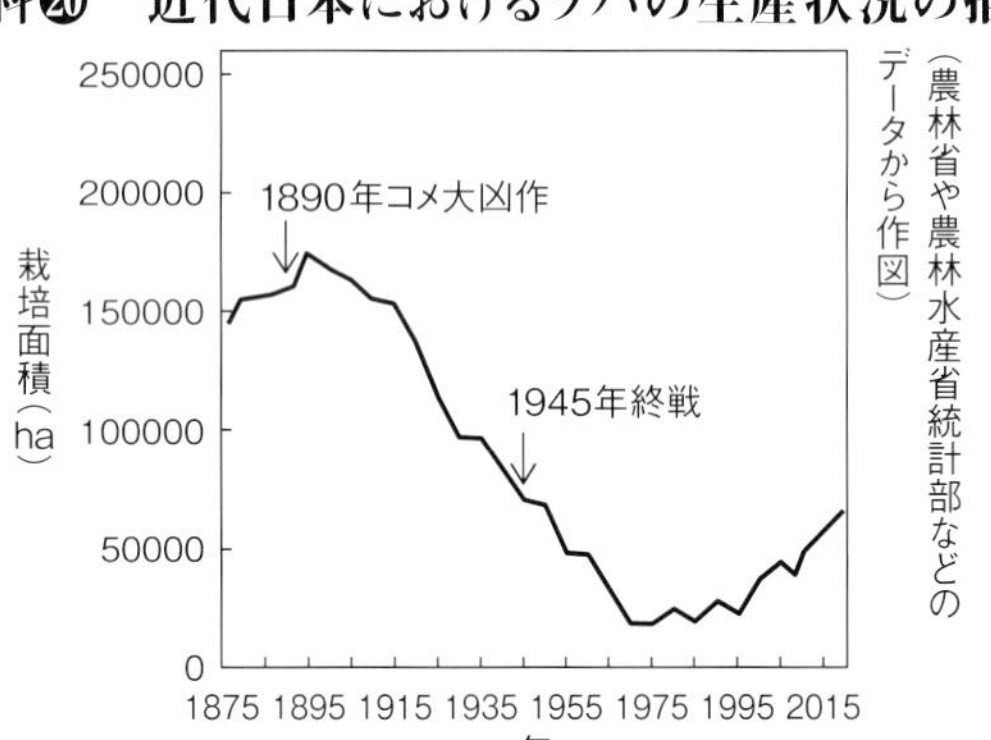

資料㉑　近代日本における面積あたり収量

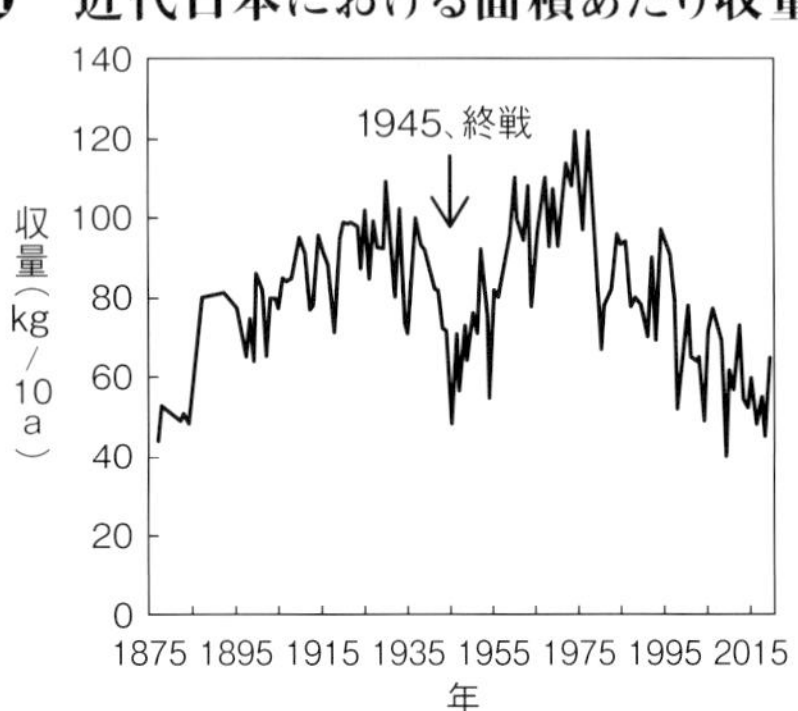

資料㉒　主産地の栽培面積（都道府県あたりで多い場所）

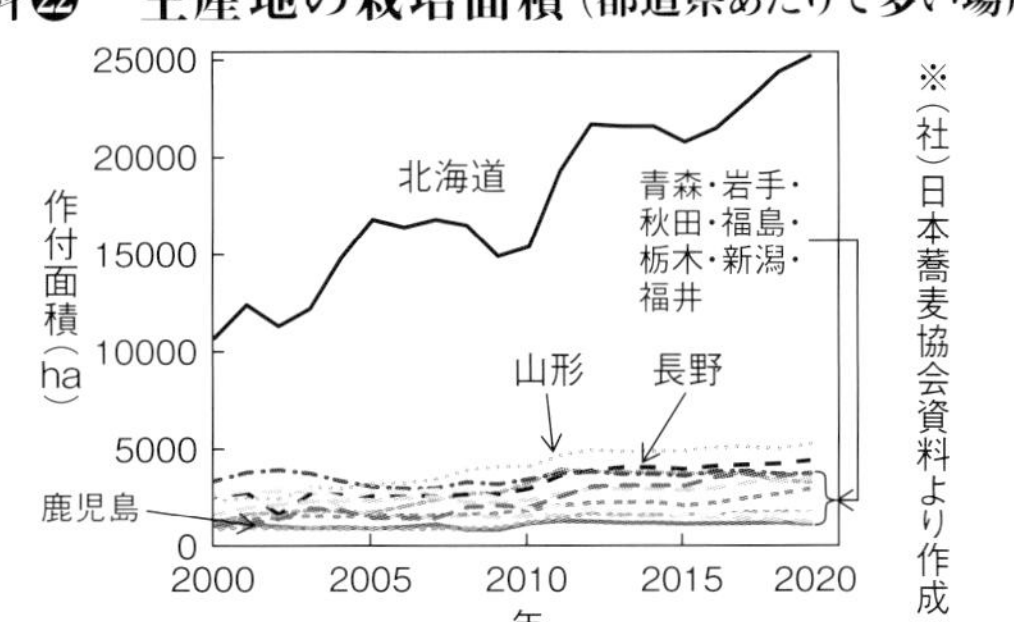

※（社）日本蕎麦協会資料より作成

資料㉓　主産県の単位面積あたり収量

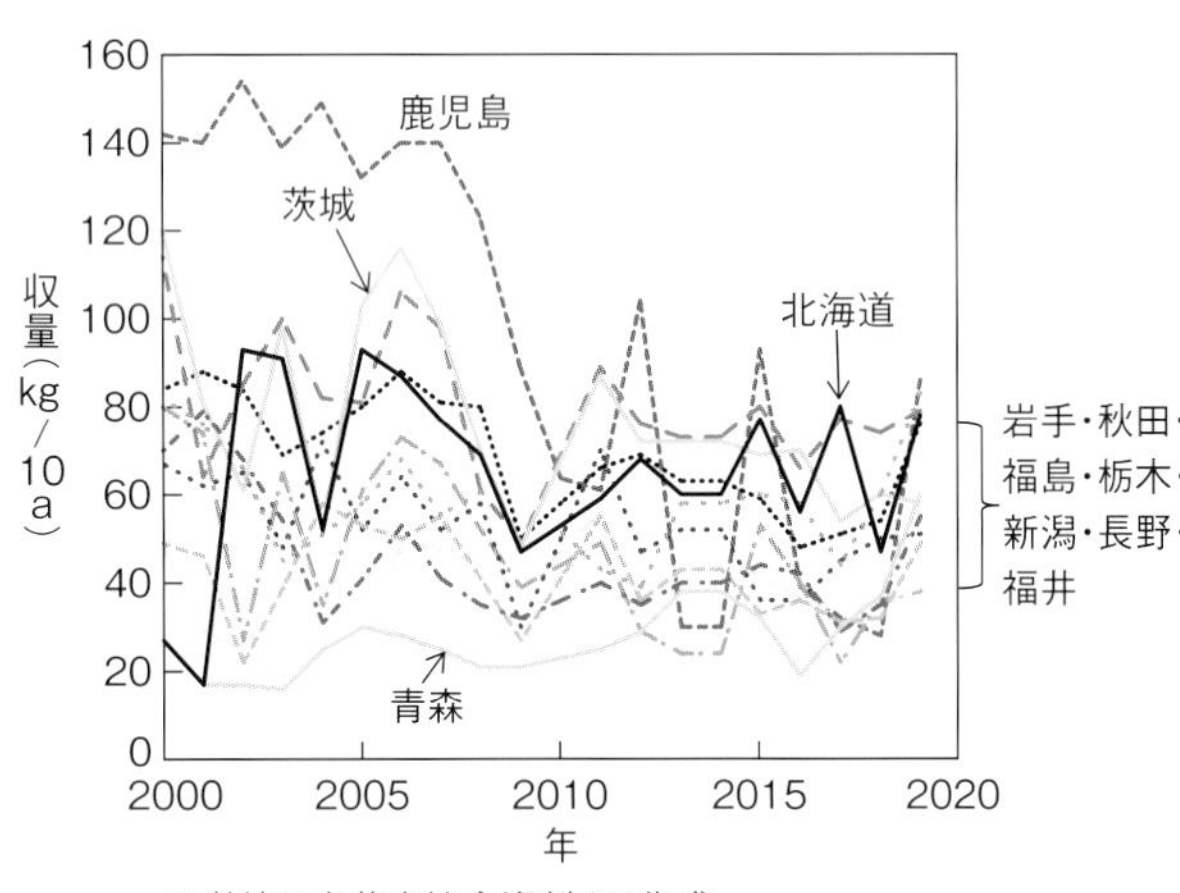

※（社）日本蕎麦協会資料より作成
欠損データは推定して内挿

資料㉔　国産ソバの収穫量と玄ソバ輸入量の推移

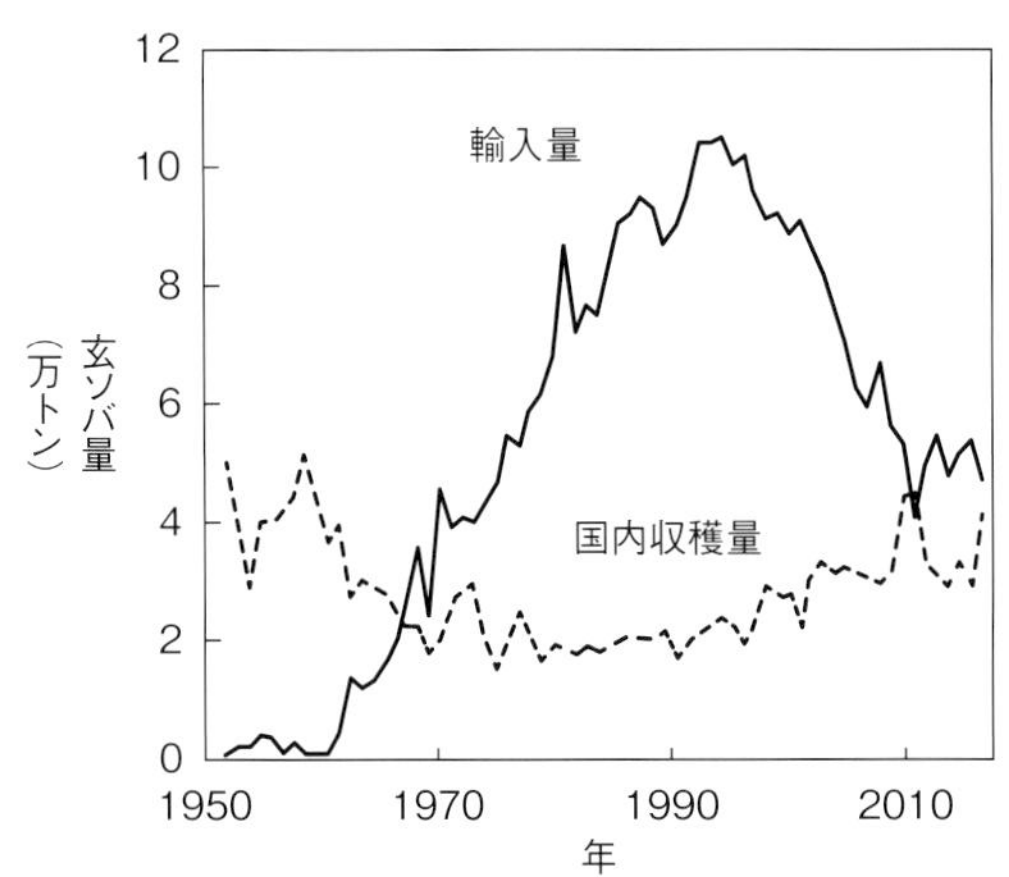

（社）日本蕎麦協会資料から作成。2006～2009年は推定値

近年でも南九州や四国、福井県などで、その地方の在来種が1位を占めている例が少なくない。在来種は長年その地方で作り続けられ、地域の栽培環境条件に適応したものであり、全般的に秋型品種が多く、若干小粒ではあるが実の充実もよく、味や香りの点でしばしば高い評価を得られている。収量性は重要だが市場では品質が重要となる。これら高品質の在来種を保存するとともに、他品種との交雑による品種の退化を防ぐような原種の採種体系を各地域で確立することは今後の大きな課題である。

資料㉕　北海道幌加内
日本一の作付面積を誇る北海道雨竜郡幌加内町の広大なソバ畑。収穫はコンバインで行われる。

主要生産県のソバの栽培状況

平成期のソバの主要生産県の生産状況を見ると、北海道が収穫量、作付面積とも圧倒的に多い（資料㉒）。それ以外では山形県、福島県、長野県、茨城県、福井県、栃木県といったところが主要生産県である。以前は鹿児島県と宮崎県が北海道に次ぐ主産地だったが、全国的な作付面積の増加傾向の中で近年は減少傾向が著しい。

資料㉖　茨城県金砂郷（常陸太田市）
金砂郷在来をもとに選抜固定した常陸秋そばで知られる。

北海道の作付面積は全国の作付面積の3割以上、生産量の4割以上を占めており、主産地は以前の主産地だった十勝支庁から、幌加内町（資料㉕）のある空知支庁や上川支庁に移っている。北海道の生産拡大は、それまでの「牡丹そば」に代わる「キタワセソバ」の拡大ともいえる。その理由は多収、早熟、斉一な特性にある。

東北も6県の合計で見ると、作付面積で全国の3割近くを占めており、中でも山形県と、会津を主産地とした福島県が中心になっている。品種は育成品種を含めて在来種も多い。

関東・甲信の主要生産県は茨城県と栃木県、それに長野県である。茨城県の主要品種である「常陸秋そば」は茨城県農業試験場で育成された登録品種で、品質的にも評価を得ている（資料㉖）。長野県は「信州そば」のブランド力を生かして、近年は作付面積が再び増えつつある。栽培される品種は「信濃1号」が圧倒的に多いが在来種も各地に存在する。

北陸は福井県の栽培が盛んで、近年はさらに作付面積を増やしている。伝統的な在来品種「福井在来」は小粒ながらも風味がよいとの高い評価を得ている。

　関西以西の中国・四国、九州は「出雲そば」や「祖谷そば」、「薩摩そば」といった伝統的な郷土そばが知られているが、残念ながら作付面積としては減少している。近年では中国・四国、九州の作付面積の総計でも、北陸5県（新潟県含む）に及ばない。

　単位面積あたりの収量は、鹿児島県や茨城県が高かったが、近年は低下傾向にある。年による変動も大きくなっている（資料㉓）。

　国内のソバ生産においては、必ずしも冷涼な東日本の収量が高いわけではなく、気象、土壌、栽培方法、品種などの多数の要因が絡んでいると考えられる。

ソバの輸入状況

　日本の玄ソバの輸入は、昭和27年（１９５２）に始まり、昭和30年頃から急増した。昭和38年には、㈳日本麺類業団体連合会により他の穀物に先立って「日中覚書貿易」の一環として中国からの玄ソバの輸入が開始された。昭和43年には輸入量が国内生産量を上回り、その後は国内需要の80％を占めるようになった（資料㉔）。

　輸入量は当初は1万t前後だったが、年々増加し現在では全体で6万t程度に達している。中国以外ではカナダやアメリカなどで日本向け輸出用として栽培が盛んになって新しい品種の開発も意欲的に行われ、一時は両国から4～5万tが輸入されていた時期もあった。

　近年の主な輸入先は中国、アメリカ、ロシアで、その量は全輸入量の90％を超えている。中国からの輸入量は昭和50年代から増加し、平成6年以降は8万t前後で推移していた。近年は減少しているとはいえ、中国だけで全輸入量の7割近くを占めている。中国産玄ソバの輸入量は減ってきているが、それでも総量としての中国の圧倒的優位は変わらない。なお、カナダからは平成21年以降はほとんど輸入されていない。

(5) 世界のソバ産地と生産状況

　ソバの栽培面積の実態については世界的な統計資料がないが、ＦＡＯ（国際連合食糧農業機関）の資料に基づく２００８年と２０１２年のソバの生産高の比較を見ることができる（資料㉗）。この統計からは、生産高1位のロシア、2位の中国の値はかなり変動するものの、世界のソバ生産量の90％以上を占めていることがわかる。一方、生産面積については両地域とも信憑性の高い数値は示されていない。一説によると、ロシアだけでも１２０～１３０万haは下らないとされる。それに中国を合わせると少なく見積もっても２００万ha以上はあるだろう。

　ヨーロッパやアジアの夏季が短くて冷涼な地域は、世界の主要作物である稲麦は生育日数が満たず、長日条件下、とくに北緯50度を超えた条件下では普通の作物は収穫できない。その点、ソバの起源地は中国南西部の山岳地帯で、緯度は低く標高の高いところなので、長日条件下への適応性を獲得して伝播したと考えてよい。今日は、地球環境の人的要因による激変にも適応できる作物が求められる時代になってきた。ソバは栽培の長い歴史の中で救荒作物の地位を確立してきたが、その歴史の延長でさらなる可能性を持った21世紀型作物として期待されている。

　以下に国・地域別のソバの栽培を概観したい。

資料㉗　世界各国のソバの生産高

※FAOの資料による

順位	国名	年間生産高（単位：千トン）	
		2012年	2008年
1	ロシア	797	924
2	中国	700	325※1
3	ウクライナ	239	241
4	フランス	105	117
5	ポーランド	94	69
6	アメリカ合衆国	82	83
7	ブラジル	60	52
8	カザフスタン	48	17
9	日本	45	26
10	リトアニア	31	20

※1（社）日本蕎麦協会刊『そばデータブック』の2013年版によれば640。

中国

中国はソバの起源地で、2800〜3100年前にはすでに栽培されていたと言い（林汝法・山西省農業科学院教授による）、歴史も古く生産量も多い。主な生産地は中国北部と起源地周辺（四川省と雲南省の境）の省である。

日本が輸入している生産地域は内モンゴル自治区に集中している。内モンゴルのソバ産地は大きく東部と西部に分かれ、当初は西部からの輸入が中心だった。しかし、20年ほど前に北米のマンカン種が東部地域に導入されてからは東部からの輸入が中心になっている。

ソバは他の作物に比べて作付け上の地位は低いものの、玄ソバは中国にとって重要な輸出作物であり、農民にとっても短期間で現金収入が望める貴重な作物である。輸出対象地域はアジアをはじめヨーロッパ、アメリカ、オセアニア、アフリカと、ほぼ世界全域に及んでいる。中でも日本は、丸抜きを含めると6万t前後で推移しており最大の輸出相手国である。

中国の最近の品種は固有の名称を持つものは少なく、内モンゴルを中心に生産されている北方大粒種やカナダのマンカン種である。マンカン種は「中国マンカン」と称して輸出されている。近年はソバの生産量が減少している。これは中国経済の急成長が続き、農業所得向上のために高価で売れる作物への転換が進んでいることが大きな原因である。また、政府による砂漠化を防ぐための植林事業も少なからず影響している。

ロシア、ウクライナ、中央アジア

旧ソビエト連邦の穀倉地帯といえば、現在のウクライナ共和国とその北に広がるロシア周辺部であり、そこは小麦生産地である。しかし、ウクライナの首都キエフとロシアの首都モスクワを直線で結んだその中間に位置するロシアの地方都市オリヨールの郊外に「全ロシア豆類・挽割り穀類研究所」があり、ソバの品種開発が盛んに行われている。オリヨールでは「国際ソバシンポジウム」が2回（第4回、第11回）開催されている。

2010年開催のオリヨールでの第11回「国際ソバシンポジウム」で配布されたロシアソバの品種カタログ。

ロシアの西側に位置するベラルーシ、リトアニア、東側の中央アジア、カザフスタン、そしてさらに東方のシベリア平原に至る地域は作物栽培限界地帯である。広大な農地があるこれらの地域では長日条件の短期で栽培可能な作物として、もっぱらソバが選択されている。

利用は粉（グローツ）、粒（カーシャ「そば米」）である。前者はたとえばスープやボルシチなどに加え、後者はピロシキや餃子の具の一部にするなど、食材としての用途は多様である。最近では国内需要だけではなく、輸出量も増加傾向にある。

ポーランド、チェコ、スロベニアなど

ポーランドの栽培時期は夏で、高緯度のため日長は大変長い。生育期間は6〜7月及び8月で、この期間の日長は17〜18時間にもなる。ポーランドの品種は長日条件下でも播種後1ヵ月で生殖成長に移行し、開花・結実する夏型品種である。ここでの品種は長日環境を感じにくい、いわば「非感光性」の特徴を持つ。それに対し日本のソバは基本的には秋型品種である。

もともとソバは日長に反応して開花する「感光性」を持っていたが、高緯度地域に伝播するにつれて自然淘汰を受け、日長を感じにくい夏型品種へ変化したと考えられる。チェコ、スロバキアの栽培品種もポーランドとほぼ同

様である。

ヨーロッパアルプスからアドレア海に広がるスロベニアはそば料理が豊富で、栽培も盛んである。作付面積は６００〜１０００ha、生産量は年間１０００t前後である。最近では国産ソバは全消費量の20%程度で、80%はチェコ、中国、ハンガリー、ウクライナからの輸入に依存している。

品種はリュブリアナ大学のクレフト教授グループが育成した「ダーリャ」、「シヴァ」が主だったが、最近では新品種が増えてきた。一般的にはこの国のソバ品種は中・大粒種で、粒張りもよいが、ソバ殻は銀灰色（「シルバーハル型」という）である。普通ソバの生態型はポーランド、チェコの品種のような夏型である。現地では9月上旬が開花最盛期であり、日本では北海道から信州辺りの品種に近い。

フランス、ドイツ、西欧諸国

フランスでは、中世に十字軍が東方に遠征した際にソバが西方に持ち込まれたと考えられ、同様にチェコにもその時に伝播したようである。フランスでのソバの呼称が「ル・サラザーン」（サラセン＝アラブ、イスラム教徒の総称）であることがその証拠とされている。ガレットと称されているクレープは、そば粉の薄焼きパンケーキに野菜や肉類の具を巻いた軽食として15世紀にはすでにフランスの大西洋岸、ブルターニュ地方の特産料理となっていたようだ。

フランスはソバの生産量は世界第4位で、粉食素材としての需要が大きい。栽培地は地中海側ではなく、中・北西部の痩せた土地に多いが、主要穀類と比較すると栽培面積はごくわずかである。品種は、在来種以外には四倍体の「ラ・ハーペ」が育成され栽培されている。ソバ殻が銀灰色のシルバーハル型である。

ドイツではソバの栽培は消滅したかに見えるが需要はある。各地の特徴的な「腸詰め」、つまりソーセージ（ドイツ語では「ヴルスト」）の挽肉をつなぐのに相性がよいのがそば粉なのだ。また、ドイツ北部のリューネブルガーハイデ（リューネブルグ荒野）ではいまも「そばショートケーキ」が名物であり、コーヒーとともにこのケーキを楽しむ観光客は多い。しかし、いずれも生産地を形成するほどではなく、大半は東欧からの輸入である。

洋の東西どこでもソバは「貧困を象徴する作物」のように見られている。すでに18世紀のドイツの文豪ゲーテによる『イタリア紀行』にも、そのような場面の記載があるほどだ。救荒作物であり、痩せた土地や寒冷な土地で栽培されてきたことが一因である。

カナダ、アメリカ

カナダのソバは古くはウクライナやポーランドからの移民によって、いわば「自然食」として新大陸に渡ったとされている。東部のオンタリオ州などではヨーロッパ移民の伝統食として「そば蜜」を利用するほか、休耕地に地力をつけるための緑肥として開花期のソバを植物ごと鋤き込むことなどもされてきた。

しかし、近年の生産の中心は中部のマニトバ州で、これまでとは異なって日本への輸出目的で展開されてきた。したがって、プレーリーの小麦地帯の休耕作物として菜種との輪作がされたり、間作物（キャッチクロップ。メインの作物が栽培されていない間の時期に栽培する作物で、遊んでいる土地を利用したり、メイン作物の不作を補なうために栽培する生育の早い作物）として活用されたりしてきた。クリスマス前の現金収入は農家に喜ばれ、栽培面積は増加したという。

カナダで登録された品種は日本から導入した品種を改良したものから始まった。育種当初は、日本の「ブラックハル」（黒色果皮種）を選抜し、まず「トーキョー」という品種を日本向けに輸出。その後矢継ぎ早に「マンカン」、「コバン」、「コト」などの銘柄で高値の日本へ輸出量を増やした。しかし、１９９０年代になって中国産ソバが日本に安値で輸入されるようになる。しかも「マンカン」が経路不明のまま中国に入り、日本には「中国マンカン」としてカナダ産の半値以下で輸入され、結果的にはカナダ産ソバは減少していった。また、カナダ中部の小麦地帯でソバは主穀物の座には遠くおよばなかった。カナダの先進的なソバ品種の開発が衰微したことは残念である。

アメリカのソバ栽培状況は大なり小なりカナダに準じている。小麦生産の中心地である北米中部のプレーリーではソバの占める位置はさらに微々たるもので、むしろ西部のワシントン州などでの栽培が今後の普及拡大を左右するのではないだろうか。

ブラジル、オーストラリア・タスマニア

ブラジルの玄ソバ生産高は世界第7位である。ブラジルではかつて日本からの移民が中心になって日本に輸出していたが、輸送中の品質劣化が取りざたされ、日本での取引最安値の時期があった。しかし、昨今のブラジルのソバ生産は日本への輸出が主ではなく、自国での消費量が増えている。近年の日系ブラジル人の日本への渡航とも関係があり、ブラジル国内での「そば食」の人気が高まっていると言われる。

オーストラリア・タスマニア島では日本への輸出のためにソバを栽培している。「日本の需要期の夏に、おいしい新ソバを提供したい」との考えから、日本の製粉会社が四季が逆の南半球でソバの栽培を計画し、１９８６年から輸入が始まった。その後、タスマニアでの栽培は順調に推移し、毎年6月には新ソバが日本に輸入され、この成功が契機となってオーストラリア本土の南東部やニュージーランドでも栽培されるようになった。

(6) ダッタンソバの特性と品種・栽培

分類と特徴

ダッタンソバはソバ（＝普通ソバ）と同様にタデ科に属し、学名は *Fagopyrum tataricum* G. で、英名はTartary buckwheat である。その意味は「韃靼人のソバ」である。

スイスの著名な植物学者ドゥ・カンドルは『栽培植物の起原』において詳しく名前の由来や産地・分布などを記したが、近年、大西近江教授によるフィールド調査と遺伝学的研究により訂正された（第15章参照）。

ダッタンソバはソバと同じく一年生草本で、植物体の大きさは50～２００cmと変異がかなり大きい。この変異は主に遺伝的なものだが、栽培環境によっても異なる。

茎葉などはソバに似ているが、花は淡緑色から黄緑色で小さく、花の形や実の形はまったく違う。ソバとの最大の相違点は、ソバが異型花柱性（ヘテロスタイリー）に基づく他家受精を営むのに対し、ダッタンソバは自家受精植物であることである。つまり、稲や麦と同じように簡単に受精・結実をし、その受精率は70％以上に達する。ちなみに、ソバの受精率はだいたい20～40％程度である。

花は小さい無数の花が葉腋の花房に着生する。その色は目立たなく、淡緑色から黄緑色を示し、まれに白色も見られる。実の殻はソバとは異なり大変むけにくい。

種子の形態は卵形で、種子の稜はあまり発達せず、小麦の種子のようなスリムな型のものやニンニクのようなやや丸みを帯びた型のものに大別できる。後者の代表的なものは、シベリア原産で北海道育成品種「北海Ｔ８号」である。また、種子の稜に切れ込みが見られる野生に近い型も存在する。

種子の色調についても普通ソバとは比較にならないほど多様である。多くの系統や品種は灰褐色から淡褐色だが、インドのカシミールで見られるようにまれに白灰色のものや、中国やネパールに多い真黒色のものまでさまざまである。ヒマラヤ山麓のエベレスト街道沿いの調査で標高３５００ｍを境にして下のほうは小麦型、上は丸型である。

このように気候条件と種子形態との間に密接な関係が見られることがわかっており、農民の好みだけでなく、自然環境にも影響を受けてい

資料㉘　日本におけるダッタンソバ登録品種

品種名	登録年	育成者権者名	来歴・特徴
信永イエロー	2006年	永田栄一	系統選抜
北海T8号	2006年	農研機構（北海道）	ロシアの系統を選抜
北陸4号	2007年	農研機構（新潟県）	ソビエトの系統を選抜、多収性
気の力	2008年	信州大学、タカノ㈱	中国の在来品種を選抜、多収性
気の宝	2008年	信州大学、タカノ㈱	系統選抜、大型
気の豊	2008年	信州大学、タカノ㈱	系統選抜
大禅	2010年	トキタ種苗、トキタ種苗株式会社、足立泰二、日穀製粉株式会社	易脱ぷ性
北海T９号	2010年	農研機構（北海道）	四倍体、スプラウト用
北海T10号	2010年	農研機構（北海道）	「北海T8号」の突然変異、高アントシアン
信濃くろつぶ	2010年	信州大学、タカノ㈱	易脱ぷ性、半矮性の四倍体
ダルマだったん	2013年	農研機構（食総研）	「北海T8号」放射線による突然変異、半矮性
イオンの黄彩（こうさい）	2013年	原子力機構、農研機構（生物研）	ヘリウムイオン照射による突然変異、黄色い外観
満天きらり	2014年	農研機構（食総研）	低ルチン分解酵素活性、低苦味

※農林水産省資料と（社）日本蕎麦協会資料より作成。食総研は、独立行政法人食品総合研究所の略称。生物研は、独立行政法人農業生物資源研究所の略称。原子力機構は、独立行政法人日本原子力研究開発機構の略称。
2020年12月現在、13品種あり、申請中のものは1件ある。
最新のデータは、農林水産省品種登録ホームページ（http://www.hinshu2.maff.go.jp）の品種登録データ検索で、「ダッタンソバ」と入力することで検索できる。

る例である。

育種

ソバに比べ、種子の形態や色調はさまざまである。その理由は、ダッタンソバが自家受精であることに起因する。つまり突然変異や自然交雑によって新たな変異個体が生じた場合、容易に後の世代にその性質は遺伝され固定する。長い年月の間にその土地の環境条件に適応した新しい系統が確立される。これらの系統の性質を調べ、育種目標に合ったものを選べば比較的簡単に品種を作ることができる。

ソバは他殖なので隔離や選抜後の維持が極めて困難である。それに対してダッタンソバは、特性の選抜と固定が稲のように簡単である。なお、四倍体や人為突然変異体の利用については、すでに30年ほど前から旧ソ連やフランスで盛んに行われ、現在も種子がかなり大きい品種が各地で栽培されている。

また、特殊な例として、ネパール中西部のヒマラヤ山麓（資料㉙）で栽培されているものの一つに極めて脱皮しやすい「易脱ぷ性」という特性を持つ突然変異品種があり、「バテパーパル」なる地方名を持っている。これを素材とした品種改良は海外だけでなく日本でも進められており、易脱ぷ半矮性品種「信濃くろつぶ」などがある。

栽培の歴史と栽培技術

栽培の歴史としては、北海道の雄武（おうむ）の牧場でかつて「カラフトニガソバ」と呼ばれるものが「石ソバ」という名称で飼料作物として栽培された経過はあるものの、戦時中を除き、食用作物として栽培されることはほとんどなかった。その理由は、種実に苦みを伴うこと、脱皮しづらいこと、製粉歩留まりが低いことから食材としての利用価値が低かったこと、などが考えられる。

最近になって大学や農水省の研究機構を中心にいくつかの品種が登録され、北海道や東北を中心に栽培が進められている。これらの品種の育成状況については資料㉘に示した。このように日本での栽培の歴史は浅く、新品種の栽培技術についても問題点は多々あるが、北海道や長野県では産地化が進んでいる。

ダッタンソバが多く栽培されている中国やネパールなどでは、ソバとほとんど同様の方法で栽培している。ネパールのヒマラヤ山麓の高標高地帯ではソバは栽培できないもののダッタンソバは栽培可能であり、大麦やジャガイモと並んで不可欠な栽培作物となっている。

ダッタンソバは強い紫外線を浴びると多量のポリフェノールを生成して紫外線耐性を高め、また高い耐寒性を備え、栄養価が高く、比較的短期日で収穫できる特性を持つ。そのため、高緯度地帯や高冷地での生産が広がりつつある。

また、茎も普通ソバに比べて強靭で倒伏しにくく、雑草抑制力も強いので傾斜地栽培も盛んである。倒伏しにくいため、いわゆる良畑での栽培よりもむしろ山間傾斜地での作物として位置づけられている。播種から収穫までの管理はほとんど必要なく、雑草を抑える効果もソバよりも大きい。栽植密度についてみると、前述のように植物体の大きさも品種や系統によって多様なので、小型の品種については播種量を多くし、大型のものは少なくする。

収穫期は、ソバのように早刈りするほど香りがよくなるといった傾向はないので、完熟に至った後で刈り取るのが普通である。

ダッタンソバの利用

食材としての利用方法は、たとえばダッタンソバの粉をそば粉に1～4割加えると黄色い麺を簡単に作ることができる。なお、粉の状態ではルチン含量などは極めて高いものの、加水によって苦みを伴うケルセチン（第17章参照）に変わってしまう。また、製粉歩留まりが低いなど不利な点も多いが、普通ソバとはまったく異なった新しい食材として加工の工夫を考える必要がある。種子だけでなく、スプラウトや若葉を野菜として食べることを含め、さまざまな加工形態が考えられる（これらの場合はルチンは分解されずに温存される）。

最近では、ルチン分解酵素の失活技術もあるが、ケルセチンの機能性も評価されるようになってきた。北海道、長野県、新潟県ではダッタンソバを核にした地域振興を図る地域があり、発展しつつある。ダッタンソバ茶だけでなく、他の商品の開発にも取り組まれており、その活用法や今後の動向に注目していきたい。

写真提供／氏原暉男

資料㉙　ヒマラヤ山麓のソバ畑

ネパールのムスタン県ムクティナートの標高3800ｍに広がる赤色の花のソバ畑。緑色はダッタンソバ、黄色はナタネの畑である。

知識篇

第15章 ソバのルーツと世界への伝播

京都大学名誉教授
（農学研究科栽培植物起原学分野）
大西近江

今日世界中で栽培され、利用されているソバには2種類ある。普通のソバ（学名／*Fagopyrum esculentum* Moench.）とダッタンソバ（*F. tataricum* Gaertn.）である。日本では、栽培されているほぼすべてがソバで、ダッタンソバは近年健康食品として注目されるようになり、ほんの少しだけ栽培されるようになっている。

世界各地でも栽培の主流はソバであり、ダッタンソバはソバが栽培できないような冷涼地で栽培される。

ダッタンソバは中国南西部の四川省や雲南省の山岳地帯、さらにはブータン、ネパール、インド、パキスタンなどのヒマラヤ山岳地帯で主に栽培されている。

ソバはタデ科ソバ属に分類される

ソバは植物分類学的にはタデ科のタデ（*Polygonum*）属の中に入れられていたこともあるが、現在では独立したソバ属（*Fagopyrum*）に分類されている。ソバ属の種子は厚い側位の巻き込んだ子葉をもち、胚が胚乳の中央に位置する点で、胚が胚乳の側方に位置するタデ属とは区別される。

ソバ、ダッタンソバの2種の栽培種と野生種であるシャクチリソバ（*F. cymosum* Meisn.）の3種が、古くから知られたソバ属の植物である。日本でソバの名前がつく植物にはミゾソバ、オオミゾソバ、タニソバ、ミヤマタニソバ、ツルソバ、ソバカヅラ、オヤマソバなどがある。どれもタデ属の植物で種子や花、葉の形態がソバと似ているためこのような名前がつけられているが、ソバ属の植物ではない。

日本で見られる唯一の野生種シャクチリソバは、中国南部からヒマラヤ山岳地帯が原産である。薬用植物として用いられ、人によって分布が広められた。日本においても、もともとは薬用植物として薬草園や植物園に導入されたものが逃げ出し、野生化しているのが見られる。たとえば、京都では賀茂川の堤防や河原に繁茂している。

野生祖先種と起原地の研究

いろいろなソバの野生種が中国南部に自生していることは、19世紀の後半から20世紀初頭にかけてヨーロッパの植物学者が開放されたばかりの清国四川省、雲南省などを調査した結果、明らかになった。その後、Gross（グロス）（1913）、Steward（スチュワード）（1930）、Hedberg（ヘドベルグ）（1946）などがソバの植物分類学的研究を行い、1950年頃には約10種の野生ソバが中国南部からヒマラヤ山岳地帯にかけて分布していることがわかった。

しかし、これらの植物分類学の研究者は栽培ソバの野生祖先種や起源地については無関心であった。栽培ソバの野生祖先種、起源地についてはスイスのde Candolle（ドゥ・カンドル）が著書『栽培植物の起原』（1883）の中でソバは中国北部から黒龍江流域、シベリアのバイカル湖周辺で起源したという説を提唱して以来、この説が信じられてきた。

彼の説の根拠は、中国やインドの古代文明時

資料❶　ソバ、ダッタンソバの野生祖先種の分布域

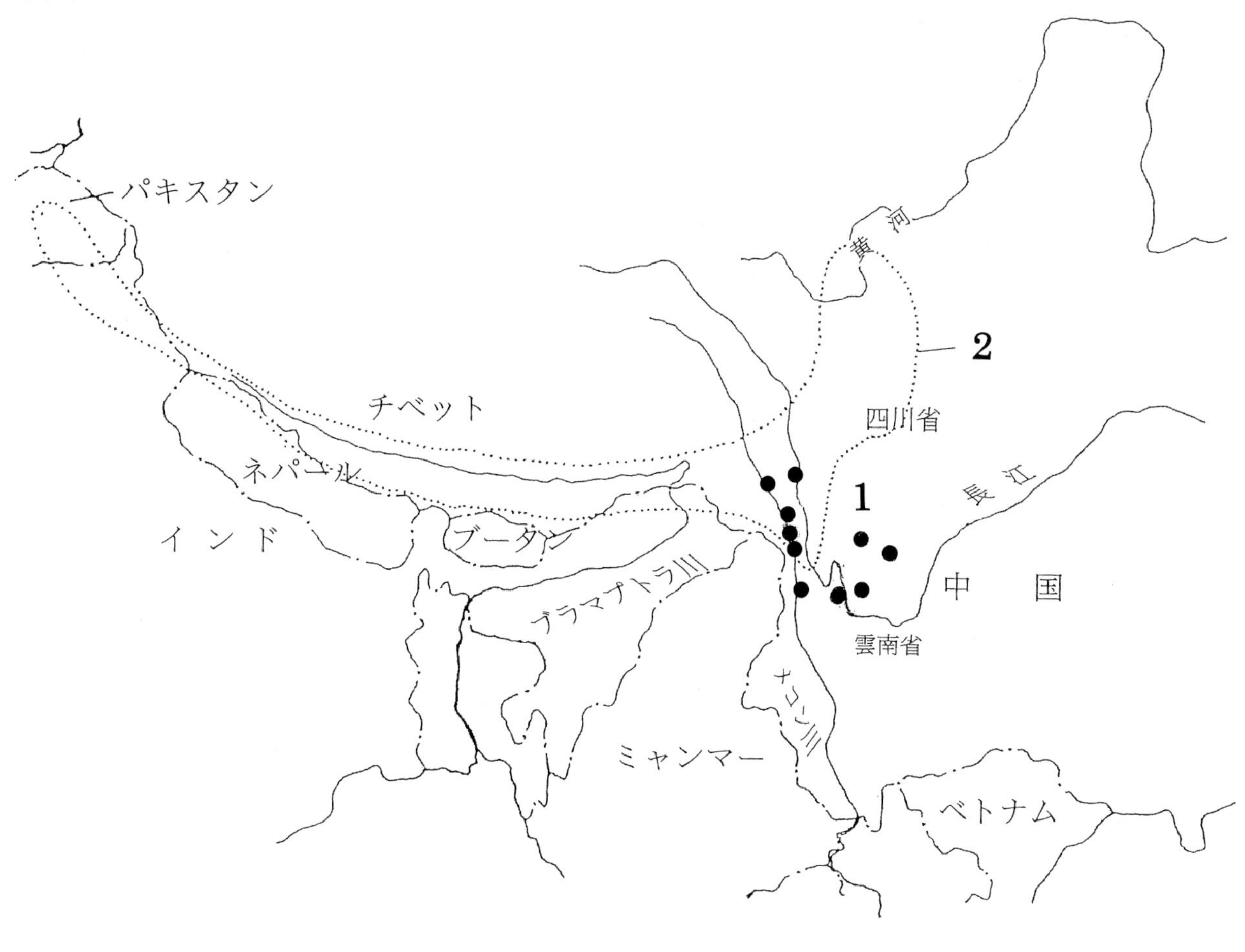

1（●）／ソバの野生祖先種 *F. escuelntum subsp. ancestrale*
2（…）／ダッタンソバの野生祖先種 *F. tataricum subsp. potanini*

代にはソバは知られておらず、したがってそれらの国ではソバは外来の植物である。そして、19世紀後半、ロシアの植物学者がシベリア・沿海州を調査した際にソバが野生状態で生育していたという報告を残していることによる。

この説に反論したのは大阪府立大学の中尾佐助（1957）である。植物分類学者がソバ野生種は中国南部にしか分布していないことを明らかにした以上、中国北部説を採るのはおかしいと論じた。

筆者は1980年代に野生ソバの探索を中国で始めた。最初は広大な中国のどこに行けば野生ソバに巡り会えるか不安であったが、中国雲南省、四川省西部の山岳地帯がソバ野生種の豊富な地域であり、貴州省やヒマラヤ山岳地帯はソバの栽培は盛んであるが野生種はほとんど自生していないため、ソバの野生種の探索からはそれらの地域を除外できることがすぐに明らかとなった。そのうちに、いままで記載されていない新種も数種見つかってきた。私たちが新たに記載した新種を含め、現在20種以上の野生ソバが知られている。

中国雲南省で
ソバの野生祖先種を発見

そして1990年10月、雲南省永勝(ヨンシェン)県の金沙江(ジンシャジャン)（揚子江の上流）の支流、五郎河(ウーランフー)の谷でソバの野生祖先種（*F.esculentum subsp. ances-trale* Ohnishi）を発見した。一目でソバの野生祖先種だとわかるほど、栽培ソバに類似していた。野生種の特徴である種子の脱粒性、休眠性をもっており、基部で多く分枝し、花は少し小型であり、種子は角ばって栽培種の3分の2くらいの大きさであった。最初に発見したのは彝族の村の近くであり、通りがかりの彝族のおじさんは「チクシムガ」と呼ぶのだと教えてくれた。

その後、このソバの野生祖先種は雲南省の麗江県、徳欽県、四川省の塩源県、木里県でも見つかった。そして最近調査した三江地域（中国四川省、雲南省、チベット自治区の境界地域で長江、メコン川、サルウイン川の3大河の上流が「川」の字に南北に流れる地域のこと）でも、東チベットの芒康県塩井、竹卡、海通溝で野生祖先種は見つかった。さらに2005年、2006年の調査では、四川省と雲南省の境界近く金沙江の支流、洛水河のそのまた支流の東義河、尼汝河の谷で大量の野生祖先種が見つかった。現在までに資料❶の地図に示す●地点で見つかっている。

分布は中国西南部の比較的狭い地域に限られることがわかる（資料❶）。各々の自生地で集団は大きく、個体数にして1万～100万の個体が、他の植物が生育しがたいような山の斜面の石ころや岩だらけのがれ場、荒れ地に数百mから数kmにわたって自生していることが多い（資料❷）。

このソバ野生祖先種の発見により、ソバ栽培の起源地はこのソバ野生祖先種の分布範囲内にあると考えられる。では、どこだろうか。

最近、筆者の研究室で行った、これらソバ野生祖先種の各地野生集団、及びその近辺で栽培されている栽培ソバ集団に関するアロザイム(注1)変異の分析、AFLP(注2)マーカーの分析の結果は、野生集団の中でも東チベット芒康県の集団と雲南省の東チベットとの境界近くの徳欽県阿東村の集団が、アロザイム変異、AFLP変異のいずれからみても栽培集団にもっとも近縁だということが判明した。この実験結果を素直に解釈すると、東チベット、そして雲南省と東チベットとの境界地域がソバ栽培の起源地だということになる。

ダッタンソバの起源地の研究

ソバと並行してその起源地を探っていたダッタンソバについても、アロザイム変異の分析、RAPD(注3)及びAFLPマーカーの分析結果は、先述の東チベットを含む三江地域が起源地でないかとの結論に達した。

ダッタンソバの野生祖先種は、100年以上前にロシアの植物学者Potaninが中国甘粛省で採集した*Etataricum subsp. potanini*である。この野生種は中国甘粛省、青海省、四川省、雲南省、チベット自治区の他、ネパール、インドのヒマラヤ山岳地帯のチベットとの境界地域からパキスタン北部にかけての非常に広い範囲に分布していることが、1985～1998年にわたる現地調査で明らかになった（資料❶）。したがって、野生祖先種の分布だけからダッタンソバ栽培の起源地を推定することはできない。

誰が、どの民族が、ソバを栽培化したのかについては憶測の域を出ない。かつて三江地域を北から南へ移動したチベット・ビルマ系の中国少数民族の中には、ソバに関する伝説や習慣、独自のソバ、ダッタンソバを表す象形文字を持っている少数民族（たとえば、彝族など）があり、これらがソバ栽培化民族の候補である。

栽培ソバの世界への伝播経路

栽培ソバのアジアでの伝播経路については、私たちがRAPDマーカーを用いて明らかにした。起源地の西南中国から西へはヒマラヤ山脈の南斜面をブータン、シッキム、ネパール、インド、パキスタンと広がっていった。一部はチベットに入り、ヤルツアンポ河沿いに西進したが、その厳しい寒冷な気候に耐えきれずチベット中部より西へは伝播しなかった。

一方、中国南部から北部へ伝わったソバ栽培は、中国北部黄河流域から朝鮮半島を経て西日本に伝わり、日本列島を北上して北海道にまで達した。縄文時代晩期にはすでに日本の各地でソバとダッタンソバが栽培されていたことが、ソバの種子、ソバの花粉がこの時代の遺跡から出土することによってわかっている。

中国でのソバ栽培の考古学的証拠としては、東チベット昌都の近郊の卡若（カルオ）遺跡から４６００年前のソバ種子の出土例が知られている。

中国北部のソバ栽培は、シルクロードを通ってヨーロッパ諸国にもたらされた。フランス語のソバを意味するサラセンやロシア語のソバがギリシャを意味するグリカであることは、インド、パキスタンのソバがサラセン人により、地中海を経て西ヨーロッパや東ヨーロッパへもたらされたことを暗示する。

しかし、植物学的な証拠はヨーロッパのソバはインドやパキスタンのソバではなく、中国北部のソバと近縁であることを示している。

ヨーロッパでは、ドイツで１３９６年、スロベニアで１４２６年、ロシアで１４９２年に初めてソバに関する記載が現れる。考古学的証拠はこれらよりずっと古く、ウクライナでは１世紀の遺跡よりソバの種子が出土し、ドイツではソバ栽培の証拠は紀元前１５００年頃の青銅器時代まで遡ることができるという。

しかしながら、ヨーロッパにおけるソバ栽培の古い歴史の詳細は不明である。

資料❷　中国四川省塩源（ヤンユアン）県金口河（シンコウフー）村におけるソバ野生祖先種の自生の様子

（注1）アロザイム／ある遺伝子座の複数の対立遺伝子によってつくられたたんぱく質（酵素）で、たんぱく質（酵素）としての働きは同じであるがアミノ酸組成が異なるため、電気泳動法によって移動度の違うバンドとして検出できる変異たんぱく質（酵素）。

（注2）ＡＦＬＰ／制限酵素で断片化したＤＮＡを選択的プライマーとして用い、ＲＡＰＤと同じく生物のＤＮＡを増幅し、その産物を電気泳動によってバンドとして検出して得られるＤＮＡ多型。ＲＡＰＤより再現性が高い。

（注3）ＲＡＰＤ／人工的につくった任意の短いＤＮＡ（プライマー）を用いて、生物のＤＮＡを酵素により増幅し（ＰＣＲ）、その増幅副産物をサイズにしたがって電気泳動によるバンドとして検出する。多型ならば個体、品種、種の識別などに使われる。

知識篇

第16章

ソバの製粉方法とそば粉の種類

全麺協

（協力／大手製粉会社）

ソバの製粉の原理

玄ソバを縦横に切断すると資料❶のようになる。外側の黒い皮（果皮）、そのすぐ内側の種皮（甘皮）、そしてもっとも歩留まりの多い胚乳部分と中心の胚芽で構成され、でんぷん質（主体）とたんぱく質（15%～20%）を含んでいる。

ソバの実は叩いたり、つぶしたりすることで簡単に粉になる。それを理に適った、つまりソバの実に負担をかけない方法によって、かつソバ特有の持ち味を十分に引き出して、製麺、食用に適した粉にするのがソバの製粉の目的である。

資料❶　ソバ種子の構造

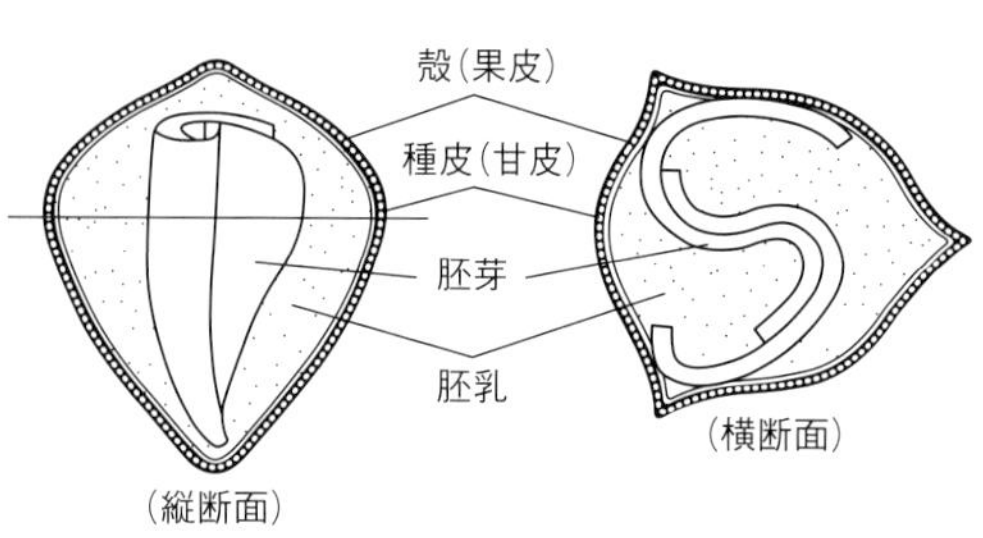

ソバの製粉工程

どんなに技術レベルの高い製粉をしても、原料の玄ソバの品質以上の粉にはならない。また、生産者が玄ソバを収穫してからそば粉にするまでは、いかにしてそば粉にとってマイナスになる要因を減らすことができるかがもっとも重要なポイントになる。

製粉会社によって違いはあるが、一般的な製粉の流れは資料❷の通りである。

資料❷　玄ソバの製粉工程

1 張り込み
↓
2 精選
↓
3 粒選別
↓
4 脱皮
↓
5 製粉
↓
- ロール製粉 → ミックス → 6 製品
- 石臼製粉 → 6 製品

1 張り込み

かつては国内産原料（玄ソバ）で45kg、外国産で50kgの麻袋で入荷し、手作業で1俵ずつタンクに張り込んでいた。近年では国内産（本州の玄ソバ）のほとんどが22・5kgの米袋での入荷になり、北海道産はフレコンバック（1t）詰めになった。国外産の原料もフレコンバックで搬入され、工場ではフォークリフトやチェーンブロックを使って効率的に各タンクに張り込む。

2 精選

国産、国外産を問わず、収穫された玄ソバには金属、石、泥、縄などの夾雑物（きょうざつ）が混入している。この工程はそれらを除去するのが目的で、同時に玄ソバに付着している泥や埃、ゴミなどを取り除き、表面に磨きをかけて、ソバの実一粒一粒をきれいにしていく。

左頁上の写真はマグネットセパレーター（強力磁石／①）、セパレーター（ふるい分け網／②）、アスピレーション（空気流ゴミ飛ばし／③）、ドライストナー（比重選別／④）、ドラムスラップ

（ガク、ヘタ部分のもみほぐし／⑤ブラシマシーン（磨き／⑥）。こうした機械に玄ソバを通す順番や通す回数は製粉会社によって異なるが、最低でもこれらの6工程は行うべきである。また、品質管理を考え、この精選工程は製粉工程とは別棟で作業するのが理想である。

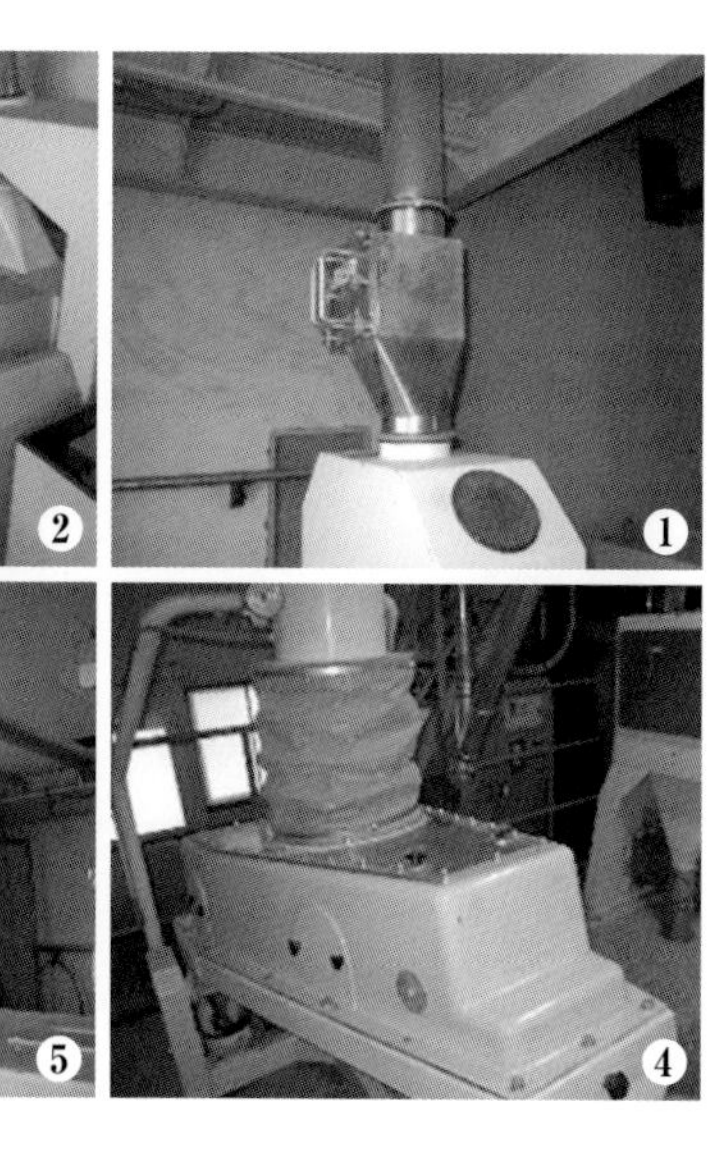

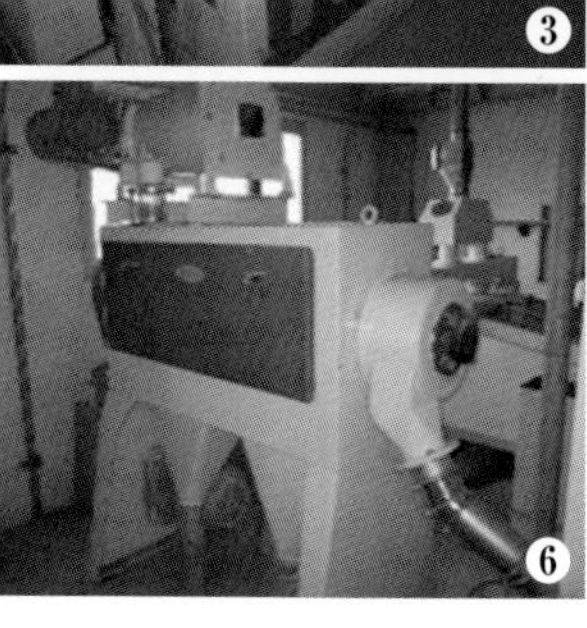

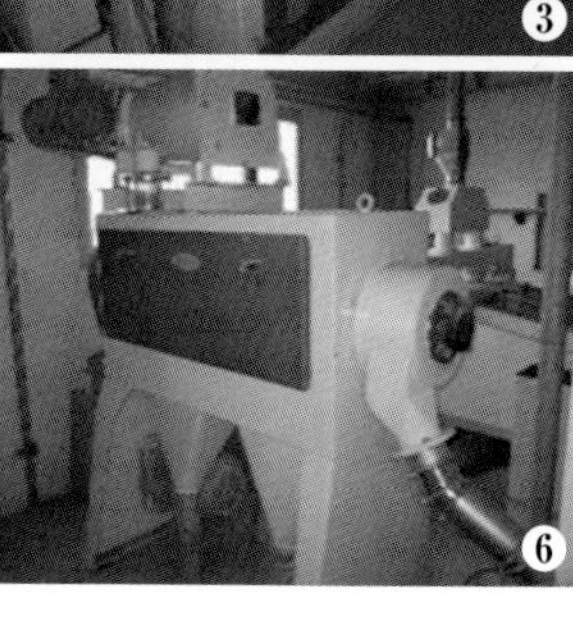

3 粒選別

昔は割れ抜き（玄ソバを砕く）を使用している工場が多く、この工程はなかった。しかし時代とともに製粉方法が向上し、現在は丸抜きの需要が増えてきた。そこで脱皮時の丸抜きの比率を上げるために、玄ソバの大きさを5～7段階に分別し、脱皮時にソバの実が砕けないようにしている。

4 脱皮

粒揃え（5～7段階）した玄ソバを、大きさに合わせて脱皮機で殻（果皮）を外していく。脱皮方法はいくつかあるが、よく採用されているのは衝撃式（玄ソバをゴム板にぶつけて殻を外す）や、クリアランス式（玄ソバを隙間に挟んで殻を外す）。殻を上手に外す製粉会社では、丸抜きの比率が90％近くになる。

最近は自家製粉を手がける消費者が増えていることもあり、各社ともさらにきれいな丸抜きを求めるようになっている。そのため、多少入っている黒粒を除去するために色彩選別機に通すケースも増えている。

5 製粉

製粉方法はいくつかあるが、現在は一般的にはロール製粉と、石臼製粉が多く用いられている。また、このほかにも胴搗（どうづき）製粉という方法もあるが、最近ではごくまれである。

6 製品

製粉された粉は最終ふるいを通り、製品タンクに送られる。そして、オートパッカーで袋詰めされ（そば粉は22kgが多い）、金属探知機を通り製品になる。異物混入には細心の注意が払われている。

製粉方法の違い

●ロール製粉

ロール製粉の特徴は、粉の粒度分布が一定であることだ。昔はバッチ式ロール製粉（1台の製粉機で最後までくり返し挽いて粉にする）が主流だったが、現在は玄ソバの各部位を目の違う複数の水冷メーターロール（ギヤロール、ブレーキロール、スムースロール）でロールの向きや回転数を変えながら挽き分け、ソバの実にできるだけ負担をかけずに、部位ごとにていねいに粉にしていくシステム製粉を採用している製粉会社が増えている。

挽き上がった粉を大別すると、打ち粉（胚芽部）、白い粉の部分2種類（胚乳部）、甘皮粉（種皮部）、末粉（すえこ）（最後のオーバー部）の5種

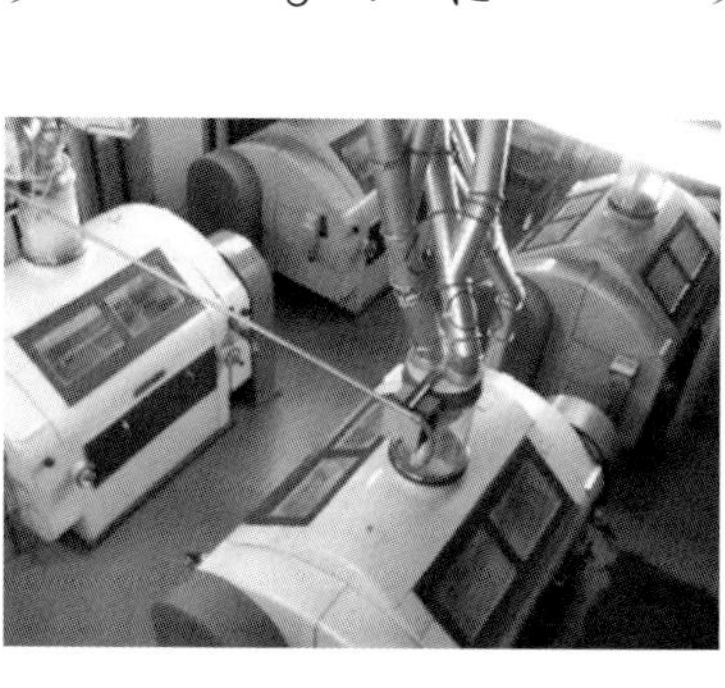

資料❸

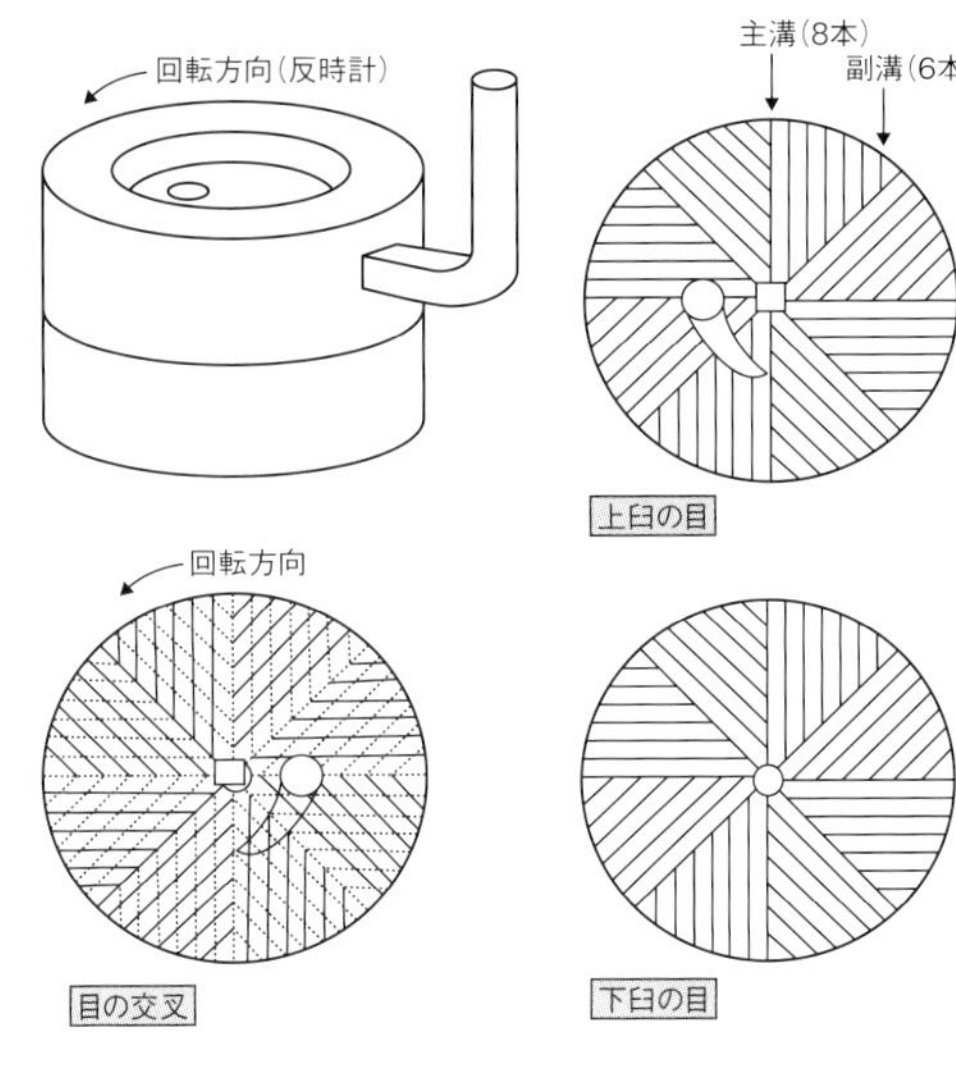

資料❹

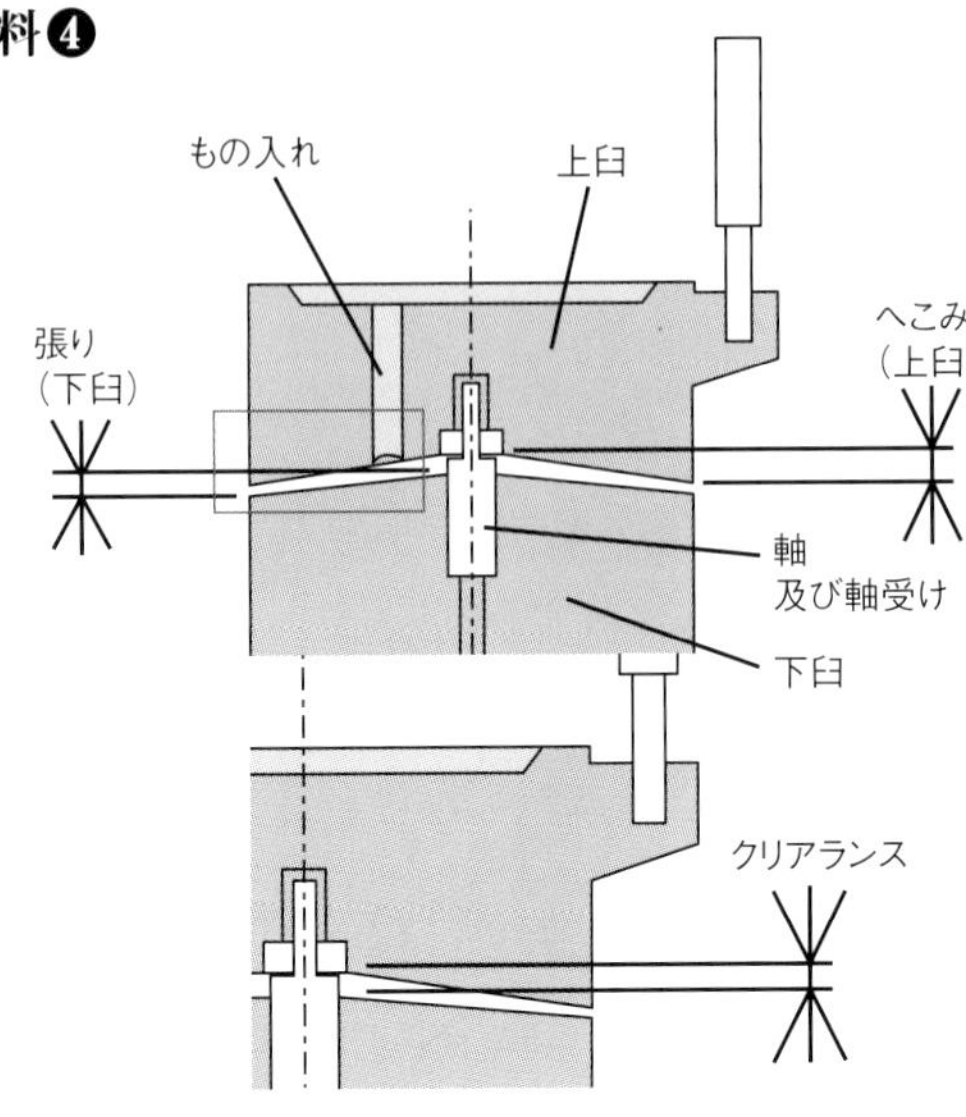

類。これらを各タンクにためていき、歩留まり通りに配合した粉（普通粉）や、要望に応じて配合したそば粉をつくる。

●石臼製粉

石臼挽き製粉の特徴は、粉の粒度分布が広い（荒れている）ことである。ロール製粉の粉と手触りを比較すると、水分量に関係なくしっとりとした感じがある。また、ロール製粉にはない効果（粉焼けがない、ブレンディング、ベンチレーション、せん断粉砕、石の粗面、粒度分布など）がある。

回転数はおよそ毎分15〜16回転の低速回転（昔のおばあさんが家庭で石臼を回すぐらいの速さ）で1回挽きが理想とされるが、この方法だと生産性は劣る。そのため生産性を考慮して毎分40〜50回転の高速回転で2〜3回通し挽きをする製粉会社もあるが、この方法だと石臼による効果は半減以下になる。

また、石臼の大きさや、分画、主溝、副溝、ピッチ幅、すり合わせといった目の取り方（資料❸）、ふくみの取り方（資料❹）で粉の性質は変わる。

●胴搗製粉

かつては、水車の動力を利用して、木製の臼に入れた抜き実を杵でたたきつぶして粉にする胴搗製粉という方法があったが、最近はあまり見られなくなった。しかし、一部の製粉会社では金属製の臼と杵によって胴搗製粉を手がけているところもある。

ロール製粉は抜き実を刃でスパッと切り、石臼製粉は石面で抜き実をすりつぶすのに対して、胴搗製粉はたたきつぶすという方法である。この胴搗製粉によるそば粉は、粒子が大小広範囲に分布していてつながりやすいともいわれる。

そば粉の種類と特徴

●打ち粉

製粉工程（ロール製粉）で、もっともはじめにロールを通った時に粉になる胚芽の部分（10〜15%）。製麺作業を円滑にするために使う粉である。

最近は自家製粉に取り組むそば店が増えていることから、歩留まりの少ない純粋な打ち粉が不足ぎみで、製粉会社はこの粉をとるために試行錯誤しているという。胚乳部分の粉をふるって混合して製品とする製粉会社も多くある。

●さらしな粉

御膳粉ともいう。この粉の明確な定義はない。

一般的には、胚乳部分の粉を細かい網目のふるいでふるい分けた、白度（90％以上の純白に近い粉。白度計によって異なる）の高い99％以上がでんぷん質の粉。

●並粉

ロール製粉の場合は、丸抜き1粒を歩留まり通り（打ち粉10～15％、胚乳部2種類60～65％、甘皮部20％、末粉5％など。製粉会社によって異なる）に配合した粉。石臼製粉の場合は、丸抜きの98％ほどを粉にしたもの（50～80メッシュでふるう）で、どちらもそば店などで使われている標準的な粉。

●甘皮粉

玄ソバの種皮（甘皮）だけを抽出して製粉した粉。たんぱく質、ビタミン、ミネラルを多く含んでおり、甘み、粘りが強く、さまざまなそば粉の中でも重視する考え方もある。種皮を上手に抽出してできているか、末の皮が混入していないか、製粉時に熱が加わっていないかなど、甘皮粉の品質によってその製粉会社の技術レベルがわかるともいわれる。

●全粒粉（挽きぐるみ）

抜き実をほぼ１００％石臼で挽いた粉をいう。さらしな粉、並粉、甘皮粉の取り分けをしないので、ソバの実全体の栄養が含まれており栄養バランスがよい。

●末粉

「すえこ」や「さなご」と呼ばれ、ロール製粉の場合は、最後まで粉にならなかったヘタやその周り、種皮（甘皮）のオーバーなどを挽いた粉（石臼製粉の若干のオーバーも含む）。色は黒っぽい茶色で、時間とともに赤く色焼けしてくる。苦いため主に飼料用とされる。ただし、精選（主に磨き）をていねいに行った玄ソバの末粉は甘みを感じ、色みは青黒くて時間による色の変化は遅い。こうした末粉は、そば粉の割合が3割ほどの乾麺などに使用することが多い。

そば粉の保管方法

そば粉は製粉からの時間の経過がないほど鮮度が高い。つまり、時間が経過するにつれて劣化する。高温（常温）に置いておくと、時間の経過とともにどんどん酸化し、品質を大きく損なう。しかし、そば粉は低温で保管することで、劣化（酸化）をかなり遅らせることができる。保管はできるだけ低温で、できるだけ空気に触れさせないように密閉しておくのが望ましい。

冷蔵・冷凍の技術がなかった時代、そば店では、そば粉の水分を吐き出す性質と小麦粉の水分を呼び込む性質をかけ合わせて保管すること、つまり、両方の粉を混合して保管しておく「木鉢下（きばちした）」という方法を考え出した。保管期間が短かった当時はこうした手法で十分だったといえる。しかし保管期間が長くなり、また生粉打ちをはじめ、そば粉の割合が高いそばを打つためにはこの方法の保管では十分ではなくなった。冷蔵庫、冷凍庫はそば粉の保管においてとても有効である。以下に注意して活用したい。

●冷蔵庫での保管

ほかの食品と一緒に入れると、そのにおいがそば粉についてしまう。また、水滴などがかかると、そこがカビの発生源になるので注意する。冷蔵庫は、庫内の湿気を庫外に出して冷気を循環させるという構造なので乾燥しやすい。そのため、そば粉を袋ごとビニール袋に入れたり、あるいはプラスチック容器に移し替えたりしたうえで冷蔵庫に入れる。

●冷凍庫での保管

粉袋のままでは冷凍はできない。プラスチック容器に移し替えるか、ビニール袋に入れ替えることが必要になる。また、長期保存（2～3カ月）したい場合は、特殊フィルムの袋を使用して酸素を抜き（脱酸素剤、窒素ガス充填など）、密閉した状態で冷凍庫に入れる。

●その他

冷蔵庫、冷凍庫どちらの保管の場合でも、製麺作業をする時は使用する粉の分量だけを取り出し、すぐに庫内に戻す。そうしないと暑い時期などはとくに温度差や結露などによって粉が劣化してしまう。なお、冷蔵、冷凍どちらの場合でも粉の温度はかなり下がっているため、製麺時における加水量の判断が難しくなるので注意したい。

知識篇

第17章 ソバの化学成分と健康機能

神戸学院大学名誉教授 池田清和
前神戸学院大学栄養学部教授 池田小夜子

そば粉には、炭水化物、たんぱく質、ミネラル、ビタミンなど、ヒトの健康の保持・増進にかかわるさまざまな成分が含まれている。

たんぱく質

そば粉は、穀類の中では、比較的たんぱく質に富んだ食品である（資料❶）。とくに表層部分には多く含まれるために、表層粉や全層粉のたんぱく質含量は高く、一方、内層粉の含量は低い。

一般に、食品たんぱく質は必須アミノ酸組成と消化吸収性の二つの点から評価される。必須アミノ酸組成からの評価では、まずヒトが必要とする各必須アミノ酸の量をそれぞれ１００として基準パターンが制定されている。

これらの基準パターンと、食品に含まれる各必須アミノ酸量と比較して、含量のもっとも低いアミノ酸量を制限アミノ酸として数値化したものをアミノ酸スコアという。そば粉のアミノ酸スコアは極めて良好で、小麦粉や精白米、とくに小麦粉に比べてかなり高い（資料❷）。

一方、もう一つの食品たんぱく質の評価は、体内に利用されるか否かを見る消化吸収性である。資料❷の消化吸収率を見ると、そば粉の場合は三つの食品中もっとも低く、難消化性であることがわかる。消化吸収性が低い理由として、一つには消化酵素の阻害物質が含まれること、もう一つにはたんぱく質自体が難消化性であり、この二つの点が相まって消化性が低くなっていると考えられている。

ところで、消化吸収率の低いことは、以前の栄養学であればヒトの健康によくないという結論になっただろうが、今日のように肥満が国民的な大きな問題となっている状況では、摂取したものが何もかも身につく必要はなく、むしろ適当に吸収しないほうがよいと考えられる場合が多い。

さらに、難消化性であるそばたんぱく質は、食物繊維と似た働きを示し、血中コレステロール低下作用やヒトの脂質代謝改善効果など、有益な効果があると考えられている。

ちなみに、食品のたんぱく質は資料❸のように溶解性の違いによって五つに分類される。

そば粉はアルブミン、グロブリンが多く含まれることが特徴であり、コメ、小麦、トウモロコシなどとは組成上明らかに異なっている。

小麦のたんぱく質は、グリアジンとグルテニン（小麦ではグルテリンをこう呼ぶ）からなるグルテンが主要たんぱく質となっている。グルテンには特有の粘りがあり、パンや麺などの特有の食感を生み出している。

一方、そば粉には小麦グリアジン（小麦のプロラミンは特有にこの名前で呼ばれる）に相当するプロラミンがほとんど含まれていない。このことは重要な意味を持っている。すなわち、わが国ではソバのアレルギーが重要な問題である（後述）が、小麦を多く摂取する欧州では小麦粉摂取で起こるグルテン誘発腸症が大きな問題となっていて、英国では３００人に1人の頻度で発症すると推定されている。

この病気の原因は、グルテン、とくにプロラミンが関与していると考えられており、この疾患の患者にとっては小麦粉に替わる代替食品に大きな関心がある。プロラミンがほとんどないそば粉はこのような代替食品になり得るので、そば加工食品の利用に関心が持たれている。

他方、そば粉には上述の通り、アルブミンやグロブリンが多く含まれるが、これらのたんぱく質には酵素などの生物活性を示すたんぱく質が多い。このことは、そば粉が貯蔵に伴って変化しやすいことと密接に関係している。

炭水化物

食品の炭水化物は、利用可能炭水化物、食物繊維と糖アルコールからなっている。利用可能の意味はエネルギー産生栄養素という意味であり、一方、食物繊維は低（または難）エネルギー産生成分（体内でエネルギーとして同化されにくいので栄養素とは言わないで成分と呼ぶ）であり、消化管内で難消化性を示して有益な効果を発揮する。糖アルコールは『八訂 食品成分表』（２０２１年）で初めて登場した成分で、同じく低エネルギー産生成分である。

●利用可能炭水化物

そば粉の利用可能炭水化物は大部分はでんぷんから成り立っており、その他には少糖類などが含まれる。

そばでんぷんは容易に糖化される性質を持っている。アミロース含量は約25％、アミロペクチンが約75％である。

そばでんぷんの糊化開始温度は61℃である。糊化開始温度は食品でんぷんの煮熟（しゃじゅく）されやすさを示す一つの尺度であるが、そばでんぷんは中間程度である。

最近、グリセミック・インデックス（ＧＩ）と呼ばれる概念が注目されている。炭水化物食品を摂取した後の2時間の血糖値の上昇曲線を、基準食品と比較して数値化したものである。ＧＩは、元来糖尿病の治療に考案されたものであるが、最近はダイエットなどの視点から注目されている。ＧＩ値の高い食品は、インスリンが多く分泌されて体脂肪の増加を導くので、ＧＩ

資料❶　そばと他の穀類の成分（主要成分）（可食部100g当たりの量）＊1

食品名		エネルギー	水分	たんぱく質	脂質	炭水化物		灰分
						食物繊維総量	利用可能炭水化物＊2	
		kcal	g	g	g	g	(g)	g
そば粉	全層粉	339	13.5	12	3.1	4.3	67.3	1.8
	内層粉	342	14	6	1.6	1.8	76.8	0.8
	中層粉	334	13.5	10.2	2.7	4.4	68.9	2
	表層粉	337	13	15	3.6	7.1	60.5	3.3
そば米		347	12.8	9.6	2.5	3.7	71.8	1.4
小麦粉	薄力粉1等	349	14	8.3	1.5	2.5	74.1	0.4
	強力粉1等	337	14.5	11.8	1.5	2.7	70.1	0.4
コメ（水稲穀粒）	精白米	342	14.9	6.1	0.9	0.5	78.1	0.4

＊1 文部科学省『日本食品標準成分表2020年版（八訂）』から引用
＊2 差し引き法による利用可能炭水化物（100gから水分、たんぱく質、脂質、食物繊維総量、その他の微量成分を差し引いて算出）

資料❷　そば粉と他の穀類のたんぱく質栄養価

	アミノ酸スコア＊1	ヒトでの消化吸収率（%）＊2
そば粉	100（制限アミノ酸はなし）	85
小麦粉	49（制限アミノ酸はリシン）	96
精白米	93（制限アミノ酸はリシン）	88

＊1 FAO/WHO/UNU合同専門協議会報告「タンパク質・アミノ酸の必要量」（2007年）
＊2 科学・技術庁資源調査会「四訂日本食品標準成分表資料」（1982年）

資料❸　そばと他の穀類のたんぱく質組成

	アルブミン	グロブリン	プロラミン	グルテリン	不溶性窒素残渣
	水に溶けるたんぱく質	塩水に溶けるたんぱく質	70%アルコールに溶けるたんぱく質	酢水に溶けるたんぱく質	
そば＊1	18.2%	43.3%	0.8%	22.7%	15.0%
小麦＊2	11.1%	3.4%	33.2%	13.6%	33.4%
コメ＊3	2〜5%	2〜10%	1〜5%	75〜90%	―

＊1 Javornick, B. and Kreft, I., FAGOPYRUM, Vol. 4 (1984)　＊2 Bushuk, W. and Wringley, C. W. Wheat: Production and Utilization (1974).　＊3 森田雄平、"米・大豆と魚（日本栄養・食糧学会編）"（1984）

値の低い食品が注目される。

そば粉・麺は、GIの低い食品として知られている。たとえば、白米を100とした基準では、そばは56、うどんは58であるのに対してパンは92である（杉山みち子氏のデータ）。その要因には、レジスタントスターチ（RS）や食物繊維などが関与しているものと推測されるが、いまだよくわかっていない。

食物繊維と同じような働きを示すレジスタントスターチが、そば加工食品、とくに加熱調理したそば米（ごめ）に認められている。そばパンにもRSが少し認められるが、加熱調理後のそば米で顕著である。実際、加熱そば米の摂取がインスリンの分泌を低下させることが実証されている。

また、そば粉の少糖類の主要成分として、ファゴピリトールが知られている。ファゴピリトールは、ソバの種子の乾燥の防止や貯蔵性の保持のために含まれていると考えられており、品質保持の点で重要である。

●食物繊維

そば粉には食物繊維が多く含まれている（資料❶）。

食品に含まれる食物繊維は一般に、①便通改善効果、②腸の病気（大腸ガン、大腸憩室症）の予防効果、③高脂血症・動脈硬化への予防効果、④糖尿病改善効果――など有益な効果が明らかにされており、注目される成分である。

そば粉の食物繊維は不溶性食物繊維が主体を占め（全層粉で約81％を占める）、ヘミセルロース、セルロースが主体をなしている。不溶性食物繊維は、主として①及び②に有益である。

そば粉（全層粉）100gには、4・3gの食物繊維が含まれ、食物繊維の1日の目標量（1日に男性21g、女性18g）の約20～24％を充足することができ、主要な食物繊維の供給源である。

脂質

そば粉には他の穀類同様に、脂質は約3・1％（全層粉）とそれほど多く含まれていない。そば粉の脂質を構成する脂肪酸は、必須脂肪酸のリノール酸（34・9％）、オレイン酸（37・0％）、パルミチン酸（16・0％）、その他の脂肪酸（12・1％）からなっている。オレイン酸、リノール酸は、血中コレステロール低下作用を示す有益な脂肪酸ではあるが、そば粉の場合は含量が低い。

一方、脂質は食べ物のおいしさと密接に関係する成分である。霜降りの牛肉や、生クリームのケーキなど、脂質は食べ物のおいしさの要因の一つである。そば粉は脂質をあまり含んでいないことから逆にさっぱりとした味であるが、そこに脂質の多い鴨肉やにしん、天ぷらなどの食材が一緒になると、大変おいしくなるのである。

ミネラル

そば粉には、モリブデン（重要な酵素3種の補欠因子として働き、欠乏すると頻脈、脳機能障害などが知られている）、銅（欠乏すると貧血、骨異常、毛髪異常などが起こる）、マグネシウム（虚血性心疾患などの循環器疾患の予防効果などがある）、リン（発育不全など）、クロム（欠乏するとインスリン作用が低下し、耐糖機能［食後の血糖値を正常に保つ能力］の低下を生じる）、鉄（欠乏すると鉄欠乏性貧血が起こる）、マンガン（欠乏すると骨の異常、成長障害など）、セレン（欠乏すると心筋障害を示す克山病（こくざんびょう）やカシン・ベック病）、亜鉛（欠乏すると味覚障害、皮膚炎、成長遅延など）、カリウム（K、高血圧者の血圧を低下させる作用を示す。そば粉には精白米、小麦粉に比べKが多く含まれる［資料❹］が、Kの目標量が高いので、そば粉の栄養的貢献はそれほど高くない。けんちんそばのようにKに富む多彩な野菜を併せ食することも大切である）など、ヒトの健康維持・増進に深くかかわる元素が多く含まれており、これらの必須元素の大切な供給源になり得る（資料❹、❺）。

古来わが国ではそば切りを食べた後にそば湯を飲む習慣があるが、そば湯にはさまざまなミネラルや、たんぱく質（アルブミン、グロブリンなど）、ビタミン（後述）などに富んでいる。

一方、そば粉にはカルシウムは他の穀類と同様にあまり含まれていない。欧州などでは、そば粉をカルシウムに富むチーズ、ミルクなどの乳製品とともに加工・調理することが多いが、このような食べ方は、そば粉に少ないカルシウムが補強できるので栄養学的に優れた食べ方である。

そば粉はナトリウムの含量も低い（資料❹）。これに関連して、小麦粉には特有の粘弾性を示すグルテンが含まれているが、グルテンの特性を発揮するためには食塩を添加する必要がある（グルテン分子を引き締めるため）。したがって、うどんやパンなどの小麦加工食品をつくる時には食塩が添加され、このため小麦加工食品は高塩分食品である（資料❹の干しうどん）。

一方、そば粉にはグルテンが含まれないので、麺をつくる時には本来食塩を加える必要はない。いわば減塩食品ということができる。

ビタミン

そば粉には、ナイアシン、ビタミンB_1、ビオチン（アレルギーの緩和、皮膚の維持などの作用を示す）、パントテン酸、ビタミンB_6、葉酸などのビタミンが比較的多く含まれ、これらの大切な供給源となっている（資料❹）。とくにナイアシン、ビタミンB_1、ビオチンは多く含ま

資料❹　そばと他の穀類の成分（微量成分）

（可食部100g当たりの量）

	食品名		そば粉				そば米	小麦粉			コメ（水稲穀粒）
			全層粉	内層粉	中層粉	表層粉	—	薄力粉1等	強力粉1等	干しうどん	精白米
ミネラル（必須主要元素）	ナトリウム	mg	2	1	2	2	1	Tr	Tr	1700	1
	カリウム	mg	410	190	470	750	390	110	89	130	89
	カルシウム	mg	17	10	19	32	12	20	17	17	5
	マグネシウム	mg	190	83	220	340	150	12	23	19	23
	リン	mg	400	130	390	700	260	60	64	70	95
ミネラル（必須微量元素）	鉄	mg	2.8	1.7	3	4.2	1.6	0.5	0.9	0.6	0.8
	亜鉛	mg	2.4	0.9	2.2	4.8	1.4	0.3	0.8	0.4	1.4
	銅	mg	0.54	0.37	0.58	0.91	4	0.08	0.15	0.11	0.22
	マンガン	mg	1.09	0.49	1.17	2.42	0.76	0.43	0.32	0.5	0.81
	ヨウ素	μg	1	0	0	2	—	Tr	0	0	0
	セレン	μg	7	7	13	16	—	4	39	10	2
	クロム	μg	4	2	3	6	—	2	1	1	0
	モリブデン	μg	47	12	43	77	—	12	26	12	69
ビタミン	E	mg	0.2	0.1	0.2	0.4	0.1	0.3	0.3	0.3	0.1
	B1	mg	0.46	0.16	0.35	0.5	0.42	0.11	0.09	0.08	0.08
	B2	mg	0.11	0.07	0.1	0.14	0.1	0.03	0.04	0.02	0.02
	ナイアシン	当量(mg)	7.7	3.8#	6.8#	11#	6.9	2.4	3.1	2.5	2.6
	B6	mg	0.3	0.2	0.44	0.76	0.35	0.03	0.06	0.04	0.12
	葉酸	μg	51	30	44	84	23	9	16	9	12
	パントテン酸	mg	1.56	0.72	1.54	2.6	1.53	0.53	0.77	0.45	0.66
	ビオチン	μg	17	4.7	18	38	—	1.2	1.7	1.3	1.4

＊1 文部科学省『日本食品標準成分表2020年版（八訂）』から引用

＊2 表中、Trは微量を意味し、—は未測定を意味し、#は文献などからの推定値である。

＊3 ヒトのミネラルには表の13種がある。

＊4 ヒトのビタミンには13種あるが、表には8種を表示している。そば粉、小麦粉及び精白米には、ビタミンA（カロテンを含む）、ビタミンD、ビタミンK、ビタミンB12、ビタミンCの5種のビタミンは含まれないため、表ではこれら5種のビタミンを省略している。

資料❺　ビタミンの食事摂取基準（1日分）へのそば粉（100g）の栄養的貢献度（%）

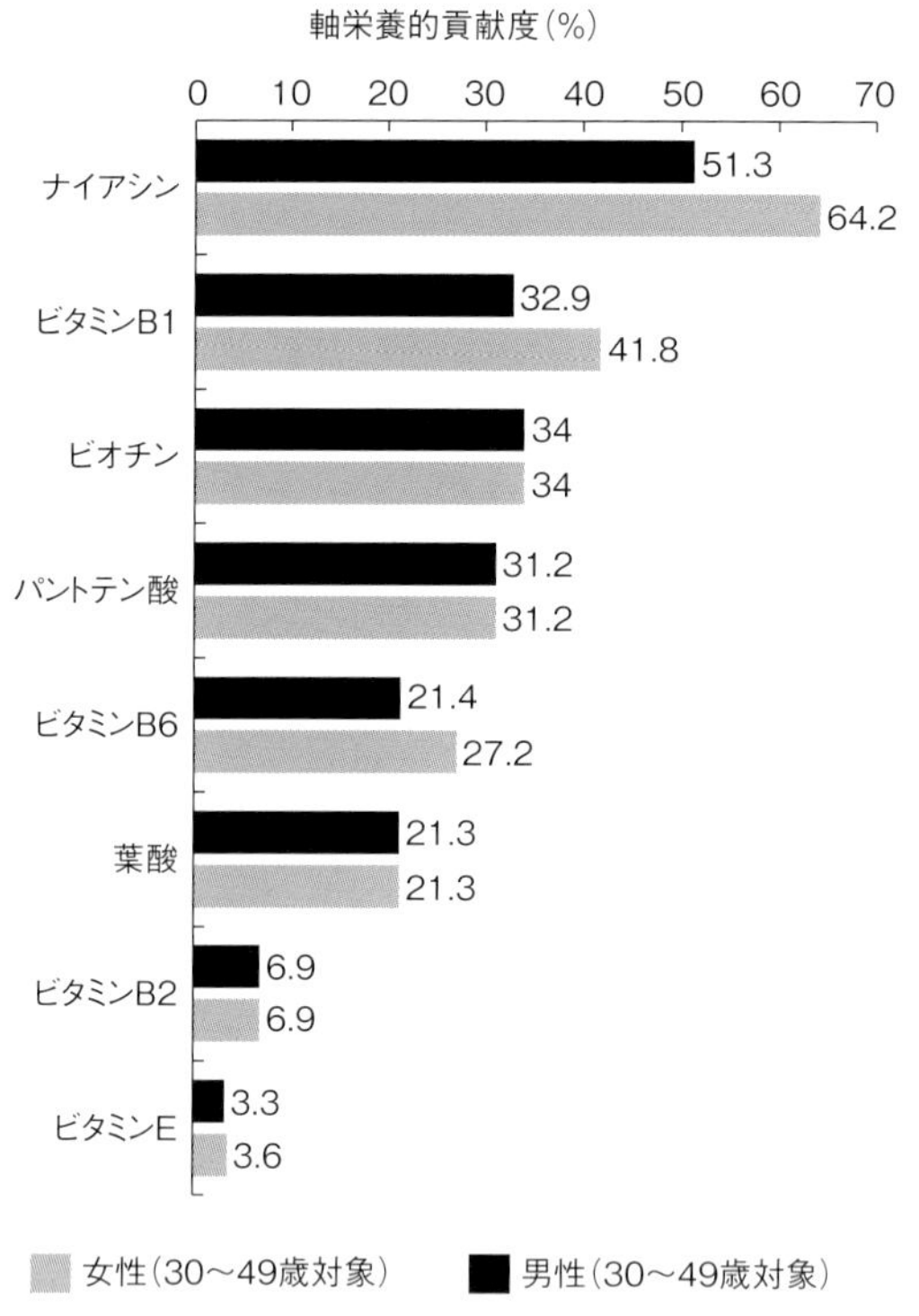

本図は、文部科学省「日本食品標準成分表2020年版（八訂）」中の「そば粉全層粉100 g当たりの成分値（A）」を引用し、厚生労働省「日本人の食事摂取基準（2020年版）」の男女とも30～49歳の食事摂取基準（B）を引用し、（A）／（B）×100を求め栄養的貢献（%）として表示している。そば粉100gを摂取する食品（資料❶、❷）としては、茹でるような麺ではなく、そばがきや欧州のガレットのような粉をそのまま摂取する食品を想定している。そば粉にはビタミンA、C、D、K、B12は含まれないので図には入れていない。一方、ビタミンE以外の図中のすべてのビタミンは水溶性であるため、生そばを茹でるとこれらのビタミンはそば湯に溶出しやすいので、そば湯はビタミンの大切な供給源となり得る。

資料❻　ミネラルの食事摂取基準（1日分）へのそば粉（100g）の栄養的貢献度（%）

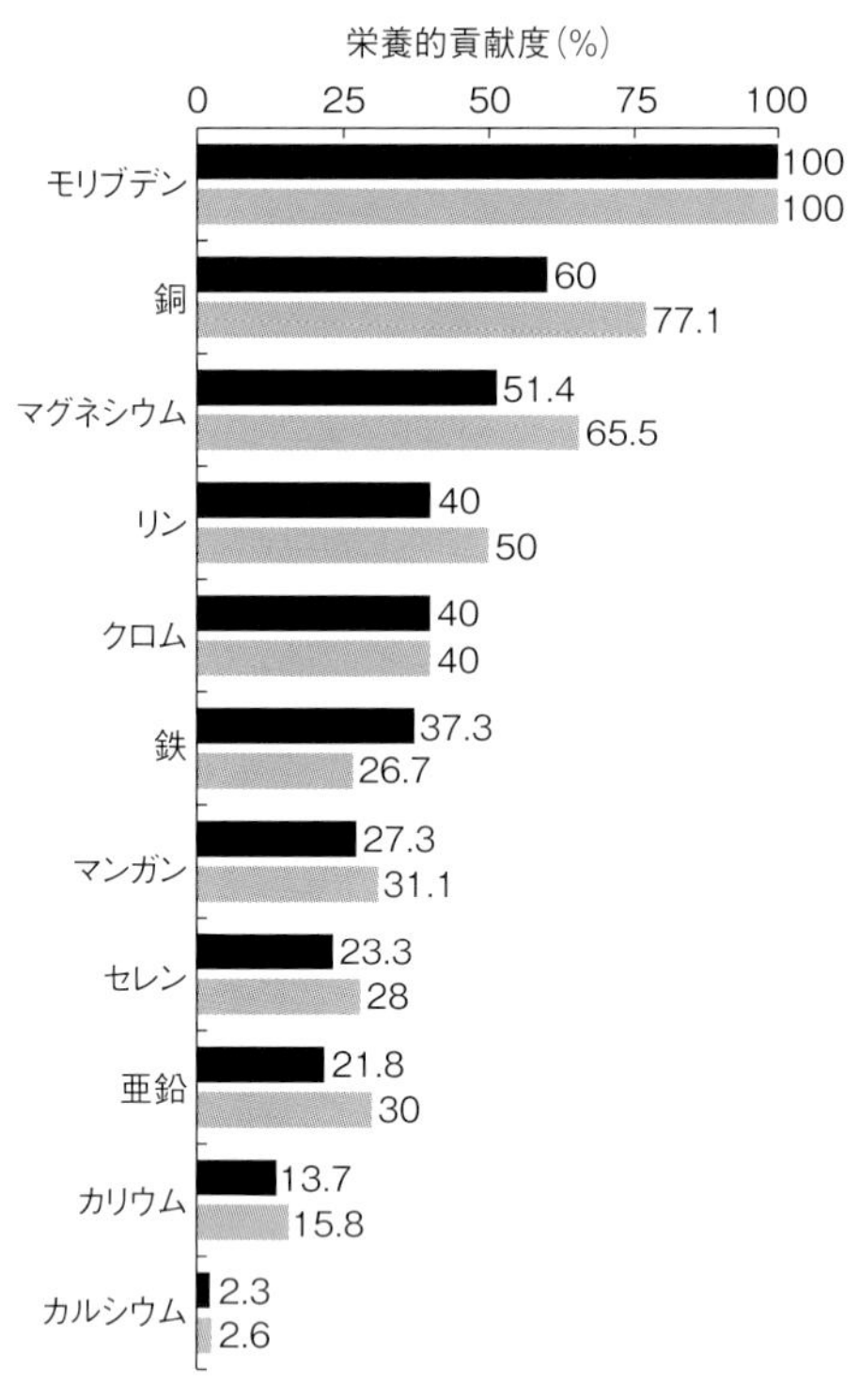

本図は、文部科学省「日本食品標準成分表2020年版（八訂）」中の「そば粉全層粉100 g当たりの成分値（A）」を引用し、厚生労働省「日本人の食事摂取基準（2020年版）」の男女とも30～49歳の食事摂取基準（B）を引用し、（A）／（B）×100を求め栄養的貢献（%）として表示している。モリブデンは100%としているが、実際は食事摂取基準の男性156%、女性で188%と多く含まる特徴がある。食事摂取基準には3種の制定される量があり、一つ目は生活習慣発症予防への「目標量」（カリウム）、二つ目は科学的根拠の明確な「推奨量」（ビタミンB1、B2、ナイアシン、B6、葉酸、カルシウム、マグネシウム、鉄、亜鉛、銅、マンガン、ヨウ素、セレン、モリブデン）、三つ目は科学的根拠は明確ではないが不足の起こらない量「目安量」（E、パントテン酸、ビオチン、リン、マンガン、クロム）である。

れる。ただし、そば粉はでんぷんが主要成分となっており、でんぷんがヒトの体内で燃焼するためにはビタミンB_1、B_2、ナイアシンが多く必要となるので、これらのビタミンに富む多彩な食材とともに食することが必要である。

また、ビタミンB_2やEはそれほど多くなく、A、C、D、K、B_{12}は実際上含まれない。したがって、そば料理にはさまざまな食材と一緒に食することが必要となる。たとえば、おろしそば（大根おろしからのビタミンCの補給）、にしんそば（にしんはたんぱく質やビタミンB_{12}などに富む）などは栄養補強した食べ方である。

ポリフェノールとルチン

近年、虚血性心疾患やガンなどの生活習慣病の発症には、活性酸素と呼ばれる物質が関係していることが示唆されており、活性酸素を除去できる物質としてポリフェノールのような物質に関心が持たれている。

そば粉にはポリフェノールが多く含まれている（資料❼）。そば粉100gにはおよそ400㎎のポリフェノールが含まれ、この量は赤ワインのグラス1杯分に相当する。したがって、そば粉は生活習慣病予防のポリフェノールの宝庫ともいえよう。

ソバ種子に含まれるポリフェノールとしては、ルチンをはじめ、カテキン、エピカテキンガレートなどのカテキン類。また、配糖体のカテキ

資料❼　そば粉と他の穀類粉のポリフェノール含量

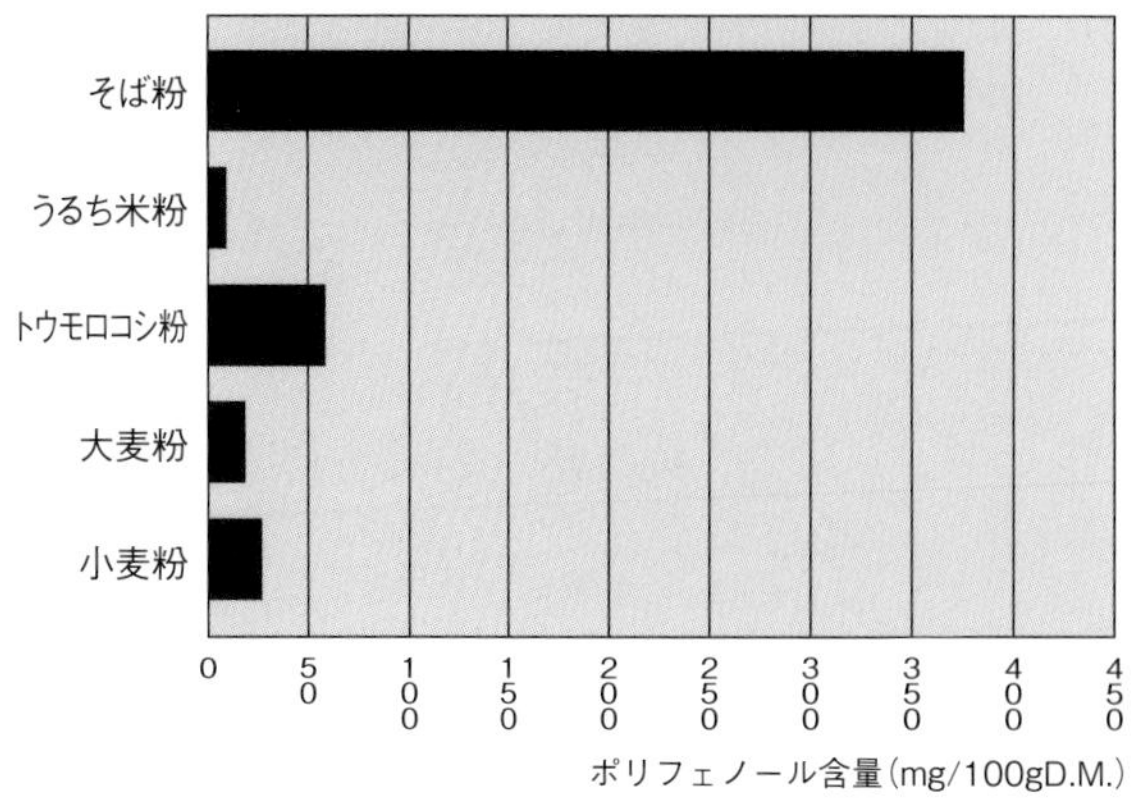

そば粉
うるち米粉
トウモロコシ粉
大麦粉
小麦粉
0 50 100 150 200 250 300 350 400 450
ポリフェノール含量（mg/100gD.M.）

ン類（グルコースなどの糖と結合したカテキン類のこと）などが検出されている。

中でももっとも注目されているのが、ルチンである。ルチンには毛細血管の透過性や脆弱性などを矯正する特有の成分が含まれる。ルチンはフラボノール配糖体であり、淡黄色を呈する。普通種のそば粉には、粉100gあたり約20mgのルチンが含まれており、一方ダッタン種のそば粉には、約2000mgのルチンが含まれているという研究報告がある。

ルチンは、ビタミンP（Permeability〈透過性〉に関係するビタミンの意）とも呼ばれるが、ヒトにおける欠乏症が見られる必須ビタミンではなく、「ビタミン様物質」という。

ルチンには、高血圧予防効果が示唆されているが、この他に、抗酸化作用、血流改善などさまざまな効果が認められている。欧州では、そばの茎・葉でつくるそばハーブ茶がよく利用されているが、この中に含まれるルチンは虚血性心疾患や動脈硬化の予防作用を持つことが示唆されている。

ソバは進化の過程で、UV（紫外線）を吸収し、生体成分の保護をするような成分、つまりルチンを集積してきたと考えられている。

また、そば粉にはルチンを分解する酵素が存在する。ルチンが分解されると、ケルセチンという苦みを有するポリフェノールが生じる。普通ソバに比べてダッタンソバには数百倍高いこの酵素活性が存在しており、そのため、ダッタンソバを製粉や製麺などによってソバの組織破壊を生じさせると、すぐにこの酵素が作用してルチンをケルセチンに変化させてしまう。ダッタンソバは特有の苦みを持ち、苦ソバとも呼ばれるが、この苦みは主としてこのケルセチンによるともの考えられている。

ルチンはこれまで述べてきた通り、特有の栄養生理機能を持っているが、一方ケルセチンに関しても詳細な解明はまだ十分ではないが、動脈硬化などの種々の疾病予防効果が期待されている。

ルチンの適正摂取量は十分解明されていないので今後の解明が期待されるが、摂り過ぎにも注意が必要である。

五穀断ちとソバの栄養の科学的考察

比叡山延暦寺には千日回峰行と呼ばれる荒行があることがよく知られている。7年間にわたって行われる大変な荒行であり、達成された方々を心底から尊敬申し上げる。

1983年に第2回「国際ソバシンポジウム」が宮崎大学で開催され、その際に比叡山延暦寺座主から「五穀断ち」の講演を賜り、筆者は大変感銘を受けたことを覚えている。行の最終段階の「7日間の絶食・断水・不眠・不臥」の実施前に、「五穀絶ち」という行が100日間行われる。コメなどの五穀断ちと塩断ち、海藻、果物が断たれるが、五穀ではない「そば粉」や「少量の野菜」は利用できるというものである。そこで現代栄養学の視点から、「そば粉と野菜」だけで人は生存できるのかについて考察したい。

そば粉のたんぱく質は、質的には鶏卵や人乳・牛乳のように欠点のない優れた必須アミノ酸組成（資料❷）を有する。量的にも他の穀類よりも多く含まれ（資料❶）、また修行下では植物起源（菜食）でなければならないから、そば粉は最適のたんぱく質源であるといえる。

エネルギー栄養の観点からは炭水化物と脂質が問題となるが、そば粉にはエネルギー源となる利用可能炭水化物が多く含まれる（資料❶）。

一方でそば粉の脂質含量は低い（資料❶）が、必須脂肪酸（n-6系、n-3系脂肪酸）のリノール酸（n-6系）とα-リノレン酸（n-3系）はある程度含まれ、また脂肪に富む木の実などの摂取は許されるようなので、脂質の栄養上は問題ない。

しかし、エネルギー栄養の視点から見た場合に、荒行中厳しい山中歩行などが続行されるので、自身の体内に蓄えていた糖質、脂質、さらにはたんぱく質が消耗され消費エネルギーとして利用されていき、次第に体力の消耗が大きくなる。修行者の厳しい状況が続き、体力と気力と、荒行との戦いとなっていくと思われる。

ビタミンの点からは、そば粉はナイアシンやB_1、ビオチンなどのビタミンに富む。人の体内でエネルギーが産生される場合には、ナイアシンとB_1、B_2の三つのビタミンが必要だが、そば粉にはナイアシンとB_1が豊富（資料❺）で、B_2は多いとはいえないが腸内細菌から供給され得るので問題ない。

一方、そば粉にはA、D、K、B_{12}、Cは含まれない。ところが、私たちの腸内に生息する腸内細菌はビタミンKやB_{12}を合成し、またそば粉に低含量であるビタミンB_2、B_6、葉酸（資料❺）をも合成し、私たちはこれらの腸内細菌からのビタミンを利用していることが知られている。ただ、普段から腸内環境を健全にしていることが必要で、そば粉には小麦粉、精白米に比して食物繊維が豊富（資料❶）に含まれ、この成分は腸内環境の健全な維持に極めて有効である。ビタミンA（カロテン）とCは、摂取の許される「野菜」から供給され得るし、摂取の許されるジャガイモはビタミンCに富む。またビタミンDは、日光に当たればヒトの皮膚である程度合成される。したがってビタミン栄養上はとくに問題はないと思われる。

ミネラルについては、そば粉はヨウ素を除けば、ヒトに必須なすべてのミネラルを含んでおり（資料❺）、充足できると考えられる。ヨウ素は、五穀断ちの前の荒行中に、ヨウ素に富む昆布だしの汁などを摂取していれば欠乏症はおそらく起こらない。一方、塩断ちについては、世界には「無塩文化」と呼ばれる塩を作らない、食べないという民族がある。塩（NaCl）の最低必要量は0・5～1・3g／日（WHO）で、この必要量は塩のない食事をしても食物から自然に摂取できる量である。

結論として、種々の資料からそば粉の摂取量が必ずしも明確ではないが、健康を維持できるレベルで摂取されていると考えた場合、栄養素バランスの視点からは、「そば粉と少量の野菜」だけの摂取が長期にわたらない限り（100日程度が限界と推察される）、人は生存できるものと推測される。

こうして現代の栄養学から実証できるように、そば粉やソバの実は古来栄養的価値の極めて高い食品であることが自然に認識され伝承されてきたと考えられ、かかる荒行に貴重な食べ物として利用されてきたと推察される。

そば粉・そば粉加工食品は、栄養的価値の高い食品であり、多くの人々の健康増進に最適であり、高ルチン（血管を強くする成分）・低塩食品で、高食物繊維、高ポリフェノールの、優れた栄養機能を持つ食品であり、血圧維持、免疫力高進などにも最適である。人生100年と謳われる超高齢化社会の中で、高齢者のみならず、学校給食やダイエットを指向する若い世代、体力を必要とする中高年などにも幅広く利用していただきたいと思う。

◆

以上のように、そば粉には、ヒトの健康にかかわるさまざまな成分が含まれており、優れた栄養機能を持った食品であるといえる。

また、そば加工食品の摂取によって、深刻なアレルギーが起こることがある。そばアレルギーでは、蕁麻疹、呼吸困難、喘息発作、アナフィラキシーショックなどが起こる。食品衛生法施行規則により、卵、落花生、乳、小麦、エビ、カニとともに、そばは特定原材料表示が義務付けられている。

そばアレルゲンとしては約10種ほどのたんぱく質成分が報告されているが、患者によって応答性が異なるなどいまだ不明な部分が多く、今後の研究の進展が期待される。

そば用語の一口解説

ア

●相乗り　一つの器に2種類以上の異なるそばを盛り合わせること。そばとうどんを半々に盛り分けることもいう。

●秋新　秋に収穫される新ソバのこと。

●秋ソバ　ソバの種類は収穫時期によって、夏ソバと秋ソバに大別されている。秋ソバの播種は7月上旬（北海道）から9月上旬（九州）、収穫は9月中旬（北海道）から11月中旬（九州）となる。夏ソバに比べ、一般に秋ソバは風味がよく、色調もすぐれている。ソバの栽培生態型の夏型・秋型・中間型の区別とは意味するところが異なる。

●揚げざる　茹で釜からそばを引き上げるためのそば店専用の竹製のざる。

●揚げそば　生のそばを油で揚げたもの。麺生地を三角形に切って揚げたりしてもよい。

●熱盛り　一度、水洗いしたそばを、もう一度熱い湯に通して温めたもの。「湯通し」ともいう。蓋付きの蒸籠に盛って熱々を提供するのが常法。

●甘皮　ソバの殻（果皮）を取り除いた種子の表面の皮のこと。新ソバの時は緑色をしている。

●甘汁　かけ汁のことで、東京を中心とする関東（江戸流）の用語。

●粗挽き　粗く挽いたそば粉のこと。これといった定義はない。一般には玄ソバから挽きぐるみにしたものであったり、丸抜きから挽いたものであったり、ふるいのメッシュを変えたり、並粉とブレンドしたりと、一様ではない。

●霰（あられ）**そば**　小柱（バカ貝の貝柱）を、かけそばの上に敷いた海苔の上に散らしてあられに見立てた種物。江戸後期に登場。「あられとじ」もある。

●淡雪（あわゆき）**そば**　卵白を泡立ててかけそばの上にかけ、もみ海苔を散らした種物。幕末頃からあった江戸の種物の一つ。

●一鉢二延し三包丁　手打ちそばの作業の要諦を語呂よく表した言葉。木鉢、延し、切りの順で作業の重要性のランクを表している。

●一番粉　最初に製粉されるのは、ソバの実の中心に近い胚乳部分の、粉になりやすい軟らかい部分で、これをふるい取ったもの。内層粉ともいう。色は白くでんぷん質が主体で、そばらしい風味はないが、特有のほのかな甘みと香りがある。

●一番だし　最初にとっただしのこと。一般に、カツオだし、また昆布とカツオ節を合わせて引いただしについていう。

●一夜そば　そばは打ってから一晩おいて食べるのがおいしいということから、いわれる言葉。

●田舎そば　太めの黒っぽい色をした野趣のあるそばのこと。そば殻のまま製粉したり、甘皮まで挽き込んだそば粉で打ったそば。

●稲荷そば　きつねそばのこと。

●色物（いろもの）　変わりそばの中でも、とくに色を重視したそばのことをいう。色の白いさらしな粉を用い、種々の混ぜ物を打ち込んでそばにする。代表的なものとしては、茶そば、卵切り、胡麻切りなど。

●討入りそば　忠臣蔵の赤穂浪士が討ち入りの前に食べたといわれるそば。これにちなんで、12月14日の義士祭には、そば供養やそば会を行なう。

●打ち粉　そば玉を麺棒で延す時に使う粉。麺棒や延し台に麺生地がつかないようにするために振る。切りの作業の時も、麺同士がつかないようにするために使う。玄ソバを挽いた時に最初に出てくる花粉（端粉）という粒子の粗い粉を専用粉として使うとされているが、一般には芯の部分に近い、一番粉が使われることが多い。

●打ち初め（ぞ）　正月2日、麺類を打って神仏に供えること。

●打ち場　手打ちの作業場のこと（手打ち場）。ひろく製麺の作業をする場所もいう。

●打ち棒　麺棒のこと。また、延し棒のことをこう呼ぶこともある。

●饂飩一尺蕎麦八寸　一番食べやすいとされているそばとうどんの長さを表した言葉。

●饂飩三本蕎麦六本　うどんは太いから一度に3本ぐらいずつ、そばは細いから6本ぐらいずつ口に運ぶのがちょうどよい、ということを表した言葉。

●運気そば　年越しそばの別名。

●駅そば　駅構内で営業している立ち食いそばのこと。元祖は函館本線の長万部（おしゃまんべ）駅または森駅とされているが、一般に広く知られるようになったのは、信越線軽井沢駅で明治30年に始めてから。

●縁結びそば　側（そば）に末長くという縁起から、縁結びのしるしとして嫁方から仲人付き添いで婿方に持参するそばのこと。

●おくり包丁　麺生地に当てた包丁を先のほう（前方）に押し出すようにして切る切り方。すり包丁ともいう。

●落とし包丁　麺生地に当てた包丁をまっすぐ下に落とす切り方。

カ

●かえし　醤油と砂糖を混ぜ合わせたもの。ミリンを加える場合もある。そば店では、一般的にかえしとだしを合わせてそば汁を作る。製法の違いによって、醤油を加熱する「本がえし」と加熱しない「生がえし」、その中間の「半生がえし」がある。醤油を「煮返す」ことからきた言葉といわれる。

●鏡出し　手打ちの延しの作業の一つ。「地延し」のこと。江戸流の呼び名。

●加水量　そばを打つ時に、粉に対して、どれだけの水を加えるかを表す表現方法。

一般には%の加水率で表すことが多い。

●風邪をひく　そば粉は風に弱い。麺生地にしてから長く空気に触れると乾燥して表面がひび割れしたり、香りが飛んでしまう。そのため、延しの作業は手早く行う必要がある。ことに冬場は乾燥しているので注意したい。そば切りにしたあとも、風にあてないように、生舟に入れたりして保管に気をつける。

●釜前　そば屋の職制の一つ。茹で釜の前にいてそばを茹でたり、そばを盛りつける作業を担当する。江戸時代からそば職人の中で最上位とされた。

●加薬　香味としての薬味のこと。主として関西では、麺類や飯に加え混ぜるもろもろの具材のこともいう。

●辛汁　そばのつけ汁用の濃い汁のこと。

●辛味　薬味のことで、唐辛子、山葵、芥子、大根おろしなどをいう。

●辛味大根　辛みの強い大根の種類の総称。

●変わりそば　そば粉に種々の食材を加えてそばに仕立てたもの。一般には白いさらしな粉を使う。とくに色が鮮やかに出るものを「色物」という。

●寒晒しそば　寒中に冷水、あるいは清流に数日間浸けてから寒風にさらし、乾燥させた玄ソバを挽いて打ったそばのこと。

●機械打ち　製麺機で打ったそばのこと。

●菊もみ、菊練り　木鉢の作業の一つで、練りの仕上げの作業。くくりともいう。生地を内側に練り込んで、団子状にまとめる作業のことで、玉の中心に菊花のようなしわができることから、この名がついた。

●生粉打ち　つなぎを使わずにそば粉だけで打つこと。

●季節そば　旬の材料を使って季節感を打ち出した種物。

●生そば　本来は、つなぎなしで打ったそば粉10割の生粉打ちそばのこと。

●木鉢　そば粉に水を加え、こねる時に使う鉢。こね鉢ともいう。

●木鉢下　本来は、木鉢をすえる台になった丸桶のこと。そば店では、そば粉の保存状態をよくするためにこの桶の中にそば粉と小麦粉とを一定の割合で混合した粉を入れておいたので、この混合粉のことを指すようになった。

●木鉢麺棒三さわし　木鉢での粉のこね方、麺棒を使っての延し方、そばの洗い方と、そば打ちのポイントを表した言葉。さわしとは、そばを水に浸けてよく洗うこと。

●極め水　木鉢の水回しの工程で最後に入れる調整のための加水のこと。

●郷土そば　その土地だけに伝わる、地方色の濃いそば切りのこと。

●切らず玉　そば打ちの作業で、加水が多すぎて、生地が柔らかくなりすぎた時にそば粉を足して修正することがあるが、こうしてできたそばは食味的には落ちる。また、切れて短くなってしまいやすいので、切らずに捨ててしまったほうがよいという戒めの言葉。

●霧下ソバ　山裾をめぐる標高500～700mの高原地帯では、昼夜の寒暖の気温差が大きく、朝方に霧が発生しやすい自然条件下にある。こうした霧下地帯で栽培されるソバは、風味がよいため霧下ソバとして評価される。

●切り板　手打ちそばを切るためのまな板。

●切りべら　延した生地の厚みの幅より、薄く包丁で切ること。薄く延すより、薄く切るほうが楽なため、そば職人の逃げの手法ともいわれる。

●切りべら二十三本　江戸時代から御定法とされていた並そばの太さで、延した麺生地の1寸（3・03㎝）幅を23本に切ること。そば1本の切り幅は約1・3㎜で、延しの厚みはこれより少し厚く、切り口はやや長方形になる。

●くくり　木鉢の作業の一つ。前段階の水回しの作業で粉と水がまんべんなく混ぜ合わさったものを一つの塊に練り上げる作業のこと。

●口開け　麺線がくっつかないように、包丁で切ったそばの切り口を開けること。

●グルテン　小麦粉に水を加えて練った生地を水の中で練り、でんぷんを洗い流したあとに残る粘着性のガム状の物質。そばのつなぎに小麦粉を用いるのは、このたんぱく質のグルテンの働きを利用している。

●化粧水　茹で上げたそばを手早く水洗いしたあとで、最後の仕上げにかけるきれいで冷たい水のこと。

●玄ソバ　殻（果皮）をつけたままのソバの実のこと。

●紺屋の明後日、そば屋の只今　あてにならない約束の例え。紺屋は仕事が天候に左右されるため、仕事が遅れがちで、客が催促すれば明後日になればと言ってその場しのぎの対応をするのが常套手段。

●五色そば　一つのせいろに白、赤、緑、黒、黄の五色の変わりそばを盛り分けたもの。一般的には、白はさらしな、赤は海老切り、緑は茶そば、黒は胡麻切り、黄は卵切りをいう。

●御膳粉　さらしな粉の別称。

●こま開け　口開けと同じ意味。こま板で一区切り切ったあと、切ったそばの切り口を開けること。

●こま板　そばを包丁で切る時に定規代わりに用いる木製のそば道具。

サ

●在来種　その土地で古くから栽培されてきたソバの品種。あくまで便宜上の分類や俗称で、厳密な意味での品種ではない。

●差し水　そばを茹でる過程で、湯が沸騰して吹きこぼれそうになった時に入れる水。びっくり水ともいう。

●さなご　製粉した時に最後に残った粗い粉。殻などがあり、食用には適さない。

●更科　そば店の老舗の屋号の一つ。寛政2年（1790）に麻布永坂に「信州更科蕎麦処布屋太兵衛」の看板を掲げたのが始まり。看板商品は一番粉を使った白い御膳そば。更科の屋号は、更科そばが喧伝されて生まれた俗称であろう。

●更級　信州（長野県）の郡名。その中心地、篠ノ井は、江戸時代にはソバの集散地であったため、信州更級の地名が広く知られるようになった。そのため、店名の「更科」と混同される。

●更科粉　ソバの実の芯の部分を挽いた、ほぼでんぷん質だけでできている純白のそば粉のこと。一般的には、一番粉をさらに細かい網目でふるい取ったものが多い。厳密な意味での更科粉の製粉方法は、玄ソバの殻を取り除き、割れた実を石臼の隙間を気持ちあけて軽く挽いたものをふるいにかけたものをいう。こうして挽かれた更科粉は色物の変わりそばに最適である。

●ざるそば　本来は竹ざるにそばを盛ったものをいう。海苔をかけたものを「ざる」といって「もり」と区別するようになったのは、明治以降のこと。

●三番粉　一番粉、二番粉を取り分けた残りの部分を製粉して、ふるい分けたもの。甘皮といわれる糊粉層も含まれており、そば本来の香味や淡緑色から淡いネズミ色がかった色をしている。ただ、食感は劣る。表層粉ともいう。

●地延し　手打ちの延しの作業の一つ。そば玉を手のひらで最初に円形に延し広げる工程。「鏡出し」ともいう。

●末粉(すえこ)　三番粉を挽いたあとに製粉した粉。甘皮部と子葉部からなる。たんぱく質と繊維質が多く、香りは高いが、歯ぬかりして食感はよくない。主に乾麺や茹で麺に利用されている。

●すり包丁　そばを切る時に包丁を前方へ押し出すようにして切る。とくに生地の柔らかい時に適した切り方。

●ずる玉　そばを木鉢で練る時、通常より加水の量を少し多めにして柔らかくくくられたそば玉のこと。仕事をズルけるところからきた言葉。

●蒸籠(せいろ)　①そばを盛る器のこと。そば店で使われるものとしては、長方形のもり蒸籠と、角と丸のざる蒸籠がある。②もりそばの別称。

●全粒粉(ぜんりゅうふん)　挽きぐるみともいう。玄ソバの抜き実（昔は殻ごと）をほぼ100％近く、石臼で挽いたそば粉。さらしな粉や一番粉、二番粉、三番粉というように、取り分けせずに、すべて挽き込んだ粉のこと。

●外二(そとに)　そば粉10に対して小麦粉が2の混合比率のこと。

●蕎麦売り口上　宴席などで、最後にそばを出す時に述べる口上のこと。各地に伝わる風習だが、口上の内容は大同小異で、ソバの栽培からそば切りを食べるまでの過程や、汁・薬味などに触れている。福島県会津地方に多く残っている。

●そば米(ごめ)　ソバを加熱加工した保存食品。作り方は、玄ソバを水から茹でて、殻の口が開く頃に塩を入れて茹でたのち、取り出して干す。ソバの実の角を崩さないように脱穀する。徳島県の祖谷(いや)山地区が有名だが、山形県の酒田では「むきそば」の名称で伝わっている。

●そば猪口　そばのつけ汁（辛汁）を入れる小型の器。

●そば尽くし　そば料理だけで、コースの献立に仕立てたもの。

●ソバ作りに飢饉なし　ソバは俗に75日といわれるように短期間で収穫できるため、凶作の時でも、すぐにソバを播けばよいという諺。

●そばと水の良い所は、ほめるものではない　そういう所は山家の貧しい土地に決まっているから、いわないようにという諺。

●蕎麦に西瓜　食い合わせの例。江戸時代の『本草綱目』や『和漢三才図会』などの文献に相性が悪いとあるが、実際はほとんど問題ない。

●蕎麦に蝿が三匹留まったら刈れ　ソバの白い花の中にハエがとまったかのように、いく粒かの実が黒く色づく。それが刈り取りの適期だという言い伝え。

●蕎麦の自慢はお里が知れる　よいソバが穫れる所は冷涼で土地が痩せているなど、コメなどの作物に適さないので、ソバ自慢はあまり自慢にならないこと。

●蕎麦の一吹き　ソバは強風に弱い。とくに開花期から成熟期にかけて強風が一吹きすると、倒伏して大被害を受けるので、台風に用心すべきことを戒めた諺。

●蕎麦の一むずり　そばを食べて体をひとねじりすると、すぐ腹がすくこと。そばはすぐに腹のすくものの例え。

●蕎麦の三返(み)**り**　そばは煮上がるのが早い。茹で釜の中でそばが3回返った時に煮上がるのが、ちょうどよい火加減の意味。薪を使っていた当時の口伝。

●蕎麦は七十五日　ソバは播種してから、ほぼ75日という短期間で収穫できるという意味。

●蕎麦振る舞い　そばどころでみられる風習。そばでもてなす宴席。

●そば包丁　正式名称はそば切り包丁。そばを切るための専用の包丁で、もっとも洗練された形といわれる江戸流の包丁は刃幅が片刃で、刃が柄の真下まで伸びているのが特徴。

●そば前　そばを食べる前に飲む酒をいう。

●そば祭り　ソバの収穫などを祝って行われる祭り。新そば祭りが一般的だが、ソバの開花期に行われる祭りなどもある。

●蕎麦屋の酒　昔から老舗のそば屋では吟味した上酒を置いており、その伝統は継承されている。そば前という言葉もある。

●そば湯　そばを茹でたあとの湯のこと。

●空煮え　茹でる時の火加減が強すぎて、そばの表面は茹で上がっているが、芯が残っていること。

タ

●駄そば　粗雑につくられたそばのこと。

●種物　かけそばの上にいろいろな具をのせたものの総称。広くは、そばに具をあしらったもの。

●溜めざる　水洗いしたそばを、水切りのためにためておくためのざる。

●昼夜そば　2種類の色の異なった麺生地を重ね合わせて打ったそば。「合わせそば」ともいう。

●朔日(ついたち)**そば**　元日に食べるそばのこと。「元日そば」ともいう。新年の行事が大晦日の夜から始まる風習と考え合わせると、年越しそばは朔日そばでもある。

●つなぎ　そば打ちの時に、そばが切れないようにする目的で混ぜるもの。

●面水(つらみず)　茹で上がったそばを、揚げざるですくい上げた直後にかける水のこと。そば全体に水がかかるようにし、粗熱をとる。

●手ごま　そばを切る時に、こま板を使わずに手を生地にそえて定規代わりにして切ること。

●寺方そば　寺院でそばを打って、僧たちが食していたものをいう。

●とうじ籠　1人前ほどのそばを入れて、鍋の中の汁に浸けて温めるためのかご。竹で編んであり、長い柄が付いている。投汁籠とも書く。

●同割　そば粉と小麦粉を同じ量ずつで混合すること。

●年越しそば　大晦日に食べるそば。由来については諸説ある。

●土(ど)**たんぽ**　つけ汁（辛汁）を湯せんする時に用いる陶製の容器。

●とちり蕎麦　役者が舞台でせりふを間違えたりした時に、自腹で楽屋中に振舞うそばのこと。

●友粉(ともこ)　そばを打つ時に、打ち粉がそば粉と同じ粉の場合をいう。また、つなぎに同じそば粉（湯を加えて糊状にする）を使うことを、友つなぎという。

●中台(なかだい)　そば屋の職制の一つ。種物をつくったり、天ぷらを揚げたり、汁の加減をみるなどの作業を担当する人。

●夏新　夏に収穫された新ソバのこと。

●夏ソバ　夏の時期に収穫するソバのことを一般には意味する。ソバの栽培生態型によるソバの品種の区別とは意味するところは異なるが、実態はほぼ同じと考えてもよい。ソバは基本的には短日条件によって開花が促進される性質をもっている。そのため秋型品種は長日条件に敏感に反応し、過繁茂にはなるが開花は遅れ、収穫も難しい。その点、夏型品種は1日の日の長さにあまり左右されず、高い気温にも耐える性質をもっているため、夏の時期の収穫に向いている。

●**生がえし**　かえしの種類の一つ。砂糖に水を加えて煮溶かしたものを醤油に加え、ねかせてつくる。醤油自体を加熱しないのが特徴。

●**生そば**　麺生地を包丁で切って、茹でる前の状態のもの。生めんのこと。

●**生舟**　生そばを収めておくのに使う蓋つきの長方形の浅い木箱。積み上げておくことが多いので、蓋つきでないものもある。

●**並粉**　一般のそば店で主に使われるそば粉のこと。色もやや白っぽいものから黒っぽいものまでさまざまであり、そば店に合わせて製粉会社がブレンドしたもの。とくに需要の多い並粉を標準粉とも呼ぶ。

●**肉分け**　手打ちの延しの工程の中の一つ。四つ出しを終えた状態では、正方形に延した麺生地の四辺の真ん中あたりの部分はいずれも厚めになっている。そこで麺棒を辺に直角にあてがって前後に転がし、生地の厚さをならす作業のこと。

●**二八そば**　一般的には、そば粉8につなぎ粉2の配合割合のそばをいう。

●**二番粉**　一番粉をふるい取ったあと、まだ粉になっていない部分を製粉し、ふるい分けた粉。一番粉以外の胚乳部分と胚芽部分が製粉される。ソバの栄養素や香味成分に富み、淡緑がかった色をしている。中層粉ともいう。

●**延し台**　麺生地を延すための台。「麺台」「打ち台」「打ち板」ともいう。

●**延しべら**　「切りべら」の反対で、薄く延した厚さよりも、包丁で切った幅のほうが広いことをいう。

●**延し棒**　3本の麺棒を使う江戸流の打ち方で、麺生地を延す時に使う1本の短いほうの麺棒の呼び名。

●**暖簾会**　同じ暖簾（屋号）のもとに、相互扶助と繁栄を期するためのそば店の組織。通常は、全店が同一の屋号を用い、盟主の店は総本店とか総本家などと名乗ることが多い。

ハ

●**花粉**　玄ソバの抜きを挽き割りした時に最初に出てくる粒子の粗い粉。打ち粉に用いることが多い。「端粉」とも書く。

●**幅出し**　延しの作業の一つ。四つ出しの作業で、正方形の一辺の長さを決めること。この一辺の長さは麺生地の横幅となり、そば切りの長さも決まる。

●**挽きぐるみ**　玄ソバの抜きをほぼ100%石臼で挽いた粉のこと。更科粉や並粉といったように取り分けをしないので、ふるいで不可食部分を除いたソバの実全体が含まれている。本来は、殻ごと挽いて、ふるいで不可食部分を除いた粉のこと。全粒粉ともいう。

●**引越しそば**　江戸中期あたりから始まった、江戸・東京を中心とした習俗。引越しの際、隣近所に挨拶代わりに配るそばのこと。

●**平打ち**　きしめんのように幅広に切ること。

●**普通ソバ**　普通種ともいう。日本でソバという時は一般に普通ソバを指す。ソバには栽培種と野生種があり、栽培種は普通ソバとダッタンソバ（苦ソバ）に大別される。

●**振り水**　木鉢の作業の水回しの工程で、最後に粉に水を加えて水加減を調整する時に手に水をつけて振りかける水のこと。

●**ふるい**　そば粉、小麦粉をふるって混ざりやすくするのに使う道具。

●**へそ出し**　木鉢の作業の一つで、練りの仕上げの工程。

●**細打ち**　そばを打つ場合、太さを細めに切る打ち方。普通の太さに切ることは、「中打ち」という。

●**本がえし**　かえしの種類の一つ。醤油を加熱し、砂糖を入れて煮溶かし、ねかせてつくる。

●**本延し**　手打ちの延しの作業の一つ。幅出しを終えた麺生地を縦方向に薄く延していく。

マ

●**巻き棒**　江戸流の打ち方で、主として麺生地を巻き付けるために使う、2本の長い麺棒の呼び名。

●**丸出し**　手打ちの延しの作業の一つ。地延ししたそば玉を麺棒で薄く円く延す工程のこと。

●**丸抜き**　玄ソバの殻（果皮）を取り除いた実で、割れないでそのままの形をとどめているもの。

●**水ごね**　水でそば粉をこねて打つこと。一般的なそばの打ち方。

●**水回し**　手打ちの木鉢の作業の最初の工程。

●**晦日そば**　月末に食べるそば。江戸中期から商家を中心に広まった風習と考えられる。暮れの31日に食べるのが大晦日そば。

●**村（町）おこし**　過疎地域の振興を図る目的で行う事業のこと。過疎地域には山村が多いため、「そば」がテーマに掲げられる例が多い。

●**麺台**　延し台のこと。

●**麺棒**　そばを打つ時に用いる棒。地方では1本で兼用するが、江戸流のプロの打ち方では、昔から3本の麺棒を使い分けた。延し棒1本はやや太く短く、巻き棒2本はやや細く長い。

●**揉み方三年切り方三月**　そば打ちの技術を修得するには、木鉢でもむ基本的な仕事が一番難しく3年もかかるが、反対に包丁のほうはわずか3カ月もあれば上手に切れるようになるとの諺。

●**湯ごね**　そばを打つ時に、熱湯を加えて練り上げる方法。湯練り、湯もみともいう。郷土そばの技法として多いが、さらしなそばを打つ時にも用いられる。

●**湯桶**　そば湯を入れておく漆器で、丸と四角がある。

●**四つ出し**　手打ちの延しの作業の一つ。丸出しで正円に延した麺生地を麺棒に巻き付けて延し、正方形にする工程のこと。「角出し」ともいう。

●**四立て**　おいしいそばの条件。挽きたて、打ちたて、茹でたてを「三立て」というが、これに穫れたてを加えたもの。

●**割り粉**　そばを打つ時に、つなぎとしてそば粉に混入する小麦粉のこと。

●**割り粉も蕎麦のうち**　つなぎの小麦粉についても、その品質や取り扱いに気を配る必要のあることをいったもの。

◯取材協力

上野薮そば／東京都台東区上野6-9-16
桐屋権現亭／福島県会津若松市上町2-34
達磨／大分県杵築市守江2114-25
そばと会席郷土料理 野の庵／青森県弘前市五十石町57
ふるさと寒河江そば工房／山形県寒河江市大字八鍬字川原919-6
JAさがえ西村山さくらんぼ会館内
温泉民宿 あづま／福島県南会津郡檜枝岐村字下ノ台461-20
磐梯そば道場／福島県耶麻郡磐梯町磐梯十王堂2038
宮古そば 権三郎／福島県喜多方市山都町蓬莱字中村4576
田麦そば／新潟県十日町市辰甲406
手打ちそばの宿 石田屋一徹・そば処 石田屋一徹／長野県飯山市豊田6786
戸隠そば博物館とんくるりん／長野県長野市戸隠3018
福井そばルネッサンス推進実行委員会／福井県福井市中央1-2-1
今庄そば道場／福井県南条郡南越前町大門10-3-1
古式そば かずら体験塾／徳島県三好市東祖谷若林84-1

◯参考資料

『**そばの本**』植原路郎・薩摩夘一共編（柴田書店　1969年刊）
『**蕎麦今昔集**』新島繁著（錦正社　1972年刊）
『**蕎麦辞典**』植原路郎著（東京堂出版　1972年刊）
『**そばうどん**』1～41号、2014～2021　そばうどん編集部編（柴田書店　1975年～2021年刊）
『**蕎麦史考**』新島繁著（錦正社　1975年刊）
『**そば事典**（味覚選書）』　植原路郎著（柴田書店　1975年刊）
『**蕎麦入門**（カラーブックス）』　新島繁著（保育社　1975年刊）
『**そばの技術 —有楽町更科覚え書き—**』藤村和夫著（食品出版社　1980年刊）
『**蕎麦全書**』蕎麦うどん名著選集第1巻　日新舎友蕎子著・新島繁校注（東京書房社　1981年刊）
『**蕎麦通**』蕎麦うどん名著選集第4巻　村瀬忠太郎著・新島繁編（東京書房社　1981年刊）
『**そばつゆ・うどんだし**』藤村和夫著（食品出版社　1981年刊）
『**日本の蕎麦**』日本麺類業組合連合会編（毎日新聞社　1981年刊）
『**そばの基本技術**』そば・うどん技術教本第1巻　柴田書店編（柴田書店　1983年刊）
『**すなば物語 —大阪のそば四○○年—**』坂田孝造著（大阪府麺類食堂業環境衛生同業組合　1984年刊）
『**ソバの科学（新潮選書）**』長友大著（新潮社　1984年刊）
『**麺類百科事典**』新島繁・柴田茂久監修（食品出版社　1984年刊）
『**蕎麦の世界**』新島繁・薩摩夘一共編（柴田書店　1985年刊）
『**粉の文化史 —石臼からハイテクノロジーまで—（新潮選書）**』三輪茂雄著（新潮社　1987年刊）
『**片倉康雄手打そばの技術**』片倉康雄編著（旭屋出版　1988年刊）
『**そば・うどん百味百題**』企画・日本麺類業団体連合会（柴田書店　1991年刊）
『**守貞謾稿**』1巻・5巻　朝倉治彦・柏川修一編（東京堂出版　1992年刊）
『**江戸そば一筋**』堀田平七郎著（柴田書店　1995年）
『**蕎麦の事典**』新島繁編著（柴田書店　1999年刊）
『**麺食のすすめ**』柴田書店編（柴田書店　2001年刊）
『**蕎麦年代記**』新島繁著（柴田書店　2002年刊）
『**つゆ今昔物語**』岩﨑信也著（柴田書店　2002年刊）
『**蕎麦匠心得**』岩﨑信也・他共著（柴田書店　2003年刊）
『**蕎麦屋の系図**（光文社新書）』岩﨑信也著（光文社　2003年刊）
『**ダッタン蕎麦百科**』柴田書店編（柴田書店　2004年刊）
『**そばの歴史を旅する**』鈴木啓之著（柴田書店　2005年刊）
『**江戸っ子はなぜ蕎麦なのか?**（光文社新書）』岩﨑信也著（光文社　2007年刊）
『**ソバを知り、ソバを生かす**』氏原暉男著（柴田書店　2008年刊）
『**DVD&イラストでよくわかる! 江戸流そば打ち**』鵜飼良平監修（柴田書店　2009年刊）
『**そばデータブック（そば関係資料）—平成25年版—**』日本蕎麦協会編（日本蕎麦協会　2013年刊）
『**そばうどん知恵袋111題**』そばうどん編集部・編（柴田書店　2018年刊）
『**そば学 sobalogy——食品科学から民俗学まで**』井上直人著（柴田書店　2019年刊）

新版 そば打ち教本

全麺協そば道段位認定制度公認テキスト

初版発行　2021年10月30日
２版発行　2023年７月20日
編著©　一般社団法人全麺協
発行人　丸山兼一
発行所　株式会社柴田書店
〒113-8477
東京都文京区湯島3-26-9　イヤサカビル
https://www.shibatashoten.co.jp
営業部（注文・問合せ）／03-5816-8282
書籍編集部／03-5816-8260

印刷・製本　公和印刷株式会社
DTP　タクトシステム株式会社

編集／齋藤立夫（柴田書店）
編集協力／岩崎信也、永田雄一
デザイン／青木宏之（Mag）
表紙撮影／伊藤高明
表紙協力／蕎仙坊
撮影／岩月一敏、高島不二男、高瀬信夫、髙橋栄一、安場修、吉澤善太
イラスト／小幡栄子、田島弘行

ISBN 978-4-388-35358-3

Printed in Japan

Shibata Publishing Co.,Ltd
Iyasaka Building, 3-26-9, Yushima Bunkyo-ku 113-8477 Tokyo
TEL／+81(3) 5816 8282
URL／https://www.shibatashoten.co.jp